综合交通规划设计丛书

城市慢行系统完善与品质提升方法及实践——以深圳为例

夏　佳　郑晏群　丁亚民　编著

人民交通出版社股份有限公司

北　京

内 容 提 要

本书从完善城市慢行系统的理念研究及实践探索入手，从目标、原则等理论方面阐述了城市慢行系统完善及品质提升的概念，结合国内外优秀的城市慢行系统规划成果的经验，从城市规划的视角，对步行交通系统规划方案和自行车交通系统规划方案进行了详细阐述；实践探索深圳市各区慢行系统完善及品质提升规划和实施方案，为城市慢行系统完善及品质提升规划提供经验和方向。

本书可供城市规划相关从业人员参考，也可作为相关院校师生的参考图书。

图书在版编目(CIP)数据

城市慢行系统完善与品质提升方法及实践：以深圳为例/夏佳，郑晏群，丁亚民编著．—北京：人民交通出版社股份有限公司，2021.12

ISBN 978-7-114-17746-0

Ⅰ.①城… Ⅱ.①夏…②郑…③丁… Ⅲ.①路侧人行道—交通规划—深圳②自行车—交通规划—深圳 Ⅳ.①U412.37 ②U491.2

中国版本图书馆 CIP 数据核字(2021)第 253122 号

综合交通规划设计丛书

书　　名：**城市慢行系统完善与品质提升方法及实践——以深圳为例**
著 作 者：夏　佳　郑晏群　丁亚民
责任编辑：袁　方
责任校对：刘　芹
责任印制：刘高彤
出版发行：人民交通出版社股份有限公司
地　　址：(100011)北京市朝阳区安定门外外馆斜街 3 号
网　　址：http://www.ccpcl.com.cn
销售电话：(010)59757973
总 经 销：人民交通出版社股份有限公司发行部
经　　销：各地新华书店
印　　刷：北京虎彩文化传播有限公司
开　　本：787 × 1092　1/16
印　　张：21.25
字　　数：504 千
版　　次：2021 年 12 月　第 1 版
印　　次：2021 年 12 月　第 1 次印刷
书　　号：ISBN 978-7-114-17746-0
定　　价：81.00 元

本书编写委员会

编　　　　著：夏　佳　郑晏群　丁亚民

参加编写人员：夏长会　张　琪　程　爽

齐立群　姜　培　冯　欢

杜靖毅　谢勇利　张鹍鹏

陈建军　罗　玲

编 写 单 位：深圳市综合交通设计研究院有限公司

支 持 单 位：深圳市交通运输局

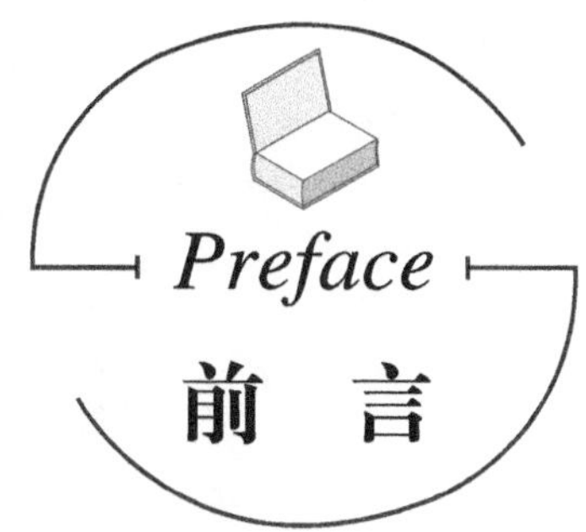

Preface 前言

随着社会经济的加速发展,城市生活越来越追求速度和效率,以小汽车为代表的交通机动化成为社会经济发展和人们生活水平显著提高的必然结果。但是这种以机动化交通为主体的交通发展方式也给城市发展和人们的生活带来了一些无法回避的问题,如城市规模扩大、交通拥堵、事故频发、环境污染等问题日益严重。人们逐渐意识到以机动车交通为主体的城市交通发展模式存在的不足,慢行交通再次成为人们关注的重点。规范系统化的慢行交通建设,是解决城市交通问题、提高生活品质、彰显城市活力的途径之一。城市慢行系统是城市化进程快速推进、城市交通拥堵加剧、人口密度剧增等问题凸显情况下城市建设和改造的必然趋势,是发展绿色交通、促进人与人之间互动和沟通的重要途径。

本书从完善城市慢行系统的理念研究及实践探索入手,从目标、原则等理论方面阐述了城市慢行系统完善及品质提升的概念,结合国内外优秀的城市慢行系统规划成果的经验,从城市规划的视角,对步行交通系统规划方案和自行车交通系统规划方案进行了详细阐述,对步行交通系统、自行车交通系统、自行车停放系统、与行车道路平行或交互的慢行系统以及与行车道路分离的慢行系统等规划进行了细致的研究;实践探索深圳市各区慢行系统完善及品质提升规划实施方案,为城市慢行系统完善及品质提升规划提供经验和方向。构建能满足居民畅通慢行需求,保护居民出行安全,强化市民道路通行体验和舒适感,增强道路空间美观的慢行系统空间,为进一步改善出行条件、构建和谐交通、提标市政设施、提质精品道路,促进绿色交通出行,缓解城市交通压力,提升城市整体形象提供实践基础。

衷心希望从事城市慢行系统规划方面实际工作的读者能够通过本书更好地将理论和实践相结合,进一步提高工作能力和效率;衷心希望本书能带动更多的人关注慢行交通系统的发展,为提升道路品质和城市形象做出应有的贡献。最后对所有支持编写工作的人表示感谢,对所引用参考文献的作者表示感谢。

本书编委会

2021 年 6 月

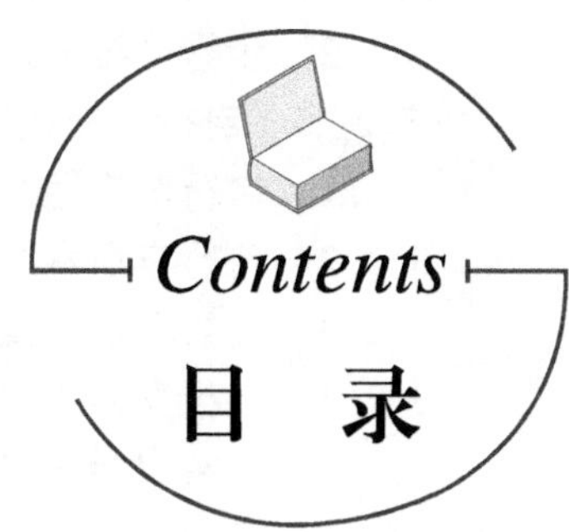

目 录

第1章 城市慢行系统完善及品质提升概述

第1.1节 城市慢行系统完善及品质提升目标

随着城市快速发展,城市道路越来越宽,但车速越来越慢,交通拥堵现象越来越普遍,道路建设的步伐难以赶上车辆增长的速度;同时,随着机动车保有量的增长,与之伴随的环境问题越来越突出,尤其是与机动车污染排放直接相关的大气污染问题日趋棘手;并且,人车争行、车车争行、交通混乱的状况不仅容易导致交通安全问题,也严重影响了城市形象和城市生活品质。

可持续发展战略是我国基本国策,必须坚持走可持续发展路线,倡导低碳环保出行,完善城市慢行系统,让中短距离出行更健康、更绿色。城市慢行交通是以人力为空间移动动力的交通,是引导居民采用步行、自行车与公共交通结合的一种绿色环保出行方式,便捷、顺畅的城市慢行交通可以有效缓解城市交通拥堵问题,减少机动车尾气排放,改善城市大气环境质量,提高城市交通承载能力,提升城市形象和品质。城市慢行系统完善及品质提升具体包括以下四个目标。

(1)提高步行交通安全。

减少行人与机动车/非机动车的冲突,改善行人交叉口和路段过街安全;确保休闲步行的安全,包括临近海河湖堤岸、跨越河道和漫步山林绿地间的安全防护与指引等;保证城市社会安全,包括道路上步行的夜间安全、社会治安监控、沿路城市活动的支持等。通过合理的交通管制措施,有序引导机动车安全车速行驶,保障行人安全。

(2)塑造友好步行环境。

建设具有凝聚力的步行网络和设施,促使步行成为主要交通方式之一。确保步行网络的连续度和便捷性,连接各用地地块、建筑与建筑、建筑与街道、建筑与交通设施。提供足够和便捷的过街设施,使行人便捷、舒适地使用。创建尺度和规模适宜的行人空间和设施,适应不同时段和气候条件下的行人需求。

(3)营造多样步行场所。

结合文化特色,从行人对空间环境的视觉感受出发,综合考虑人行道、绿化带、设施带、建筑退线空间、沿街建筑立面、街道家具、色彩等各种城市景观要素的组织和设置,并与体育锻炼、游憩休闲、商贸购物和日常交流等活动结合起来,使行人在步行出行中体会愉悦的视觉享受和参与丰富的公共生活。

(4)促进城市可持续发展。

通过步行交通环境的改善,降低汽车的使用及其对步行交通的干扰,在降低汽车尾气污染、改善环境质量的同时,使人们更加充分地享受步行的乐趣,促使人们以轻松的散步方式进行商业活动,促进商贸活动的发展和步行文化氛围的形成,倡导绿色低碳的生活方式,从而促进经济、社会和环境的可持续发展。

第1.2节　城市慢行系统完善及品质提升原则

完善城市慢行系统,提升城市慢行系统品质,就是打造安全、通畅、舒适、宜人的出行系统,形成快慢相宜、刚柔并济的宜居城市交通体系,应遵循以下原则。

(1)安全第一,人车分隔。

步行交通系统应具有相对独立的发展空间,人行道与道路车行道和非机动车道相互分隔,减少人车冲突,保障行人安全;步行设施符合照明和其他安全要求。

(2)因地制宜,协调发展。

规划注重与城市总体规划、公园绿地系统规划、公共设施规划和公共交通规划等进行有效衔接,着眼于城市多系统的整体协调发展,注重与自然景观、公共空间和道路系统等各系统密切配合,结合步行出行强度、步行活动类型、沿线土地利用和公共交通设施等情况,通过构建立体步行交通网络体系将各系统有机连接起来,展现深圳独特的城市魅力。

(3)连续畅达,便捷串联。

步行交通系统应提供无障碍的连续人行道、立体步行设施、过街设施等与居住区、就业点和公共活动场所等目的地直接连通,与公共交通设施便捷接驳,与城市建筑的功能组织和空间布局有机衔接,提供适当的步行辅助机动设施,以提高交通效率和克服地势差异,并符合无障碍要求。

(4)以人为本,舒适多样。

步行交通系统应与周边自然景观、公共场所和建筑空间相融合,步行交通空间应具有足够的宽度和易于识别的标志设施,提供适宜的街道设施及美化环境设施,同时尽量提供遮阴挡雨设施。

步行交通系统应与周边用地功能共同形成富有特色、具有吸引力和活力的场所,容纳多样公共活动,如户外表演活动、露天餐厅、跳蚤市场等。

第1.3节　城市慢行系统完善及品质提升策略

城市慢行系统蕴含了公平和谐、以人为本、降低机动车污染排放的城市发展理念,在构建绿色出行方式的同时,也无形中倡导了健康从容的生活方式,象征着现代人对浮躁都市的反思。对于城市慢行系统的完善及品质提升,提出以下建议。

(1)科学规划城市慢行系统。

科学分配不同道路要素之间的路权关系和隔离要求,在路段、交叉口、出入口等道路各处均能做到有序、安全、稳定。从城市规划发展大局看,慢行系统不仅是将步行和自行车路权还给市民,而且是对城市大交通格局的优化、重塑,涉及一系列公共空间的调整、公共资源的配置。建议从顶层设计开始谋篇布局,让慢行理念真正融入城市现实生活。按照不同功能分区,如主导区、优先区、倡导区等规划管理城市单元,划分出慢行交通区域,通过交通干道隔断、过街设施建设以及自然地形分隔等区分慢行单元,提出相应的步行出行比例及交通实施策略,实现步行、自行车、公交车、地铁等几种出行方式的无缝衔接,引导“公交+慢行”一体化的交通出行模式。

(2)加快慢行交通设施建设。

在城市快速路区间段、交通通行量大的十字路口、交通枢纽地段、城市商业繁华区、居住区与城市公园绿地接驳地带等,建设行人和自行车过街天桥或地下通道;在城市中心和商贸繁华区可以建设商场之间、商场与道路、商场与商务楼之间互通互联的行人通道,形成人行与车行空间分割的通行格局,进而提高城市交通承载能力。

(3)进一步强化步行优先原则。

合理分配各道路要素所需求空间,使得行有其道,安全舒适。重点解决机动车停车、公共交通与步行、公共交通与自行车的接驳问题。通过以人为本的道路设计和对机动车的交通管制,结合公共空间和步行设施建设,合理疏导机动车交通,缓解交通压力,营造环境优美、安全舒适的自由步行街区。

(4)创建绿色、方便的慢行空间。

对慢行交通与绿化、地块及其内建筑之间的相互关系进行深入研究,分析相互之间衔接的关键要素,确定适合深圳市的慢行交通与绿化、地块内建筑相结合的建设模式。对人行道等步行设施按照友好慢行要求进行设计;积极引进非机动车系统新技术,如利用道路中央分隔带设计人非混合休闲道、利用不同铺面材料分隔机非交通流、设置非机动车道遮掩设施和路边停车设施等;提倡道路断面设置方式的多样性,以适应不同情况下的步行需求,并优化道路断面形式,体现人性关怀。

(5)精细要求建设工艺,细化管理精致耐用。

对道路建设过程、各类道路要素设计细节、选材要求、施工工艺、维护要求均提出细节化规定,视道路为百年工程,精致、耐用。

(6)控制道路要素选型,提出艺术化提升和多样化选择。

对道路已有各类硬件设施,提出整合要求,提供整合方案,在保障其使用需求和效果的同时,尽量节约道路空间。对各类道路要素,尽可能提出艺术化提升和多样化选择,告别道路单调乏味的旧有印象,致力于打造城市道路成为城市风景脉络和城市名片标签。

(7)构建智能化城市慢行系统网络。

城市慢行系统网络的构建是一个综合、复杂的过程,需要对城市交通状况、人们出行意愿进行综合、清晰的探查,依据调查结果进行科学、合理的设计,才能使得设计结果更加符合人们的意愿。然而,现在的城市慢行系统设计规划往往太过关注某些点、区域,而忽略了慢行系统的网络化和与城市整体交通的连接问题,使得城市慢行系统的构建问题重重。

城市慢行系统的规划设计可以依靠先进的科技手段,精准地把握城市交通信息,保证设计的合理性、适用性。例如,利用遍布城市各个系统的遥感技术和地理空间信息技术收集人们出行的各种信息,并利用大数据的强大功能进行分析,优化城市慢行系统的规划设计,将各个分散点、区域的慢行系统设计与整个城市交通巧妙联合,打造智能化城市慢行网络。

第2章 慢行交通道路品质提升的国内外经验

目前,国内外许多现代化、国际化城市非常注重步行和自行车交通的发展,从以车为本回归到以人为本,将其作为提升城市发展水平的重要手段。通过调研总结国内外城市的先进经验,学习国内外大城市在道路规划设计导则编制、道路规划设计以及建设、管理、维护等方面的优秀经验,为道路品质提升指引的编制提供参考和借鉴。

第2.1节 国外城市慢行交通规划实践

2.1.1 伦敦——融入城市公园及人文景点的多层级城市慢行系统

作为英国最大的城市,伦敦面积为 1577km^2,人口 890 万(2016 年数据)。《伦敦规划(2008 年)》提出 2026 年自行车出行率达到 2001 年的 4 倍,但根据伦敦交通局 2014 年的记录,自行车出行分担率仍维持在 2.54%,其不同交通出行方式分担率分别为:小汽车 38%,公共交通 26.1%(火车、轻轨、地铁、公交和有轨电车),自行车 2.54%,步行 30%,其他 3.36%。2015 年版《伦敦规划》定位于到 2036 年,确保每个伦敦人在城市任何地方都有充足有效的交通服务,支持自行车和步行。

2017 年 6 月 21 日,《伦敦市交通发展战略(2017)》正式公布并征求公众意见,明确到 2041 年,80% 的居民出行将由绿色交通方式承担,包括步行、自行车和公共交通。如图 2-1 所示。

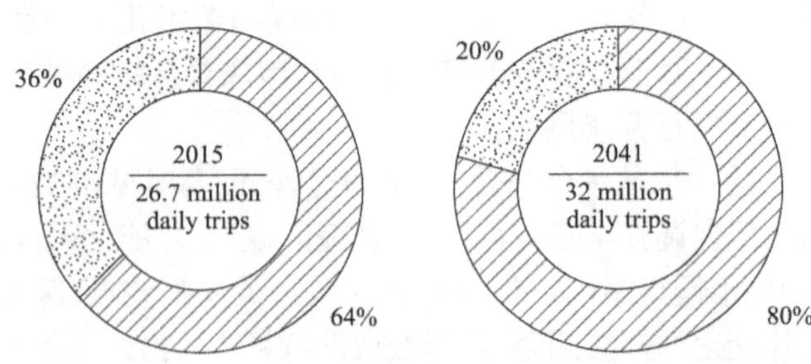

图 2-1 伦敦 2015 年和 2041 年交通结构

伦敦市中心愿景:公共交通高连通性至关重要。鉴于空间有限,需要逐步减少私人小汽车的使用,步行、自行车、公共交通出行比例需要提升。引导短距离出行由开车转向步行或骑自行车,让公共交通工具变得更有吸引力、使用起来更容易,进而转变长距离的出行方式。《伦敦市交通发展战略(2017)》采用健康街道十大指标评估街道是否有吸引力,对步行、自行车是否友好,交通系统对所有使用者而言是否可达。为了打造健康街道,将改进街道和街区的设计,使其更适于步行和骑自行车;规划一个新的全伦敦范围内的自行车道网络;形成更多的无交通区(traffic free zone),包括在一些道路试点禁行机动车。

2.1.1.1　自行车交通基础设施

城市公共性开放空间对于高度城市化的伦敦具有十分重要的作用,主要表现为:有效地分隔城市建筑群,促进城市绿色特征的延续,保护城市的景观特色及服务于城市居民等。

目前,伦敦设置有包括环城绿带、都市步行环、东南绿链、茱比利绿道、茱比利步行环等在内的多条完整的环形及带状慢行空间系统,这些慢行空间配合城市公共空间共同形成了完善的适于步行的开放空间体系。慢行系统以泰晤士河和伦敦老城区为中心,环环相扣。

1)环城绿带

环城绿带(London Outer Orbital Path,LOOP)是伦敦城市开放空间系统的一大特色,为限制城市无序扩张设立了天然屏障。环城绿带平均宽度 8km,最大宽度 30km,围绕全城,长度约 242km。绿带内不允许建造房屋和居民点,保持着原有的小城镇乡野风光。环城绿带共联系了伦敦外围 4 处人文历史大型景观节点和 7 处自然大型景观节点。同时,环城绿带位于两大城市干道交通环之间,内外联系方便,沿线共有 15 个火车站、6 个地铁站和 4 个汽车站,多种出行方式的选择和密集的站点布置使处于城市外围的环状慢行空间具有良好的可达性。如图 2-2、图 2-3 所示。

图 2-2　环城绿带内慢行通道

图 2-3　环城绿带内雷纳姆沼泽慢行道

2)都市步行环

都市步行环(The Capital Ring)是一条长约 125km 的环绕伦敦内城的步行道系统。整个步行环分为 15 段,平均长度 8km,串联起包括大型公园、历史景点等超过 50 个开放空间节点。如图 2-4、图 2-5 所示。

3)东南绿链

东南绿链(The Green Chain)位于泰晤士河边到水晶宫公园之间的区域,全长约 82km。该绿色慢行空间系统通过标志明确的人行道和其他慢行路将彼此靠近的绿色开敞空间连接成整体。东南绿链穿越居住区和其他建筑密集区域,并通过高密度的绿化措施提高开敞空间的可进入性和环境质量。如图 2-6、图 2-7 所示。

图 2-4　都市步行环内芬斯伯里公园慢行道

图 2-5　都市步行环内华恩克里夫高架桥地区慢行道

图 2-6　东南绿链内埃尔特姆宫慢行道

图 2-7　东南绿链内塞汶楚格城堡慢行道

4）茱比利绿道

茱比利绿道（Jubilee Greenway）的建设以 2012 年伦敦奥运会为契机，整条绿道全长 60km，将伦敦的著名景点及诸多风景绝佳的公园与水系纳入其中，贯穿奥运会的九大主要场地和 50 个地铁站，还有其他 450 个旅游景点及开放空间节点。如图 2-8、图 2-9 所示。

图 2-8　茱比利绿道内小威尼斯地区慢行道

图 2-9　茱比利绿道内奥林匹克公园慢行道

5)茱比利步行环

靠近伦敦金融核心区的泰晤士河沿岸设有24km长的茱比利步行环(Jubilee Walkway)。由于穿越伦敦历史最为悠久的街区,历史文化氛围是该步行系统的主要景观特色:英国国会大厦、圣保罗大教堂、伦敦塔桥及伦敦市政厅等重要历史性建筑交相辉映,再加上圣詹姆斯公园的自然景观等共同形成了步行网络周围的12个主要景观节点。如图2-10、图2-11所示。

图2-10　茱比利步行环内布卢姆茨伯里派广场公园慢行道

图2-11　茱比利步行环内泰晤士河慢行道

虽然伦敦市人口稠密,但由于具有较为完善的城市慢行系统,人们丝毫感觉不到与自然的疏远。

2.1.1.2　停车及与公共交通的整合

《伦敦市交通发展战略(2017)》明确提高公共交通服务水平,增加其交通吸引力,与步行、自行车交通无缝衔接,提出在车站设置大量自行车停放设施的政策,支持将自行车骑行作为中长途出行的一部分,鼓励自行车接驳轨道出行以及扩大地铁/公交覆盖范围。伦敦交通局正在与英国国有铁路公司、各地铁运营公司以及各城乡紧密合作,以增加并改善现有火车站、地铁站和公交站及周边的自行车停放设施。如图2-12所示。

图2-12　伦敦火车站自行车停车场

2.1.2　纽约——出台街道设计导则,进行城市交通革新

纽约(851万人口,2017年)可能是美国领先的自行车城市。纽约一向重视城市街道的可持续发展,尤其关注行人和自行车等慢行交通。这里地势相对平坦,道路照明措施完善并且目的地密集地结合在一起,距离上便于骑自行车。这些低成本较随意的自行车适合城市中许多艺术家和自由职业者,这样完善的交通系统可以让纽约公众出行进入绿色模式——骑自行车、步行和公共交通。2013年发布的《可持续街道:2013及未来》战略计

划,提出设计学校慢行区、住宅慢行区等。2009年发布的《纽约街道设计导则》,侧重步行和非机动车道的设计要求。2016年发布的《纽约交通战略规划:安全、绿色、智慧、公平》更具体提出,每年新增80km自行车道,到2021年共新增320km自行车道,使骑车人数增加一倍。

为了让自行车回归城市,纽约进行了一系列交通革新,以重塑城市公共空间。例如,将百老汇附近地区的机动车道改成步行街,修建多条自行车道,一些街道对机动车禁行,等等。这些既保护了城市的生态和人文空间,也减缓了因机动车造成的交通拥堵而导致的连通性能降低问题。如图2-13所示。

图2-13　纽约街头自行车骑行

纽约的曼哈顿环岛绿道尤其值得国内城市借鉴。曼哈顿区提出打造20分钟骑行交通圈的计划,在全岛建立较完善的自行车网络系统和环岛绿道系统。这些绿道连通性好,形成完善网络,并将历史文化遗迹贯穿其中。同时,其可达性高,通过绿道到达不同地区的时间大大缩短。

2.1.3　西雅图

尽管西雅图气候潮湿、地形多山,但《自行车》杂志仍然两次将它评为“最佳自行车城市”,这里比美国其他主要城市骑自行车的范围更加广泛。调查显示,西雅图560万居民中有16%的人每周至少骑自行车两次,另外20%的人偶尔会骑自行车,占全部通勤模式份额的2.3%。

市政府积极鼓励骑自行车。西雅图都市道路系统包含45km的自行车车道,24km的路边自行车专用道、145km带有标志和路肩的自行车线路和额外68km正在发展的自行车专用车道和路径。西雅图正在通过积极的方案,如重铺路面、修补坑洞、遏制车道扩宽、更换排水井盖和更好的标牌、在路上画线、设置自行车交通信号和免费自行车路线图等,努力使所有道路具有容纳自行车的能力。现场改进设计以明信片的方式给骑自行车者传播了详尽的路线和自行车维护需求。

西雅图还有很多自行车停车架和自行车—公共汽车连接系统。1993—1997年,全市在市中心和附近商业区安装了1622个自行车架。

2.1.4　戴维斯

戴维斯是拉克拉门托以西几十公里的一个小城,是美国最具自行车导向的城市。作为一个全年都是理想的骑自行车天气的大学城,戴维斯被很好地配置成了一个适于骑自行车的城市。城市共有52000人,其中加利福尼亚大学校园中有20000名学生,高水平的自行车普及率、自行车设施的质量和完整度以及自行车在他们意识中根深蒂固的程度使戴维斯变得独一无二:自行车服务设施遍布商店、政府机关和其他公共场所;56km的邻街自行车道;另有56km的宽自行车车道,其中80%位于主干道上;11个用于越过高速公路和其他主要公路的自行车桥梁或地下通道。许多戴维斯的社区都是围绕着一个宏伟的绿色路网建立，提供娱乐、便利交通，并促进儿童独立意识的形成。

位于加利福尼亚大学校园的中心区域更是倾向于自行车交通，一半的出行都使用自行车，并且剩下的主要是步行。20 世纪 60 年代中期核心区域就封闭了私家车交通，所有的校园道路都很宽阔，并明确标示了自行车车道。每个建设中的建筑都有自行车车架群，总计 15000 个。环状交叉路口允许自行车车流安全地交叉通过，这说明自行车设施被给予关注。20 世纪 70 年代实地测试了不同半径，以在建设前确定设施的最佳几何条件。

在戴维斯，骑自行车的人既不是怪人，也不是爱好者，他们是普通百姓。校园及周边城市证明，即使在依赖汽车的美国，真正的自行车设施也可以吸引并维持高水平的骑自行车出行方式。

2.1.5　东京

截至 2019 年 10 月 1 日，东京都的推算人口为 1394.3 万人，占全国总人口的 11%，在全国 47 个都道府县中排名第一。面积为 2194km²，占全国总面积的 0.6%，人口密度为每平方公里 6355 人，居全国首位。

东京轨道交通发达而且连接性高，自行车与轨道高效接驳。东京市中心的自行车出行率占总全方式分担率的 16%，其中 50% 自行车出行是从出发地直到目的地，其余 50% 骑自行车出发到轨道交通枢纽换乘火车或者地铁。

市政府与不同利益相关者合作，以优化自行车环境，于市内每个区域因地制宜地实施以下措施：①降低违法停泊自行车；②开发自行车道；③优化自行车交通规则；④提高自行车规格。

2.1.5.1　自行车交通基础设施

东京市市政府为打造更安全便捷的自行车环境，实施分割独立自行车道，局部自行车道从现有人行道或机动车道中划分出来。据 2013 年数据统计，东京都内有约 120km 的道路为适合骑行的自行车道路，其中部分已经是自行车专用道（图 2-14）。

图 2-14　东京自行车专用道

对于宽度不够设置单独自行车道的道路，采取不同颜色铺装（图 2-15），区分自行车道和人行道。

图 2-15　不同颜色铺装的自行车道

2.1.5.2　停车及与公共交通的整合

东京都地区以及邻近区域的非机动车与轨道交通接驳比例为 21.7% ~37.2%。东京市内公交线路较少,而自行车与摩托车较多。为适应自行车与摩托车接驳的需求,大部分地铁站都设置了专门的自行车与摩托车停放设施,包括大量的立体停车设施。例如,葛西车站,该站设有全世界最大的地铁机械式自行车停车场,是一个由直径 6.9m、深度 14.45m 的圆筒形自行车停车设备所构成的辐射型的电梯式收容自行车设施。每个圆筒形自行车停车设备可放入 180 辆自行车,在车站的东口有 21 个,西口有 15 个,共计 36 个,可收容 6480 辆自行车,加上平面的普通双层停车位,一共是 9400 个停车位;同时还有供电动自行车停放的停车场。

由于地面缺乏空间,东京有些轨道车站通过构筑地下多层机械式自行车停车库解决停车问题(图 2-16、图 2-17)。车库直径约 8m,每个柱状空间可以停放 204 台自行车。

图 2-16　葛西站地下自行车机械停车场

图 2-17　地下多层机械式自行车停车库

自行车停取全程采用自动化方式,须先申请一张 IC 卡,缴交月费 1800 日币,并在自行车前轮安置感应芯片。将自行车停妥并且刷卡,机器就会自动将脚踏车送入地下停车场。取回时只要感应 IC 卡,机器就会自动将自行车送回(图 2-18)。整个停车、取车的过程最快只需要 8 秒。

图 2-18 自行车停取

2.1.6 哥本哈根——汽车时代的步行者天堂和自行车之都

哥本哈根是丹麦的首都及主要的文化、商业、媒体和科学中心。2014 年该市城镇人口为 562.72 万,它曾多次被认为是"世界上最适合自行车出行的城市之一",也曾当选为"最佳自行车出行城市"。

广阔的自行车网络和以自行车设施为中心的交通规划都体现了自行车交通在哥本哈根的道路运输政策中的重要性。自行车计划及设施的预算占哥本哈根的道路运输预算总数的 1/3。2013 年哥本哈根的汽车分担率只有 29%,而公共交通、自行车和步行分担率分别是 28%、36% 和 7%。哥本哈根市仍然希望能够进一步改善自行车出行分担率,使其达到 50%。《哥本哈根市自行车政策:2011—2025 年》提出实现增加自行车分担率的积极目标,打造成自行车城市,成为世界上第一个零碳城市。具体目标包括:

(1)增加骑自行车上班、上学的人数比例,从 2010 年的 35% 增加至 2025 年的 50%;

(2)增加 3 车道自行车网络比例,从 2010 年的 25% 增加到 2025 年的 80%;

(3)缩短自行车出行时间,到 2025 年缩短达 15%;

(4)提高自行车出行安全感,从 2010 年的 67% 提高至 2025 年的 90%;

(5)减少自行车严重受伤事故数量,减少 70%;

(6)提高自行车骑车者对自行车道保养的满意度,从 2010 年的 50% 提高到 2025 年的 80%;

(7)增加市民认为自行车文化有助于营造城市氛围的比例,从 2010 年的 67% 增加到 2025 年的 80%。

到 2025 年,哥本哈根市将为自行车骑行者打造一个附加网络(Plusnet),涵盖所有绿色线路、自行车超级高速公路及最拥挤的自行车道。该网络将显示自行车通行空间、交叉路口情况等,以保证自行车骑行人能够自行选择喜欢的路线、骑行速度,安全舒适地抵达目的地。目标是确保该网络内 80% 的自行车道都是 3 车道(双向车道为 4 车道)。

2.1.6.1　自行车交通基础设施

哥本哈根拥有近400km的自行车道，路缘石将自行车道与机动车道分开，并高于道路7～12cm。大多数自行车道宽2.2m，较为繁忙的通勤路线通常会拓宽到3m。在路口和其他公路交叉口，自行车道被刷成明亮、显眼的蓝色，以警示机动车驾驶人此处有自行车通过。

机动车有时会非法占用自行车道，既减缓了自行车出行速度，又存在较大安全隐患。在高峰期，主要自行车道的车流量每小时超过2300辆，堵塞时常发生。针对这些问题，该市计划扩大自行车道网络，将最拥堵的路线加宽到3m，并给阻碍自行车道的机动车开罚单。

绿波道：通过调节交通灯使得一个方向的自行车可以连续获得绿灯（绿波）通过多个交叉路口，可以让骑车者以约20km/h的速度不停灯地通行，高峰期绿波方向会适当调整（图2-19）。试验结果表明，这一措施平均加快10%的自行车出行速度。自行车道宽度超过5m，每天约38000辆次自行车通行。

图2-19　哥本哈根自行车绿波道

彩色自行车道：改善十字路口的安全状况，逐步安置先进的自行车停车路线，在横过道路的自行车线路标上蓝色警示。越来越多的区域采用彩色自行车道（图2-20）作为自行车专用车道，既可以避免冲突，又能增强骑行者的骑行安全感。

图2-20　哥本哈根彩色自行车道

沥青路上的LED信号灯：到2025年，哥本哈根市的道路将能够解决高峰时段、购物高峰以及夜晚生活的通行问题。通过采用智能交通系统，将静态街道转变为动态街道。沥青路上的LED信号灯表示的是拥有优先权的交通方式及其优先通行时间。例如，早高峰时段可调整LED信号灯，占用步行空间扩宽自行车道；相反，在下午行人较多、自行车较少的时段，可调整LED信号灯扩宽人行道宽度。道路优先权及各种车道、人行道的宽度随需求改变，让道路遵循该市的自然生活节奏调节，打造一个更具活力、更加宜人的城市空间。

自行车高速公路：首条自行车高速公路已经通车，连接了哥本哈根市中心和市区周边22km以外的郊区城镇，为自行车提供安全平坦的骑行环境，并尽可能减少停车机会。未来哥本哈根及周边将有26条自行车高速公路,总长300km。

蛇形自行车道(图2-21):横卧在港口上的高架车道,该高架车道是钢结构,宽4m,长190m,坡道长90m;可以完全分隔行人和骑行者,骑行者从该高架车道通过港口区,极大地减缓了道路拥堵情况。该新建自行车道距离地面约1层楼的高度,可允许自行车无中断通行。

图2-21 哥本哈根蛇形自行车道

2.1.6.2 停车及与公共交通的整合

在哥本哈根,任何市郊火车以及地铁不得携自行车上车,因此,所有市郊火车和大部分区域火车站都设有自行车专用停车场(图2-22),车站周边自行车停车需求巨大。停车场周边设置自行车修理及租赁点,可提供看管及修理服务。未来几年,该市的目标在于大幅度提高自行车停车的数量和质量,在法规上保证自行车有足够的停车空间。

图2-22 哥本哈根自行车停车架

2.1.7 阿姆斯特丹

荷兰是世界上适合自行车出行的国家之一,其自行车出行率高达26%,在7.5km以内的出行中,自行车更是占到了34%的比例,是全球范围内自行车出行比例最高的国家。如图2-23所示。

目前,在阿姆斯特丹,自行车已经是出行不可或缺的交通工具,据统计,人均拥有1.11辆自行车,主城区内自行车日均出行达49.3万人次。主要道路上高峰小时的自行车出行高达2000人次。

阿姆斯特丹运输政策的基本目标在于集中发展非机动车交通模式,其中主要发展自行车交通,提出向可持续发展转型,走绿色环保发展之路。2006—2010 年,政府平均每年投入约 1000 万欧元的费用支持自行车设施建设,人均每年的自行车道设施建设费用约 26.95 欧元。

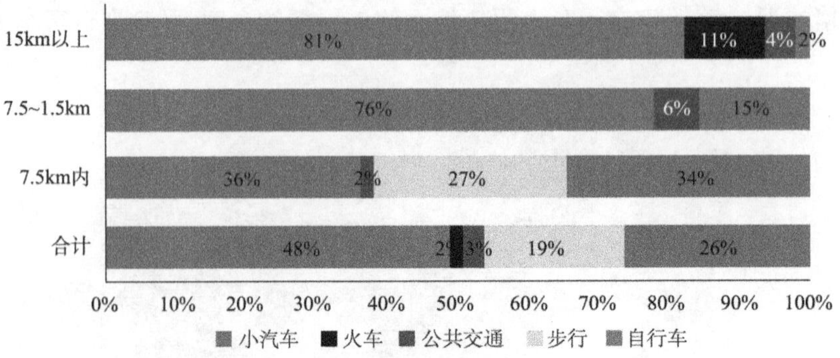

图 2-23　阿姆斯特丹交通出行分担率

2.1.7.1　自行车交通基础设施

阿姆斯特丹市和市议院逐渐注重及扩大自行车优先权,越来越多的通行空间正在向自行车和行人倾斜。2013 年 6 月,市议院通过了一项名为"阿姆斯特丹交通方案"的交通计划,并提出了一个新系统——"Plus Nets",提倡更清晰的分配、提供更具体的选择,每一条道路一般最多只容许 2 种通行方式获得优先权,如这条道路上,自行车比汽车拥有优先权;而在另一条道路上,自行车将为汽车腾出更多通行空间。该系统将取代部分主流道路网络政策,不再容许不顾道路宽度而把所有交通方式挤在每条道路上。

建设高质量的自行车设施是确保市民享受愉悦、安全及轻松骑行的根本。阿姆斯特丹拥有覆盖整个城市的自行车网络,全市约有 1000km 的高质量的自行车专用道(图 2-24),修建了自行车绿桥,以提供便利的网络连接,而且交叉口设置了专用的自行车信号灯。

图 2-24　阿姆斯特丹自行车道

2.1.7.2　停车及与公共交通的整合

一般而言,阿姆斯特丹的火车站附近都有大量的自行车停车设施。作为荷兰的主要铁路交通枢纽,阿姆斯特丹中央车站日旅客运输量达 25 万人次。2006 年,在高峰段,阿姆斯特丹中央车站的自行车停放量超 10000 辆。

阿姆斯特丹还推出了一种整合机动车和自行车的运输方案,称为"停车再骑车",即人们将车停在城市边缘,然后骑车进入市区。阿姆斯特丹建设了大量的自行车停车楼(图 2-25)及双层自行车停车架来满足停车需求。

图 2-25　阿姆斯特丹自行车停车楼

阿姆斯特丹国立博物馆是一座对称的新哥特式建筑,建筑下方的地下隧道连接了博物馆广场和市中心。在博物馆进行改造前,该隧道是自行车网络的一部分;而改造后,地下隧道合并到博物馆的一地下入口。这个改造方案引发了一场关于隧道内严禁自行车的争议,继而有国家级自行车骑行者组织和游说团队对方案提出强烈抗议。在历时长达一年的研究、大众传媒上的激烈辩论以及严肃认真的政治介入后,自行车骑行者最终获得胜利。阿姆斯特丹规划局重新设计了一条新的自行车道,既可以配合博物馆改造,又可以满足自行车集团提出的要求,确保自行车道能继续为子孙后代持续服务。如图 2-26 所示。

中央车站-公共自行车停车场:作为阿姆斯特丹市最繁忙的交通枢纽,中央车站(图 2-27)需要提供 18000 个自行车停车位,远超过其原本设计的 2500 个停车位。未来规划建设的永久性停车场将更为壮观,因该市希望能在中央车站岛周边保持开阔水面,所以现有的可用空间是极小的。目前有两个建议方案:

(1)建造一座可以提供 7000 个停车位的大型水下自行车停车场;

(2)保持小型水体,于广场下建筑可停放 4000 辆自行车的地下停车场。

图 2-26　国立博物馆自行车道

图 2-27　阿姆斯特丹中央车站

2.1.8　柏林

柏林是德国居民汽车拥有率最低的城市之一,非常适宜自行车出行,平均自行车出行长度约 3.7km,只有 19% 的自行车出行距离超过 5km。2013 年,柏林各种交通方式分担率分别是:小汽车 31%,公共交通 26%,自行车 13% 以及步行 30%。柏林人口约 363.4 万(2018 年),自行车交通的比例在过去几年不断提高,现在已达到 15%——每天约 50 万人骑行。

2004 年 11 月,柏林参议院通过了首个自行车策略,成为柏林市可持续交通发展综合规划不可或缺的一部分。该市的自行车策略提出了以下战略目标:①提高自行车出行在柏林市出行总数中所占的比例;②鼓励中长途出行选择自行车;③将自行车与公共交通整合;④减少事故发生;⑤给予适当补贴;⑥尽快完善自行车网络。

2011 年 2 月,柏林参议院通过了《城市交通发展规划》的新愿景。其包括一份更新后的交通预测、交通影响评估以及一系列修改和补充措施,现已被纳入该市自行车策略的考量中,旨在:①将汽车使用率从 32% 降低至 25%;②将自行车出行分担率从 13% 提高到 18%;③截至 2025 年,将公共交通出行分担率从 27% 增加到 29%。为鼓励更多人选择自行车出行,该规划将涉及道路重建,从而为自行车提供更多基础设施。自行车网络扩张包括新建自行车单向道以及在次要道路上建造自行车线路。

2.1.8.1 自行车交通基础设施

柏林自行车设施绵延 1000km。其中,662km 是特色自行车道,而 174km 采用了自行车道铺装。柏林的自行车道系统由 4 个层组成:沿柏林墙自行车道、长途自行车道、自行车主干路及自行车支路。长途自行车道呈放射状,将柏林与周边城市进行连接,如哥本哈根、欧洲自行车道 R1。从市中心出发,12 条自行车线路呈星状向郊区延伸,连接 8 条环状线路,形成蛛网形架构。另外还有 4 条跨区域长途路线经过柏林。自行车支路则在此系统上进一步将系统进行细分。

在线自行车规划网站:自行车骑行者可以自行输入出发地和目的地,网站可以自动计算最优路线。自行车骑行者可以选择不同出行路径,包括路内自行车道、独立自行车道或路外自行车道,还可以选择避开信号控制交叉路口。网站会标出推荐线路、最近公交车站位置、交通信号灯和坡度等。此外,还可计算不同骑行速度所需骑行时间。骑行者在骑行途中也可以通过电脑和手机查看推荐路径。

2.1.8.2 停车及与公共交通的整合

柏林自行车停放设施主要是自行车停放架,其中一些还提供了天气防护措施,如 Velo Easy 自行车停放/储藏柜(图 2-28)。自行车骑行者可以通过一个自动且方便使用的系统停放他们的自行车,使自行车免受恶劣天气的影响,同时避免偷车问题。

图 2-28 Velo Easy 自行车停放/储藏柜

容许骑车者在任何时间把自行车带上不同铁路列车,包括电车、区域火车站以及轻轨和地铁。车厢的玻璃窗上画有自行车的标志(图 2-29),空出约 1/3 的地方不设座位,专供摆放自行车。2004 年,柏林在区域和通勤火车以及地铁站等提供了 22600 个自行车和乘车停放区。在 2004—2005 年,高速火车又增建了 2000 个自行车停放处。

图 2-29　德国铁路自行车标志

第 2.2 节　国内城市慢行交通规划实践

2.2.1　北京——开通自行车专用道,进行慢行系统改造

20 世纪 80 年代,北京市自行车出行比例高达 62.7%,而进入 21 世纪后,由于城市蔓延及机动化的快速发展,北京市自行车发展经历了从兴盛到衰退的过程,自行车出行比例一路走低,到 2015 年,仅占 12.4%。如图 2-30 所示。

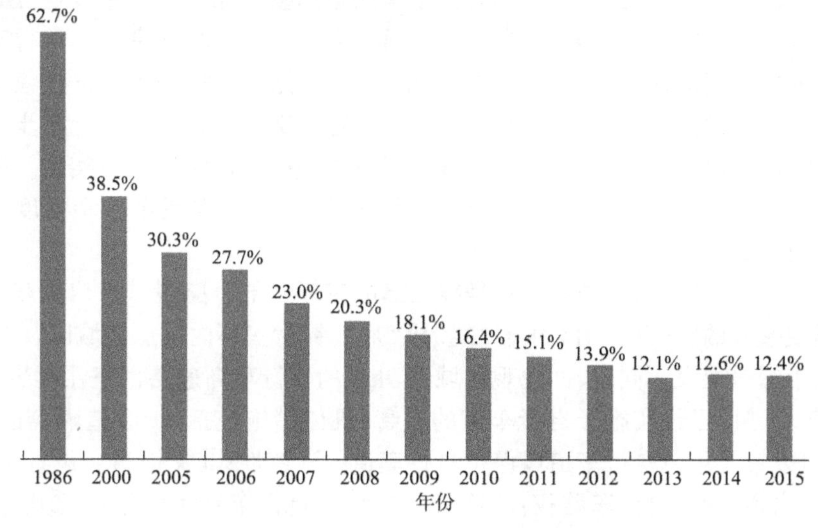

图 2-30　北京市自行车出行比例(1986—2015 年)

2005 年 1 月,北京编制出台的《北京城市总体规划(2004—2020 年)》开始提倡步行和自行车交通方式,实行步行者优先,提出将编制城市步行交通规划、自行车交通规划,并纳入城市综合交通规划。

2009 年底,为缓解城市交通拥挤和改善城市环境,北京在《"绿色北京"行动计划(2010— 2012 年)》(征求意见稿)中提出建设慢行交通,在道路两侧设立自行车专用道,在主干路的辅路安装护栏或者重新画上标线。

2014 年发布的北京市地方标准《城市道路空间规划设计规范》(DB 11/1116—2014)再

次强调以人为本原则，确保绿色交通路权。要求各级城市道路两侧都必须设置连续的人行道及非机动车道。遵循的主要原则包括：①安全——安全第一，确保所有道路使用者特别是行人和自行车交通的安全；②公正——强化行人、自行车、公共交通的路权；③有效——综合、有效利用道路空间，尽可能满足多种功能；④包容——提高无障碍标准，改善残疾人等交通弱势群体的出行条件；⑤宜人——强化道路的生态、环境和景观功能，改造宜人的交通环境。

2016 年，北京市交通委员会、北京市规划和国土资源管理委员会组织编制完成《北京市自行车和步行交通规划》，提出建设自行车和步行友好城市，2020 年自行车和步行出行比例不低于 40%、自行车出行比例不低于 16% 的规划目标；分区域制定自行车和步行交通发展策略；构建自行车和步行交通网络；编制了规划设计指引保障通行空间、重塑自行车和步行交通出行环境。

2016 年 6 月，《北京市“十三五”时期交通发展建设规划》发布，明确表示要提升自行车、步行出行环境，充分发挥自行车、步行在中短距离出行及公共交通接驳中的优势，鼓励选择绿色、低碳的交通出行模式，推动交通结构的总体优化：①切实改善自行车、步行环境，充分发挥规划、设计引领作用。编制出台自行车、步行交通专项规划，统筹自行车、步行系统建设。加强城市设计，体现人性化、精细化理念，提升环境品质、增强公共空间活力。实施道路使用空间向自行车和步行交通倾斜政策，确保自行车和步行的路权，提供安全、连续、便捷、舒适的交通环境，建立良好交通秩序，提升城市道路空间整体品质。②推动建立连续成网的自行车、步行系统。制定年度实施计划，点、线、面相结合，有序推进建成区自行车和步行交通环境改善，使之成网成片。“十三五”时期，五环内计划治理完善 3200km 连续成网的自行车道路系统。加强自行车停车设施建设和管理，规范停放秩序。建立自行车步行发展的保障机制。③研究完善自行车和步行相关政策和资金保障机制，确保规划实施。建立评估机制，每两年对自行车和步行交通系统进行调查和评估，及时对发展策略和年度计划进行调整，确保规划目标的完成。

自 2013 年起，北京市在地铁 4、5、6 号线，二环、三环路部分路段试点启动步行和自行车系统整治，形成基础的“线”。2014 年连“线”成“片”，针对三环内重点区域以及 1、2、10 号线沿线，结合城市绿道建设。同时，回龙观区域近 9km 的自行车高速路也正在逐步落地实施。

三环内部分路段已经实施了自行车道的改善，具体措施包括：①改造隔离的自行车道；②通过交叉口处铺装彩色自行车道以保持自行车道的连续性；③关键节点设置护柱，防止小汽车随意停车占道，确保自行车路权；④部分节点设置自行车专用信号灯；⑤增设自行车停车设施。

2017 年 4 月，北京已完成 1066km 的步道和自行车道路的治理，“十三五”时期将完成 3200km 步行自行车道治理工作，初步形成连续成网的自行车道路系统。2020 年，北京按照“慢行优先，公交优先，绿色优先”交通发展理念，逐年稳步推进慢行系统整治工作，市、区两级累计完成 1333 条道路、3218 公里自行车车道整治任务。如图 2-31 ~ 图 2-33 所示。

2019 年 5 月，北京建成开通了首条自行车专用道。自行车专用道开通一年来，累计骑行量已超过 144 万辆次，成为约 1500 人通勤的选择。连接北京上地信息产业基地与大型居住区回龙观的自行车专用道，紧贴地铁线，但高架部分高出地面五六米，桥身和横梁都是钢结构。路面被打造成一侧高、一侧低的倾斜式，较低侧每隔一段距离建造一处排水孔，可保证雨水自然流淌排出，不会影响正常骑行。跨高速公路高架桥时设置了挡风装置，且能减弱地铁产生的噪声，增加骑行舒适度。

图2-31　北京的自行车道

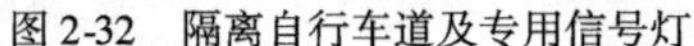

图2-32　隔离自行车道及专用信号灯

图2-33　阻车桩确保自行车道路权

为进一步提升慢行交通出行品质，北京市今年将进一步启动东拓、南展、西延自行车专用道工程，同时在城市副中心加快慢行系统的建设，既解决人们出行难问题，也引导和培育市民绿色出行。

自行车专用道西延工程全长3.8km，道路东与回龙观自行车专用道连接，向西途经后厂村路、茉莉园南路，利用后厂村路和茉莉园南路既有慢行交通系统，穿过百旺公园到达京密引水渠绿道，实现绿道、巡河路与慢行系统衔接融合，形成一条新的“绿色纽带”。

东拓工程位于昌平区，起点为已建成的自行车专用道沿同成街向东与良庄西街交叉口，再沿同成街规划线位向东延伸，终点为林萃路。建成后，将保障回天地区的休闲、消费等出行需求。

南展工程位于海淀区、西城区，起点为已建成的自行车专用道后厂村路与上地东路交叉口，向南沿地铁13号线走廊带布设，终点为西直门，全长约15.9km。南展项目全线建成后将实现与沿线清河绿道、万泉河绿道、转河滨河路滨水绿道连通，满足沿线市民通勤、休闲等多样性需求。

自行车专用道建成后与自行车道系统相衔接，直接服务于沿线约1.16万通勤人口。与普通自行车道相比,自行车专用道安全性更高,全程没有红绿灯,速度更快。该路分为高架段、地面段及地面改造段三种路段形式。全程采用封闭式管理,仅服务于非助力自行车通行,禁止行人、电动自行车及其他车辆进入。路面使用环保树脂底胶黏结彩色陶瓷颗粒,防滑性、舒适性和耐久性甚至高于一般机动车道,同时安装了防护设施,并设置了潮汐车道。在超大城市北京,“自行车专用道”不仅能解决人们出行难的现实问题,而且对引导和培育市民绿色出行有积极意义。如图 2-34 所示。

北京城市副中心建设慢行系统的力度也很大。按照中共中央、国务院批复的《北京城市副中心控制性详细规划(街区层面)(2016 年—2035 年)》,到 2035 年自行车道里程将达 2300km 左右。副中心通州玉带河大街等进行了慢行系统改造,在主干道两侧划出 3km 长的自行车专用道,并通过护栏与机动车道隔离,醒目的红色骑行路面成为亮丽风景。慢行系统还包括滨水穿林、四通八达的绿道体系,运河、潮白河等水系两岸,原本功能单一的河堤路正变成绿色线性空间,供市民锻炼和休闲。如图 2-35 所示。

图 2-34　北京市自行车专用道

图 2-35　河堤路慢行系统

2.2.2　成都——“两网多线”的城市慢行交通体系

构建绿色交通体系,倡导绿色出行,是实现城市绿色低碳发展、提升城市人居品质和形象魅力的重要举措。在成都市委市政府的工作部署下,成都市规划管理局编制了《成都市慢行交通系统规划》(以下简称《规划》),旨在构建安全、便捷、舒适、高品质的城市慢行交通系统,营造绿色和谐、国际一流的慢行出行环境,为长效推进建设国家中心城市和实现城市绿色低碳发展奠定重要基础。成都将构建形成“两网多线”的城市慢行交通体系。

(1)自行车交通网:规划 1856km 专用道,设置多级配套驿站。

第一张网是自行车交通网,包括了自行车专用道和自行车主通道(图 2-36、图 2-37)。自行车专用道是为满足居民日常健身娱乐功能需求并兼顾部分上下班及上下学出行需要的骑行通道,共计 1856km,主要依托成都市中心城区环城生态区的楔形绿地、河流水系资源、城市公园、湖泊湿地等打造自行车专用道系统,提供独立安全、连续宜人的自行车专用骑行空间。重点选取了包括三环路、四环路等城市环路以及锦江、沙河等河流的滨水空间,作为打造自行车专用道的载体。

为了提升骑行品质,自行车专用道沿线将与生态景观紧密融合,结合规划建设用地设置多级配套驿站。例如,清水河自行车专用道,起于三环路苏坡立交,止于菁蓉镇中心,沿清水河绿化带敷设,全长约 20km,沿线串联火车西站、菁蓉中心、电子科技大学、两河森林公园等城市节点,沿线设置自行车立体优先过街设施和休憩驿站,确保连续无阻骑行,打造安全通畅、舒适宜人的骑行环境。

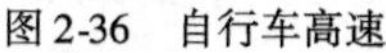
图2-36　自行车高速

图2-37　"彩虹"自行车道

为满足居民上下班和接驳等功能需求,规划还依托城市次干路及以上级别道路构建了自行车主通道。通过分析骑行轨迹数据,筛选判断自行车出行需求较多的城市干路,通过增设机非物理隔离、拓宽非机动车道等方式,提供能够有效满足居民日常骑行需要的网络空间。

(2)步行交通网:规划1411km"通学优先道"。

步行交通网是第二张网,具有更为丰富的内涵。

首先,以满足学生上下学和家长接送出行需求为核心目的,选取成都市中心城区小学周边邻近道路作为通学优先道,总计规划1411km。从道路慢行空间保障、车辆减速与引导等方面,大力提升学校周边道路的慢行安全性,保障学生和接送家长安全上学、平安回家。

其次,《规划》重点选取以日常生活服务、购物休闲、接驳公交等慢行出行功能需要为主的城市道路,作为步行特色道进行打造。主要包括临街商业、餐饮或公服、绿地、广场等集中的道路、地铁站临近的道路,通过保障步行空间、加强街道空间整体设计、强化与沿街建筑及交通站点的便捷联系等方面,提升步行出行的舒适性与便捷性。

此次规划还选取了购物休闲片区、旅游文化片区等休闲活动集聚的城市区域,结合步行出行的需求量,筛选部分道路作为步行专用道,禁止机动车通行,营造独立、安全、舒适的步行环境。

(3)多线:绿道等特色慢行系统。

在"两网"的基础上,《规划》还选取了具有特色功能的慢行通道,对其进行特色化建设打造,从而形成城市特色慢行系统。主要包括多彩慢行大道、锦城文化步道和城市绿道。

其中,多彩慢行大道是以集中展现城市特色风貌、延续城市核心文化为目的的特色慢行通道。通过对多彩慢行大道两侧不同城市功能进行分段控制,并根据沿线文化资源提出控制与引导措施,可充分发挥其展示城市形象魅力的作用。

锦城文化步道是串联城市历史文化与特色风貌片区的特色慢行通道,串联杜甫草堂、人民公园、青羊宫等城市历史文化与生态景观节点的南河—锦江文化步道进行构建,主要承担传承城市特色文化的功能。

城市绿道包括区域级绿道、城区级绿道、社区级绿道三个级别,通过区域级绿道构建市域生态山水格局骨架,通过城区级绿道主要串联功能组团间的自然景观和功能空间,再通过社区级绿道串联公共服务设施,为市民提供连续舒适的绿色出行空间。

成都市慢行系统的完善构建是对绿色交通出行的极大推动,也是对城市绿色低碳发展的重要支撑。根据成都市城市总体规划的目标,到2035年成都的绿色交通出行分担比例超过85%,这其中包括慢行交通和公共交通。安全、便捷、舒适的慢行交通系统可以使居民绿色出行逐渐成为主导,让大家真正实现慢下脚步,静下心来,品味城市。

2.2.3 广州

2011年,《广州市绿道网建设规划》规划未来广州市绿道总里程921km,其中区域绿道6条,526km;城市绿道20条,395km。同时提出绿道网络系统与城市公共交通系统应充分衔接,成为城市步行和自行车交通系统的重要组成部分。

截至2016年底,广州全市绿道里程达到3000km,覆盖全市11个区,串联300多个景点,160个驿站,是全国绿道线路最长、串联景点最多、在中心城区分布最广的绿道网。如图2-38、图2-39所示。

图2-38 萝岗生物岛绿道

图2-39 从化流溪河绿道

2015年,广州编制完成《广州慢行交通系统规划》,将广州分为核心区、外围区与生态区,按照三大分区的慢行出行需求制定有针对性的慢行规划方案(图2-40)。

核心区:针对城市不同的用地特征,进一步提出针对历史城区、老城商业区、新城商务区、交通枢纽地区与居住地区分别制定适宜的规划方案。在历史文化地区,打造串联各历史文化保护景点的旅游慢行路线;在老城商业区,加强精细化设计、优化地面铺装与绿化。

外围区:结合城市重点建设平台规划24个慢行交通片区。以促进片区内部慢行交通出行为主,包括新增慢行通道、公共自行车、人行过街系统以及城市轨道站点与周边 3km 以内地区的自行车接驳规划。

图 2-40　广州慢行交通系统规划

生态区:加强与周边水道的联系,亲近自然。

2016 年,广州提出了从“面向车”到“面向人”,从“控红线”到“控空间”,从“断层式”到“一体式”的转变要求,从全要素角度对广州市城市道路规划及设计进行统筹考虑。改变以往“就道路而做道路”的“单一系统”建设理念,将道路作为一个城市整体空间来打造;改变以往只注重道路车行效率,对非交通性的活动关注不足的做法,重新将人的需求作为重要取向,兼顾步行和慢行系统的便利性与舒适性,实现交通性道路向生活性道路的转变(图 2-41)。

图 2-41　行人及自行车交通全要素

2017 年 8 月,广州编制完成《广州市城市道路全要素设计手册》,共六大系统、90 项道路要素,根据广州市道路功能与特点,在综合考虑土地使用、建筑功能、交通特性、街道景观的基础上,重构城市道路分类体系,并对每种道路类型提出了具体的建设标准、服务要求,为城市道路设计提供精细化指南,从设计源头对道路精细化、品质化建设进行把控,进而实现城市空间品质化建设和提升。如图2-42、图2-43所示。

图2-42　自行车轮胎导轨

图2-43　自行车停车设施

2.2.4　香港——因地制宜发展步行和自行车交通的城市

香港行政区划面积约1106.66km^2,建成区面积约250km^2,人口约747.42万(2020年),是一个地域狭小、地形地势多样,人多、车多、路窄的高人口密度城市。近年来,香港开展了行人环境规划研究,制定了一套指引,因地制宜地建立以人为本的步行环境,使步行成为香港以轨道交通为主导的多元化公共交通体系的重要组成部分,也保障了高集聚状态下各种城市功能的有效运转。通过地面、空中和地下的立体步行系统将地铁站、公交车站等交通枢纽和商场网点形成的综合建筑,以及与公园、绿地和广场等开放空间相互连接。香港早在20世纪70年代就开始在港岛中环规划和建设空中步行连廊,现已形成全球最具代表性的天桥步行系统[整个系统连接商业裙房、各中转大厅(堂),并与城市主要交通站点相接,将公共领域和私人领地的界限弱化并融为一体。同时,与丘陵地貌结合,使高层楼宇呈现层叠状态,在水平和垂直方向将城市干道、空中行人道、天桥、地下隧道、建筑内庭、半山干道等联系在一起,形成立体网络,真正实现了人车分流]。

香港建有170km自行车道,自行车交通在出行中所占比例很低,约占每日机动化行程的0.5%。香港《骑单车研究报告》认为,发展自行车交通是有积极意义的,其发展主要受限于地区地势条件和道路条件。香港只有27%的地区适合自行车骑行(坡度小于5%)。香港岛及九龙地区由于道路空间条件难以设置自行车道,因此,仅在新界地区发展自行车交通。香港在东铁沿线的沙田、大埔等新市镇均建设了非常完善的自行车交通系统,在很多方面超过内地。例如,在天桥和地下通道均设置了自行车专用过街通道,保证了自行车骑行的连续性;道路两侧设置双向通行的自行车道,方便骑行者;自行车停放设施设置在轨道站点出入口,方便存取;自行车可进入升降梯。香港自行车交通出行比例比较低的原因,一方面是受地形条件限制,骑行较为耗费体力;另一方面,由于其TOD(以公共交通为导向的开发)的城市开发理念,居住基本分布在轨道站点1km范围内,步行+轨道是比较适宜的交通出行方式。如图2-44所示。

图2-44　香港自行车设施建设

2.2.5　杭州——公共自行车带动

杭州市的公共自行车发展领全国之先潮,以政府为主导的公共自行车模式很好地带动了慢行交通的发展。2007年9月22日,杭州市举办了首个"无车日"活动,引导市民尽量不使用小汽车,而以步行、自行车、公共交通为主要出行方式。由此,杭州市市政府意识到小汽车的负面影响和营造高品质慢行交通出行环境的重要性,并将"可持续发展"和"绿色交通"作为城市交通发展的主要战略目标,提出了兴建公共自行车系统。

2008年4月,杭州市投资500万元组建了国有独资的杭州公共自行车交通服务发展有限公司,主要负责引进车辆、系统布点、配套设施及人员管理等工作,成功研发了国内第一套公共自行车租赁系统,具有完善的信息管理和自行车锁止装置。经过一年的发展,杭州公共自行车从2800辆发展到了2万辆,共有服务点1025个,构建了"随用随骑,骑后速还"的有限时间内的免费公共自行车租赁系统,并不断发展和完善,目前已成为市民日常出行的交通方式，最高一天租车量达到12.6万人次。此外，在使用方面，公共自行车的使用方式极其简便、使用费用优惠力度极大。凡是拥有公交卡或市民卡的市民，均可以直接进行租车活动；在收费方面，系统设定了以30min、90min为间隔点的3个收费段（不收、1元和2元），为促进公共自行车与公共交通的换乘，对使用公共自行车换乘公交车的市民实行延长公共自行车租赁的免费时间的优惠服务。如图2-45所示。

图2-45　杭州公共自行车推广

2.2.6　上海——配套设计导则，打造自由灵活的公共自行车租赁品牌

上海是中国最早在城市交通发展政策中提出需要重视慢行交通的道路系统的城市，2001年发布的《上海市城市交通发展白皮书》要求保障慢行交通网络的连续、完整和安全，充分发挥慢行交通系统短途接驳公交的功能。直至2005年，上海市展开了“上海市慢行交通系统研究”的研究课题；2006年在该课题的研究基础上编制了《上海市中心城行人交通系统规划》《上海市中心城非机动车交通系统规划》，实现了“机非分流”；2007年，将二者整合为《上海市中心城慢行交通系统规划》，从空间上对慢行交通系统进行了整体规划，同时发布了《上海市城市干道行人过街设施规划设计导则》作为配套，规划内容主要包括确立慢行交通服务的核心目标——慢行核，包括以风景名胜中心、中心商业商务区组成的吸引核，以高等院校及非住宿中学组成的活力核，以及以大型居住区和社区活动中心组成的和谐核；打造慢行安全岛，为使用者提供独立、专用的慢行空间；规划慢行廊道；通过设计慢行道路断面、实行交通管制等措施，保障慢行道路优先权。

2001年，上海市市政府制定并颁发的《上海市城市交通发展白皮书》是我国城市交通发展中首部明确提出需要重视慢行交通的城市政策。2013年版《上海市交通发展白皮书》中更是提出“进一步完善步行和自行车交通系统，保障步行和自行车交通的基本路权，营造安全、便捷、舒适的出行环境”的发展目标，指导上海市步行和自行车交通的发展。2014年，上海自行车交通出行分担比例为7.3%（图2-46）。

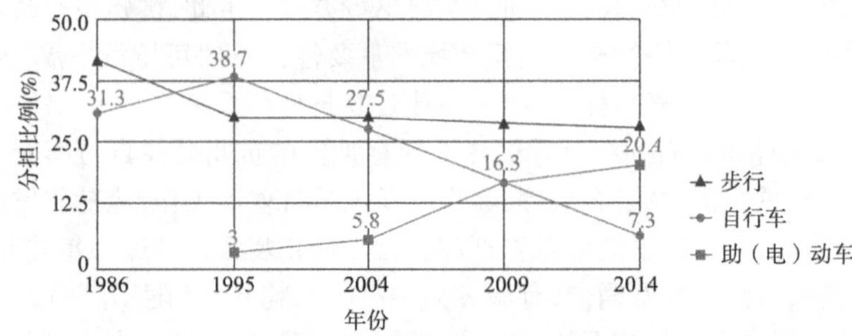

图2-46　上海市居民出行方式比例

2016 年 8 月,上海编制完成《上海市城市总体规划(2016—2040)》,提出上海将在 2040 年建成卓越的全球城市,国际经济、金融、贸易、航运、科技创新中心和文化大都市,成为令人向往的创新之城、人文之城和生态之城。同时,为实现打造 15min 生活圈和提高绿色交通出行比重的目标,该规划对城市慢行交通系统的建设提出了新的要求,中心区、新城区需完善以人行道、非机动车道为主的慢行网络,保障慢行交通的安全和与轨道交通站点及公共活动中心的衔接。如图 2-47 所示。

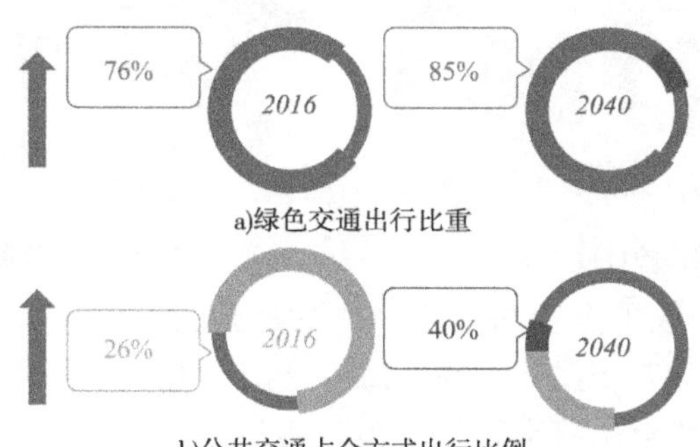

a)绿色交通出行比重

b)公共交通占全方式出行比例

图 2-47　提高绿色交通出行比重

2016 年 10 月,上海市规划和国土资源管理局、上海市交通委员会联合发布《上海市街道设计导则》,这是全国首部城市级街道设计导则,提炼了上海市地域特色的街道元素,围绕安全、绿色、活力、智慧街道四个目标形成设计导引(图 2-48),推动上海街道的"人性化"转型,重点突出未来街道的"慢行优先",同时为实现街道慢行系统等精细化街道建设提供了形象化的设计指引。

安全街道

行人车辆各行其道、有序交汇、安宁共享,保障各种交通参与者人身安全,保障交通活动有序进行。

绿色街道

促进土地资源集约、节约,倡导绿色低碳,鼓励绿色出行,增进居民健康,促进人工环境与自然环境和谐共存。

活力街道

提供开放、舒适、易达的空间环境体验,增进市民交往交流,提升社区生活体验,鼓励创意与创新。

智慧街道

整合街道设施进行智能改造,提供智行协助、安全维护、生活便捷、环境智理服务。

图 2-48　上海街道设计四个目标——安全、绿色、活力、智慧

上海将近 40% 的城市道路有独立的自行车道,2/3 的双向四车道以上的道路有独立的非机动车道。上海市交通委员会从打通断点瓶颈、改善通行环境、推进功能性通道建设、优化停放点布局等方面,提出了 2016—2017 年中心城慢行交通改善工作任务清单。其中,2017 年中心城慢行交通改善工作共分 31 项,具体包括:疏通慢行交通断点瓶颈 10km、新增机(人)非隔离设施 18km、改善慢行交通附属设施项目 6 项、深化研究项目 15 项等。

上海各区也开展了大量街道品质提升工作，在完善慢行系统、提升街道空间的环境品质方面取得了一定成果。如图 2-49、图 2-50 所示。

图 2-49　常德路隔离的自行车道

图 2-50　大宁国际商业广场共享街道

上海的公共自行车采取了企业与政府合作的模式，2016 年，一种自行车的公共租赁品牌“摩拜单车(现美团单车)”(图 2-51)在上海市徐汇区发布并风靡全市，极大地促进了自行车交通的发展。这是一种“自由移动着的单车”，市民只需要在手机应用商店里下载免费的摩拜单车 App，就可以租借到一辆样式潮流的自行车。这种新的自行车租借模式由北京摩拜科技有限公司推出，使用方式十分便利，扫码即可借车，骑行结束的时候可以在任意地点停放自行车，并不像以往的公共自行车那样需要还回租赁点，同时通过手机的手动关锁键即可自动结费；此外，该软件平台还充分考虑了社交互动的需求，可以帮助使用者自动计算骑行公里数、减碳量等指数，这些指标还可以被分享到其他社交平台和朋友们互动，一起绿色出行，打造健康生活圈。

图 2-51　摩拜单车

第 2.3 节　总结与启示

现代化、国际化大都市离不开一个充满吸引力的步行交通系统。从哥本哈根和香港等现代化、国际化发达城市和地区的步行交通发展经验来看，它们都十分重视和支持步行系统的建设与改善，通过创造人性化的出行环境和多样化的公共空间，不仅能够有效缓解高密度城市的交通压力、提高土地使用效率、激活商业价值，更能够吸引人们以步行方式体验生活，激发城市活力。慢行交通在我国其实占据着最大的出行比例(占总出行比例的 1/3 以上)，但对其系统规划和管理的重视程度远远不够，国外和国内的这些城市都为慢行交通的发展带来了经验和启示。

(1)立足自身特色，体现地域性。

各个城市需考虑其地形条件、自然环境和人文社会环境特色等，提出更适合本城市发展的慢行交通模式。比如在学习国外城市将自行车道路刷涂成红色的方式时，不应只停留在表面，类似北京等有悠久历史文化的城市，跟风式的大面积红色材质可能是对古城风貌的另一种破坏，此时应理解国外这一做法的深层原因——为引起机动车驾驶人的注意，给予骑行者的路权，保证其安全。完全可以通过隔离路桩、十字路口处的特殊颜色、路面标示等形式达到同样的目的。对于广州等南方城市，因气候和地形条件未形成骑行传统，步行的户外体验也不适宜，则可利用其丰富的自然环境营造适合步行和自行车的环境——绿道模式，对于高密度发展的城市，可借鉴香港模式，聚集大量居住区、商务商业区等地点设立公共交通站点，并将慢行交通系统立体化，建立室内的步行通道。

(2)政策评估及推广，体现公众参与性。

政府专门编写慢行交通政策，建立慢行交通系统的评价体系，对其指标进行量化，包括慢行交通的通行速度、路面质量、等候系数、非直线系数、舒适度、满意度等。定期以多种方式(如手机 App)对慢行交通使用者进行调研回访，对使用慢行系统评价得分高的慢行交通政策予以持续性推广。此外，将对公众的宣传教育写入推广政策，逐渐形成城市的慢行交通文化。只有全民意识提高了，才能有效促进慢行交通的优先发展。

(3)承担公共交通“最后一公里”接驳功能，体现中短途优势性。

伴随大城市的郊区化，近郊居民的公共交通“最后一公里”问题实际上常常是“3km”问题。相关研究证明，在中短途出行距离中，慢行交通是极具优势的，包括更省时、更经济、更自由、更低碳、更有助于身体健康等方面，需要各城市重视慢行交通在公共交通“最后一公里”中的接驳功能，结合公共交通站点设置更便利的自行车停车、公共自行车租赁、步行连廊等设施，保证慢行交通的路权，严格管理站点周边道路的机动车路边停车现象，改为结合机动车道隔离带的机动车路边停车模式；在小区内部建立慢行交通单元、为慢行交通打开门禁，实现慢行交通的“抄近道”；等等。

(4)营造友好步行体验需要相关城市系统的支撑与融合。

步行交通作为城市交通体系及城市整体系统的一个基本组成部分，除步行系统本身的完善以外，一方面，需要公共开放空间、道路、公共交通与其他交通系统、土地利用和自然景观资源等步行相关系统的支撑与协调；另一方面，需要综合交通发展策略、与公共交通相协调、部门间的合作和倡导步行文化等步行化政策的制定、实施与宣传。

(5)城市高机动条件下自行车交通方式仍存在较大的发展空间。

从哥本哈根和上海等高机动化城市自行车的发展经验来看，随着居民经济水平以及私人和公共机动化水平的提高，交通出行方式趋于多样化，部分自行车交通会向公交、摩托车、小汽车等方式转移，但如果城市能够提供完善的自行车骑行环境，自行车交通出行方式由于其自身的优势仍能够占到20%以上。香港虽然建设有发达的公共交通系统，但仍通过建设完善的自行车交通系统引导自行车交通出行方式。

(6)完善的自行车道网络是自行车交通发展的基础。

从自行车发展较好的哥本哈根等欧洲城市，以及国内北京、上海、杭州、南京等城市来看，这些城市都建设有完善的自行车道，基本形成自行车通勤和休闲网络。自行车道相对独立，避免了与其他交通方式相互干扰。

(7)利用现代科技建设智能化慢行系统公共服务设施。

现阶段，虽然城市慢行系统的建设取得了一些进展，但其相应的配套公共服务设施的建设还无法满足人们的需求，服务水平和质量也有待提高。例如，自行车停靠点设置不合理，自行车道过窄，慢行道周围绿化设施不完善，休息凉椅、垃圾桶、道路标志等设置不足，步行道上过街天桥和地下通道等设施较少等，给人民绿色出行带来诸多不便。

因此，在城市慢行系统设计规划中不仅要重视对道路的设计，更要重视其配套设施的建设。例如，充分利用大数据、云计算、各类传感器等现代化信息技术，收集大量民众慢行出行数据信息，利用大数据和计算机的强大功能，对信息进行优化处理，合理配置各种配套设置，如慢行交通设施附近的绿化带建设、自行车停靠点的设置等，为民众提供更优质的慢行交通体验，让低碳出行更加深入人心，打造令民众满意的智能化城市慢行系统。

第3章 城市慢行系统完善及品质提升规划设计

第3.1节　步行交通系统规划方案

3.1.1　步行分区布局规划

根据不同类型步行活动特征及其对设施需求的特点,将全市城市建设区域和非建设区域划分为以下两类步行区域。

1)生态休闲步行区域

生态休闲步行区域包括基本生态控制区用地、山海河湖、组团绿带和大型城市公园绿地等用地在内的自然景观资源地区,主要承担休闲步行活动。

在生态休闲步行区域内,步行交通系统整体的使用频率相对较低,其规划建设应在满足生态维育的基础上,满足生态休闲和跨组团步行联系的需求。本区域内步行交通系统主要通过串联适宜的自然景观资源,为进行休闲步行活动提供空间和设施。

2)都市生活步行区域

都市生活步行区域为自然景观资源地区以外的城市建设用地区域,主要汇集通勤和休闲两类步行活动。

都市生活步行区域是步行交通系统的集中分布区域,使用频率最高,其规划建设应为通勤和休闲两类步行活动提供空间和设施,串联公共交通设施、公园绿地、公共设施、就业点和居住点等主要目的地和设施。

依据步行交通聚集度、交通设施条件、地区功能定位及其对外吸引力等因素,都市生活步行区域划分为核心步行片区、重要步行片区和一般步行片区。

(1)核心步行片区。

核心步行片区的空间区域范围主要包括重要轨道站点500m服务覆盖范围、步行活动密集程度高和常规公交便捷可达的城市重要公共活动中心,以及具有特色景观资源的区域。

核心步行片区集聚了独特的自然景观资源和都市景观资源,具有良好的公共交通服务覆盖和高密度的步行出行,应塑造成为具有国际水平的友好步行体验示范区。核心步行片区应贯彻以人为本的步行交通理念,通过实施有效的交通管制措施,合理地组织机动车交通和停车设施,设立行人专用区,创造行人优先的步行街区。结合道路改造、城市更新和新建开发,设置尺度适宜的步行交通空间、连续舒适的遮阳避雨设施和美观适用的街道家具设施，布置与地区城市景观协调统一的绿化景观，营造舒适多样的步行交通环境。

核心步行片区须进行专项步行交通系统规划，以区内良好的政府公共服务、商业服务、文化娱乐和绿色休闲等多样化城市功能为内涵，以轨道/公交网络为支撑，规划建设高密度的步行网络、安全便捷的过街设施和系统多样的立体步行设施，将区内步行交通系统与公共交通系统相互融合，衔接和串联轨道/公交站点出入口、自然景观资源（如公园绿地、山林、海滨、河岸等）、公共开放空间节点（如广场、街头绿地、小游园等）和周边建筑公共活动功能空间，建立高效连通和多功能化的全天候立体步行系统。

（2）重要步行片区。

TOD 理论的核心是通过公共交通来引导城市发展，回归城市布局紧凑，以步行为主导的发展模式，以达到控制城市蔓延，并削减小汽车使用的目的。引导形成“步行 + 轨道”的交通出行模式，是步行交通系统的重要特点之一。

因此，重要步行片区的空间区域范围主要包括除核心步行片区以外的轨道站点 500m 服务覆盖范围和步行活动密集程度较高的区域。重要步行片区的用地性质和功能以商业服务业用地、公共服务和管理设施用地为主，并有一定比例的居住用地开发，土地使用的混合程度和开发强度较高。

重要步行片区的步行交通系统规划建设应根据轨道站点竖向设置形式（地上或地下）、出入口位置和交通出行特征，以轨道站点为核心，结合站点周边商业服务业、公共服务与管理设施和建筑以及常规公交站点等因素进行综合体开发。规划形成连续的地面步行网络、地下步行廊道和空中步行连廊，将城市花园、文娱广场、小型公园、街头绿地和建筑前广场等开放空间场所串联起来，建立高效连通和多功能化的全天候立体步行系统。

（3）一般步行片区。

一般步行片区的空间区域范围包括除核心步行片区和重要步行片区以外的都市生活步行区域。

一般步行片区是市民日常生活的主要区域，具有普遍的步行出行活动。这些片区可结合适宜步行半径范围、不同功能分区和主导用地功能，通过划分不同的步行单元来组织片区内步行交通。

根据一般步行片区内各地区步行活动的不同特征，步行单元可分为商业服务业、居住、公共管理与服务、工业、混合功能、市政公用设施、公共绿地和其他等不同类型。具体步行单元的划分范围可结合片区的现状步行出行情况、存在主要问题、片区发展目标、功能定位、主导用地功能、规划布局和城市更新等情况，在片区法定图则或道路交通详细规划中划定。

一般步行片区须结合不同类型步行单元内步行活动的特点，重点保障步行网络的安全性和便捷性，步行交通空间尺度和步行设施应符合基本要求。视具体情况，根据片区资源条件和发展需求，完善步行交通系统的舒适度和多样化。

3.1.2 步行系统和设施设置规划

1）地面步行交通空间设置

由道路用地内的人行道、设施带、绿化带和其他用地地块内或相邻地块之间的建筑退线空间及公共通道空间，共同组成步行交通空间。不同类型的步行路径，根据路径周边用地和建筑功能、用地开发强度和行人流量等因素，采用不同形式的步行交通空间设计。详见表 3-1。

步行交通空间典型断面和设施带、绿化带设置建议一览表 表 3-1

<table>
<tr><th>类型</th><th>周边功能</th><th>设施带、绿化带设置建议</th><th>断面示意图</th></tr>
<tr><td rowspan="5">步行通廊</td><td>道路用地</td><td rowspan="5">①应最大限度地保护、合理利用现有自然和人工植被，增大人行道和遮蔽程度。
②应维护沿线城市生态系统的健康与稳定，优先使用废弃材料和环保材料，合理布局，实现对自然环境最小干扰。
③宽度设置应考虑动植物生存迁徙和行人与周边环境的安全防护要求。
④植被配置应遵循适地适树、层次丰富、自我稳定的原则，选用乡土树种进行植被种植和恢复，并应与城市景观风格协调、统一</td><td> </td></tr>
<tr><td>公园绿地</td><td> </td></tr>
<tr><td>山林</td><td> </td></tr>
<tr><td>海滨</td><td> </td></tr>
<tr><td>河岸</td><td> </td></tr>
</table>

续上表

类型	周边功能	设施带、绿化带设置建议	断面示意图
片区主通道	居住、医院、学校、工业和仓储等需围合建筑	①设施带可结合沿线城市景观的要求、采用绿化植被或隔离护栏等设施，防止行人随意穿越道路；同时，应设置行道树或遮阴设施。 ②绿化带的设置内容和形式应考虑沿线建筑功能的景观和行人休憩要求，公共活动密集地区的绿化带不宜连续设置，最长段不应超过50m。 ③建筑退线空间宜设置绿地、广场等公共空间，不应设置护栏和灌木丛	
	商住、商业、研发办公、文化设施、体育设施等建筑		
街区步行路	居住、医院、学校、工业和仓储等需围合建筑		
	商住、商业、研发办公、文化设施、体育设施等建筑		
地块连通径	—		

2）立体步行交通系统构建

建设并逐渐完善空中—地面—地下一体化的立体步行交通系统，其目的首先在于整合片区交通、商业、游憩和公共活动等多元功能，将城市建筑、交通和公共空间有机融合，拉动地下空间、地面设施和建筑二、三层场所的综合开发，扩大城市空间容量，提高城市空间的综合效益；其次是通过对行人和机动车的立体化组织，使其各行其道、畅通高效，缓解人车矛盾，营造友好步行环境。

核心步行片区和重要步行片区应以综合交通枢纽、轨道站点、商业服务业中心、城市公共活动中心和设施为核心，通过地面步行路径、步行过街设施、立体步行设施和步行辅助机动设施，与公共交通设施、私人机动交通设施、城市广场、建筑公共活动空间和其他公共开放空间等节点要素形成"安全、短距离、最小体耗量和最高使用率"相互连接，建立高效连通和多功能化的地下—地面—空中系统和地面—地下系统或地面—空中系统。

3）步行相关交通设施接驳

营造友好步行体验，需要步行交通设施与其他交通设施之间的协调衔接，公交与轨道站点之间的短距离换乘以及各自与周边设施的便捷接驳，能有效提升步行交通的便捷性和舒适性，提高步行交通效率。

轨道站点半径100m范围内宜设置公交站点、公交场站，轨道站点宜与周边建筑建立便捷的地下步行廊道或空中步行连廊和设置乘客休憩、等候区域，结合具体情况站点出入口、公交场站可整体设计，实现便捷舒适的无缝衔接，如图3-1所示。

图3-1　公交与轨道站点衔接示意图

4）遮阳避雨设施设置

为适应气候特点，步行交通需要有适宜的遮阳避雨设施（包括独立的上盖、建筑挑檐、骑楼、外墙檐篷等多种形式），如图3-2所示，在轨道站出入口、公交场站、人行天桥、地下通道、建筑主要出入口等主要人流节点之间建立便捷的、有遮阳避雨设施的步行衔接设施。

图3-2　遮阳避雨设施设置示意图（车公庙地铁站周边）

行人路段过街可能需要在行人安全岛中等候。考虑行人过街的舒适度需求，行人安全岛在保证行车和行人视线的前提下宜设置遮阳避雨设施，人行天桥、地下通道出入口应设置遮阳避雨设施。当步行路径紧贴临街建筑物时，宜通过设置檐篷、建筑挑檐、骑楼、内部公共通道等设施提供遮蔽，如图 3-3 所示。

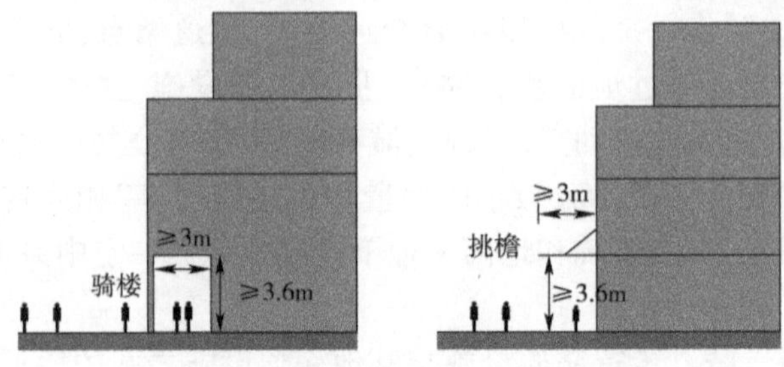

图 3-3　建筑遮阳避雨设施设置示意图

5）街面和场所步行化设计

作为步行交通系统中重要的吸引点，建筑临街立面和公共活动场所应增强空间可达性，塑造有活力的步行空间，提供多样化步行体验。两者的步行化设计原则如下：

（1）保持开放性和可进入性。

考虑正式或非正式的功能需求以及其与周边土地使用的关系，应有不低于周长 70% 的界面向公众开放，保证空间边界与周围建筑物和街道之间的视觉渗透。

（2）提供舒适环境和设施。

与周边步行交通网络和公共交通网络便捷连接，提供行人服务设施（如座椅或休息台等），具有完善的无障碍设施。

（3）创造有活力的空间场所。

创造一个积极的空间边缘，直接面向公共或商业建筑设置公共开放空间（如公园或广场，如图 3-4 所示），并提供休憩娱乐设施（如咖啡桌、户外广告屏或儿童游乐设施等）。

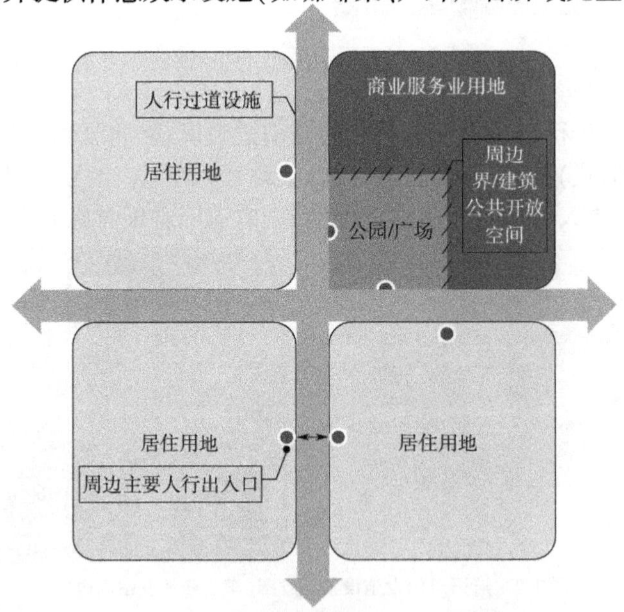

图 3-4　公共开放空间步行化设计示意图

建筑临街立面通过采用步行路径沿线建筑正立面,宜结合城市景观和交通组织尽可能地沿街布置,建筑临街立面底层宜作为商业用途或设立建筑人行主入口,连续的街墙宜交替设置不同的绿化景观、建筑的檐篷和柱廊等遮阳避雨设施,以满足行人通行与进入建筑的舒适性和多样性需求。

公共活动场所的设计考虑其内外环境之间的视觉渗透和可见度,内外步行路径应满足行人的"期望线",直接连接到周边居住区和商业区。同时,公共活动场所内的遮阴避雨、休憩、卫生和可达性设施应满足行人的使用需求。

6)步行辅助机动设施设置

医院、机场、口岸、轨道站点等人流量大的场所应合理设置自动扶梯或垂直电梯和自动行人道等步行辅助机动设施,以提高步行效率。轨道站高差在10m及以上的区域宜设置自动扶梯,原则上每个车站应至少设置一部垂直电梯,可根据需要设置多部垂直电梯。

核心步行片区、大型交通枢纽站内部及其内设置的人行天桥和人行地道须设置自动扶梯和残疾人升降电梯,实现各层步行系统之间的无障碍连接,同时结合具体情况设置自动行人道,以提高步行便捷性和舒适度,如图3-5所示。

图3-5 自动行人道设置示意图(香港某商业区)

第3.2节 自行车交通系统规划方案

3.2.1 自行车交通系统规划目标和规划原则

3.2.1.1 自行车交通系统规划目标

为鼓励和支持自行车交通发展,适应城市交通发展需要,加快推进自行车道建设,合理分配、有效利用道路空间资源,提升交通安全水平和慢行交通品质,围绕确保自行车交通安全,提高便捷性和舒适度,提升城市形象以及可持续发展等要求,确立便捷接驳、连续畅达、安全舒适三个方面的目标。

(1)便捷接驳:支撑公共交通主导战略,构建便捷自行车接驳系统。

(2)连续畅达:塑造连续畅达骑行空间,形成内畅外联的通道网络。

(3)安全舒适:保障路权、多措并举,营造安全舒适的出行环境。

3.2.1.2　自行车交通系统规划原则

为了促进自行车交通发展,创造良好的硬件设施和软件环境,充分发挥其在综合交通体系中的作用,制定以下原则。

(1)连续成网。城市自行车道网络应连续、成体系设置,现状未设置自行车道的市政道路,应合理分配道路路权,保障自行车道的连续性,新建及改扩建城市道路应100%设置自行车道(步行街除外)。

(2)安全舒适。在保障公共交通和步行交通发展前提下,提升自行车道优先权,加强物理隔离,完善标志标线,细化出入口、交叉口、过街设施设置,提升自行车交通安全舒适水平。自行车道应尽可能避免直接与人行道共板设置。

(3)因地制宜。应根据自行车交通需求、道路条件、其他交通方式运行情况及周边设施等,因地制宜地设置自行车道,并确定相应宽度和材质,完善停放等配套设施,保障自行车道设置的科学合理。

(4)统筹推进。通过新建、改建、划线和重新铺装等方式,结合道路大中修、交通综合整治和日常养护等统筹推进自行车道建设和配套设施,打造自行车友好城市。

3.2.2　自行车道网络规划

3.2.2.1　自行车道网络规划的原则

为有效组织不同骑行单元内自行车道的规划布局,自行车交通网络构建宜遵循"单元发展、适度连通,功能明确、层次清晰,干道分流、条件适宜"的规划原则。

(1)单元发展、适度连通原则:指各骑行单元内相对独立地规划建设自行车交通网络,鼓励自行车在单元内短距离出行或接驳公交;骑行单元间不鼓励过于频繁的自行车长距离出行,但应布设一定数量的自行车通道,使不同单元相互连通。

(2)功能明确、层次清晰原则:指自行车交通网络内,布设在不同城市用地布局周边的自行车道所承担的功能及自行车交通出行强度有所差异,应据此将自行车道划分为不同的功能层次及等级,以构建功能明确、层次清晰的自行车交通网络。

(3)干道分流、条件适宜原则:指应紧密结合深圳现状及规划道路的实际情况,选择条件适宜的道路布设自行车道,并通过规划手段使同向机动车流与自行车流分离,确保自行车交通安全。

3.2.2.2　自行车道功能分级

根据周边城市用地布局、所承担功能、自行车交通出行强度的不同,将自行车道划分为主廊道、连通道、休闲道三个等级。

主廊道主要承担骑行单元内或相邻骑行单元间居住区与商业办公区之间的、高频率的自行车交通短距离出行,是构成自行车交通网络的主骨架。

连通道主要承担骑行单元内居住区与学校、轨道站点/公交枢纽间的自行车短途出行及接驳交通以及向主廊道集散的自行车交通,是构成自行车交通网络的次级自行车道。

休闲道主要满足休闲健身和兼顾串联各骑行单元的功能;是连接全市区域绿地、主要公园、风景旅游区,同时兼顾串联各骑行单元的弱交通性自行车道。

3.2.3　自行车道设置规划

1. 自行车道设置的原则

(1)为实现与公交协调发展,根据交通需求和设置条件,自行车主廊道宽度按照 2.0m 或 2.5m 设置(推荐 2.5m),自行车连通道宽度按照 1.5m 或 2.0m 设置;休闲道可根据需要设置,但宽度不低于 1.5m。

(2)主廊道和连通道等自行车专用道原则上设置在主次干道上,支路(指一般双向 2 车道的道路)原则上可不设置独立的自行车专用道,但机动车道宽度应考虑自行车骑行空间,宽度应不小于 3.75m。

(3)所有新建或有改造条件的主廊道和连通道应设置机非共板有分隔(绿化/护栏)的自行车道。

(4)现状道路自行车道改建条件有限时,主廊道和连通道可采用人非有分隔(绿化/护栏)或机非无分隔(彩色铺装/画线)的设置形式。

(5)休闲道可采用机非无分隔(彩色铺装/画线)的设置形式或人非共板设置形式。

2. 自行车道设置规划方案

结合自行车道功能设置要求、道路设置条件以及自行车道规划设计导则,在现状道路断面以及法定图则规划道路断面的基础上,通过自行车道的压缩现状(规划)人行道、压缩现状(规划)机动车道、缩减现状(规划)机动车道三种方式设置自行车专用道。规划全市主廊道和连通道形成有分隔(绿化/护栏)的自行车道、无分隔(彩色铺装/画线)的自行车道。

1)自行车道设置方式

(1)取消路侧停车位设置自行车道。

未设置自行车道的城市道路,对于路侧的停车位,宜取消路侧停车位,设置自行车道,保持自行车道的连续性。

(2)减少机动车道数量设置自行车道。

对于压缩机动车道宽度不足以设置自行车道且无路侧停车空间的城市道路,应综合考虑道路服务等级、功能定位、自行车出行需求以及机动车交通服务水平等因素,进行单向交通组织或减少机动车道数量,设置自行车道。对于道路空间十分有限,机动车流量较小的道路,可建设为共享街道,行人、自行车具有优先权。

(3)新建及改扩建道路设置自行车道。

新建及改扩建道路应加强设计审查和验收,优先保障慢行空间,100% 设置自行车道。鼓励沿街商业、公园等开放退线空间,与人行道、自行车道进行一体化设计,扩大慢行空间并保障各行其道。

(4)与人行道共板设置自行车道。

对于慢行交通空间富余或有路侧绿化带资源的,自行车道可与人行道共板设置,但应采用绿化或高差等软隔离措施,并完善自行车行驶等相关标志。现有与人行道共板设置的自行车道应进行评估,有条件的应逐步通过隔离等方式改造为独立的自行车道或压缩机动车道空间设置自行车道,避免迂回。

2)自行车道设置形式

(1)断面设置。

自行车道设置(图3-6、图3-7)应综合考虑道路服务等级、空间条件以及各交通方式的时空需求关系,合理设置道路断面。

图3-6 自行车道隔离护栏推荐样式

图3-7 自行车道地面标线标志推荐样式

(2)节点设置。

为保障自行车道网络的完整性和连续性,在平面交叉口过街、路段过街、立体过街、机动车出入口以及公交停靠站等主要节点,应通过合理设计、铺装和标志等协调自行车与机动车、行人之间的关系,保障骑行连续、通畅、舒适。

①平面交叉口设置。为有序引导自行车安全过街,平面交叉口自行车道设置需要充分考虑交叉口类型以及自行车过街需求等因素进行科学设置。

②路段平面过街设置。自行车平面过街时,宜设置自行车专用横道,自行车通过自行车专用横道过街,如图3-8所示。对于路幅较宽的道路,应结合二次过街安全岛设置足够的自行车等候空间。

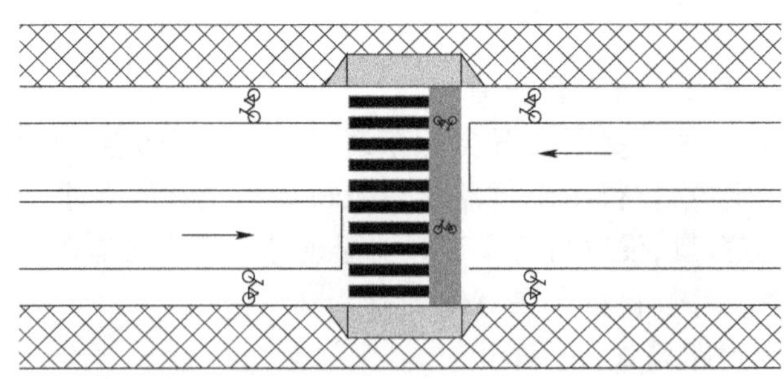
图3-8 路段过街自行车专用横道设置示意图

③立体过街设置。自行车立体过街设施宜结合行人立体过街设施统一布局。空间条件允许时,立体过街设施应设置独立的骑乘坡道。如图3-9所示。

空间条件局限时,立体过街设施应设置自行车专用推行坡道、自行车传送带,或者结合电梯等无障碍设施满足自行车过街需求。如图3-10、图3-11所示。

④机动车出入口处设置。机动车出入口处的自行车道可通过地面标志标线以及高亮颜色铺装(蓝色),明确自行车优先通行权,提示驾驶员减速让行。人非共板自行车道在机动车出入口处应结合人行道设置缘石坡道(三面坡)或进行稳静化处理(图3-12)。

图 3-9　人行天桥与地下通道骑乘坡道示意图

图 3-10　设置半圆形凹槽的自行车推行坡道示意图

图 3-11　自行车传送带示意图

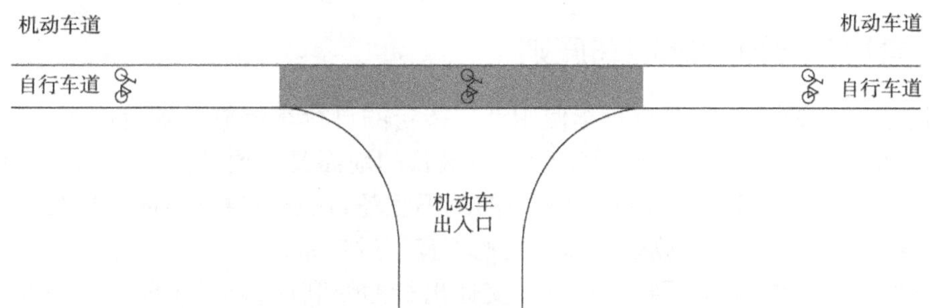

图 3-12　机动车出入口处机非共板自行车道设置示意图

⑤公交停靠站处自行车道设置。

a. 公交车停靠数量较多的公交停靠站，自行车道应采用绕后式布设，尽可能利用路侧绿化带空间或建筑退线空间拓展人行道腹地空间。

人行道空间富余时，通过局部压缩人行道（人行道宽度不应小于 2m），在站台后侧（靠人行道侧）设置自行车道，并设置相应隔离、引导与人行横道设施。如图 3-13 所示。

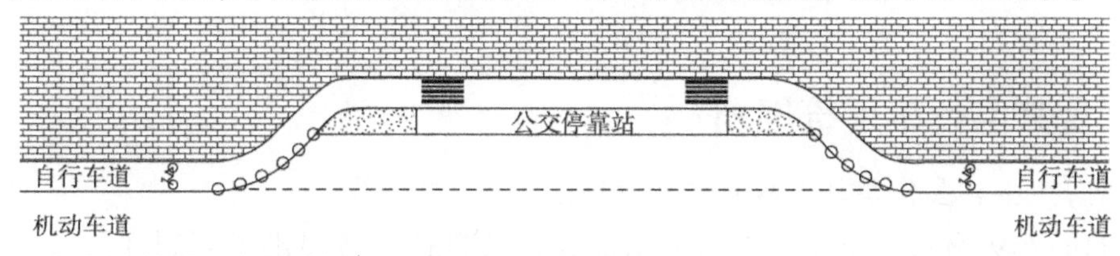

图 3-13　人行道空间富余时公交停靠站处自行车道设置示意图

人行道空间局限时，对公交停靠站周边人行道进行局部无障碍设计，引导自行车借用人行道从站台后侧绕行，并设置相应隔离、引导设施及标志标线。如图 3-14 所示。

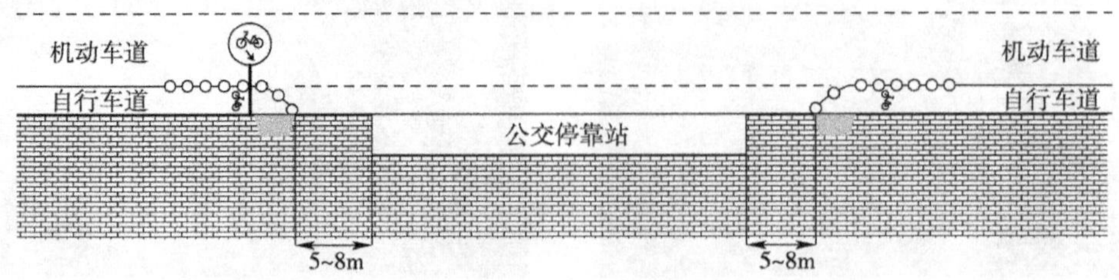

注：浅港湾式公交停靠站处的自行车道变道与停靠站渐变段同步。

图 3-14　人行道空间局限时公交停靠站处自行车道设置示意图

b. 公交车停靠数量较少的公交停靠站，自行车道可采用断开式，自行车与公交车自行拟合，设置停车等待或下车推行等标志标线。如图 3-15 所示。

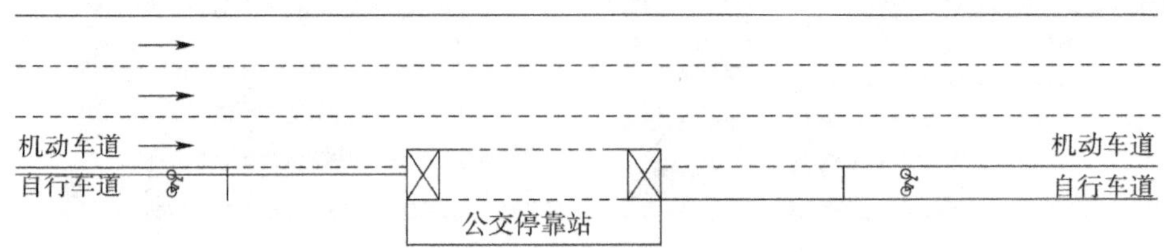

图 3-15　停靠公交车数量较少的公交停靠站处自行车道设置示意图

3.2.4　自行车停放设施规划原则

(1)就近停放原则：为鼓励自行车使用者到指定的自行车停放处规范停车，避免出现非法停车的情况，自行车停放设施应设于临近一般目的地而又方便到达的地点。供短时间停放(3 小时以内)的自行车停车设施，距离目的地不宜超过 30m；供长时间停放(3 小时以上)的自行车停车设施，自行车停放处距离目的地不宜超过 70m。

(2)分散与集中原则：为了提高自行车交通出行的便利性，自行车停车场一般应适当分散、多处设置，充分利用机非隔离带、行道树之间的空间、路侧绿地、轨道站出入口后侧、高架桥墩下等空间灵活设置。在商业区、公园、旅游区、大型活动广场等大量人流集聚场所附近，适当设置大型自行车停车场。

(3)保障安全原则：为保障自行车停放安全，停车规模较大时，应提供有人值守或地下停放等方式保障停放安全。停车规模较小时，可采用有电子锁的停车架。

(4)标准配建原则：各类建设项目应根据城市自行车配建标准建设自行车停放设施。

3.2.5　公共自行车系统规划

3.2.5.1　公共自行车与自备自行车

公共自行车为有自行车交通出行需求而无自备自行车者提供了便利，同时解决了自备自行车停车不便和失窃问题。但公共自行车也存在建设和运营收支难以平衡；受布点的疏密和自行车数量多少的影响，使用的便捷性不及自备自行车；较自备自行车停放占用更多的公共空间等不足。按1辆自备自行车停放面积约为0.8m^2，周转率2.5；1辆公共自行车停放面积1.6m^2，周转率4.0计算，则自备自行车和公共自行车单次出行所占用的停放面积分别为0.64m^{2}和1.06m^2（表3-2）。

自备自行车与公共自行车主要特性对比表　　表3-2

项　目	自备自行车	公共自行车
1辆自行车占地面积（m^2）	0.8	1.6
周转率（%）	2.5	4.0
单位出行占地面积（m^2）	0.64	1.06
其他	可以利用建筑内部空间设置停车	室外公共空间停放

3.2.5.2　国内外公共自行车系统的发展模式

公共自行车系统自2008年由法国巴黎等城市引入我国后，在杭州、武汉、株洲等城市迅速发展。公共自行车系统的引入可以大大改善人们的出行条件，也可以对小汽车的过度使用起到一定的抑制作用。根据各城市公共自行车建设和运营模式的不同，公共自行车系统大致可分为三种模式。

（1）政府建设与运营全包模式——杭州。

该模式的特点是由政府委托下属企业负责公共自行车系统的建设和运营管理，建设投资和运营收益全部纳入政府财政。由于是政府主导，公共自行车系统的构建和实施相对容易且能够协调好与公共交通方式的关系。存在的问题是仅通过广告等运营收益不足以支撑公共自行车系统的建设和维护费用，系统规模越大，财政支出负担越大。另外，由于运营缺乏市场竞争，服务水平和效率不易保障。

杭州公共自行车系统的建立和运营由国有杭州市公共自行车交通服务发展有限公司（杭州市公共交通集团有限公司子公司）负责。杭州公共自行车系统的定位是公共交通系统的组成部分。目前，杭州市公共自行车服务点达到2000个，网点平均服务半径300m，投放公共自行车5万辆。考虑到社会效益，公共自行车的使用在1小时内是免费的，同时，可以和公交卡通用，享受一定的公共交通优惠政策。日平均租用量达到21.52万人次。杭州市政府的初衷是缓解市民上下班高峰出行难、解决公交服务"最后一公里"的问题，而现在市民已经慢慢把公共自行车当作生活中最方便、最基本的交通工具。

然而，杭州市公共自行车运营如何走出亏损状态是公共自行车服务面对的一个重要问题。尽管公共自行车项目在设立之初就提出不花纳税人的钱而通过广告经营等实现自收自支，但效果并不理想。公共自行车使用一年多后开始出现各种故障，维修量不断增加，成本在加大，而作为财力支撑的广告市场却在萎缩，且租赁业务本身并不盈利。自2008年5月试运行以来，杭州市公共自行车的租用80%以上是免费的，经济压力较大。营运收入偏少限制了公共自行车持续、稳定发展，长此以往，还车难、维修难、营业时间过短等问题也会越来越严重。

(2)政府建设,运营外包模式——盐田、株洲、常熟、昆山。

该模式的特点是公共自行车系统的建设全部由政府投资,运营和维护由政府出资承包给市场化的企业经营。目前,深圳盐田区以及株洲、常熟、昆山等城市采用这种模式。该模式由于采用了服务外包,政府监管,运营和维护的质量有一定保障。但作为公益服务,在建设和运营维护上需要不断的政府财政资金投入。以我市盐田区为例,盐田区在沙头角片区 $2.5km^2$ 范围内建设了 160 个租赁点,投放公共自行车 5000 辆,建设投资约 5000 万元,每年运营费约 500 万元。

(3)建设与运营外包模式——巴黎、北京、武汉。

该模式采用政府通过广告收入等投资回报将公共自行车系统建设和运营全部交由市场化的企业承担。巴黎、北京、武汉等城市采用该种模式,巴黎相对成功,北京和武汉效果不理想。

法国广告巨头德高公司通过竞标取得巴黎公共自行车系统建设和运营的合同,负责全部租赁站点的建设和公共自行车的投放与维护。作为此项投资的回报, 德高公司获得了巴黎市区 1638 个户外广告牌的使用权。巴黎至 2007 年底建设了 1450 个租车点,投放公共自行车 2.06 万辆,平均每 200m 就有一个联网租车站。

公共自行车使用需提供 162 欧元预付押金或者信用卡以及个人资料。每次使用车时间不超过半小时不收取费用。出租车辆的收入也要全部上缴巴黎市政府。

北京方舟自行车服务公司成立于 2008 年,曾是全国最大的网络化自行车出租服务公司。公司从 2008 年 7 月进入这一行业以来,至今已耗资 1000 多万元,一直在亏损。

武汉市市政府制定公共自行车的规划,启动阶段无资金投入,仅在网点广告资源开发和土地租赁方面给予一定的政策支持。通过招标,两家广告公司获得经营权,全面负责系统的建设、运营、维护,政府一次性出让广告经营权作为项目补贴。

作为武汉江夏区政府 2011 年“十件实事”之一,投资上千万元的江夏公共自行车服务系统自 2011 年 4 月 28 日诞生起,受到市民的热烈欢迎,广受赞誉。时隔一年,江夏公共自行车服务系统已“名存实亡”,陷入瘫痪境地。

3.2.5.3 可持续发展公共自行车模式

当前公共自行车发展面临的问题其实反映了政府对公共自行车发展定位不清的问题,或者是背离了发展初衷。公共自行车本来是解决公交出行“最后一公里”问题和方便游客,类似于出租车。而现实是,一方面,由于公共自行车近乎免费, 以及较好地解决了自行车使用中存在的停放安全问题,导致大量短距离通勤出行的人群也使用公共自行车,造成公共自行车供不应求,难以发挥其公交接驳功能;另一方面,由于公共自行车建设和运营主要依靠政府投资和补贴,不断扩大网点规模和自行车的高损耗将考验政府的财政补贴能力。

公共自行车既为市民短距离出行提供了便利,也是倡导绿色交通出行方式的重要途径,因此,政府应将其作为民生工程推广建设。为更好地解决城市发展公共自行车面临的问题,深圳可按照公共自行车的发展定位,积极探索在财政支出可负担的情况下可持续发展公共自行车的模式:优先和重点在轨道、公交站点—就业点、就业点—就业点间布设公共自行车。对于居住地与轨道站点、公交站点、就业点之间可根据政府财政情况有序推进公共自行车的建设，或者着重做好方便私人自行车安全停放的设施即可（图3-16），以减少政府财政支出。公共自行车具备公益性和环保性，因此，政府也可从鼓励社会公益环保组织参与公共自行车系统的建设等方面实现公共自行车的可持续发展。

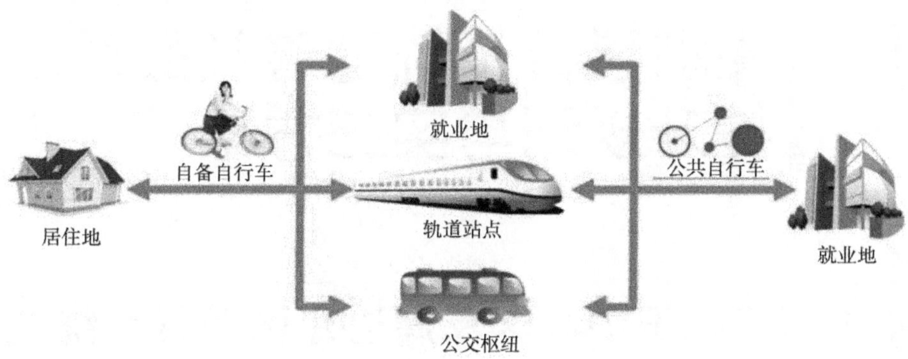

图3-16　公共自行车可持续发展模式示意图

第4章 深圳慢行系统完善及品质提升规划与实施方案

第 4.1 节　福田中心区及周边片区慢行系统规划

4.1.1　规划背景

(1)按照广东省委省政府“建设幸福广东”，以及深圳市委市政府创造“深圳质量”的发展要求，大力推进慢行体系的规划建设，是提升城市居民生活幸福水平和生活质量的重要抓手。

广东省委十届八次全会提出将“加快转型升级、建设幸福广东”作为“十二五”期间广东省社会经济发展的核心任务；同时，深圳也明确了“十二五”期间由“深圳速度”向“深圳质量”跨越的基本思路。为落实上述发展要求，福田中心区必将加快转变经济发展方式，走一条质量型经济发展之路。慢行交通作为世界公认的低碳环保的交通方式，在完善与提升城市空间功能、提高居民生活质量方面具有重要作用。同时，城市慢行系统是城市公共空间的重要组成部分，作为城市中最易识别、最易记忆、最具活力的部分，往往形成人们对城市的基本印象，对居民生活品质的改善和城市魅力的提升有着至关重要的意义，是政府高度重视和百姓集中关注的民生问题，也是建设“幸福广东”和创建“深圳质量”的重要抓手。

(2)围绕“共建国家低碳生态示范市”，大力推进慢行系统的规划建设，以交通与环境的双赢为目标，推行环保节能的“低碳”出行方式，是建设资源集约型和环境友好型的滨山临水宜居之城的重要手段。

2010 年 1 月，住房和城乡建设部与深圳市人民政府在深圳签署了《共建国家低碳生态示范市合作框架协议》，希望在低碳生态城市建设等方面积极探索，大力推进绿色交通，促进深圳的城市发展转型和可持续发展，为全国的低碳生态城市建设发挥示范作用。

随着福田中心区的建设与发展，发展低碳、绿色交通逐渐成为政府和百姓的共同诉求。慢行交通作为环保节能的“低碳”出行方式，在城市交通中有着至关重要的地位。根据国内外经验，城市交通问题处理得较好的城市，如中国香港、韩国首尔、丹麦哥本哈根等，均将慢行交通改善作为城市交通环境改善的一项重要内容，这些城市宜人的慢行空间让人印象深刻。

随着城市交通的高速发展，机动化水平逐步提升，以机动车尤其是小汽车交通为主体的交通发展方式给城市带来了诸多问题，规划建设好福田中心区慢行交通系统不仅对改善城市交通质量、缓解交通拥堵有着重要意义,对于改善城市环境、提升城市生活品质、缓解热岛效应、提高公众健康水平也有着积极作用。应通过开展慢行交通系统的规划和研究,转变福田中心区以小汽车为主的交通发展格局,积极探索高效率、集约化、生态化的低碳交通可持续发展之路。

(3)围绕"建设国家公交都市示范市",大力推进慢行交通体系的规划建设,引导"公交(轨道)+慢行"的交通出行方式,改善轨道及公交站点周围慢行网络和设施,扩大公交服务范围,是提升城市综合交通的有力措施。

2010年11月,交通运输部和深圳市市政府共同签署了"建设国家公交都市示范城市"的框架协议。根据框架协议的要求,到2015年,深圳市将形成以轨道交通为骨架,常规公交为网络,慢行交通为延伸的一体化城市公共交通服务网络。慢行交通作为出行的始末两端,具有不可替代的作用。慢行交通设施的好坏直接决定了出行者"最后一公里"出行的质量。随着轨道二期的工程通车,提高慢行交通与轨道等骨干公交接驳的服务水平显得尤为重要。打造"公交(轨道)+慢行"是福田中心区未来城市交通发展的一大方向,是"绿色出行,公交优先"的重要核心。通过积极引导"公交(轨道)+慢行"为主导的环保、低碳的出行方式,在城市公交站点、城市公交枢纽站及其沿线周边地区进行步行、自行车等慢行交通系统发展规划研究,将慢行系统与公交系统结合设置,可以有效地扩大轨道及公交的服务范围,吸引更大范围的市民采用轨道及公交等方式出行,有力提升公交及轨道吸引力,推进"公交都市"的建设。

(4)慢行交通体现了以人为本、公平和谐和可持续发展的理念。大力推进慢行交通体系的规划建设,建立一个安全连续、环境优美、舒适便利的慢行系统是构建高质量城市出行环境的重要内容。

"以人为本"是城市慢行系统规划和设计的核心思想。通过规划层次化的慢行系统网络,现代化的慢行设施以及国际化的慢行环境,确保慢行过街、慢行通道、慢行网络的安全性、连续性及舒适性对慢行主体这类交通弱势群体给予充分的尊重及人文关怀,尤其是老年人、儿童及残障人通行的便捷,确保慢行主体的通行权和通行空间不受侵犯。充分保护行人和自行车骑行者,防止受到机动车辆的伤害并减少两种交通方式之间的相互影响。人行道和非机动车道应当畅通、连续;人行道应当有遮蔽,并且照明充分。充分体现交通公平性,使大众能够享有城市发展所带来的舒适和活力,满足城市各个阶层人士的需求,让无车一族和残障人士也能感受到城市的可爱与关怀,使福田中心区慢行系统成为深圳市慢行系统的典范和标准,推动社会和谐发展。

慢行交通主要指步行和自行车交通,步行和自行车交通系统是城市综合交通体系的重要组成部分,与每位市民的日常生活息息相关,不仅是市民出行的一种基本交通方式,更是一种重要的生活方式。

2011年,深圳市政府颁布了《深圳市城市交通白皮书》,明确提出重构慢行网络,建设安全、通达、便捷、舒适的步行和自行车网络,满足市民日常出行与休闲健身的需要;2014年,市交通运输委员会出台了《深圳市交通拥堵综合治理策略措施》,进一步提出再造城市慢行系统,以促进出行结构优化调整,缓解城市交通压力,其中福田中心区作为试点片区,将优先开展慢行系统再造的规划建设工作。

为了落实市政府的工作部署，指导福田中心区慢行系统的规划建设，市交通运输委员会和福田区人民政府联合组织开展了本次福田中心区及周边片区慢行系统规划的研究工作。

4.1.2 现状分析

4.1.2.1 调查调研

为准确把握福田中心区慢行系统的发展现状并为本次研究规划方案提供良好的数据支撑，本次研究开展了详细的调查调研工作。调查工作方面包括福田中心区慢行交通基础设施普查、福田中心区交通运行情况调查及福田中心区慢行交通出行意愿调查；调研工作方面主要选取国内外典型城市慢行交通发展历程及规划经验进行研究分析，为福田中心区慢行系统的发展目标及策略的制定提供借鉴经验。具体工作如下：

(1)基础资料及上层次规划收集。

收集福田中心区历年包括人口岗位、产业发展等社会经济基础数据，作为慢行系统规划基础；同时收集整理福田中心区30多年来已有的上层次规划成果，保障慢行系统规划与上层次规划良好衔接。

(2)慢行交通基础设施普查。

对福田中心区现有的所有慢行通道分布情况、道路等级、空间形式、断面形式，自行车停放点分布及规模，过街设施尤其是立体过街设施的分布等做全面的调查。

(3)交通运行情况调查。

对福田中心区慢行交通运行情况进行调查，包括主要慢行通道人行、自行车流量调查，主要过街节点行人过街量调查，立体步行设施使用情况调查，以及自行车停放点使用情况调查等。

对福田中心区机动车交通运行情况进行调查，包括全部主次干路及部分支路断面机动车流量及平均车行速度调查、主要交叉口交通运行情况调查以及福田中心区所有轨道站点各出入口客流情况调查等。

(4)慢行交通出行意愿调查。

针对不同人群、年龄段、出行方式、出行时段进行慢行交通出行意愿问卷调查，了解福田中心区市民的慢行出行特点及对慢行交通发展的愿景和诉求，调查样本量约4000份。同时，针对不同建筑业态和出行时段进行典型建筑业态慢行出行特征调查，利用调查数据，分析福田中心区慢行交通出行目的、出行距离、出行时长等出行特征。

(5)国内外城市慢行规划经验调研。

开展国内外城市慢行规划经验调研，对新加坡、中国香港、哥本哈根等十多个城市的慢行交通发展历程及规划经验进行研究分析，借鉴吸取上述城市成熟的慢行规划经验，为福田中心区慢行系统规划开阔视野、厘清思路。

4.1.2.2 城市发展现状

(1)福田中心区是我市行政、文化、商业、商务中心，是集中体现我市城市活力和魅力的地区。

根据《深圳市城市总体规划(2010—2020)》，福田中心区作为深圳市福田—罗湖中心区的重要组成部分，是我市行政、文化、商业、商务中心，区位条件优势十分显著。其中南片区是城市商务中心,深圳国际会展中心和一大批高档办公楼宇坐落其中;北片区是行政、文化中心,市民中心、文化中心、电视中心、少年宫坐落其中。如图 4-1 所示。

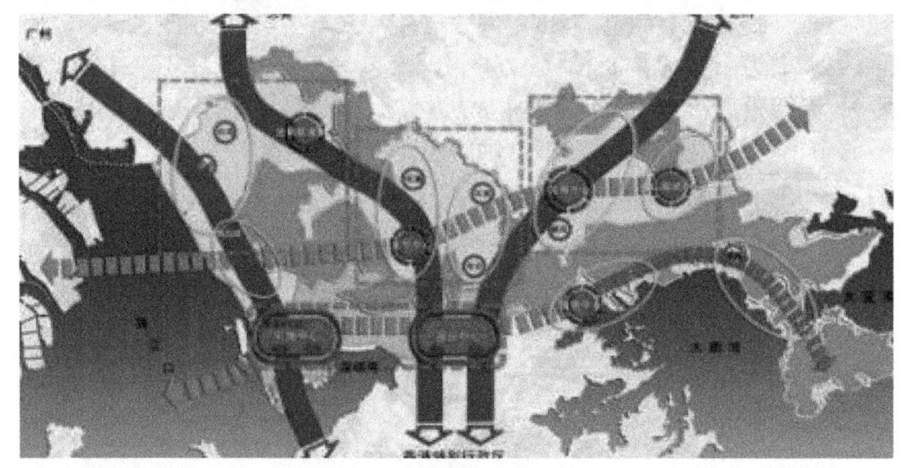

图 4-1　深圳城市空间结构示意图

(2)福田中心区功能复合、开发强度大,是我市人流、车流最为密集的地区。

福田中心区是市级行政、文化、商业、商务中心,土地利用具备“功能复合,开发强度大”的特点。中心区占地面积约 4km²,目前已基本建成,现状建筑面积约 575 万 m²,其中 63% 为商业办公用地,是全市工作岗位最密集的区域。中心区以深南大道为界,大致可划分为南北两个片区,其中南片区为商业、商务中心,包括中心城、COCO PARK、购物公园、会展中心、时代金融中心、大中华国际广场等主要商业、商务吸引点;北片区为行政、文化中心,建有市民中心、少年宫、深圳书城、音乐厅、图书馆等行政、文化设施。城市中心的定位及高强度的开发使得中心区成为我市人流、车流最为集中的区域。如图 4-2 所示。

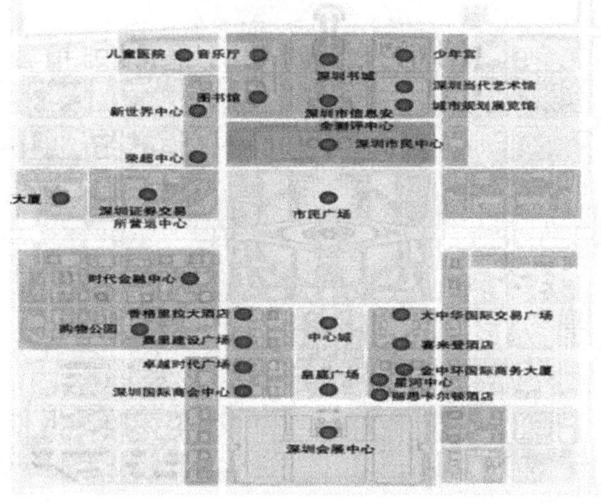

图 4-2　福田中心区规划用地布局与深圳市步行出行强度分布

(3)福田中心区周边布有大量居住片区,是利用慢行交通服务中短距离出行的优势地区。

福田中心区周边 5km 范围内分布有大量居住片区,东北方向有梅林、莲花北、景田居住区,以西有莲花村、福田南、华强北、园岭居住片区并连接罗湖,往南有上下沙、益田、岗厦等居住片区。外围居住区分布紧密,中心区内亦有部分居住用地,主要分布在中心区四角,约占中心区现状建筑面积的21%(图4-3)。周边居住片区与中心区内部之间存在着大量的交通交换,出行距离多为5km以内。根据国内外规划经验,出行距离在1km以内时,为步行的优势出行距离;出行距离在2~5km范围内时,为自行车优势出行距离。故福田中心区与周边片区大量的中短距离交换交通非常适合通过慢行交通方式解决。

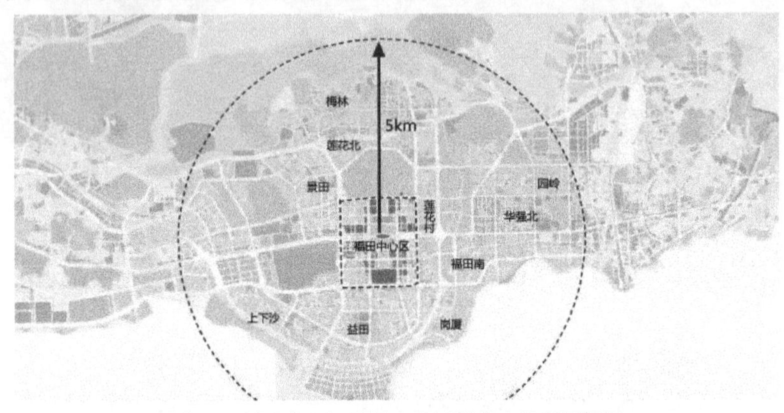

图4-3　福田中心区及周边片区现状土地利用情况

(4)福田中心区自然生态资源丰富,是市民休闲、游憩的重要目的地。

福田中心区北靠莲花山、笔架山,东临中心公园,西临新洲河、香蜜湖,南瞰深圳湾,内部亦有众多公共绿地及中心绿化带,加上梅林片区内的梅林公园,片区自然生态资源极为丰富。此外,片区内目前建有2号绿道、新洲河山海风光线、宝安大道–深南大道都市活力绿道等绿道,连接着莲花山、新洲河、中心公园等(图4-4),是市民休闲、游憩的重要目的地。中心区依托丰富的山水自然资源,创造充满活力、绿意盎然的都市活力空间,构建优美的风景和舒适的慢行系统,激发精彩纷呈的城市活动,向人们传递丰富的自然环境、都市文化等信息。公共休闲空间和公共绿地的规划为福田中心区构筑宜人并亲近自然慢行空间奠定了坚实的基础,为休闲慢行网络的规划提供了良好的条件。

a)莲花山公园

b)新洲河

图4-4　莲花山公园和新洲河

4.1.2.3　慢行交通发展现状

1)现状需求分析

依据调查结果并结合交通模型分析,福田中心区现状全方式发生吸引总量约为93万人次/日。其中,步行出行约为 11.2 万人次/日,占 12%,自行车出行约为 2.8 万人次/日,占 3%,慢行出行合计约 14 万人次/日,占 15%。此外,慢行交通还承担了轨道、公交出行的接驳功能,该类出行约为 51.15 万人次/日,占 55%(图 4-5)。

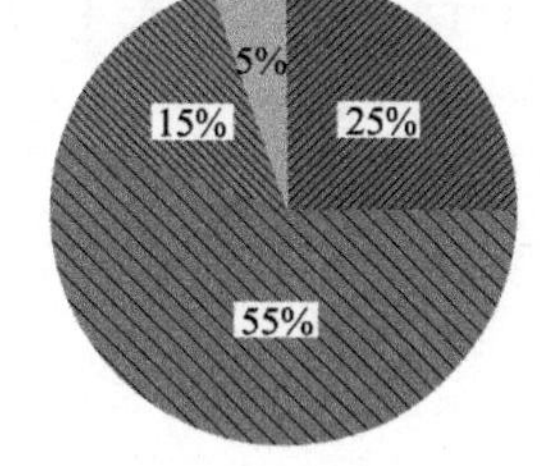

图 4-5　福田中心区出行结构图

按照出行距离,福田中心区出行主要分为三类:

一是内部出行,即起终点均在福田中心区内的出行。该类全方式发生吸引规模约为 43 万人次/日,其中,步行出行约占 27%,自行车约占 6%,轨道公交约占 50%。主要以 COCO PARK、怡景中心城、书城、市民中心以及莲花山为核心组成相关的出行链,内部出行走廊整体呈三角形形态。中心区北部休闲娱乐区域、南片区 CBD(中央商务区)商务办公区域及南片区商业购物区域共同组成三角形的三个顶点,中心区内部出行量亦主要存在于三个区域之间。其中,南片区 CBD 商务办公区与北部休闲娱乐区之间日出行量约达到 54000 人次,北部休闲娱乐区与南片区商业购物区之间日出行量约达到 20000 人次,南片区 CBD 商务办公区与南片区商业购物区之间日出行量约达到 37000 人次。如图 4-6 所示。

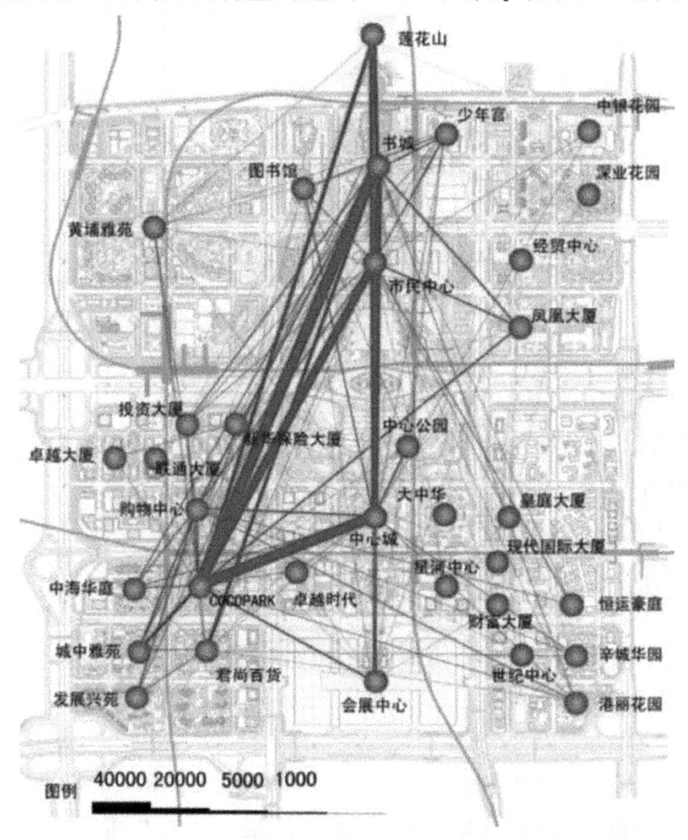

图 4-6　福田中心区内部出行分布示意图

二是周边 5km 内(不含中心区内部)出行,即起终点一端在福田中心区内,另一端在福田中心区周边 5km 范围内的出行。该类全方式发生吸引规模约 23.5 万人次/日,其中,步行出行约占 23%,自行车约占 6%,轨道公交约占 38%。主要分布在益田、岗厦、景田、梅林、上下沙等居住片区。其中,中心区与周边3km范围内区域之间的出行量约139314人次,占本部分出行量的60%;中心区与周边3~5km范围内区域之间的出行量约95686人次,占本部分出行量的40%(表4-1)。

福田中心区对外出行分布(5km内)　　表4-1

中心区对外	片　区	需求量(人次/日)
3km范围	景田	24789
	岗厦	13634
	莲花村	9172
	莲花北	18840
	新洲(上下沙)	20327
	益田	17352
	皇岗	22310
	福田村	12890
3~5km范围	梅林	25037
	农园	16361
	福强路南侧	20079
	口岸	4958
	保税	4214
	白沙岭园岭	16609
	南园	8428
总计		235000

三是5km外出行,即起终点一端在福田中心区内,另一端在福田中心区周边5km范围外的出行。该类全方式发生吸引规模约26.5万人次/日,其中,步行出行约占2%,自行车约占1%,轨道公交约占68%。

因中心区拥有大量集中的商业、办公点,周边居住片区与中心区内部之间存在大量交通出行联系,出行距离以5km以内为主。根据国内外经验,出行距离在1~2km以内时,为步行的优势出行距离;出行距离在2~5km范围内时,为自行车优势出行距离。故福田中心区与周边片区大量的中短距离交通非常适合采用慢行交通方式出行(图4-7、表4-2)。

2)慢行交通设施

(1)步行和自行车通道。

福田中心区现状慢行通道总里程约40.6km,慢行交通设施主要布置于道路两侧,目前除外围红荔路、滨河大道、彩田路等道路慢行道上有部分自行车道,中心区内部道路红线范围内基本无独立自行车道,主要为自行车与步行混行。其中34.9%的道路慢行通道宽度为3m以下,55.2%的道路慢行通道宽度为3~5m,9.9%的道路慢行通道宽度在5m以上(图4-8、表4-3)。步行设施条件整体良好,部分片区如金田路、益田路、福中一路沿线涉及周边在建工地,致使部分慢行通道受到侵占。此外,民田路、福华路等区内主要道路沿线交叉口规模较大，交叉口对角距离接近或超过50m，缺少二次过街设施，给行人过街造成一定危险和较大不便，一定程度上抑制了慢行出行需求。

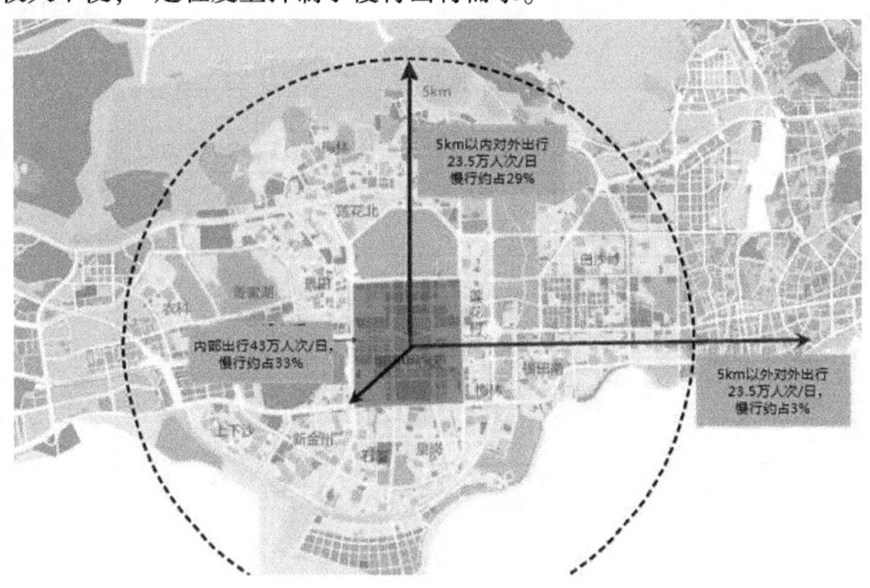

图4-7 福田中心区出行需求分布示意图

福田中心区出行结构 表4-2

分类		小汽车	轨道公交	慢行	其他
全市		19%	21%	56%	4%
福田中心区	总体	25%	55%	15%	5%
	5km 以内	27%	38%	29%	6%
	5km 以外	22%	68%	3%	7%
	内部	15%	50%	33%	2%

图4-8 福田中心区慢行通道宽度情况

福田中心区道路慢行空间情况一览表　　表4-3

路　名	道路等级	步行宽度（m）	路　名	道路等级	步行宽度（m）
红荔路	主干路	<3	金田路	主干路	3～5
福中一路	次干路	3～5	鹏程五路	支路	<3
福中路	主干路	<3	海田路（红荔路—深南大道）	次干路	<3
福中三路	次干路	3～5	海田路（福华路—滨河大道）	次干路	3～5
深南大道辅道	支路	<3	彩田路	主干路	<3
一号路	支路	<3	中心八路	支路	<3
二号路	支路	<3	九号路	支路	<3
福华一路	次干路	3～5	四号路	支路	3～5
福华路	主干路	3～5	五号路	支路	3～5
福华三路（新洲路—中心二路）	次干路	>5	六号路	支路	3～5
福华三路（中心二路—中心三路、中心五路—彩田路）	次干路	3～5	七号路	支路	<3
福华三路（中心三路—中心五路）	次干路	<3	八号路	支路	3～5
福华四路	次干路	<3	中心一路	支路	<3
滨河大道	快速路	3～5	中心二路	支路	>5
福华五路	次干路	<3	中心二路（福华一路—福华路、福华三路—滨河大道）	支路	3～5
鹏程一路	支路	3～5	中心三路	支路	3～5
民田路	次干路	3～5	中心四路	次干路	>5
鹏程二路	支路	<3	中心五路	次干路	>5
益田路	主干路	3～5	中心七路	支路	<3
鹏程三路	支路	>5	中心八路	支路	3～5
鹏程四路	支路	>5			

拥有独立自行车道的道路中，彩田路、红荔路部分自行车道具备独立彩色沥青铺装，骑行环境较好；滨河大道为画线自行车道，铺装与人行道有颜色区分；其余道路仅为人行道内画线，铺装与人行道无区分，整体骑行感受有待提升（图4-9、表4-4）。

图4-9　福田中心区自行车道

福田中心区已有自行车道统计表　　表4-4

道路	方向	路　段	形　式
红荔路	北侧	新洲路—彩田路	1.5m 沥青独立铺装,行人与自行车共板
	南侧	新洲路—鹏程三路	人行道 1.5m 画线铺装
		鹏程四路—金田路	人行道 1.5m 画线铺装
		鹏程五路—海田路	人行道 1.5m 画线铺装
滨河大道	北侧	新洲路—中心二路	人行道 1.5m 画线铺装
		新洲路—金田路	人行道 1.5m 画线铺装
彩田路	东侧	福华五路—福华路	1.5m 沥青独立铺装,行人与自行车共板

尽管福田中心区步行和自行车通道供给良好,但慢行分担率不高,低于全市平均水平,慢行流量主要集中在部分道路。目前,步行流量主要集中在新洲路、金田路、彩田路等道路,高峰小时双向流量在1500人次以上;福田中心区自行车出行占全方式发生吸引比例远远低于全市平均水平,自行车流量主要集中在新洲路、红荔路、莲花路等道路,高峰小时双向流量在350人次以上(图4-10)。

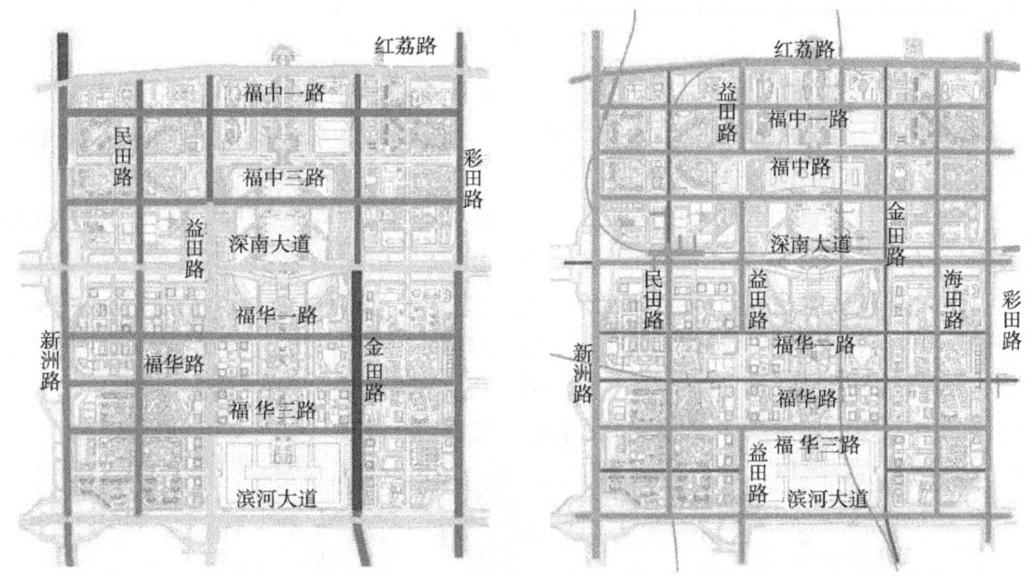

图4-10　福田中心区步行及自行车流量分布图

(2)立体步行设施。

除地面慢行通道外,福田中心区目前基本形成依托中轴二层平台的立体慢行设施——空中连廊系统。空中连廊系统位于深圳市福田中心区深南大道南侧的核心地段,以怡景中心城、皇庭广场和会展中心为主轴,向嘉里建设广场、卓越时代、大中华国际交易广场、星河中心辐射,中间跨越福华一路、福华路、福华三路、中心四路等道路(图4-11)。

目前,除连接北侧花园连廊和会展中心南侧连廊能够使用之外,空中连廊的多数通道已被封闭,使用效率较低。总体上,目前空中连廊系统与周边其他建筑的光鲜外观、旺盛人气极不协调,造成巨大的资源浪费。

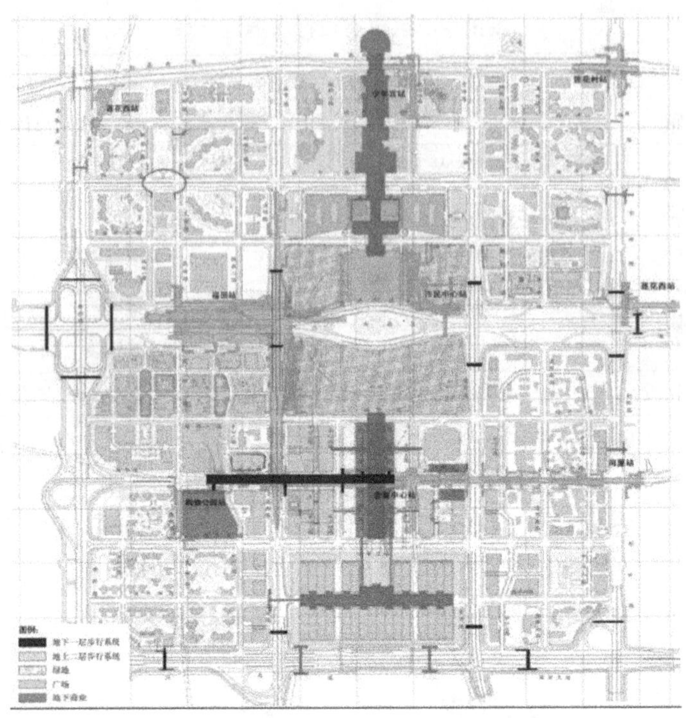

图 4-11　福田中心区立体步行系统示意图

通过实地调查、研究与分析，造成目前空中连廊系统未能形成网络、使用率极低的原因主要有以下几方面：

①怡景中心城和皇庭广场顶层用地类型缺乏吸引力。怡景中心城和皇庭广场顶层用地类型缺乏吸引力，致使空中连廊系统缺乏足够的吸引力是空中连廊整体使用率极低的最主要原因。空中连廊主要作为商业旺盛、人流密集区域的慢行交通设施，满足中心区市民出行免受机动车干扰、快速便捷、全天候出行等需求，而现状怡景中心城和皇庭广场顶层平台均为景观绿地，并未进行商业开发，缺乏人气，空中连廊连接顶层绿地，导致怡景中心城和皇庭广场顶层缺乏对人流聚集区域的点对点连接功能。怡景中心层顶层开发现状如图 4-12 所示。

图 4-12　怡景中心城顶层开发现状

另外，怡景中心城周边建筑以商务办公建筑为主，通勤交通需求大，对福田中心区交通出行方式进行调查分析，可以发现市民主要通过轨道交通方式抵达会展中心站或购物公园站，进入福田中心区南片区，这一交通方式的比例达到55%，同时，购物公园站与会展中心站通过连城新天地地下通道连通（图4-13），并且向通道两侧设置数目众多、分布广泛的出入口，通过各个出口能够便捷地进入周边建筑。这种与轨道站点连通、与周边主要建筑连通、内部商业氛围活跃的地下通道，有效地分担了大部分使用轨道交通方式抵达福田中心区进行各类活动的出行客流。相较于舒适便捷的连城新天地地下通道，空中连廊缺乏足够的吸引力与竞争力，造成选择空中连廊出行的比例较低。

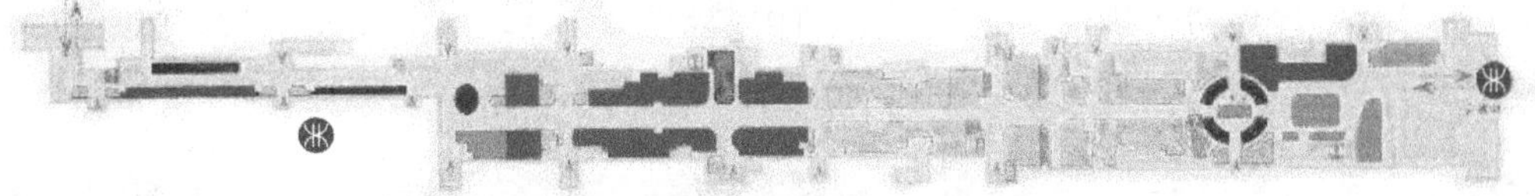

图4-13　连城新天地地下通道布局

②空中连廊普遍封闭，造成空中连廊系统功能缺失。调查发现，除了怡景中心城顶层平台与北侧中心绿地相连的空中通道能够正常使用外，怡景中心城、皇庭广场与周边建筑相连的空中连廊均已封闭停止使用。普遍封闭的空中连廊是造成目前怡景中心城空中连廊无法正常使用、整体使用率较低的原因之一。

项目组就怡景中心城与周边主要建筑的空中连廊封闭的原因，对有关部门进行了调研。调查发现，封闭空中连廊主要出于以下两方面的考虑：一是空中连廊系统从建设完成至今，几乎无人使用，因此将通往大中华国际交易广场、皇庭广场、嘉里建设广场的空中连廊全部封闭，仅保留通往中心花园的连接通道；二是在使用率较低的情况下，存在较大的安全隐患、养护成本和管理问题，因此在没有人使用的情况下，为降低养护管理成本，将连廊无限期封闭。与怡景中心城情况类似，大中华国际交易广场亦将连通怡景中心城的连廊封闭；而皇庭广场顶层尚处于建设施工期，并未开通（图4-14、图4-15）。

图4-14　怡景中心城—嘉里建设广场连廊封闭

图4-15　怡景中心城—大中华连廊封闭

③空中连廊使用不便，增加出行时间和绕行距离。市民主要通过轨道交通方式抵达会展中心站或购物公园站进入福田中心区南片区，而购物公园站与会展中心站之间的地下通道设置了数目众多、分布广泛的出入口，通过地下通道能够便捷地进入周边主要建筑，节省了出行时间，缩短了出行距离。

例如，通过轨道交通抵达会展中心站后，通往嘉里建设广场或者大中华国际交易广场上班的市民，将首选从地下通道直接进入周边建筑内部或上到地面过街进入建筑内部。而通过空中连廊系统，将不得不先进入怡景中心城内部，通过目前唯一开放的出入口上至顶层平台，而后通过空中连廊进入周边相连通的建筑内部（图4-16）。实地调研发现，通过空中连廊进入周边建筑的过程将大幅度增加出行时间和绕行距离。

图4-16　不同出行路径示意图

④空中连廊缺少竖向连接设施，致使空中连廊使用不便。空中连廊是由地下步行通道、地面步行通道和空中步行通道三个维度共同组成的立体步行系统中的重要组成部分。只有将地下通道、地面通道和空中连廊广泛而全面地进行衔接，才能形成高效、完整的立体步行通道网络。

然而，通过调查发现，怡景中心城、皇庭广场、大中华国际交易广场、嘉里建设广场等多处现有空中连廊仅能从建筑内部抵达空中连廊，而建筑外部的空中连廊均未设置与地面道路衔接的竖向连接设施，造成从地面道路无法抵达空中连廊，空中连廊的使用极其不便。竖向连接设施的缺失造成空中连廊成为单纯连接建筑的高层连廊，从“地下＋地面＋地上”的立体出行网络中剥离出来，形成近乎独立的平台（图4-17）。

另外，部分建筑内部设置了与空中连廊衔接的竖向设施，但由于管理和维护费用等原因，绝大多数内部竖向连接设施亦被封闭，停止使用。例如，怡景中心城内部原本设置多处地面至顶层平台的扶手楼梯和电梯，目前却仅存一处扶手楼梯可通达顶层平台，其余通道均已封闭，停止使用（图4-18）。

缺乏与地面道路和地下通道的竖向连接设施，造成整个立体系统的功能缺失，极大降低了使用空中连廊的便利性，使得福田中心区空中连廊系统脱离地面、脱离目标人群。

图 4-17　怡景中心城—大中华连廊无竖向连接设施

图 4-18　怡景中心城内进入空中连廊通道封闭

⑤空中连廊设施缺乏有效的管理与维护，设施环境较差。目前，怡景中心城、皇庭广场等建筑的空中连廊由于使用率极低，缺乏应有的管理与养护，造成连廊设施老化、破损。现场调查发现，连廊上多处护栏已经锈迹斑斑，多处台阶地砖的缝隙都杂草茂盛，部分装饰地灯也破败不堪，诸如此类现象比比皆是，整体设施环境较差，不够美观实用（图 4-19、图 4-20）。

（3）慢行过街设施。

福田中心区路网基本呈棋盘式布局，交叉口基本为常规信号灯控交叉口，其中民田路、益田路、金田路、海田路等道路与深南大道交叉口设有地下人行过街设施；彩田路雅颂居、彩福大厦附近，会展中心西侧出口处，滨河大道会展中心附近，新洲路黄埔雅苑附近以及福中路与民田路、鹏程一路设有人行过街天桥；其余大部分交叉口以地面人行过街为主。除此以外，中心区高密度的轨道开发带来大规模的地下空间，如连城新天地等，已形成较为成熟的城市地下空间慢行系统，与地面、空中过街设施一起，构成了中心区的人行过街系统(表 4-5)。

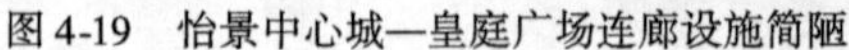

图4-19　怡景中心城—皇庭广场连廊设施简陋

图4-20　怡景中心城—大中华国际交易广场连廊设施简陋

福田中心区信号灯控交叉口　　表4-5

路段位置	信号灯形式	对角线长度（m）	路段位置	信号灯形式	对角线长度（m）
新洲路—红荔路	十字交叉口	63	福华一路—益田路	十字交叉口	42
福中一路—鹏程一路	十字交叉口	25	福华一路—民田路	十字交叉口	37
福中一路—民田路	十字交叉口	30	福华路—民田路	十字交叉口	47
福中一路—益田路	十字交叉口	50	福华路—益田路	十字交叉口	50
福中一路—鹏程三路	十字交叉口	40	福华路—中心四路	十字交叉口	38
福中一路—鹏程四路	十字交叉口	35	福华路—金田路	十字交叉口	70
福中一路—海田路	十字交叉口	35	福华路—海田路	十字交叉口	50
福中路—新洲路	十字交叉口	65	福华路—彩田路	十字交叉口	74
福中路—民田路	十字交叉口	50	福华三路—民田路	十字交叉口	47
福中路—益田路	十字交叉口	52	福华三路—益田路	十字交叉口	36
福中路—金田路	十字交叉口	50	福华三路—中心四路	十字交叉口	40
福中路—海田路	十字交叉口	43	福华三路—中心五路	十字交叉口	35
福中路—彩田路	十字交叉口	52	福华三路—金田路	十字交叉口	60
福中三路—民田路	十字交叉口	45	福华三路—海田路	十字交叉口	40
福中三路—益田路	十字交叉口	45	福华三路—彩田路	十字交叉口	30
福中三路—金田路	十字交叉口	42	福华五路—海田路	十字交叉口	45
福中三路—海田路	十字交叉口	32	红荔路—益田路	T形交叉口	56
红荔路—金田路	T形交叉口	68	红荔路—彩田路	T形交叉口	85
福华一路—中心四路	T形交叉口	35	福华一路—中心五路	T形交叉口	35
福中一路—彩田路	T形交叉口	65	—	—	

（4）自行车停放设施。

现状主要道路交叉口平面过街早晚高峰行人过街量较大，尤其是南部居住片区附近过街量极大，工作日高峰小时过街平均超过4800人次/小时。其中，民田路南段与福华一路、福华路、福华三路等交叉口，因毗邻大量居住片区和中心区重要的休闲购物娱乐片区，晚高峰及节假日慢行出行量较大，工作日高峰小时过街平均超过2500人次/小时。但由于部分交叉口现状布设面积大，且信号灯配时仍以机动车为主要服务对象，行人过街时间过于紧促，很多行人在机动车交通量较少时直接选择对角过街，存在极大的交通安全隐患，且对机动车交通造成严重干扰，同时，也有损福田中心区的城市形象(图4-21)。

图4-21　密集的过街人群

此外，民田路、鹏程一路与福中路交叉口天桥设计规模过大、桥跨高度高，彩田路与福中路交叉口东西向跨彩田路天桥与毗邻平面过街相距仅30m，在非高峰时段所跨道路机动车交通量不多时，90%的行人仍选择地面过街；尤其是在天气炎热或是暴雨等不良气候时，没有遮盖设施的天桥过街环境较差，利用率极低(图4-22、表4-6)。

图4-22　黄埔雅苑天桥规模过大、使用率低

主要道路过街形式统计和高峰小时客流量统计表　　表4-6

序号	路　口	过街形式	客流量(人次/小时)	
			东西向	南北向
1	新洲路—红荔路	十字平面过街	4320	2940
2	益田路—红荔路	T形平面过街	300	1260
3	金田路—红荔路	T形平面过街	348	684
4	彩田路—红荔路	十字平面过街	1224	1500
5	民田路—福华一路	十字平面过街	1980	1512
6	民田路—福华路	十字平面过街	804	1212
7	金田路—福华路	十字平面过街	1512	2424

续上表

序号	路　口	过街形式	客流量(人次/小时)	
			东西向	南北向
8	彩田路—福华路	十字平面过街	4440	3600
9	彩田路—福华三路	T 形平面过街	1464	288
10	新洲路过街天桥	天桥	1380	2411
11	深南路(投资大厦过街)	路面过街	276	3600
12	深南路(海关大厦前)	路面过街	301	1800
13	深南路(金盾剧院前)	地下通道	298	2760
14	福华路(益田路断面)	路面过街	1314	3228
15	彩田路(福中路过街)	天桥 + 平面过街	2160	2784
16	滨河大道(民田路段面)	地下通道	411	1710
17	滨河大道(海田路段面)	地下通道	396	1668
18	益田路—红荔路	T 形平面过街	180	2040

现状福田中心区自行车停放点主要集中于商业设施及轨道站点周边。现状福田中心区内,自行车停放规模超过 50 辆的停放点有 5 处,分别位于丰立大厦南侧、COCO PARK 西南侧、嘉里建设广场 3 座西南侧、怡景中心城北侧和现代国际大厦北侧;停放规模为 20 ~ 50 辆的停放点有 3 处,分别位于投资大厦、联通大厦及少年宫音乐厅附近;停放规模为 5 ~ 20 辆的自行车停放设施中心区内有两处,分别位于市民中心南侧和免税商务大厦西侧。大部分自行车停车设施均设立在人行通道上,借由绿化带间隔设置。此外,中心区内还有小规模的临时自行车停放点若干,但大多数以停车人自由停放为主。

当前福田中心区内使用自行车出行的主要人群为区内服务行业、物流行业等从业人员,自行车停车需求具有一定规模,大部分停车点均在有较大服务行业需求的业态周围,停车规模随服务行业上下班时间出现有规律的波动现象。中心区内已有停车设施数量少且规模较小,不能满足现状自行车停车需求。此外,大部分停车点基本依靠停车人自由停放,部分停车点能够依托道路绿化带间隔停放,但大多数停车点因缺乏有效管理,停放自行车无法高效利用停车空间有序排列,致使自行车停放秩序混乱,侵占行人空间现象频发,破坏步行连续性,亦妨碍无障碍设施的通畅并影响中心区城市景观(图 4-23)。

图 4-23　挤占人行空间及停车混乱

(5)休闲通道。

福田中心区及周边片区拥有丰富的自然生态资源,包括莲花山公园、笔架山公园、中心公园、新洲河等,是市民休闲、游憩、健身的主要活动空间。

目前,福田中心区周边,区域绿道2号线由南往北经由北环大道通往上步北路,并与临水而建、通往福田路的城市活力绿道3号线相互连接,贯通了笔架山公园和中心公园;由梅丽路、沿新洲路往南的新洲河山海峰光线沿路途经莲花山公园,并连通至福田中心区;宝安大道—深南大道的都市活力绿道东西贯通,将莲花山、新洲河、中心公园等重要市民休闲娱乐集中区域整体连为一体。但莲花山与中轴平台、笔架山之间缺少便捷的慢行连接,且新洲河西岸、深南大道、彩田路等部分绿道缺少自行车专用道(表4-7)。

福田中心区周边休闲通道　　表4-7

涉及休闲通道	涉及路段	涉及范围(km)	断面形式
莲花路	新洲路—彩田路	2.3	双向六车道
笋岗西路	彩田路—皇岗路	0.5	双向八车道
红荔路	新洲路—彩田路	1.9	双向八车道
彩田路	红荔路—笋岗西路	0.8	双向六车道
莲心路	彩田路—皇岗路	0.5	双向二车道
皇岗路	莲心路—笋岗西路	0.4	双向六车道
深南大道	新洲路—福田路	2.8	双向六车道
福田路	深南大道—滨河	1.2	双向六车道

现状休闲通道通行条件良好,但部分通道,如笋岗西路、彩田路的笋岗西路—红荔路路段缺少自行车道,步行通道缺乏整体贯通性,标志标牌等配套设施尚不完善,导致中心区内慢行通道与周边绿道系统连接不畅,市民前往各公园等休闲片区仍以机动化出行为主。

现状休闲通道较少有足够的独立通行空间提供给自行车,自行车绝大多数情况下仍与步行交通,甚至与机动车交通混行通行,不仅有极大的交通安全隐患,也对机动车交通、步行交通的通畅迅捷造成了一定阻碍。此外,未经统筹的自行车交通同样带来了无序的自行车停车位管理等其他交通附属问题。

此外,虽然现状休闲通道基本在空间布设上考虑了行人步行空间,但整体道路布局上无法体现“行人优先、以人为本”的人本思想。大多数交叉口空间过大,机动车平均车速过高,行人通过不便;在一些出入口,无障碍设施并非尽善尽美,盲道设施设置缺乏合理性,给残障人士造成一定通行困难;且在一些公园出入口、休闲绿道重要接口,现状步行通道在设计上未能做到良好连接,导致众多前往休闲娱乐地区的行人出现大量绕行或是具有安全隐患的危险出行行为。

3)市民意愿调查

为了解市民对于福田中心区慢行交通发展的意见和诉求,本次研究专门开展了市民慢行意愿调查工作。调查共发放问卷调查约4000份,收回有效问卷3368份。调查对象主要包括不同职业、不同年龄段的人群,调查内容涉及现状出行方式、出行时段、现状慢行感受、未来出行意愿等。

根据调查对象的不同,共设计“办公+购物娱乐类”“居住类”及“休闲类”三种调查问卷，为保障调查结果的准确性，减小偶然误差，调查工作分别于不同时间段多次展开。不同时间段主要分为工作日平峰(09:03—17:30)时段、工作日早晚高峰(07:30—09:30、17:30—19:30)时段、双休日平峰(09:03—17:30)时段及双休日早晚高峰(07:30—09:30、17:30—19:30)时段。不同调查问卷主要调查地区呈差异化分布，“办公+购物娱乐”类问卷主要于南片区CBD地区、COCO PARK、中心城等地区调查；“居住类”问卷主要于黄埔雅苑、深业银行等居住区周边进行；“休闲类”问卷主要在莲花山公园出入口、中心书城广场等地区发放。

对回收的问卷进行整理，剔除无效问卷，最终得到有效问卷3368份。对受访人群年龄组成进行分析，按照30岁以下、30~60岁及60岁以上人群年龄分组，本次调查中受访者以30岁以下人群为主，约2324个，约占总数的69%；30~60岁受访者1010个，约占总数的30%；60岁以上受访者约34个，占总数的1%(图4-24)。

根据市民出行目的调查，福田中心区各类出行中，上下班、办事及购物娱乐出行占主要部分，其中上下班、办事出行约占60%，该类出行多采用轨道公交方式，以慢行接驳为主；购物娱乐出行约占18%，该类出行多为周边片区至中心区及中心内部的中短距离出行，有较好的引导慢行出行的条件(图4-25)。

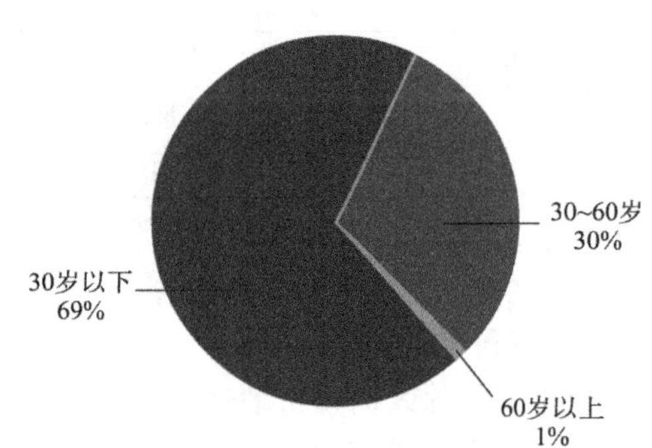

图4-24 调查对象年龄构成

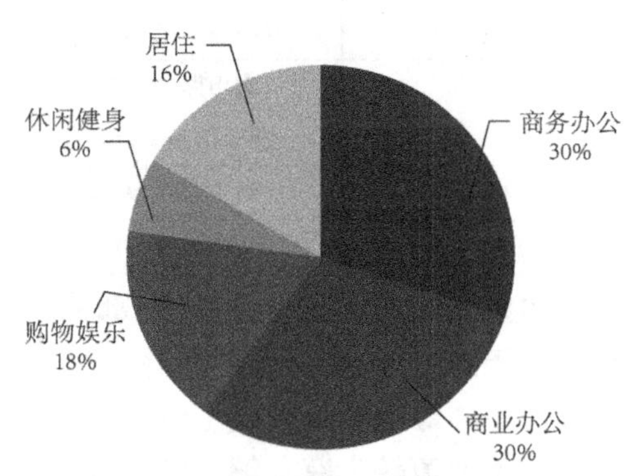

图4-25 调查对象出行目的情况

对受访者出行方式进行分析，将受访者出行方式划分为小汽车出行、公共交通出行及慢行出行三类，用于确定不同出行方式之间的转换意愿指数。本次调查中，受访者绝大部分为公共交通出行者，约占总数的82%；其次为小汽车出行者，约占总数的11%(图4-26)。

通过调查，市民对福田中心区现状慢行系统总体满意，但也在多个方面对福田中心慢行系统的发展提出了意见和建议。市民反馈的意见和建议中，约20%为目前的中心区慢行系统受小汽车交通干扰多，不够安全；约40%为目前的中心区慢行设施仍有待完善，过街不便，立交和大路口阻隔多，不够便捷；约20%为目前的中心区慢行系统缺少适合全天候出行的遮挡设施，同时慢行空间受侵占，不够舒适(图4-27)。

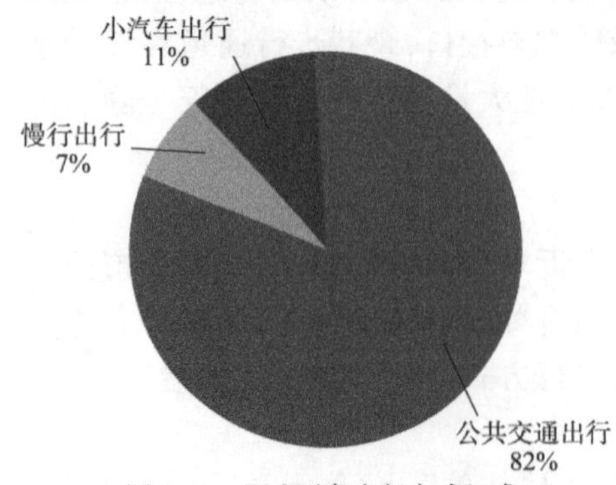

图4-26 调查对象出行方式组成

被访者中，在被问及中心区慢行系统进一步改善后，是否愿意转为慢行出行时，8%的受访者表示愿意由小汽车出行转为慢行出行，12%的受访者表示愿意由轨道公交出行转为慢行出行。

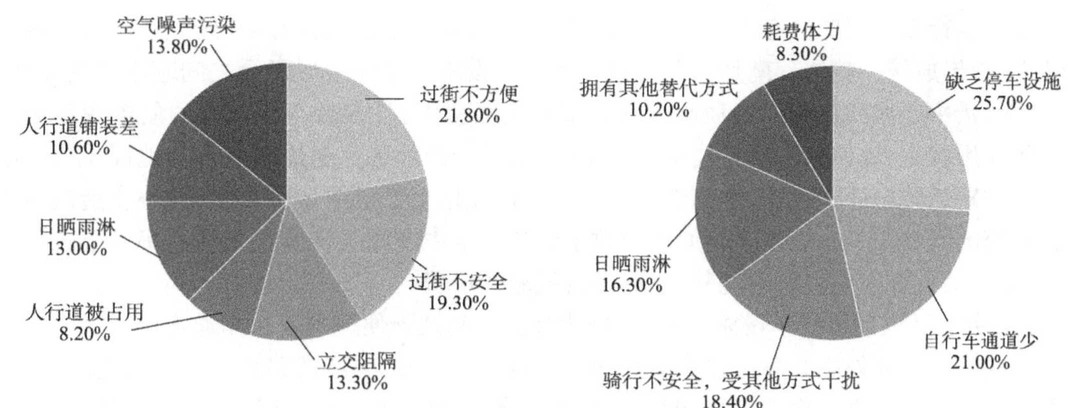

图4-27 中心区步行及自行车交通意向调查结果

4.1.2.4 现状主要问题分析

(1)中心区步行出行环境有待提升。

福田中心区步行出行主要由与轨道公交之间的接驳通及中心区内部中短距离(小于3km)出行两部分组成。一方面,凭借发达的轨道公交系统,现状中心区全方式发生吸引中轨道交通出行比例高达55%,产生大量轨道公交接驳需求;另一方面,中心区内高强度的土地开发,众多的商贸及办公点之间亦产生大量的短距离出行需求。

面对大量的步行出行需求,中心区应以高质量的步行出行环境与之相匹配。尽管当前中心区在慢行设施、慢行空间及遮挡环境方面拥有较好的条件,但考虑到中心区的定位及大量步行出行需求,中心区慢行出行环境尚有提升空间。例如,当前中心区及周边片区整体交通设施主要以机动车为导向进行设计建造,道路空间充足,单条车道宽度基本高于3.5m,大部分交叉口都进行过拓宽处理,利于机动车通行,信号配时方案也以机动车为主,以上种种原因使得片区内采用小汽车出行方式具有较大吸引力。与此相对应的是慢行稳静化措施缺乏,对慢行出行的安全性、便捷性缺乏应有的保障;此外,目前中心区慢行遮挡设计主要依靠行道树树荫、建筑骑楼挑檐等设施。利用行道树树荫可较好地解决遮阳问题,但下雨天效果不佳。同时,建筑骑楼、挑檐等设施也存在各自独立性较强,不成体系,不能提供连续的遮挡环境的问题(图4-28)。

图4-28 暴雨(烈日)下的行人

(2)中心区空中连廊多处通道封闭、缺乏竖向连接,使用不便。

目前中心区已初步形成以中轴线二层平台为骨架的立体步行系统,但实际运行情况中存在较多问题。

立体步行系统主要分布于中心区南片区，因水晶岛尚未建设，南北片区立体步行系统相互独立，未形成统一整体。南片区各建筑立体步行设施与中轴二层平台之间基本实现衔接，但由于怡景中心城和皇庭广场顶层用地类型缺乏吸引力，且多处与建筑连通的连廊设施处于封闭停用状态，致使整个空中连廊利用率较低；整个南片区空中连廊系统与地面步行系统之间严重缺乏竖向连接设施，地面道路行人无法便捷地上下空中连廊系统，进一步造成空中连廊系统的低利用率。以上多种原因导致了南片区空中连廊系统的整体利用率处于较低水平，未能有效发挥空中连廊的优势，造成慢行设施的浪费。

(3)中心区内部自行车设施不足，与周边片区之间缺乏便捷的自行车通道。

目前中心区除外围几条道路有独立铺装的自行车道外，内部道路均无独立自行车道，且外围道路自行车道也存在着不成网络、连续性差等问题。中心区与周边片区之间缺乏便捷的自行车通道进行联系，使得周边(5km 范围内)居住区内大量的本可以采用慢行方式前往中心区的市民转向使用机动方式出行。此外，相对于中心区 $4km^2$ 的空间尺度，相当一部分内部出行(如从怡景中心城前往市图书馆)并不适宜采用步行方式，而更适合于自行车的出行方式。中心区内部缺乏自行车道，骑行环境不够理想，使得类似于此类较长距离(相对于步行适宜出行距离)出行的人群不得不选择轨道公交甚至小汽车的出行方式。

(4)中心区各公园缺乏衔接通道，联系薄弱，客流分布不均。

福田中心区内自然生态资源丰富，公园、景点众多且相邻较近，是市民休闲、健身、游憩的主要目的地。目前各公园、景点之间相距较近，但是联系较弱，尚未形成统一整体。

莲花山公园、笔架山公园和中心公园是福田中心区主要的三处公园，目前三处公园之间暂无直接、便捷的连接通道，福田中心区内休闲通道与周边绿道系统缺乏足够的衔接通道。此外，现状中心区道路缺少适当的自行车通行通道，公园周边步行通道缺乏整体连贯性，相应标志标牌等配套设施也配建不足。

莲花山公园为中心区最大的公园，且与轨道交通衔接紧密。中心区北片区居住用地及主要城市公共活动空间均邻近莲花山公园入口，轨道交通少年宫站亦于该公园进出口设置出入口，公园进出口通过中轴二层平台及完善的竖向连接设施与周边城市公共活动空间形成良好连接，故中心区内部居住人员抑或全市其他地区通过轨道交通前往中心区的人员均能较为便捷地前往莲花山公园。以上种种原因导致慢行休闲人流过多地集中于莲花山公园，使得该公园出现人员拥堵、休闲品质下降的情况。而中心区其他公园如中心公园、笔架山公园人员相对较少，片区休闲人群分布不均衡(图 4-29、表 4-8)。

图 4-29　莲花山公园休闲人群

福田中心区公园客流情况　　表4-8

名　　称	平时客流量(万人次/日)	节假日客流量(万人次/日)
莲花山公园	5万~7万	10万~12万
笔架山公园	0.5万~1万	2万~3万
中心公园	0.4万~0.8万	1.8万~2.2万

4.1.3　发展趋势

1)慢行交通总体发展阶段

从世界范围来看,随着社会经济、城市空间、科技水平、交通设施的发展,慢行交通大致可以分为初期阶段、主导阶段、衰落阶段和复兴阶段四个发展阶段。作为中国改革开放的窗口和代表城市,深圳整体城市发展有着独具一格的特点,高起点的发展形势让福田中心区的慢行交通发展历程基本跳过慢行交通初期阶段进入主导阶段,但仍然经历了类似主导阶段—衰落阶段—复兴阶段的慢行发展阶段。

(1)主导阶段。

社会经济发展水平较低,城市空间比较紧凑,出行机动化发展水平不高,城市道路网络较密集,慢行交通在城市交通中居主导地位,主要服务直接通勤交通,休闲和接驳交通比例较少。

改革开放至20世纪90年代初期,深圳城市化起步不久,城市规模发展主要以罗湖、蛇口为重点发展中心,福田中心区整体规划处于整体选址、概念规划阶段。彼时城市交通基础设施不发达,整体机动化水平较低,福田中心区及周边范围内市民出行主要以慢行出行为主,自行车和步行规划均为各阶段规划重要组成部分。

(2)衰落阶段。

社会经济快速发展,城市空间迅速扩大,出行距离显著拉长,高等级干线道路系统逐步形成,机动化交通增长迅猛,出行结构向机动化方向倾斜,慢行交通空间受到严重挤压,主要服务于接驳交通,慢行交通主体地位逐步被取代。

20世纪90年代至21世纪初期,随着特区城市空间规模持续拓展,城市机动化水平大幅提升,市民平均出行距离不断拉长。机动化出行逐渐替代慢行出行,成为市民出行的主要选择方式,慢行交通服务于短距离出行的需求持续减少,其中以自行车出行尤甚。因自行车出行需求比例连年走低,综合考虑自行车交通管理难度等其他原因,相关部门对深圳市三块板道路进行了全面改造,铲除自行车专用道,增设公交专用道和机动车道。当时福田中心区相关规划中也将原有自行车相关内容进行了大范围的删减。一系列政策举动加快了以自行车交通为代表的慢行交通的衰落,慢行交通的主导地位被机动化交通取代。

(3)复兴阶段。

社会经济、城市化水平发展至较高水平,机动化交通高速发展,由此带来城市交通拥挤、能源消耗、环境污染等一系列大城市病。随着轨道等替代性大运量交通方式基本形成,人们开始追求生活质量,城市回归人性化空间,慢行交通逐步受到重视,主要服务接驳交通和休闲交通,对出行环境品质要求较高。

伴随着机动车的快速发展,2014 年 9 月,深圳市机动车保有量已突破 300 万辆,爆炸式的增长率使城市交通环境急剧恶化,交通拥堵加剧、交通事故频发。解决城市交通空间内机动车过量问题的首要战略是提高公共交通出行比例,为此,深圳市政府积极推进公交优先战略, 大力发展轨道交通。福田中心区现贯通轨道线路 4 条,共有站点 9 个,有良好的轨道公交体系基础,为整体完善公交的使用感受,慢行交通接驳系统的重要性越发重要。此外,随着素质的提高,居民对健康生活的追求也逐年提升。认可绿色交通、低碳交通理念的同时,越来越多的市民开始追求环保、健康的出行方式,慢行交通休闲健康的特性开始被人重视,逐渐进入复兴阶段。

2)已有规划简介

自 1987 年深圳市 CBD 选址规划以来,福田中心区经历了近 30 年的各种层面的规划发展历程,整体发展经历了整体综合概念规划时期(1987—1991 年)、详细规划与城市设计时期(1992—1995 年)、专项规划设计时期(1996—2004 年)、调整与深化时期(1999—2002 年)、景观环境规划设计时期(2001—2005 年)。各层次规划指向性和重点各有不同,在不同角度对中心区慢行规划提出了相关建议。在时代变迁以及深圳机动化交通翻天覆地的变化背景下,各时段的规划有可取之处的同时,也有值得商榷的地方。

(1)1988 年福田分区规划。

1988 年编制的《福田分区规划》重点在于阐述对中心区的规划设想,当时深圳市整体交通背景下慢行交通仍占有很大的比例,中短距离出行中自行车出行占有极大出行比例,机非分流系统是城市分区规划的重要组成部分。

《福田分区规划》中,中心区的道路交通规划原则为:根据深圳城市东西长南北短的地形特点,建立起以东西向快速交通干道为基本骨架、以多条南北向道路为辅的中国传统棋盘式路网格局,完善人车分流、机非分流、快慢分流,形成先进、安全的交通系统。设立自行车专用道路和设辅助路是当时交通规划的两个突出特点。

分区规划内,福田区机非分道系统设计概括有三点重要措施:第一,自行车专用路与干道交叉点的立交措施,保证了干道交通的连续性,干道的交通利益和自行车的交通安全得到兼顾;第二,减少干道用地比重,增加小区道路用地比重;第三,城市设计与道路系统设计思路原则一致,将机非分道系统原则贯彻到福田区每一块局部地区的详规之中。

但由于城市机动车数量迅速增长及人们出行交通方式的快速转变等原因,该项规划原则在中心区后续的交通规划深化设计及实施中仅实现了人车分流、快慢分流等交通规划原则,未能始终贯彻执行机非分道的措施。1995 年,南片区城市设计中已经取消了自行车专用线。

(2)1991 年综合方案与城市设计。

1991 年综合方案与城市设计综合考虑了 1989 年整体规划设计方案咨询的三种咨询结果,主要特点是规划设计采用二层步行系统连接 CBD 的主要大厦,重视人车分流、合理集散,使行人系统不受机动车干扰;自行车交通与人行交通以及非机动车交通分离独立,自行车与主次干道实行立体交叉,与建筑群内及居住片区内的次要道路采用平交方式穿行,即实行机非分流。

(3)1991 年、1994 年南区 CBD 城市设计。

南片区作为福田中心区商业、娱乐、办公集聚区域,吸引了大量交通量,需要对其进行相关城市设计。1991 年、1994 年两度开展的南区 CBD 城市设计提出建立内部道路网络为方格路网，所有道路与干道交叉口均设立交。针对步行者，规划设计采取二层立体人行系统，中心区规划对 CBD 核心区实行人车交通“竖向分层”原则，步行道提高到地面以上与二层建筑结合处理，街坊之间用过廊连接，结合绿化、酒吧和商业零售，形成系统的极富特色的休息、步行空间。

(4)1996 年核心区城市设计咨询。

在原有市政道路网的基础上，进一步强化了南北中轴线的空间视觉整体性、连贯性，规划设计人工屋顶绿化步行系统、地面车行、地下停车库的人车交通分流系统，在深圳 CBD 规划历史上，这是首次将中心城区中轴线绿化立体化和人工化。

同时，设计规划中还强调了金田路、益田路两条商业街的集中布局，并提出街道两侧建筑利用二层人行步道联系，形成深圳 CBD 立体分层、人车分离的城市空间特点。

(5)1997 年交通规划。

1997 年交通规划着重解决外围交通进入福田中心区的快速路相关集散问题。同时在内部交通上，规划设计强调了人流、车流“渠化”的必要性。规划设计中指出，提高 CBD 内部交通的路网密度，是关系到福田中心区内部交通集散的至关重要的规划环节。

1997 年交通规划同样把建立高效率、多层次的公交系统作为 CBD 交通规划的发展策略。规划设计在福田中心区内共设置大型公交枢纽站 1 个和小型枢纽站 3 个，组织好公交、地铁的接驳换乘，合理设计公交枢纽站布局及站点设置，保证与地铁站直接换乘，组织未来单行线方案，并预留交通发展用地。

(6)1999 年地下空间规划与城市设计综合。

1999 年地下空间规划与城市综合设计在规划设计福田中心区地下空间外，也对地下行人交通组织进行了规划设计，在合理过街、高效穿行的同时与轨道站点结合，组织地下轨道公交的行人接驳组织，并合理结合周边商业布局形成地下商业空间。自此，福田中心区行人组织形成地上二层、地面、地下三个层次的立体构架，为行人出行提出了更多选择。

(7)2001 年交通综合规划设计。

2001 年福田中心区交通综合规划设计结合当时现状和未来规划定位对福田中心区整体交通进行了系统的梳理和整合，完善了公交走廊、步行系统规划设计，并对道路的细节布局、部分路段的港湾式停车位进行了规划设计。

在整体路网结构上，2001 年交通综合规划设计提出重点加大路网密度，避免过多的立交桥造成的交通不便，其设计也充分论证了枢纽场站布局的合理性。

同时交通综合规划设计也强调了对行人流的保护，规划了完整的人车分流体系设计，提出了能够与常规公交、轨道灯多种公共交通工具良好接驳的人行系统设计。

福田中心区历经 20 余年的发展规划历程，其间深圳市慢行交通也经历了主导—衰落—复兴的阶段性变化，在各时段不同种类的规划中也能窥见一定的时代特点。发展初期慢行交通处于整体全方式主导地位时，慢行交通，尤其是自行车交通被作为重要出行方式，其路权受到认可和保证。随着深圳整体经济的发展，机动车出行比例大幅上涨，自行车道路路权在各层次规划中比重逐渐走轻，并于 1995 起正式从各层次规划中取消独立路权。但随着“以人为本”的思想被各方面重视，以及慢行交通在公交接驳、短距离出行、休闲健身等方面的优势愈显,慢行交通重新进入各层次规划设计的重点。1991 年起提出建立二层连廊,1999 年起提出地下空间行人组织,均对立体步行系统提出了一定的规划构想,但自行车系统自 1995 年被取消后仍未被提起。

综合多年来的各种规划,总结其经验的同时,也对福田中心区慢行规划提出了一定要求。如何在以往规划成果的基础上加强立体步行系统的构建和使用效率,如何重新构建福田中心区自行车出行体系,如何完善轨道公交接驳问题,均是福田中心区未来慢行规划发展的导向问题。

3)城市发展前景

(1)城市建设。

福田中心区经过多轮高起点、前瞻性的规划,在政府的主导下,基本实现了当初公共功能十字轴布局的构想:北片区为以行政办公和大型文化设施为主的行政文化中心,南片区为以商务办公、酒店金融为主的 CBD 中央商务区。截至 2014 年,中西区内主要建筑基本建成,规划中沿金田路、益田路的高层商业办公建筑均处于建设中,预计到 2020 年,中心将全部完成区内城市建设,片区总建筑规模达到 750 万 m^2(图 4-30)。

图 4-30　飞速发展中的福田中心区

(2)水晶岛规划。

水晶岛即深南大道与中心区南北中轴线交汇处,现状为城市绿地,不具备城市公共活动空间功能。依据《深圳市水晶岛基地研究与可行性研究报告草案》《深圳市水晶岛可行性研究及调整方案》,水晶岛功能定义为深圳的生态和信息的核心,将市民广场转变为深圳创意中心;同时,水晶岛作为深圳新地标,意为“世界之眼”,是文化展览与创意设计的平台,是深圳和珠三角的信息中心(图 4-31)。

整个水晶岛由空中的大环和半球形下沉广场及横纵交错的通道组成,通过利用一个空中的大环和地下的连接通道解决了地上、地下和整体性的问题,实用性非常强,通过利用广场、地下空间很好地解决了公众生活如何进入这个地域的问题;其中环状步行连接体,由地面小径和天桥组成,与自然地形和景观融合,其屋面连续,与基地和城市形成连续的地平线,并成为发光地标;地下空间,由半球形下沉广场和横纵交错的通道组成,下沉广场“世界天眼”为多层公共文化区，地下通道为创意文化街、零售、餐饮及联系周边商业、地铁等的人行通廊(图4-32)。

图4-31 水晶岛规划效果

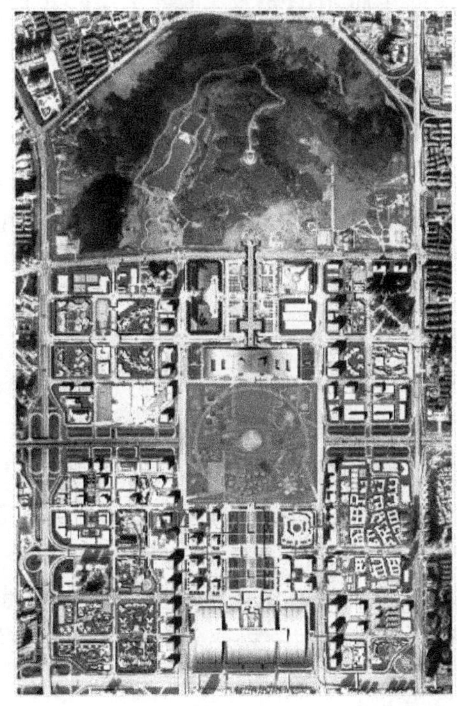

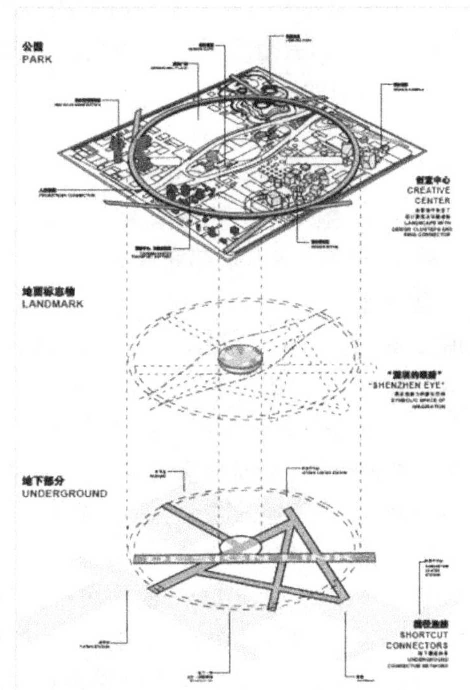

图4-32 水晶岛区位及空间布局

水晶岛的规划建设将改变南北步行系统分割局面，给中心区注入人气、增添文化氛围；同时为福田枢纽的地下联系拓展提供条件，是交通枢纽与商业融合、互动的关键节点。未来以福田枢纽和水晶岛组合的地下空间及周边区域将是现代服务业高度聚集区，将形成中心区核心地标和交流中心。

目前，福田中心区主次干道已基本完成建设，未来中心区道路建设将以城市支路建设为主，主要集中于深南大道—金田路—福华路—彩田路围合区域，2020年，中心区内道路系统建设基本全部完成。

中心区原规划有很完善的二层步行系统，而且中轴线南北区基本都建成，但受深南大道隔离的影响，南北区步行系统相对独立，联系不足；随着水晶岛建设的启动、国际招标设计方案的出炉，未来水晶岛将承担联系中心区南、北区和周边地铁、商业建筑的步行枢纽功能，这是中心区步行系统完善最重要的工程；水晶岛工程与福田枢纽工程的建设是中心区扩展地下步行系统的最佳时机，是中心区聚集人气和活力的大好机遇。

4）交通发展前景

（1）城市发展。

2020 年，福田中心区基本完成建设，区内建筑面积规模达到 750 万 m^2，居住人口达到约 7.7 万，中心区内总就业岗位达到 26 万个，其中 15 万个集中于南片区核心商务办公区，11 万个集中于北片区文化行政核心区。

（2）交通需求。

2020 年，福田中心区出日行总量由现状的 93 万人次增长至 108 万人次，根据交通模型预测，未来福田中心区慢行出行规模约为 28.08 万人次/日，约占全方式发生吸引的 26%；轨道公交出行规模约为 55.08 万人次/日，约占全方式发生吸引的 51%；小汽车出行规模约为 22.68 万人次/日，约占全方式发生吸引的 21%；其他方式出行规模约为 2.16 万人次/日，约占全方式发生吸引的 2%。

（3）交通设施。

①道路设施。目前，福田中心区主次干道已基本完成建设，未来中心区道路建设将以城市支路建设为主，主要集中于深南大道—金田路—福华路—彩田路围合区域，到 2020 年，中心区内道路系统建设基本全部完成。

②轨道设施。

轨道方面，至 2020 年，福田中心区将新引入轨道线路两条，包括城市轨道 11 号线及广深港客运专线，使得福田中心区轨道交通服务水平得到进一步提升。同时，总建筑面积约 22 万 m^2 的福田综合交通枢纽也将建成使用。福田枢纽站作为大型地下铁路车站、珠三角重要的城际交通枢纽、深圳市重要的轨道交换乘中心，将积极发挥其深港融合纽带作用，加强深圳与香港、广州等地的联系，促进福田中心区发展转型，进一步加强和提升深圳在珠三角地区的中心城市地位。

a. 轨道 11 号线。轨道 11 号线是实现深圳西部组团和中心组团的快速联系的快线，覆盖福田中心、车公庙、后海、前海、宝安中心、深圳机场、福永、沙井、松岗等片区。线路连接原特区内外，机场以南段沿线主要为高密度建成区，包括福田中心区、车公庙、后海、南山等集中的就业区和繁华的商贸区；机场以北段沿线主要为居住和工业用地，沿线正在旧城更新改造和产业升级（图 4-33）。

目前轨道 11 号线正处于施工中，预计 2016 年完成建设并通车，届时福田中心区与原特区外的西部组团和中心组团的联系将得到有效改善。

b. 广深港客运专线。广深港客运专线是连接广东省的广州、东莞和深圳以及香港的高速铁路，也是中国“四纵四横”客运专线中，京广高速铁路至深圳、香港的延伸线，亦为珠三角城际快速轨道交通网的骨干部分。广深港客运专线主要提供广深港之间的客运服务，并计划发展长途高速铁路客运业务。

广深港客运专线广深段于 2011 年 12 月 26 日正式开通，设计速度 350km/h，由广州南站到深圳北站只需 40min 左右，极大地促进了深圳与广州、东莞两地的人员、信息交流。

图 4-33　轨道 11 号线线位规划及福田中心区益田路部分建设现状

客运专线香港段兴建工程已于 2010 年展开，耗资 624 亿港元，预计到 2017 年完成，其总站设于西九龙。预计深圳北至福田段 2014 年 7 月通车，深圳北站至西九龙站计划 2017 年通车。届时，由福田中心区至香港的出行时间将缩短至半小时以内，至广州的通行时间缩短至一小时以内（图 4-34）。

图 4-34　广深港客运专线

c. 福田枢纽站建设。福田枢纽站总建筑面积约 22 万 m^2 的福田综合交通枢纽是目前国内第一个，也是最大的地下城际火车站。在深圳市政府的相关规划中，以福田站为核心，深圳地铁 1、2、3、4 号线和规划中的 11、14 号线，以及配套的公交场站和出租车、社会车辆停靠站，在这里组成深圳市城市核心区内的零距离换乘综合交通枢纽（图 4-35）。

福田站布置于益田路与民田路之间的深南大道路段区域，核心站区汇集地铁 2 号线、地铁 3 号线、地铁 11 号线和广深港客运专线，其中地铁 2 号线和地铁 11 号线东西向布置于深南大道下，地铁 3 号线布置在民田路之下并跨深南大道，广深港客运专线布置在益田路下并跨深南路；福田站区外围车站包括地铁 2 号线和地铁 4 号线的市民中心站、地铁 1 号线和地铁 3 号线的购物公园站、地铁 1 号线和地铁 4 号线的会展中心站，这些站未来将有条件通过地下空间相连（图 4-36）。

目前，福田枢纽站主体结构部分建成，配套的停车设施、常规公交及出租车接驳设施正处于紧张施工之中。福田枢纽站作为大型地下铁路车站、珠三角重要的城际交通枢纽、深圳市重要的轨道交换乘中心,将积极发挥其深港融合纽带作用,加强深圳与香港、广州等地的联系,促进福田中心区发展转型,进一步加强和提升深圳在珠三角地区的中心城市地位。

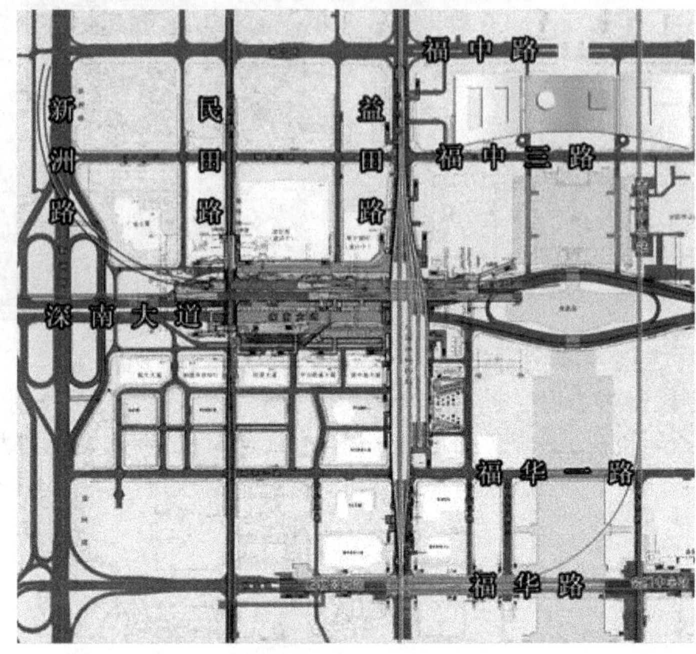

图4-35 福田枢纽站总体布局

图4-36 福田枢纽站换乘空间示意

③地下空间。地下空间方面,未来福田中心区地下慢行系统主要包括两部分:一是东西向的福华路地下慢行通道,由轨道一号线购物公园站至岗厦站,服务于沿线COCO PARK、购物公园、嘉里广场、怡景中心城等沿线商业、办公设施;二是南北向的益田路地下慢行通道,由轨道一号线购物公园站,经福田综合交通枢纽至市民中心。鉴于福田中心区地下慢行系统均已基本明确,本次规划不再对此部分内容进行额外研究,本次规划主要针对福田中心区地面及空中慢行系统拟定详细规划方案(图4-37)。

④其他设施。

福田中心区作为全市政治中心、金融中心及文化中心,车流、人流高度集中,片区内机动车停车需求较大。为合理管理片区内交通停车需求,处理好静态交通与动态交通之间的平衡关系,保证其他交通空间不受侵犯,福田中心区开展了智能停车诱导系统规划。

图4-37 福田中心区地下步行通道规划示意图

此外,为妥善解决福田中心区车位紧张及路内违章停车等问题,落实深圳市路内停车政策,市交通运输委员会组织制定了福田中心区路内停车规划方案,对片区内停车问题较为突出的路段进行了路内停车位规划,并采取一系列的管理、收费措施,缓解停车难等问题。

4.1.4 经验借鉴及目标策略

4.1.4.1 国内外经验借鉴

(1)以轨道站点为核心,提升步行出行环境和品质。

新加坡“Walk2Ride”计划——根据“新加坡 2013 综合交通规划”,新加坡陆路交通署(LTA) 将在全岛层面开展“Walk2Ride”项目,旨在通过在交通节点周边建设更多的有盖连接通道来为步行前往乘坐轨道的乘客打造一个更加有效的换乘系统,以期为采用公共交通方式出行的市民,提供一个来往轨道站点或公交枢纽站与居住地之间的更加舒适、便捷、连续的出行环境。

“Walk2Ride”项目的目的在于通过改善交通节点(如 MRT 站点、LRT 站点及常规公交换乘站等)与客流集散地(如学校、购物中心、医院、居住区等)之间的接驳服务来提高公共交通的使用率。通过“Walk2Ride”项目,在保证交通节点与学校、医疗中心及公共便利设施之间的有盖连接系统的前提下,陆路交通署将原有有盖走廊系统覆盖范围从原有的关键交通节点周边200m 延伸至 400m。“Walk2Ride”项目将连接所有 MRT 站点周边 400m 范围内的购物、休闲、商业设施及居住开发区,LRT 站点及常规公交枢纽站覆盖范围将为 200m(图 4-38)。

新加坡对风雨连廊的建设提出了指导性要求,主要包括以下几方面:①净宽 3.0m,拱腹高不小于 3.6m。②整个长度上保持水平高度一致。③水平高度有差异的地方,应设置斜道进行调节。④停车库的斜道应在有盖走廊的界限之后。⑤走道应方便残疾人通行。

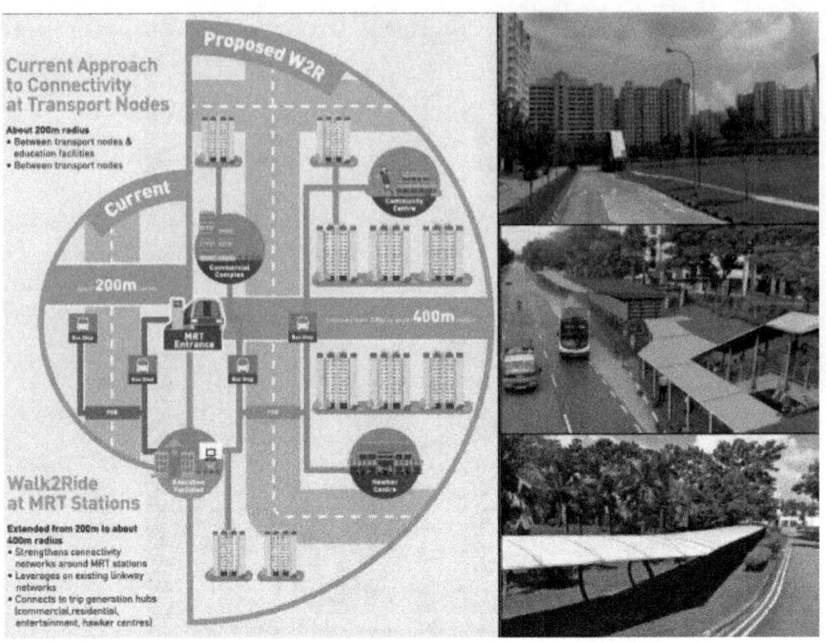

图 4-38　新加坡“Walk2Ride”项目示意

除以上相关规范外,新加坡风雨连廊的建设还充分考虑与城市景观之间的协调,具体方案应当结合道路空间条件、绿化情况、周边建筑形式等进行设计,在保障其遮风挡雨的基本功能的同时,使其具备艺术观赏性,且不对原有城市景观品质造成负面影响。

有盖走廊系统又称风雨连廊,能够提供遮风挡雨的“全天候”步行空间,不仅能够应对深圳高温多雨的气候条件,还能够实现“轨道 + 慢行”的出行目标。

福田中心区拥有高密度的轨道站点,基本实现 500m 全覆盖,应借鉴新加坡的先进经验,规划风雨连廊,将轨道站点通过有盖走廊与站点周边的主要建筑、主要公交站点等人流聚集点全面连通,实现无缝衔接的全天候出行系统,为实现“轨道公交 + 慢行”的城市交通发展模式提供坚实的基础。

香港以人为本的稳静化措施——包括中环 CBD 在内的整个香港地区,慢行交通系统规划和设计强调提供“以人为本”的慢行环境,规划中处处体现行人优先的规划理念,通过采取多样的稳静化措施,提供安全的步行环境、过街设施,充分保障行人优先。

注重慢行交通安全设计,通过系统的硬设施(如物理措施等)及软设施(如政策、立法、技术标准等)等稳静化措施,降低机动车对居民慢行出行环境的负效应,改变机动车驾驶员驾驶行为,提高慢行出行安全性。

尽量减少人车争路的情况。有关设计必须保障行人及个人安全。行人路应与车辆分隔,行人设施应有充足照明。过街设施设置细节能够充分地体现香港对于慢行交通系统安全的重视。香港过街设施普遍采用错位二次过街设施;纵使街道宽度不大和无须采用二次过街设计,也会在道路中央设置行人等候安全岛;无斑马线的人行过街横道都会在地面上写醒目的“左转” 或“右转”提示文字,以提醒可能出现的车辆;过街人行道两侧必须树立行人导向护栏,阻止行人不采用指定的人行横道过街(图 4-39)。

图4-39 香港道路过街安全措施

与此同时,香港制定了《香港规划标准与准则》,将慢行交通系统的内容落实到所有行人环境规划细节,包括人行道系统、行人优先使用区、商场范围内的步行设施、行人专用区、休闲式街道、高架或地下行人系统、机动设施(包括扶手电梯、电动行人道)、交通灯控制的行人过街设施和步行道等。

福田中心区步行出行需求巨大,应积极响应以人为本的发展理念,以轨道站点周边道路为抓手,在福田中心区内部广泛采取稳静化措施,保障行人步行安全,提供行人优先出行环境,以鼓励"轨道 + 慢行"的交通出行模式。

(2)高密度开发片区建设立体步行系统,提升出行连续性和便捷性。

香港中环行人天桥系统——香港的城市立体步行网络大多聚集在香港岛的北岸,尤其是商业、办公、公共设施和交通设施密集的中环地区。

随着香港经济的快速发展,在地面慢行空间不足的情况下,中环地区被迫规划建设了立体慢行交通系统,在地下和空中开辟步行空间,以缓解地面交通压力。在寸土寸金的香港中环地区,向城市上方开辟步行空间是被"逼迫"出来的无奈之举。

该地区立体人行设施的大规模发展始于20世纪70年代,当时就在中环兴建了横跨若干道路的一条空中连廊,连接太古大厦(今遮打大厦)、康乐大厦(今怡和大厦)和香港邮政总局,并建立多条支线与大厦相连。20世纪80年代以后,政府开始对连廊进行整合,形成中环立体步行网络体系,以连接信德中心到交易广场和怡和大厦的东西向空中连廊轴线为主,以连接天星码头到置地广场的南北向空中连廊轴线为辅,再向周边支出若干空中连廊,连接附近大厦和交通站点,形成了3000多米长的空中连廊空间体系,后来又逐渐建设了金钟空中连廊网络和湾仔空中连廊网络。

经过多年的发展,目前中环的空中连廊连接了置地广场、环球大厦、渣打银行、东亚银行、中建大厦等中环30多座高层建筑(图4-40)。

空中连廊能够解决中心区地面交通拥堵的问题,提升慢行出行空间品质和连续性,提升地块价值和利用率。香港中环空中连廊发展历史表明,高强度开发地区地面慢行需求逐步增大,应提前进行空中连廊系统的规划,以应对未来可能出现的地面步行空间无法满足需求的问题。福田中心区应充分考虑未来发展中步行出行需求的快速增长,提前规划空中连廊系统。

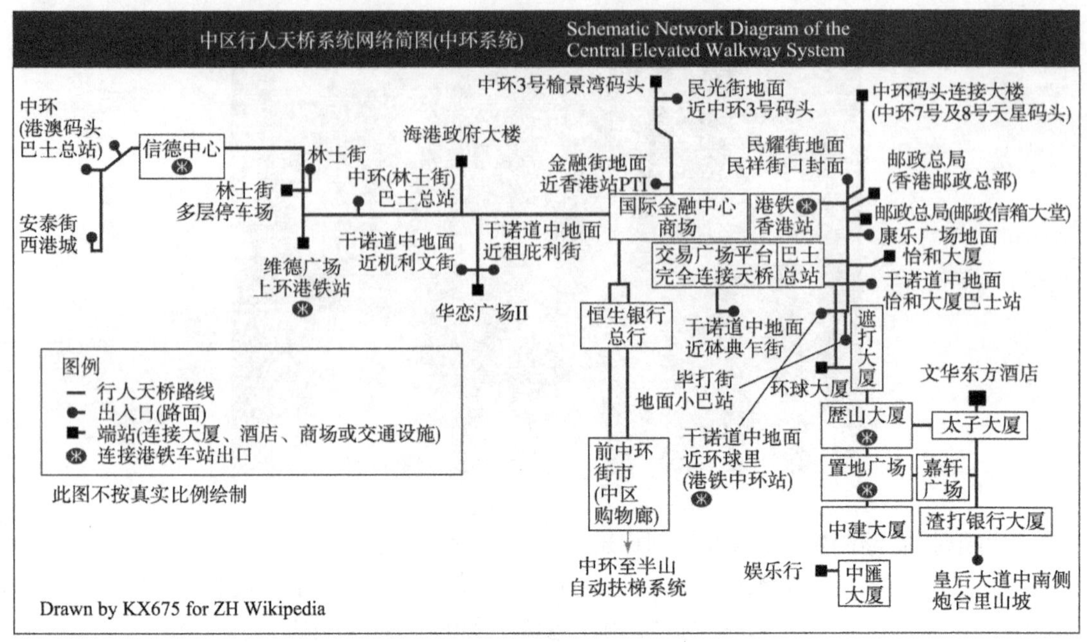

图4-40　香港中环区人行天桥系统网络简图

台北信义商圈空中连廊——台北信义区提前规划了区内的空中连廊系统，在空中开辟步行空间，同时与台北捷运站连通（图4-41）。

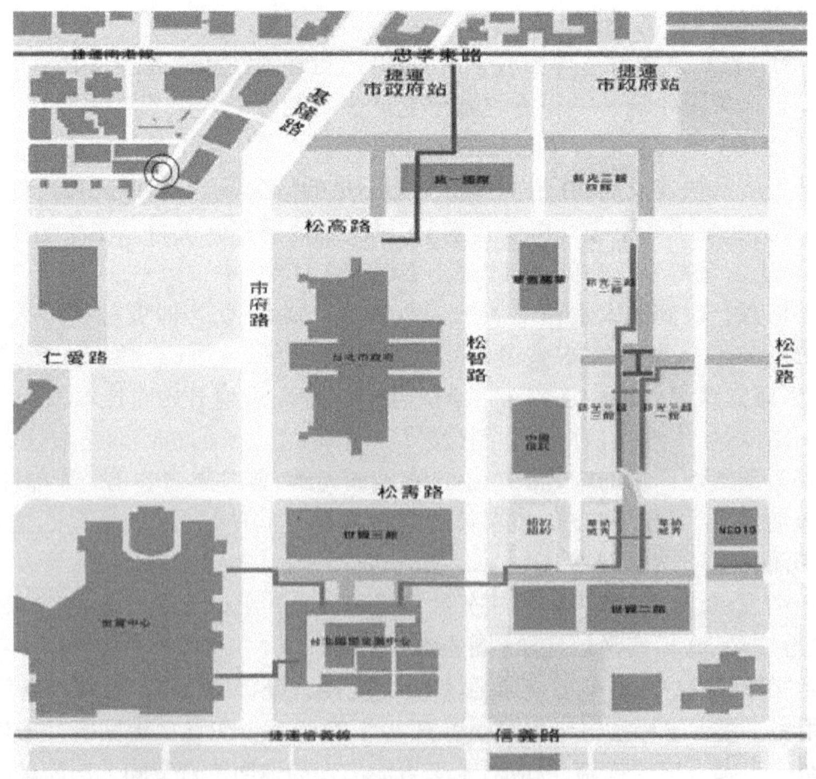

图4-41　信义商圈空中连廊系统

信义商圈在20世纪80年代进行空中连廊系统的规划，但是并未直接将规划方案落实实施，主要是进行了空中连廊空间位置的控制和预留。随着信义商圈不断地发展，在2000年以后随着地面步行空间压力增大，逐步开始空中连廊的实施建设，将区内大型建筑物连接起来，有效地改善了信义商圈内人车交织的情况，也让民众避免了日晒雨淋的麻烦，给市民提供更便利的休闲购物环境。

信义空中连廊目前总长达到2300m，连接信义商圈内部的台北101、新光三越诸馆、信义成品书店、台北捷运站、公交站等包括交通站点和商业金融轴带在内的核心区域，大幅改变了商圈的空间结构和人行流线。通过信义空中连廊系统，市民不必在路口等红灯、吸汽机车废气，走起路来便利又舒适，带给市民行动上的便捷。同时，其独特的设计也为都市空间带来活泼的气息，使台北市成为更美丽、宜居的城市。

结合台北信义的发展经验，对轨道站点及重要商业区域规划空中连廊系统，能够有效地解决高强度开发片区旺盛的商业人流出行需求。

（3）规划自行车快速通道，满足中心区内外快速、便捷的出行需求。

哥本哈根高架自行车道（The Bicycle Snake）——2006年，哥本哈根于城市港湾开通了一条专供行人及自行车使用的桥梁——Bryggebroen（图4-42），以连接Vesterbro社区与另一岸边的岛上码头。建成之后，使用者众多，除方便Vesterbro社区的人群之外，城市其他地区的人们前往Amager也有了更好的路径选择。

图4-42　Bryggebroen大桥

2012年，Bryggebroen大桥日均使用人群达到9000之众，桥面人车混杂，且存在着自行车上下不便、视角较差等缺陷，丹麦建筑公司Dissing + Weitling提出新建一条长约235m的高架自行车道，以期解决此问题。设计者充分考虑骑行者的感受，将车道上下坡度控制在适宜范围之内，方便人们骑行。自行车道采用橙色铺装，具有较好的辨识性。铺装材料为防滑性能优良的石英砂，可较好地避免骑行者滑倒事故。车道建成后，自行车骑行者可从Bryggebroen大桥直接骑行至Dybbølsbro大桥，自行车交通除与机动车交通完全隔离之外，也与行人之间做到了完全隔离（图4-43、图4-44）。

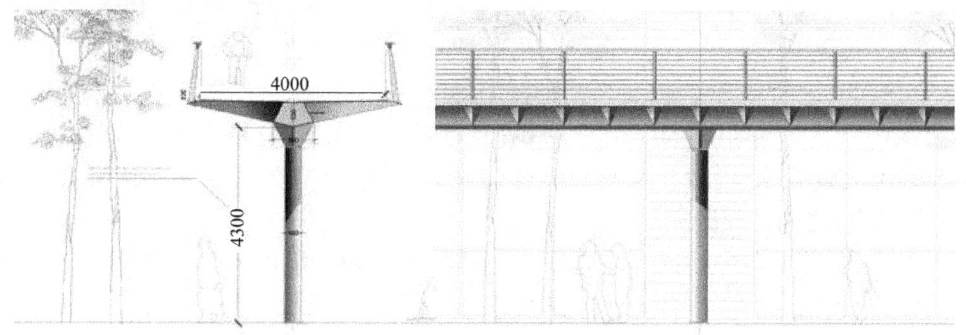

图4-43　高架自行车道建设示意（尺寸单位：mm）

图 4-44 The Bicycle Snake

自行车快速路的建设能够充分地发挥自行车交通方式出行灵活、使用便捷的优势，有效地解决中心区内外快速、便捷的出行需求，对于有较大自行车出行需求的中心城区十分具有借鉴价值。

伦敦 skycycle 网络方案——随着绿色出行理念被越来越多的市民所理解接受，伦敦市通过自行车出行的人员逐年增加。而当前城市道路条件对自行车出行来说不够理想，过多的机动车使得道路上处处充满危险，伦敦市每年都有众多有关自行车骑行者死亡与受伤的事件发生。

为改善自行车出行安全环境并减少出行时间，Foster + Partners 联合景观设计公司 Exterior Architecture 及交通咨询公司 Space Syntax 推出了一项高速自行车道建设规划。该规划通过利用现有城市轨道架构，在大伦敦地区建设一个连续的自行车网络，以此加强中心城区与周边地区的联系并缩短居民出行时间。

该自行车道建于伦敦市既有城市轨道之上，全程高架形式（离地面高度 15m），杜绝了自行车与机动车争道的情况，提高了自行车出行的安全性及便捷性。整个网络蔓延 219km，全网络共设置出入口 200 余处，设计自行车通行能力达 12000 辆/小时（图 4-45）。

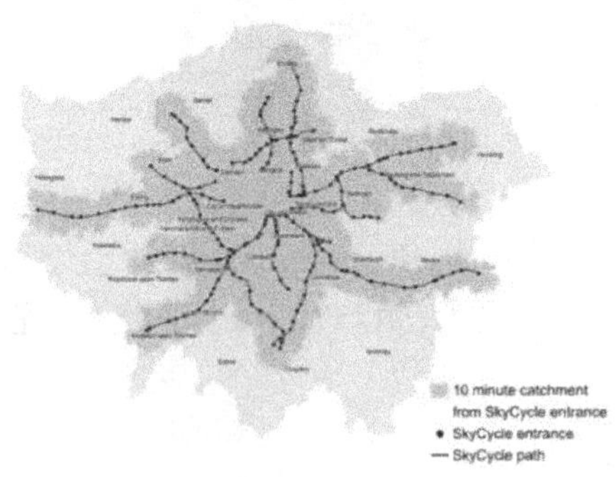

图 4-45 伦敦 skycycle 网络方案及效果图

通过在中心城区规划设置内部自行车道及对外自行车通道，提供片区内部主要交通源之间的自行车交通联系、集散自行车快捷通道交通，并能够有效解决中心区与周边居住片区（5km 范围内）之间的短距离通勤出行需求。

结合调查，目前福田中心区与周边片区之间存在中短距离出行需求，然而由于受到北环快速路的阻隔，目前自行车出行不便。在此，可以借鉴伦敦设置高架自行车道的经验为自行车出行提供便利。

(4)构建连续慢行休闲通道,实现公园绿地相互连通。

新加坡公园连接道——从1965年建国开始,新加坡政府就引入"花园城市"的理论,并专门成立了直接由总理密切监察的花园城市行动委员会(Garden City Action Committee),负责制定政策,主导此项工作。同时,政府还成立了国家公园局,负责"花园城市"的规划、建设和管理,专门设立一章"绿色和蓝色规划",相当于我国的城市绿地系统规划,其主要特点在于城市绿化带网络化,各类绿地形成"点、线、面"相结合的合理布局。

1991年,新加坡开始建立一个串联全国绿地和水体的绿色网络,由区域公园、新镇公园、邻里公园、公园串联网络四级体系组成。目前,新加坡公园绿地达到1763公顷,包括26个区域公园、11个新镇公园、192个邻里公园,道路绿化带达到4200公顷。公园串联网络被称为"城市中的绿道",通过连接山体、森林、主要公园、隔离绿带、滨海地区等,形成通畅的长达40km的绿道,为城市居民提供了一个休闲娱乐的绿色空间。

新加坡通过串联城市内的各类公园,形成一个相互连接、便捷互通的城市公共开发空间,不仅为市民提供了丰富的、能够便捷抵达的绿地、公园资源,还避免了因为公园规模、等级差别造成公园拥挤的现象,提供了高质量的慢行休闲环境。

4.1.4.2　经验启示

通过对国内外城市发展慢行交通系统经验的学习与梳理,在此主要借鉴了伦敦、哥本哈根、香港、新加坡等先进城市的慢行系统发展经验。

将慢行交通与轨道交通紧密衔接起来,依托CBD地区轨道交通站点密集的先天优势,对轨道站点周边提供行人优先的慢行空间,提供高品质的出行环境,注重慢行交通安全设计,通过稳静化措施,降低机动车对居民慢行出行环境的负效应,改变机动车驾驶员驾驶行为,提高慢行出行安全性,提高轨道站点换乘便捷性,实现轨道交通系统与慢行交通系统双赢。在高密度开发地区规划空中连廊慢行交通系统。空中连廊系统能够有效地分解交通密集区域的交通压力,重新组织城市局部地区地面道路的路权分配,不仅能够实现人车分行、提高安全性,还能够为步行出行提供舒适的空间和环境。结合城市空间布局和自行车的实际出行需求,合理规划自行车专用通道网络,满足市民对自行车快速、灵活的出行需求,引导中心区中短距离自行车的快速出行。将休闲通道与城市景观资源进行充分的融合,提升城市休闲、娱乐空间的品质,构建将城市绿地、公园等开放空间紧密衔接的慢行休闲系统,实现公共空间的无缝衔接,增强城市与休闲空间的衔接与融合,增强慢行交通的吸引力。

4.1.5　规划目标与发展策略

4.1.5.1　规划目标

根据目前福田中心区慢行系统的供给及慢行需求的特征,提出本次中心区慢行系统规划的目标如下:按照"安全高效,舒适宜人"的原则,构建环境友好、使用高效、体验丰富、品质优良的中心区慢行系统,打造中心区极具活力与魅力的慢行交通空间,满足中心区市民通勤、娱乐及休闲健身的需要。

4.1.5.2　发展定位

福田中心区步行交通发展定位包括三个方面:一是作为轨道公交出行的主要接驳方式,

服务于中长距离的通勤出行;二是作为短距离出行的基本方式,承担1km以内的通勤出行和商业购物等其他目的出行;三是作为城市休闲的重要方式之一,满足市民休闲健身的需要。根据福田中心区发展目标,结合交通模型预测,2020年,福田中心区步行出行占全方式发生吸引的比例将由现状的12%提升至20%。

福田中心区自行车交通发展包括两个方面:一是作为中短距离出行的主要交通方式之一,服务于市民的通勤、购物娱乐出行;二是作为市民休闲健身的方式之一,满足市民休闲健身的需要。根据福田中心区发展目标,结合交通模型预测,2020年,福田中心区自行车出行占全方式发生吸引的比例将由现状的3%提升至6%。

4.1.5.3 发展策略

为实现构建福田中心区"安全高效,舒适宜人"的规划目标,针对福田中心区慢行交通现状存在的问题,结合各层次规划以及国内外慢行交通发展的先进经验,提出福田中心区慢行交通发展策略如下。

策略一:建立轨道慢行接驳通道系统,改善轨道慢行接驳环境,大力推行接驳通道的慢行优先,努力延伸轨道服务范围。

在中心区现有良好的轨道交通站点分布的基础上,识别具有接驳作用的慢行通道,建立中心区轨道慢行接驳通道系统。通过对已识别的接驳通道慢行环境进行改善,并利用一系列慢行设施设计推行接驳通道慢行优先,达到延伸轨道服务范围,提高慢行接驳比例的目标。

策略二:建立中短距离出行通道系统,营造安全、便捷、舒适的慢行出行环境,增强中心区慢行可达性,引导市民采用慢行交通方式出行。

对中心区所有慢行通道进行改善,引用一系列交通稳静化设施以及增设风雨连廊等遮盖设施,营造安全、便捷、舒适的全天候慢行出行环境,关注细节,增强中心区慢行可达性,通过环境的优越性引导市民积极采用慢行交通方式出行,提高中心区慢行出行比例。

策略三:建立多样化的立体步行系统,集聚人气、商气,激发福田中心区城市活力和魅力。

针对福田中心区现状已建成的二层连廊,针对部分连廊鲜有使用的现状,调研分析其原因,提出解决方案并对所有二层连廊进行系统性的贯通,将骨架丰满成真正的二层系统网络,与路面慢行、地下空间慢行组合建立构成多样化的立体步行系统,给市民出行增加选择,给商业发展提供新的契机,激发福田中心区城市的活力和魅力。

策略四:建立连续舒适的慢行休闲系统,融合城市CBD及生态公园,打造自然生态的中心区。

福田中心区毗邻大量城市公园,有得天独厚的自然资源和休闲空间。福田中心区的慢行除考虑必需的出行需求外,也有必要为市民的休闲健身营造良好的环境。建立连续舒适的慢行休闲系统,方便市民利用慢行系统直达休闲公园场所。此外,进一步营造慢行通道环境,使其本身成为一个休闲场所,融合进城市公园氛围中,打造一个自然生态的中心区。

4.1.5.4　技术路线(图4-46)

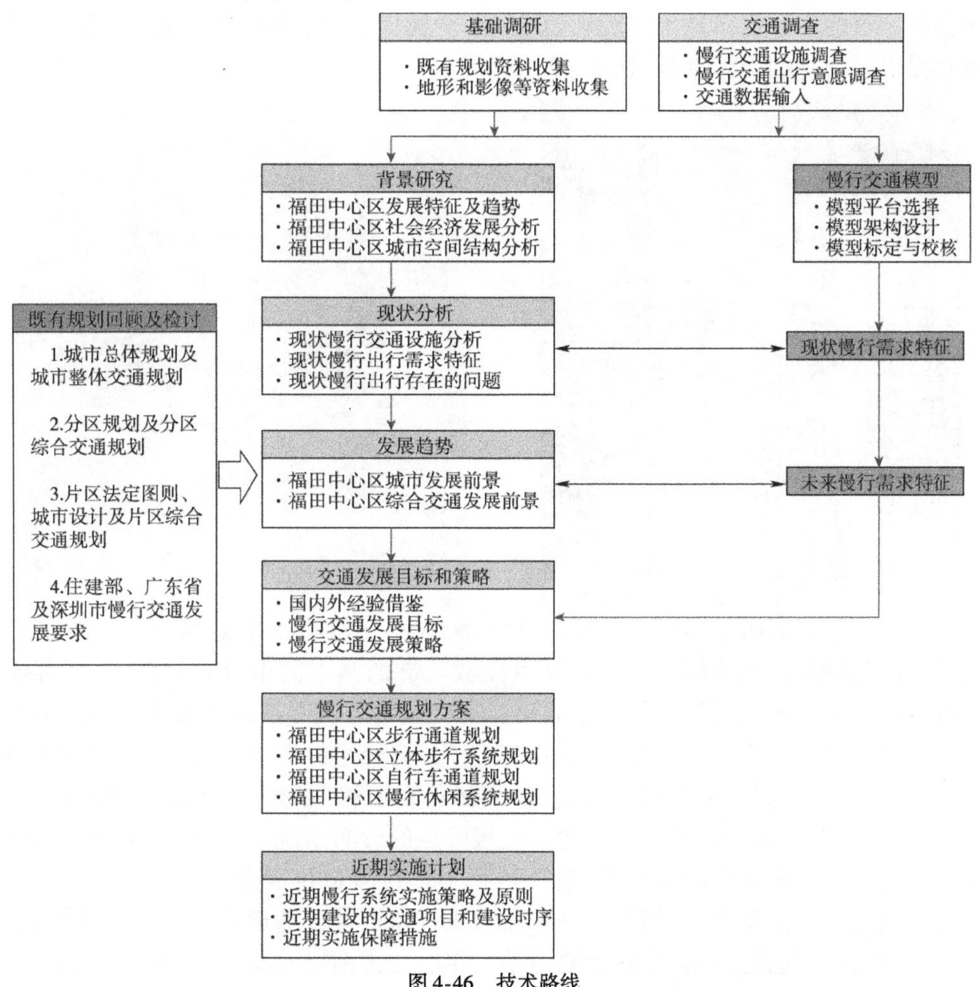

图4-46　技术路线

4.1.6　规划方案

4.1.6.1　主要步行通道规划方案

1)步行通道网络方案

本次规划中步行通道网络由慢行轨道接驳通道及中短距离步行通道两部分构成,其中,慢行轨道接驳通道主要解决中心区内各轨道站点与出行目的的接驳,中短距离步行通道主要服务于中心区内距离小于1km的步行出行。依据调查结果,福田中心区全方式发生吸引结构中轨道公交的出行方式约占到55%,而轨道公交不能提供精准的点到点服务,轨道、公交站点与各主要建筑之间的接驳出行构成了中心区慢行出行的主体。除此之外,中心区还存在着内部各主要建筑之间的短距离步行出行(1km以内),此部分人群主要往返于中心区内各主要商业点、办公点之间。因此,本次规划中主要步行通道网络将由轨道接驳慢行通道及中短距离步行通道构成。

(1)轨道接驳步行通道。

作为深圳的城市中心地区,福田中心区拥有发达的轨道交通网络,现状轨道1、2、3、4号线均穿越中心区,设站点9座,未来轨道快线11号线与广深港高铁还将在中心区内交会,形成福田枢纽。目前中心区已基本实现轨道500m全覆盖,这为中心区形成“轨道+慢行”的出行方式提供了良好的设施基础(图4-47)。

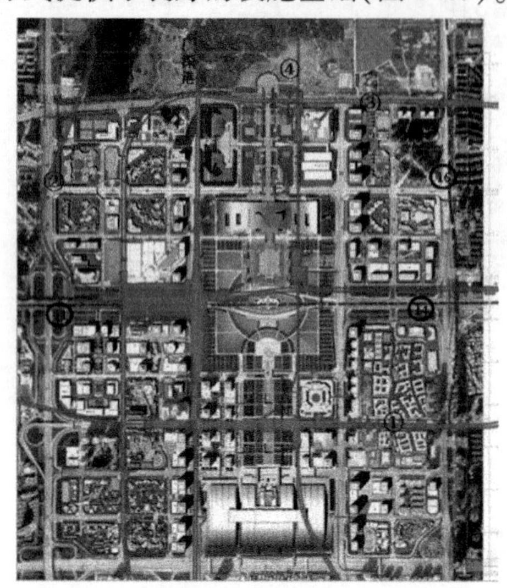

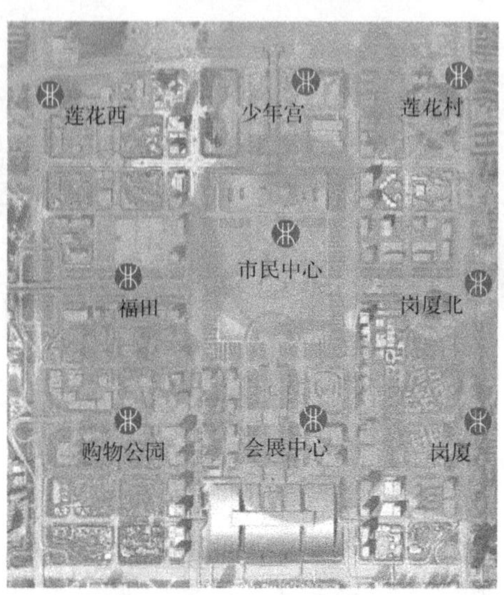

图4-47 福田中心区轨道交通线站及轨道站点500m覆盖范围示意图

轨道客流的分布情况直接反映了该站点接驳人群的基本需求分布结果,依据客流分布情况可较为准确地确定轨道站点的接驳通道。本次规划将轨道站点各出入口客流分布中客流占总数10%以上(或单个方向客流达到300人次/高峰小时以上)的出入口对应的道路确定为慢行接驳通道,依据此标准进行筛选,得到慢行轨道接驳通道初步方案;在客流分布结果的基础上,调查落实各轨道站点与周边主要接驳点的分布情况,分析各接驳点与轨道站点之间在便捷的交通组织下的最短路径,进一步得到慢行轨道接驳通道的具体方案;最后,结合轨道站点周边地面主要商业界面分布情况,对慢行轨道接驳通道方案进行进一步调整,得到最终慢行轨道接驳通道方案,将各个轨道站点接驳通道衔接起来,得到福田中心区步行轨道接驳通道网络。

通过对福田中心区内9个轨道站点现状早晚高峰接驳客流分布的多次调查,得到现状福田中心区内部轨道站点客流分布情况;参考已有轨道线网详细规划成果中各轨道站点客流预测结果,得到福田中心区规划年轨道接驳客流分布情况,并以此确定各轨道站点的接驳通道。将各个轨道站点接驳通道进行整合,得到本次规划慢行轨道接驳通道网络方案。网络含主要轨道接驳通道约14条,总长约15km。主要南北向轨道接驳通道包括民田路、金田路、海田路、中心二路等,共计10条;主要东西向接驳通道包括福中一路、福中三路、福华路、福华三路等,共计5条。

①福田站:现状福田站有轨道3号线、轨道2号线经过,为枢纽换乘站,于深南大道南北两侧辅道及民田路设有出口3处,晚高峰客流约5545人次/小时。紧靠地铁站南北两侧为商务写字楼,轨道服务范围内主要商业界面位于民田路两侧,主要居住点位于深南大道以北。现状客流主要为南侧商务办公区域上下班人群,接驳客流沿4号路、5号路及民田路步行通过1号出口进入地铁站。当前除1号出入口外,其余出入口使用较少。

未来,随着轨道11号线及广深港客运专线的开通运营,福田站将成为我市最重要的轨道客流换乘枢纽，届时本站晚高峰客流将增长至11799人次/小时，轨道站点出入口增加至36个，整体客流分布情况与现状相似，各轨道站点客流均有较为明显的增长（表4-9）。地铁站点周边用地开发已较为成熟，未来地铁站周边道路网结构及用地情况与现状相比无明显变化（图4-48、图4-49）。本次慢行系统规划结合轨道站点客流分布、最短接驳路径及周边商业界面分布情况，确定福田站主要慢行接驳通道为民田路、深南大道南北两侧辅道及4、5、6号路。

规划年福田站晚高峰客流分布情况　　表4-9

站名	出入口	入（人次/小时）	出（人次/小时）	合计（人次/小时）
福田站	1	8484	730	9214
	29A	21	26	47
	29B	91	51	143
	31	2079	317	2396

图4-48　福田站周边主要接驳点分布情况

图4-49　福田站接驳人群

②购物公园站：购物公园站有轨道1号线、轨道3号线经过，为中心区内主要换乘站之一，现状共设有出入口8处，该站点出入口设置与周边建筑如购物公园、COCO PARK等结合较好，购物休闲人群轨道出行极为方便。地铁站点周边以商业用地为主，主要商业界面位于民田路、福华路两侧。现状购物公园站晚高峰客流约21672人次/小时，乘客主要通过民田路、福华路、中心二路等道路及各商场与地铁站之间的地下接驳通道进出地铁站。

本站点周边城市建设基本完成，业态趋于稳定，未来本站轨道客流接驳需求变化不大，晚高峰客流约22538人次/小时，客流分布情况与现状基本吻合。地铁站点周边用地开发已较为成熟，未来地铁站周边道路网结构及用地情况与现状相比无明显变化。本次慢行系统规划结合轨道站点客流分布、最短接驳路径及周边商业界面分布情况，确定购物公园站主要慢行接驳通道为福华路、民田路、中心二路（图4-50、图4-51、表4-10）。

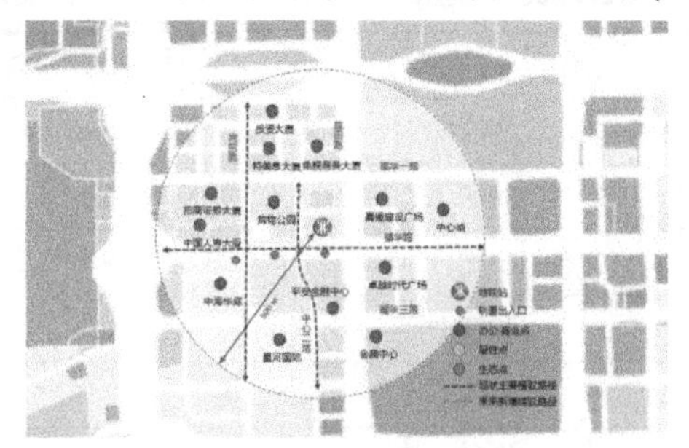
图4-50　购物公园站周边主要接驳点分布情况

图4-51　购物公园站

规划年购物公园站晚高峰客流分布情况　　表 4-10

站名	出入口	入(人次/小时)	出(人次/小时)	合计(人次/小时)
购物公园站	A	4355	424	4780
	B	3232	1772	5004
	C	2209	2671	4879
	D	62	37	100
	EFGH	674	7101	7775

③会展中心站:会展中心站有轨道 4 号线、轨道 1 号线经过,为中心区内主要换乘站之一,现状设有出入口 6 处,出入口的设置与周边的办公、商业建筑紧密结合,晚高峰客流约 21552 人次/小时。现状地铁站点周边用地以办公(金中环、星河中心等)及商业(怡景中心城、皇庭广场等)为主,主要商业界面及人行出入口位于福华路、中心四路及中心五路沿线。本站客流以通勤目的为主,接驳客流主要通过中心四路、中心五路、福华路、金田路等到达轨道站点。

未来本站客流无明显增长,晚高峰客流约 22414 人次/小时,轨道客流分布情况与现状基本吻合。地铁站点周边用地开发成熟,未来地铁站周边道路网结构及用地情况与现状相比无明显变化。本次慢行系统规划结合轨道站点客流分布、最短接驳路径及周边商业界面分布情况,确定会展中心站主要慢行接驳通道为福华路、中心四路、中心五路、金田路(滨河大道—深南大道)、福华三路(图 4-52、图 4-53、表 4-11)。

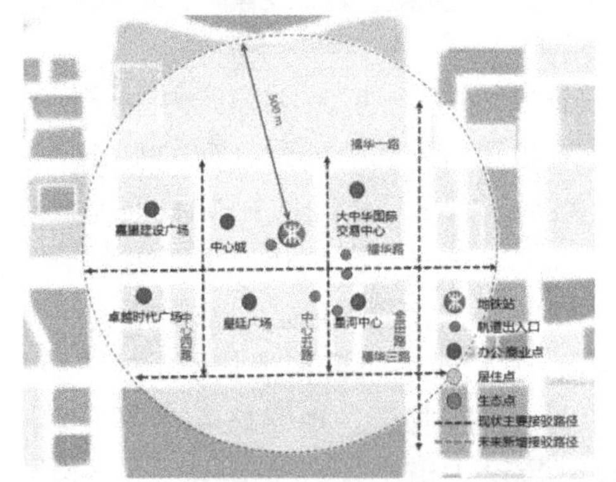

图 4-52　会展中心站周边主要接驳点分布情况

图 4-53　会展中心站接驳客流

规划年会展中心站晚高峰客流分布情况　　表 4-11

站名	出入口	入(人次/小时)	出(人次/小时)	合计(人次/小时)
会展中心	A	1635	948	2583
	B1	4455	3469	7925
	B2	3532	1410	4942
	C	1061	1098	2159
	D	811	349	1161
	E	2384	1260	3644

④市民中心站：市民中心站有轨道 4 号线、轨道 2 号线经过，为中心区内主要换乘站之一，现状设有出入口 6 处，晚高峰客流约 2796 人次/小时。地铁站点周边用地以办公及居住用地为主。因站点南侧水晶岛广场尚未建成，中心区受深南大道阻隔严重，导致市民广场等城市公共空间人气集聚不足、活力较低，该站点出入口使用率较低，目前该站功能以换乘为主。本站点周边有市政府、凤凰大厦、安联大厦等办公点，通勤人员主要通过海田路、深南大道辅道、金田路前往轨道站点。

未来，随着水晶岛的建设完成，将会有更多人员通过中轴平台、福中三路等路径前往市民中心站换乘轨道，本站晚高峰客流达到 11717 人次/小时，约为现状水平的 4 倍。未来本站周边将有更多的办公(金田路沿线)及商业(水晶岛地下商业等)用地开发，道路网结构与现状相同，预测金田路、中轴二层平台及福中三路轨道接驳客流增长明显。本次慢行系统规划结合轨道站点客流分布、最短接驳路径及周边居住点分布情况，确定市民中心站主要慢行接驳通道为福中三路、金田路(深南大道—福中三路)、深南大道北侧辅道、海田路(图 4-54、图 4-55、表 4-12)。

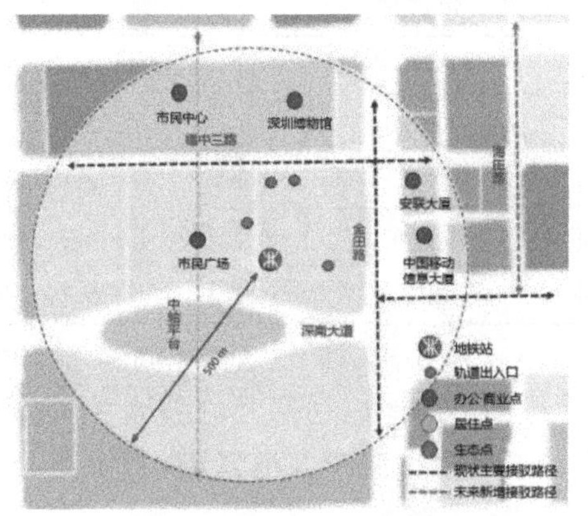

图 4-54　市民中心站周边主要接驳点分布情况

图 4-55　市民中心站

规划年市民中心站晚高峰客流分布情况　　表 4-12

站名	出入口	入(人次/小时)	出(人次/小时)	合计(人次/小时)
市民中心	A	1861	101	1961
	B	5582	1408	6990
	C	453	352	805
	D	0	151	151
	E	402	201	603
	F	1006	201	1207

⑤岗厦站：岗厦站现有轨道 1 号线经过，设有地铁出入口 4 处，晚高峰客流约 10668 人次/小时。本站周边用地以居住为主，分布有岗厦村、辛城华园等小区，轨道主要服务于周边居住人群。轨道接驳客流主要沿彩田路、福华路前往本站换乘轨道。

未来，本站晚高峰客流约达到 14055 人次/小时，相比现状增长约 30%。轨道接驳客流分布情况与现状基本一致。现状站点周边用地以居住为主，但多为城中旧村，未来涉及较多的城市更新改造。与现状相比，更新完成后，轨道站点周边用地功能将更加复合，支路网络将得到完善。本次慢行系统规划结合轨道站点客流分布、最短接驳路径及周边居住点分布情况，确定岗厦站福田中心区内主要慢行接驳通道为福华路、海田路（福华一路—福华三路）（图4-56、图4-57、表4-13）。

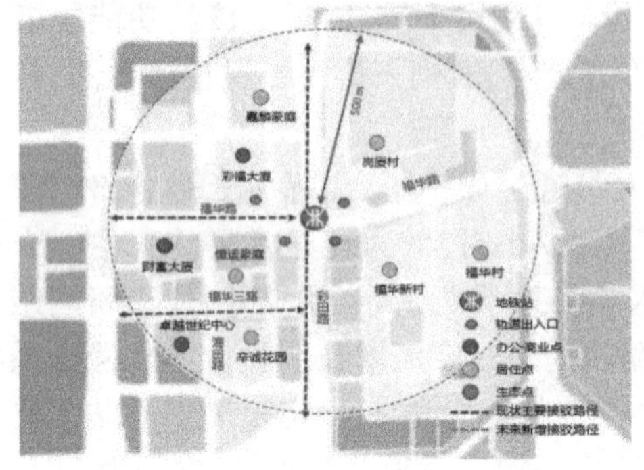

图4-56　岗厦站周边主要接驳点分布情况

图4-57　岗厦站接驳客流

规划年岗厦站晚高峰客流分布情况　　表4-13

站名	出入口	入（人次/小时）	出（人次/小时）	合计（人次/小时）
岗厦	A	1613	1802	3415
	B	1296	822	2119
	C	1502	996	2498
	D	4790	1233	6024

⑥岗厦北站：岗厦北站现有轨道2号线经过，设有地铁出入口2处，晚高峰客流约1992人次/小时，主要服务于周边办公及居住人群。站点周边用地以居住及办公为主，有岗厦村、春晖苑等居住小区和凤凰大厦等办公点，接驳客流主要通过深南大道辅道、彩田路及福中三路前往本站换乘。

规划年岗厦北站晚高峰客流达到6511人次/小时，约为现状水平的3倍。现状站点周边有岗厦村等城中村，未来涉及较多城市更新改造。与现状相比，更新完成后，轨道站点周边用地功能将更加复合，支路网络得到完善。未来深南大道辅道及彩田路轨道接驳客流将有较为明显的增长。本次慢行系统规划结合轨道站点客流分布、最短接驳路径及周边办公居住点分布情况，确定岗厦北站福田中心区内主要慢行接驳通道为福中三路、深南大道南侧辅道、深南大道北侧辅道（图4-58、图4-59、表4-14）。

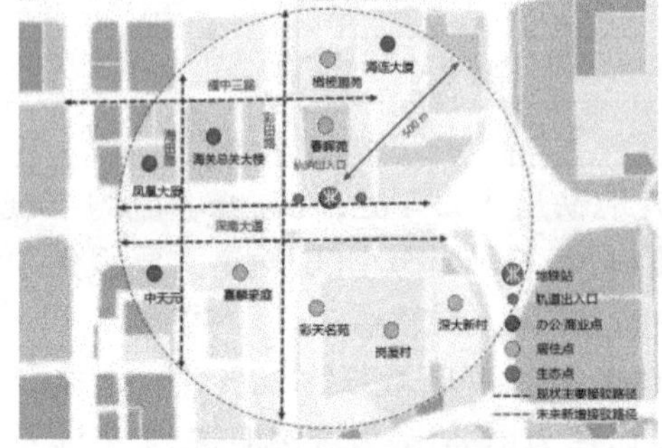

图4-58　岗厦北站周边主要接驳点分布情况

图4-59　岗厦北站

规划年岗厦北站晚高峰客流分布情况 表 4-14

站名	出入口	入(人次/小时)	出(人次/小时)	合计(人次/小时)
岗厦北	A	2709	1806	4515
	B	1296	707	2002

⑦莲花村站:莲花村站现有轨道3号线经过,设有地铁出入口5处,晚高峰客流约3780人次/小时,主要服务于周边居住人群。站点周边用地与居住为主,分布有莲花二村、中银花园等居住小区,接驳客流主要通过海田路、福中一路、红荔路等前往本站换乘。

未来莲花村站晚高峰客流增长至5755人次/小时,客流分布情况与现状基本吻合。地铁站点周边用地开发较为成熟,未来地铁站周边道路网结构及用地情况与现状相比无明显变化。本次慢行系统规划结合轨道站点客流分布、最短接驳路径及周边居住点分布情况,确定莲花村站福田中心区内主要慢行接驳通道为海田路、福中一路(图4-60、图4-61、表4-15)。

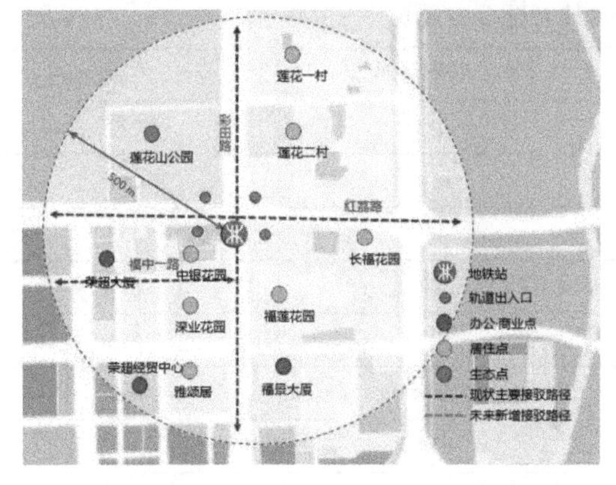

图 4-60 莲花村站周边主要接驳点分布情况

图 4-61 莲花村站

规划年莲花村站晚高峰客流分布情况 表 4-15

站名	出入口	入(人次/小时)	出(人次/小时)	合计(人次/小时)
莲花村	A	2160	801	2961
	B1	708	223	931
	B2	317	168	484
	C	652	391	1043
	D	205	242	447

⑧少年宫站:少年宫站现有轨道4号线、轨道3号线经过,为中心区内主要换乘站之一,晚高峰客流约7764人次/小时。现状共设有出入口9处,该站点出入口设置与周边建筑如中心书城、深圳市少年宫等结合较好,并与莲花山公园入口联系紧密。地铁站点周边用地以商业及公建类为主,主要商业界面于福中一路沿线布置。本站轨道接驳以购物、休闲人群为主,主要通过福中一路、鹏程三路、鹏程四路等前往本站接驳。

规划年少年宫站晚高峰客流达到9255人次/小时,与现状相比增长约20%。轨道客流分布情况与现状基本一致,福中一路轨道接驳客流有明显增长。地铁站点周边用地开发较为成熟,未来地铁站周边道路网结构及用地情况与现状相比无变化。本次慢行系统规划结合轨道站点客流分布、最短接驳路径及周边商业界面分布情况，确定少年宫站福田中心区内主要慢行接驳通道为鹏程三路、鹏程四路、福中一路（图4-62、图4-63、表4-16）。

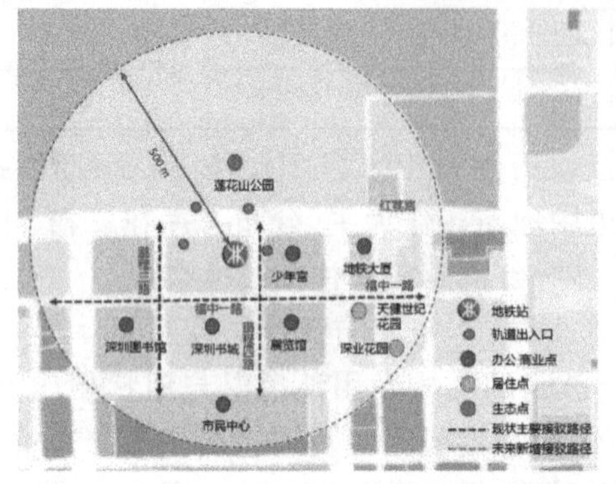

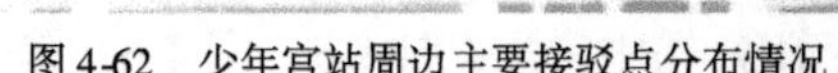
图4-62　少年宫站周边主要接驳点分布情况

图4-63　少年宫站

规划年少年宫站晚高峰客流分布情况　　表4-16

站名	出入口	入（人次/小时）	出（人次/小时）	合计（人次/小时）
少年宫	A1	572	200	772
	A2	401	157	558
	B	315	43	358
	C1	257	372	629
	C2	315	300	615
	D	2317	1674	3991
	E	787	858	1645
	F1	272	100	372
	F2	215	100	315

⑨莲花西站：莲花西站现有轨道2号线经过，设有地铁出入口4处，晚高峰客流约2328人次/小时，主要服务于周边居住人群。站点周边用地以居住用地为主，零星分布商业用地，有黄埔雅苑、香蜜三村等居住小区，接驳客流主要通过福中一路、民田路、红荔路等前往本站换乘。

规划年莲花西站晚高峰客流达到8150人次/小时，约为现状水平的4倍。轨道接驳客流主要分布在商报东路、福中一路沿线。本次慢行系统规划结合轨道站点客流分布、最短接驳路径及周边居住点分布情况，确定莲花西站福田中心区内主要慢行接驳通道为福中一路、民田路（图4-64、图4-65、表4-17）。

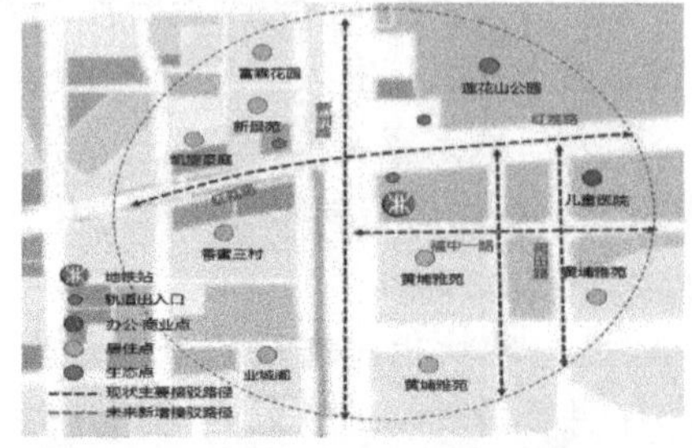

图4-64　莲花西站周边主要接驳点分布情况

图4-65　莲花西站

规划年莲花西站晚高峰客流分布情况　　表4-17

站名	出入口	入(人次/小时)	出(人次/小时)	合计(人次/小时)
莲花西	A	2941	2185	5125
	B	1680	1344	3025

将各个轨道站点接驳通道进行整合,得到本次规划慢行轨道接驳通道网络方案。网络含主要轨道接驳通道约15条,总长约15km。主要南北向轨道接驳通道包括民田路、金田路、海田路、中心二路等,共计10条;主要东西向接驳通道包括福中一路、福中三路、福华路、福华三路等,共计5条(图4-66、表4-18)。

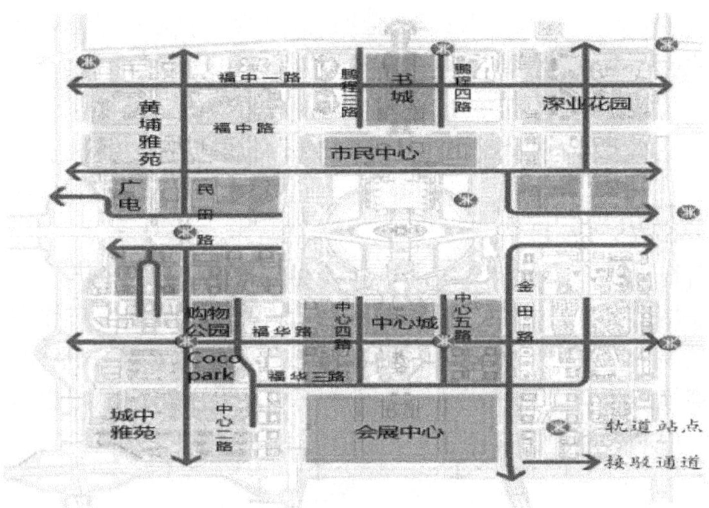

图4-66　慢行轨道接驳网络

各轨道站点接驳通道一览　　表4-18

轨道站点	主要接驳通道	道路等级	轨道站点	主要接驳通道	道路等级
莲花西站	福中一路	次干路	花村站	海田路	次干路
	民田路	次干路		福中一路	次干路
少年宫站	鹏程三路	支路	岗厦站	福华路	次干路
	鹏程四路	支路		海田路	次干路
	福中一路	次干路	岗厦北站	福中三路	次干路
购物公园站	福华路	次干路		深南大道辅道	主干路
	民田路	次干路	市民中心站	金田路	主干路
	中心二路	支路		福中三路	次干路
会展中心站	福华路、福华三路	次干路	福田站	民田路	次干路
	中心四路	支路		深南大道辅道	主干路
	中心五路	支路		四号路	支路
	金田路	主干路		五号路	支路

(2)中短距离步行通道。

除去慢行轨道接驳通道外,福田中心区内还存在着内部各主要建筑之间的短距离步行出行(1km 以内),该部分人群主要往返于中心区内各主要商业点(如 COCO PARK、怡景中心城、中心书城)、公共活动点(如市图书馆、音乐厅、少年宫)、办公点(如凤凰大厦、广电大厦、投资大厦)及居住点(如黄埔雅苑、中银花园、城中雅苑)之间。

根据现状步行人流分布,结合中心区城市空间结构、土地利用布局情况,识别福田中心区中短距离步行通道网络。

福田中心区以深南大道及与其垂直交叉的南北中轴线为基本骨架,几何中心(十字交叉处)设为城市广场空间(水晶岛)。整个中心区用地以深南大道为界限差异化布置:深南大道以南用地以办公、商业为主,包括以贸易、金融、信息为主要业态的核心商务办公区,中轴线两侧为高档商业与绿地空间组成的商业活动区;深南大道以北用地以政府办公、教育及其他社团用地为主,主要业态为行政办公、文化公建及教育等;中心区居住用地分布于四周。

根据预测,未来中心区内部步行出行主要集中于各居住办公与商业休闲点之间,深业花园、黄埔雅苑前往中心书城附近的步行人群将分别达到 2012 人次/日及 3565 人次/日,步行出行人员主要通过鹏程一路、福中一路及海田路前往;未来水晶岛建成以后,将有更多的人通过中轴二层平台往返于中心区南北片区之间,预测人流量约为 15469 人次/日;此外,随着福田枢纽的建成使用,未来通过枢纽地下通道及深南大道地面过街来往中心区南北片区的人流仍然维持在较高水平,约为 16875 人次/日;此外,南片区 COCO PARK 与怡景中心城之间仍将存在较大规模的步行人流,预测人流量约 41574 人次/日,步行出行人员主要通过福华一路、福华二路、中心二路等道路联系(图 4-67)。

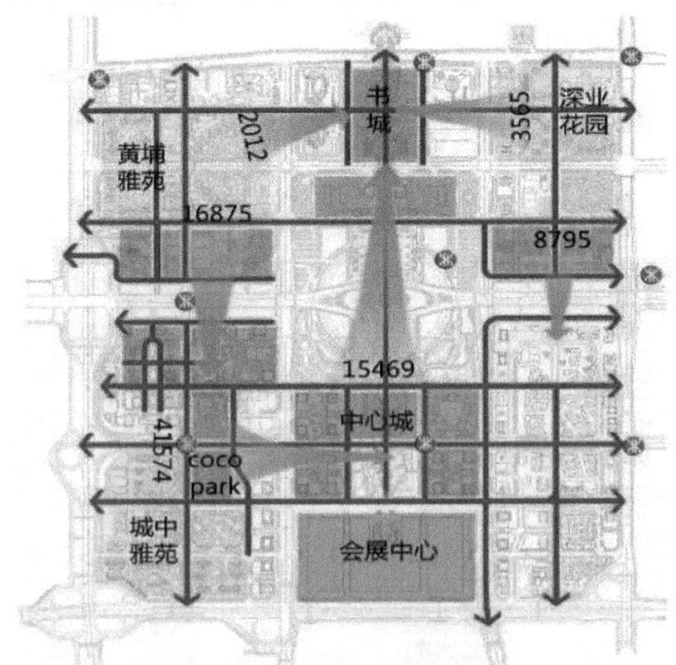

图 4-67　福田中心区中短距离步行需求分析

根据中心区主要居住、公建、办公及商业等主要交通吸发点空间布局,结合中心区内部中短距离出行需求分析，得到中心区步行通道网络方案。南北向中短距离步行通道主要包括鹏程一路、民田路、四号路、五号路、中轴平台等10条道路，东西向中短距离步行通道主要包括福中一路、福中三路、福华一路、福华三路等5条道路。本次规划共识别出中短距离步行通道16条，总长约16km（图4-68）。

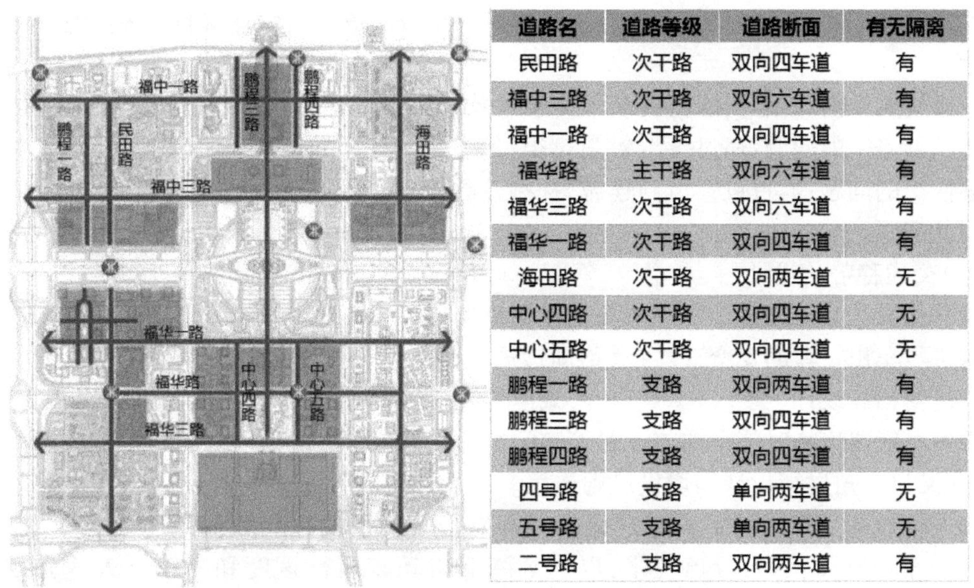

道路名	道路等级	道路断面	有无隔离
民田路	次干路	双向四车道	有
福中三路	次干路	双向六车道	有
福中一路	次干路	双向四车道	有
福华路	主干路	双向六车道	有
福华三路	次干路	双向六车道	有
福华一路	次干路	双向四车道	有
海田路	次干路	双向两车道	无
中心四路	次干路	双向四车道	无
中心五路	次干路	双向四车道	无
鹏程一路	支路	双向两车道	有
鹏程三路	支路	双向四车道	有
鹏程四路	支路	双向四车道	有
四号路	支路	单向两车道	无
五号路	支路	单向两车道	无
二号路	支路	双向两车道	有

图4-68 福田中心区内部步行通道网络规划图

将前面规划得到的慢行轨道接驳通道网络与中短距离步行通道网络进行叠加，即得到本次规划的福田中心区主要步行通道网络方案（图4-69）。

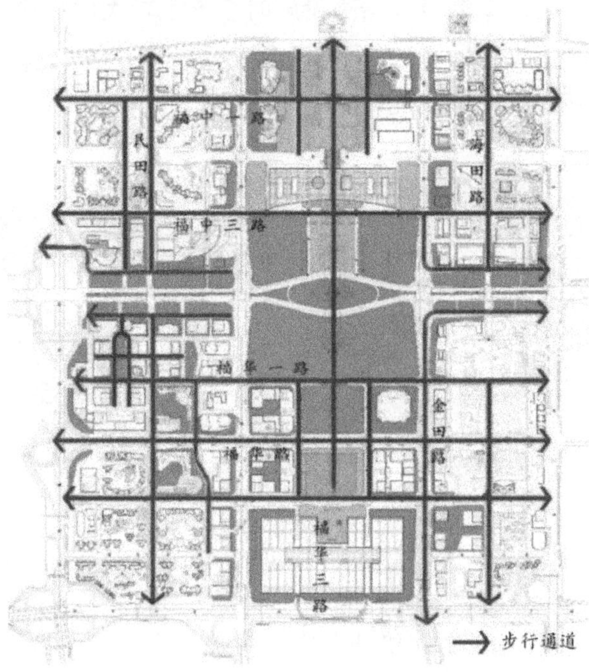

图4-69 福田中心区主要步行通道网络方案

2)步行通道详细方案

(1)步行通道设计原则。

按照慢行优先的要求,针对市民意愿调查中提到的“不安全、不便捷、不舒适”问题,结合城市空间、景观等因素,对主要步行通道开展详细方案设计,主要包括交通稳静化设计、对角过街设计及风雨连廊设置等。利用以上措施提升步行通道网络的连续性、安全性、便捷性及舒适性。

通过交通稳静化设计,降低机动车交通对慢行交通的干扰,主要解决当前市民提出的慢行环境不够安全的问题;通过设置对角过街,给予行人时空资源上的优先,解决当前慢行出行不够便捷的问题;通过设置风雨连廊,提高慢行舒适性及抗干扰性,解决当前慢行环境不够舒适的问题。

(2)交通稳静化设计。

稳静化设计是道路设计中一系列工程和管理措施的总称,目的是降低机动车车速,保障步行和自行车出行者的安全,改善道路周边居民的生活环境。常见的交通稳静化设计主要有人行过街抬高设计、交叉口窄点设计、减速带/速度缓冲带设计、减速弯道等。本次规划结合福田中心区路边临时停车泊位设置等实际情况,主要采用人行过街抬高设计、交叉口窄点设计、交叉口对角过街设计和增设风雨连廊。

①人行过街抬高设计。人行过街抬高即对传统的平面过街设施进行抬高处理,使其高于机动车道路面,与人行道齐平,以达到降低机动车运行速度和赋予行人优先权的目的。此类过街设施可使汽车在可能发生危险的地方放慢速度,并使行人横穿街道变得安全便捷。

人行过街抬高设施可以有效地提高行人过街的安全性及效率,但如若使用不当也会带来一些新的交通问题。例如,车辆通过抬高设施时会产生较大的噪声,影响慢行品质;过街处与人行道齐平后,会在一定程度上误导机动车驶入人行道,侵占人行空间并对慢行交通安全性造成威胁。因此,在实际运用中,应当对于人行过街抬高设施的选址及设计细节制定相应的原则(图4-70)。

图4-70 人行过街抬高设计示例

本次慢行系统规划针对人行过街抬高设施可能带来的问题,参考国内外交通稳静化实施经验,从人行过街抬高的选址及设计细节等方面制定了相应的基本原则:

a. 设置人行过街抬高设施的道路机动车流量不宜过高;

b. 人车冲突严重,存在安全隐患的交叉口不宜设置人行过街抬高设施;

c. 设置人行过街抬高设施的道路等级不宜过高，以双向两车道为宜；

d. 人行过街抬高设施不宜设置在公交线路集中的道路上；

e. 大中型车辆比例偏高的道路不宜设置人行过街抬高设施。

设计细节上，有公交通过的道路，人行过街抬高设施应适当降低高度；抬高设施间距30～50m远处应设置路拱或醒目标志提醒车辆减速；抬高设施材质及铺装应与机动车道区分开来，便于车辆辨识。

本次慢行系统规划中，人行过街抬高选址具体考虑因素有：高峰小时车流量应小于600pcu/h；道路等级宜为支路或部分具备条件的次干路；优先选择人车冲突严重点（如支路与高等级道路相交处）。经分析筛选，本次规划确定在福中一路沿线、福华路沿线等19处采用人行过街抬高设计，具体如图4-71、图4-72、表4-19所示。（详细方案见后文方案汇总）。

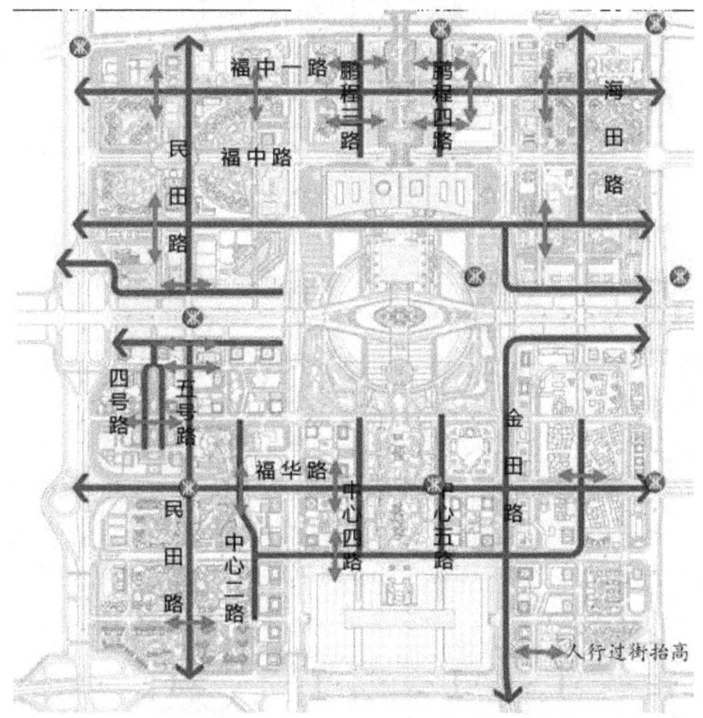

图4-71 人行过街抬高设计总体布局

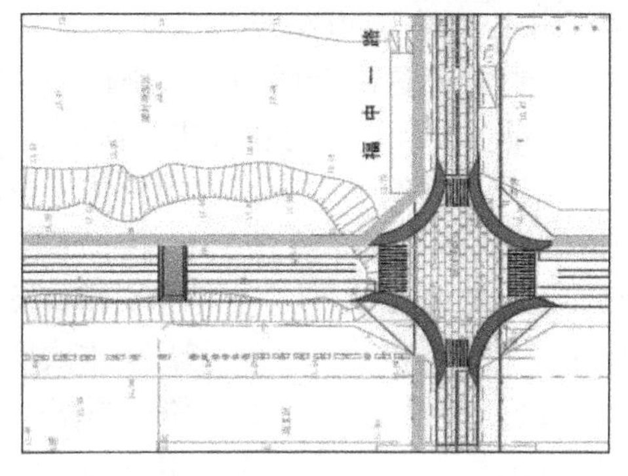

图4-72 人行过街抬高示例：鹏程三路人行过街抬高方案

人行过街抬高设计布局一览表　　表 4-19

序号	具体位置	序号	具体位置
1	鹏程一路—福中一路交叉口	11	民田路—深南大道辅道(北侧)交叉口
2	鹏程二路—福中一路交叉口	12	民田路—深南大道辅道(南侧)交叉口
3	鹏程三路路段(红荔路—福中一路)	13	民田路——号路交叉口
4	鹏程三路路段(福中一路—福中路)	14	中心商务大厦停车场出入口
5	鹏程四路路段(红荔路—福中一路)	15	民田路—福华四路交叉口
6	鹏程四路路段(福中一路—福中路)	16	中心二路—福华路交叉口
7	福中一路路段(鹏程四路—金田路)	17	中心三路—福华路交叉口
8	福中一路—鹏程五路交叉口	18	中心三路—福华三路交叉口
9	鹏程一路—福中三路交叉口	19	海田路—福华路交叉口
10	鹏程五路—福中三路交叉口		

②交叉口窄点设计。以往以机动车为主的交通规划理念导致传统交叉口转弯半径偏大,促使机动车快速右转,对行人和自行车过街的安全构成威胁,且易导致人行横道和自行车过街带远离交叉口中心而增加过街距离。

交叉口窄点设计是指在道路两侧将路缘向中间延伸,从而窄化行车道宽度、降低机动车行驶速度的设施,也可以在道路一侧设置单个窄点。交叉口窄点设计通常与人行过街抬高、路内停车位、绿化带等设施配合设置。根据国外应用经验,交叉口窄点设计可有效降低机动车运行速度,减少安全事故的发生。

交叉口窄点设计可有效地减小交叉口过街距离,提高行人过街效率。配合其他稳静化措施一同使用,通过合理控制窄点设计的距离(50m 左右),可有效地将机动车行驶速度保持在较低水平,从而降低机动车交通对行人安全的威胁。但窄点设计若太窄可能会给大中型车造成不便,设计得太宽又可能达不到良好的减速效果。此外,对于交叉口窄点设计处的照明需充足,使机动车司机在夜间能提前看清楚窄点,避免产生新的安全隐患。

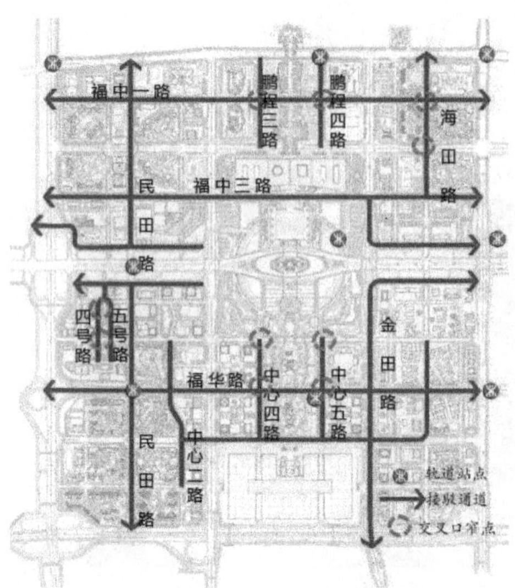

图 4-73　交叉口窄点设计总体布局

福田中心区交叉口窄点设计将优先选择交通量较低、规划有路内停车位的低等级道路进行设置。对福田中心区内的道路设施及机动车交通运行情况进行调查,筛选出合适的节点进行交叉口窄点设计,并对部分交叉口转弯半径进行调整。

本次福田中心区交叉口窄点设计具体考虑因素为:对应进口道高峰小时车流量小于 600pcu/h,大型车辆比例低于 5%,道路等级为支路相交路口及支路与高等级道路相交路口等。经分析筛选,本次规划确定在福中一路—鹏程三路、中心四路—福华一路等 12 处交叉口进行窄点设计,具体情况如图 4-73、图 4-74、表 4-20 所示(详细方案见后文方案汇总)。

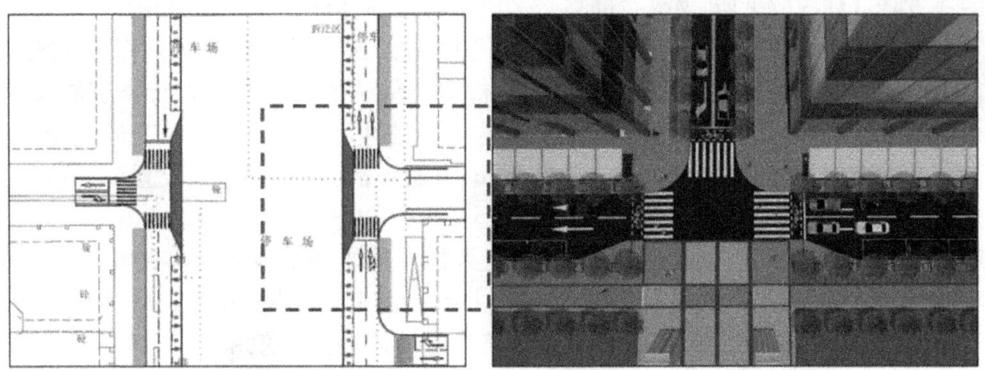

图 4-74 交叉口窄点设计示例:四号路交叉口窄点设计方案

交叉口窄点设计措施一览表 表 4-20

序号	具体位置	序号	具体位置
1	鹏程三路—福中一路交叉口	7	福华一路—四号路交叉口
2	鹏程四路—福中一路交叉口	8	福华一路—五号路交叉口
3	海田路—福中一路交叉口	9	福华一路—中心四路交叉口
4	海田路—福中路交叉口	10	福华一路—中心五路交叉口
5	一、二号路—四号路交叉口	11	福华路—中心四路交叉口
6	一、二号路—五号路交叉口	12	福华路—中心五路交叉口

③交叉口对角过街设计。对角过街设计主要通过在交叉口设置斜向对角过街人行横道缩短行人过街时间,在提高过街安全性的同时提高过街效率。对角过街交叉口最早出现于20世纪40年代的美国,60年代达到应用顶峰。进入21世纪以来,交叉口对角过街方案重新受到交通工程师们的重视。

现今对角过街应用较多的主要为日本、英国、美国、加拿大等发达国家,其中日本应用情况最为普遍。世界范围内较为出名的对角过街交叉口有英国的牛津广场交叉口及日本涩谷商业街交叉口(图4-75)。国内对角过街交叉口应用较晚,近年来国内城市如杭州等有采用对角过街交叉口。

图 4-75 伦敦牛津广场对角过街及东京涩谷对角过街

a. 对角过街交叉口设计利弊分析。行人对角过街的设置能够在人行过街量大、车辆速度低的地方降低约50%的事故率并提高交叉口运行效率，但也存在一些问题。

对角过街之利：在行人量较大区域或行人优先区域，解决行人量拥堵方面与传统垂直式过街横道相比有更大的优势；对角交叉的人行横道比传统的两组正交人行横道能减少行人过街长度和时间；对角过街通过减少过街行人与车辆的冲突潜在地提高了交通安全；行人对角过街可以大大增加交叉口效率、提高道路容量，并且不需要拓宽道路、设置新的信号灯，或者其他昂贵、需要改建的方式方法。

对角过街之弊：需要一个专用相位，过街行人需要等候两个或者更多的车辆相位时长；如果等待时间过长，并且行人需要在街心二次过街，会降低安全性，并增加行人的不满；行人对角过街的相位还可能会消除与相邻交叉口信号灯的协调控制效果；右转车辆会对在十字交叉口角落等候对角过街的行人流产生一定威胁，需要进行管制。

b. 对角交叉口运行方式。一般情况下，按照运行时间的不同，将对角过街交叉口分为两个运行方式——全时段制及分时段制。出于安全考虑，一般建议对角过街设置为全时段制。事实上，根据各交叉口的具体情况，分时段制对角过街也较常应用。

全时段制：行人与机动车相位严格分开，不存在冲突点；车辆通行相位无须考虑行人过街时间；行人相位与其他相位无时间重叠或间隙。车流量较大时易增大交叉口延误；车流量较小时行人易违章过街，产生安全隐患。

分时段制：采用分时段制之前应充分考虑行人安全；分时段可以是一天内的某个时间段或者一周内某些天；灵活应用可提高交叉口通行效率。行人易误认为有对角过街相位；安全隐患较大。

c. 对角过街交叉口设置原则。对角过街设置一般考虑对象交叉口如下三个属性：交通量、几何条件及运行情况。

交通量：选定交叉口需有较大的人流，且有明显的对角过街需求；对角过街需求应占总过街需求的10%以上；交叉口车流量不宜过小，避免诱导行人违章过街；如以上条件仅部分时段满足，该交叉口宜设置为分时段制；公交车辆的运行应当不受到影响，引入对角过街前需协调好利益相关者之间的需求。

几何条件：选定交叉口需足够简单以引导行人对角过街，避免不必要的混乱及延误产生，有以下设施交叉口不宜设置对角过街：一是多路交会的交叉口；二是对角过街距离超过50m；三是有特殊相位，如公交优先相位；四是错位或成对的交叉口。

运行情况：对象交叉口运行效率不能因行人过街优先而过分妥协。对角过街宜设置在城市交通量集中、商业/游客集中的区域，不宜设在主干道上；对角过街不宜设置在现状饱和度达到或超过0.9的交叉口；对角过街的设置应当不对周边交叉口信号周期及相邻主干道交通造成干扰。

d. 福田中心区对角过街设置。对福田中心区主要交叉口进行调查，得到交叉口运行数据，按照本次规划对角过街设置原则对符合基本条件的交叉口进行筛选，设计时主要考虑因素有：交叉口高峰小时行人过街量超过2000人次；交叉口对角距离低于50m（按平均步行速度5~7km/h计算，过街时间在40s以内）；交叉口现状机动车饱和度不超过0.9等。最终确定在民田路—福华一路、民田路—福华路和民田路—福华三路三个交叉口采用对角过街交叉口设计，具体情况如图4-76、图4-77、表4-21所示。（详细方案见后文方案汇总）。

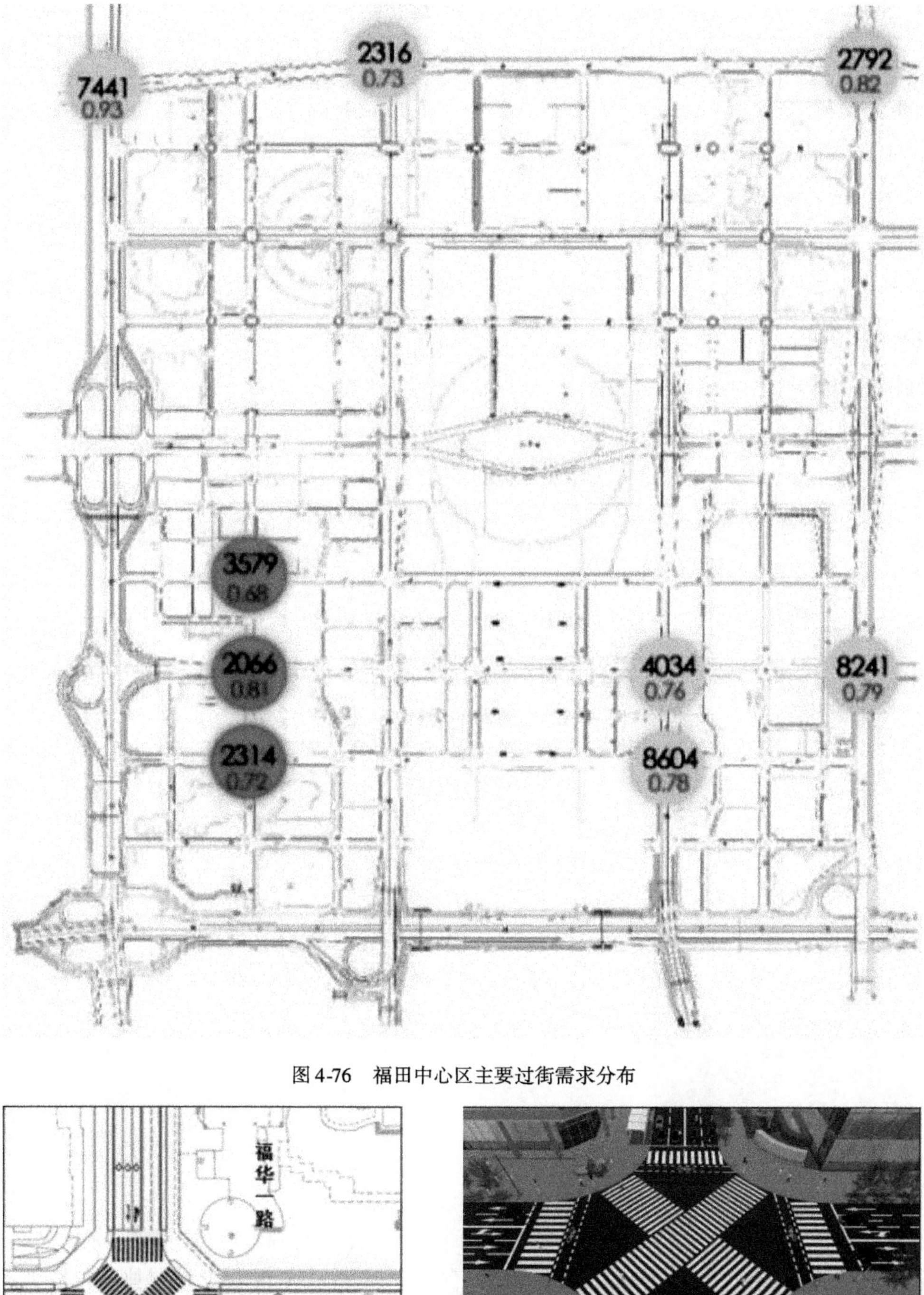

图 4-76　福田中心区主要过街需求分布

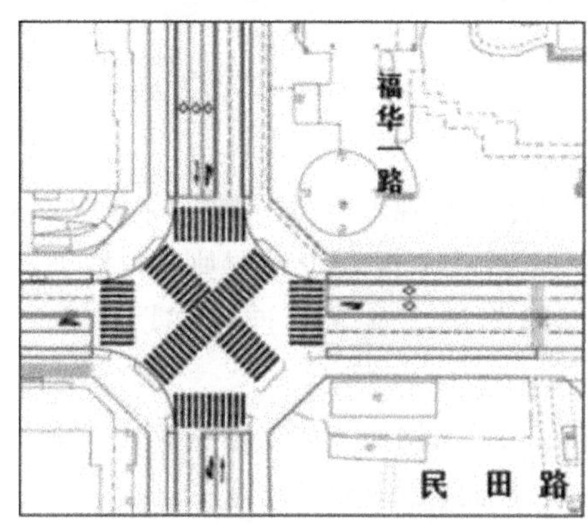

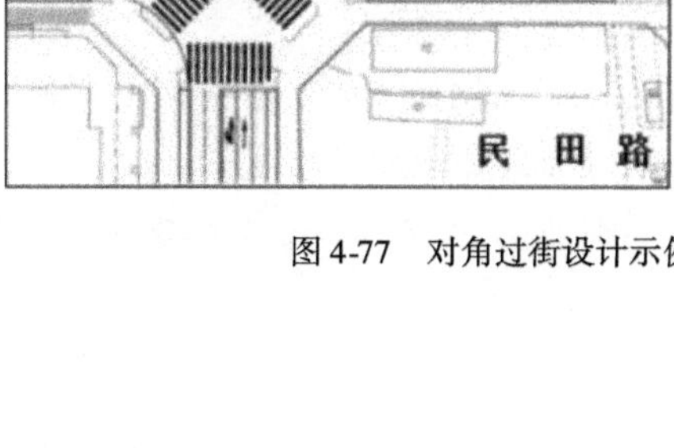

图 4-77　对角过街设计示例：民田路—福华一路对角过街设计方案

福田中心区主要交叉口情况一览　　表 4-21

交　叉　口	对角线长度(m)	交叉口饱和度	高峰小时行人过街量(人次)
民田路—福华一路	37	0.68	3579
民田路—福华路	47	0.81	2066
民田路—福华三路	47	0.72	2314
红荔路—新洲路	63	0.93	7441
红荔路—益田路	56	0.73	2316
红荔路—彩田路	85	0.82	2792
金田路—福华路	70	0.76	4034
金田路—福华三路	60	0.78	8604
福华路—彩田路	74	0.79	8241

④新增风雨连廊。深圳为典型的亚热带气候海滨城市,夏季炎热多雨,全年超过30℃的高温天气持续近 4 个月,降雨达 145 天,日晒雨淋对市民的慢行出行造成了巨大的影响(图 4-78)。为营造一个舒适、全天候的步行环境,本次规划提出沿福田中心区内主要步行通道,规划建设统一规格的风雨连廊,总长约 21.5km。

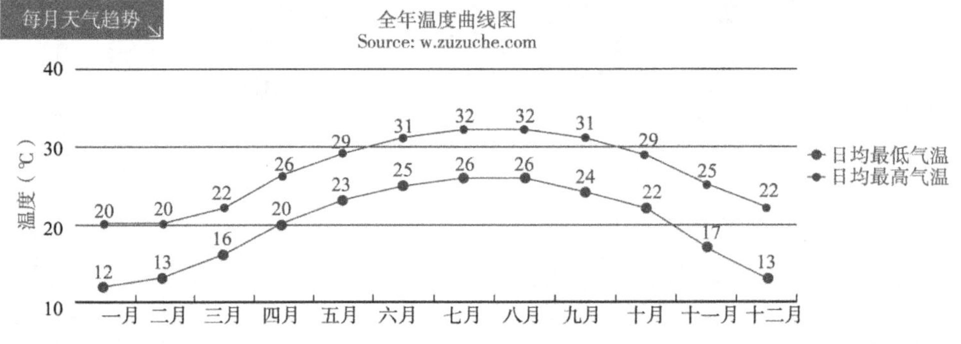

四季天气	春季	夏季	秋季	冬季
日均最高气温	23℃	31℃	31℃	22℃
日均最低气温	16℃	25℃	24℃	14℃
平均降水总量	95mm	291mm	235mm	34mm

图 4-78　深圳市气候统计数据(年均)

目前,国内成系统的建设风雨连廊的城市尚无先例,相关规范也不成熟,故本次规划中,风雨连廊的规划与建设除参考《深圳市步行和自行车交通系统规划设计导则》中关于慢行系统遮挡环境设计的有关规定以外,还将较多地参考学习新加坡在风雨连廊规划建设方面的成熟经验。

a.《深圳市步行和自行车交通系统规划设计导则》。遮阳避雨设施是完善步行网络、提高步行环境舒适度的重要设施,包括乔木绿化、独立的上盖、建筑挑檐、骑楼、外墙檐篷等多种形式,各类型的遮阳避雨设施应形成连续、便捷的遮阳避雨系统,使轨道站出入口、公交场站、人行天桥、地下通道、建筑主要出入口等主要人流节点之间的步行路径均有遮阳避雨设施，设置类型和要求如下所述。

乔木绿化：乔木绿化是步行路径上最基本的遮阳避雨设施，人行道的乔木绿化的道路长度普及率宜在 80% 以上。

建筑外墙的遮阳避雨设施：当步行路径紧贴临街建筑物时，宜通过设置檐篷、建筑挑檐、骑楼、内部公共通道等设施提供遮蔽。

交通设施的遮阳避雨设施：轨道站、人行天桥、人行地道的主要出入口和公交场站必须设置这样的避雨设施；行人安全岛在保证行车和行人视线的前提下宜设置遮阳避雨设施。

休憩遮阳避雨设施：广场、公园内除乔木绿化外，应结合休憩座椅设置独立的避雨设施供人休憩。

各个构建物间的遮阳避雨设施：轨道站、人行天桥、人行地道的主要出入口与临近的公交场站必须设置遮阳避雨设施，建筑与其他交通设施宜设置遮阳避雨设施。

当步行路径紧贴临街建筑物时，宜通过设置檐篷、建筑挑檐、骑楼、内部公共通道等设施提供遮蔽，其地面设计高程应与人行道路面高程持平，净宽不得小于 3m，净空高度不得小于 3.6m，当通道净高大于 5m 时，应在 3.6m 净高以上部分设置垂直遮挡设施，并在适宜高度进行二次水平遮挡。

福田中心区从规划建设至今，区内主要建筑及交通设施基本成形，建筑物、公园及绿化等遮挡设施改动难度较大，本次规划主要通过增加慢行通道的遮阳避雨设施来提升片区的慢行交通出行环境。

b. 福田中心区风雨连廊设置。对本次规划中识别出的主要步行通道增设风雨连廊，构建一个风雨无阻的步行交通出行系统，总长约 21.5km。风雨连廊采用统一形式设置，并考虑与沿线建筑及城市绿化景观结合设计，充分利用已有遮挡设施，如树荫、骑楼及建筑挑檐等，降低风雨连廊建设对城市景观的影响，同时合理减少建设资金投入，如图 4-79、图 4-80 所示（详细方案见后文方案汇总）。

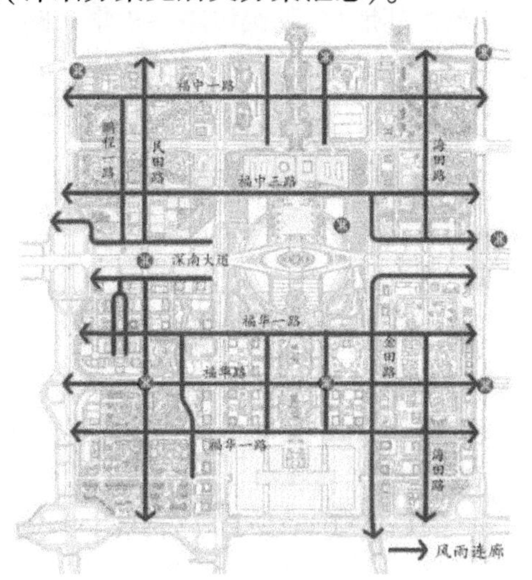

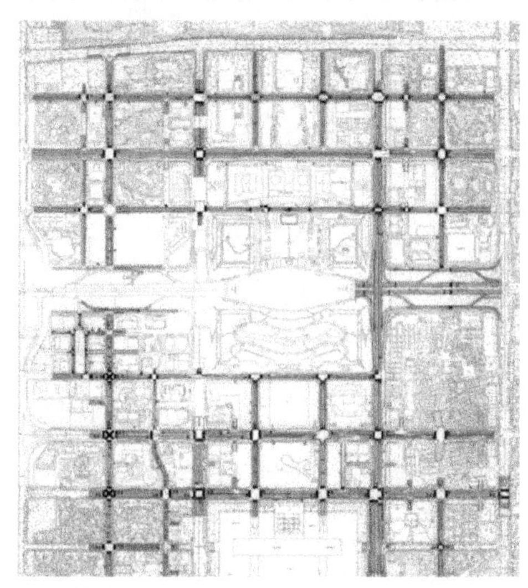

图 4-79　风雨连廊网络

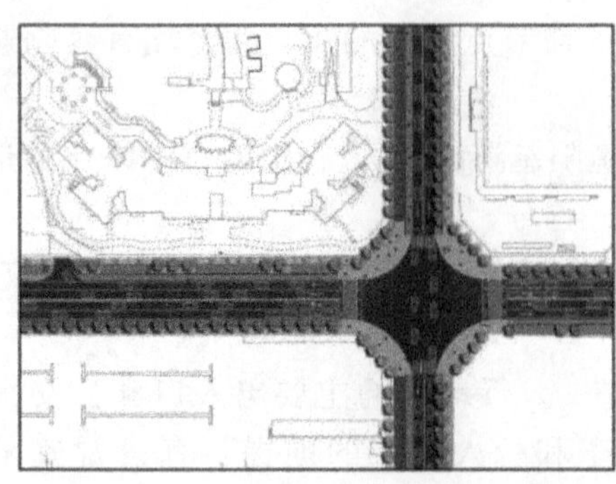

图 4-80　风雨连廊设计示例：鹏程一路风雨连廊方案

风雨连廊的设置要求主要参考《深圳市步行和自行车交通系统规划导则》中的相关规定，并适当参考新加坡陆路交通局（LTA）对风雨连廊建设提出的指导性要求，主要包括以下几方面：

- 净宽 3.0m，拱腹高不小于 3.6m；
- 整个长度上保持水平高度一致；
- 水平高度有差异的地方，应设置斜道进行调整；
- 停车库的斜道应在有盖走廊的界限之后；
- 走道应方便残疾人通行。

除以上相关规范外，风雨连廊的建设还应充分考虑与城市景观之间的协调，具体方案应当结合道路空间条件、绿化情况、周边建筑形式等进行设计，在保障其遮风挡雨的基本功能的同时，使其具备艺术观赏性，且不对原有城市景观品质造成负面影响。

（3）方案汇总。

①民田路。民田路主要改善措施包括：新增风雨连廊，连廊北起于红荔路，南止于滨河大道，总长约 2.1km。连廊净宽 3.0m，高 3.6m。其中红荔路—深南大道北侧辅道及福华三路—滨河大道段风雨连廊紧靠道路东侧绿化带设置，深南大道南侧辅道—福华三路段风雨连廊紧靠道路西侧绿化带设置；于深南大道南北辅道及民田路——一号路交叉口处设置人行过街抬高 2 处；民田路—二号路交叉口整体抬高，并改善其铺装；于民田路—福华一路、民田路—福华路、民田路—福华三路交叉口进行对角过街设计（图 4-81 ~ 图 4-83）。

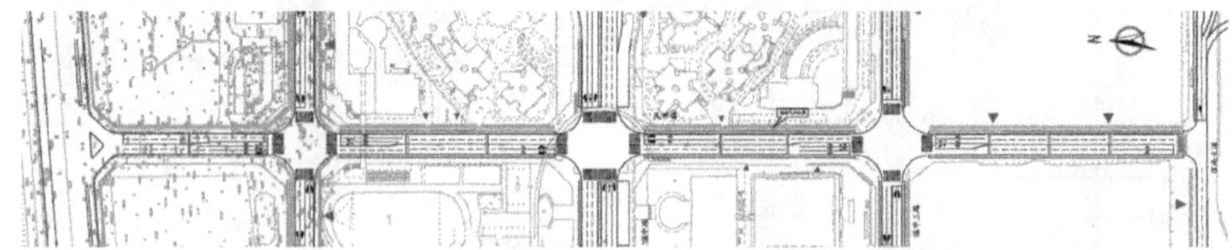

图 4-81　民田路（红荔路—深南大道）慢行设施详细规划方案

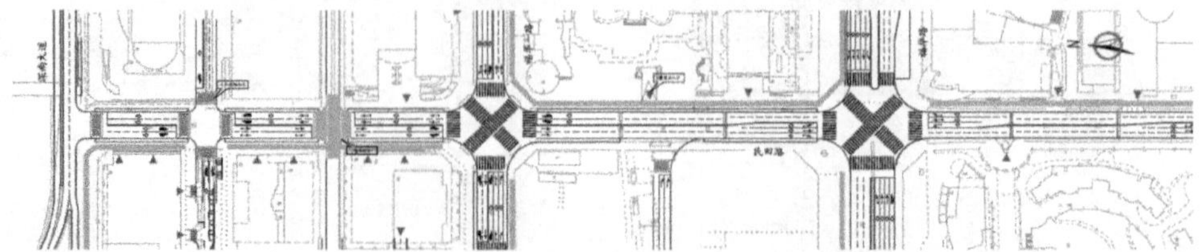

图 4-82　民田路（深南大道—福华路）慢行设施详细规划方案

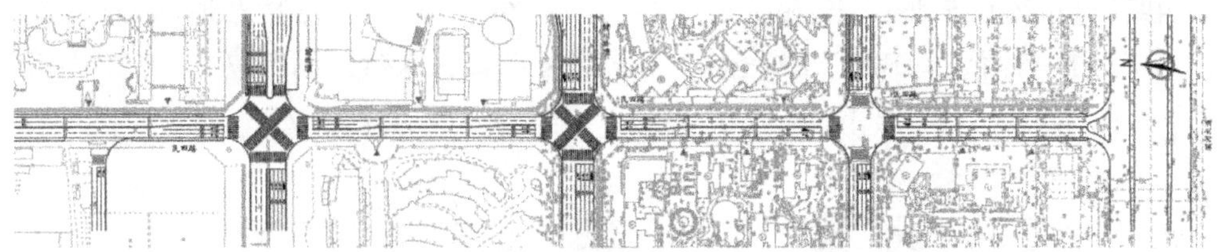

图 4-83　民田路(福华路—滨河大道)慢行设施详细规划方案

②金田路。金田路主要改善措施包括:新增风雨连廊,连廊北起于福中三路,南止于滨河大道,总长约 1.6km。连廊净宽 3.0m,高 3.6m。其中福华三路—滨河大道段风雨连廊紧靠道路东侧绿化带设置,福中三路—福华三路段风雨连廊紧靠道路西侧绿化带设置;金田路—福华三路交叉口人行过街条件改善,增加二次过街岛面积(图 4-84 ~ 图 4-86)。

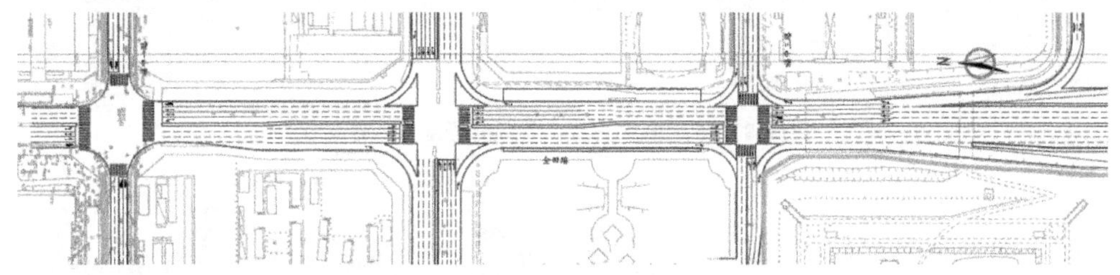

图 4-84　金田路(红荔路—深南大道)慢行设施详细规划方案

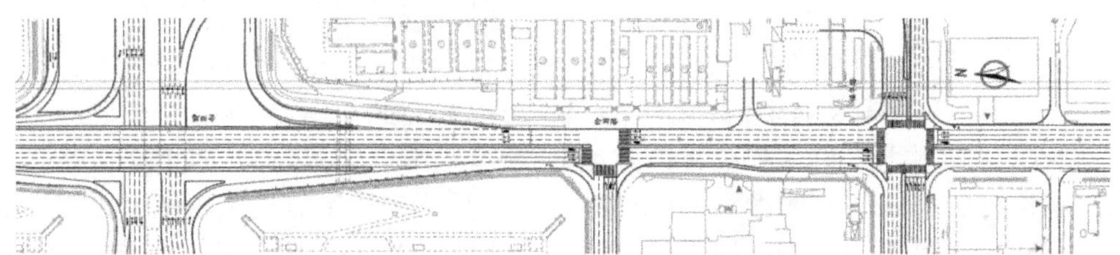

图 4-85　金田路(深南大道—福华路)慢行设施详细规划方案

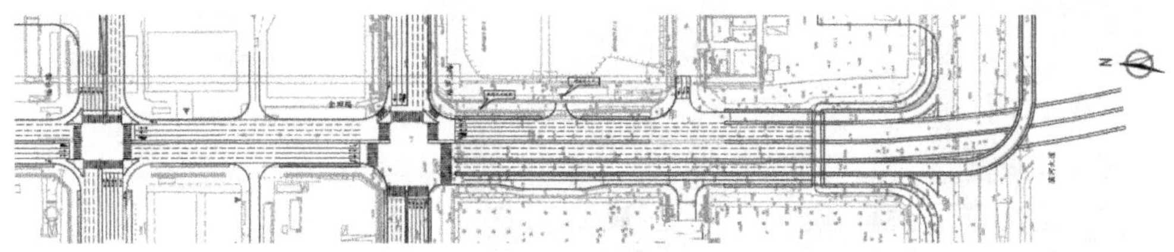

图 4-86　金田路(福华路—滨河大道)慢行设施详细规划方案

③四、五、六号路。其主要改善措施包括:新增风雨连廊,连廊北起于福中三路,南止于滨河大道,总长约 1.1km。连廊净宽 3.0m,高 3.6m。其中五、六号路风雨连廊紧靠道路东侧绿化带设置,四号路风雨连廊紧靠道路西侧绿化带设置;五号路东亚银行大厦出入口附近设置人行过街抬高 1 处;结合规划路内停车位,对四号路——号路,四号路—二号路,四号路,福华一路,六号路——号路,五号路——号路,五号路—二号路,五号路—福华一路交叉口进行窄点设计(图 4-87)。

④中心二路。中心二路主要改善措施包括:新增风雨连廊,连廊北起于福华一路,南止

于福华四路，总长约0.53km。连廊净宽3.0m，高3.6m。风雨连廊紧靠道路西侧绿化带设置；于中心二路—福华路、中心二路—福华三路交叉口设置人行过街抬高2处(图4-88)。

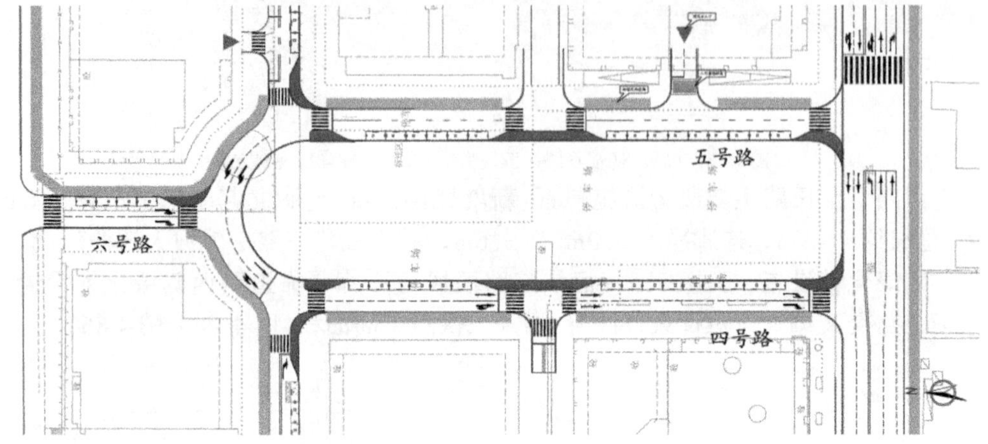

图4-87 四、五、六号路慢行设施详细规划方案

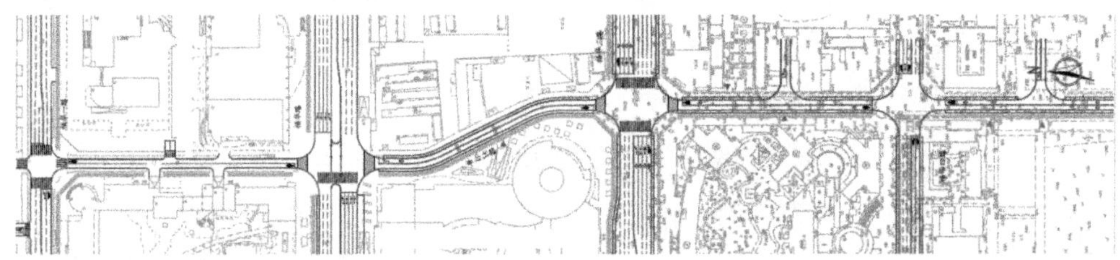

图4-88 中心二路(福华一路—滨河大道)慢行设施详细规划方案

⑤鹏程三路。鹏程三路主要改善措施包括：新增风雨连廊，连廊北起于红荔路，南止于福中路，总长约0.47km。连廊净宽3.0m，高3.6m。风雨连廊紧靠道路东侧绿化带设置；于红荔路—福中一路中段及福中一路—福中路中段处设置人行过街抬高2处；结合路内停车位规划，于鹏程三路—福中一路进行交叉口窄点设计1处(图4-89)。

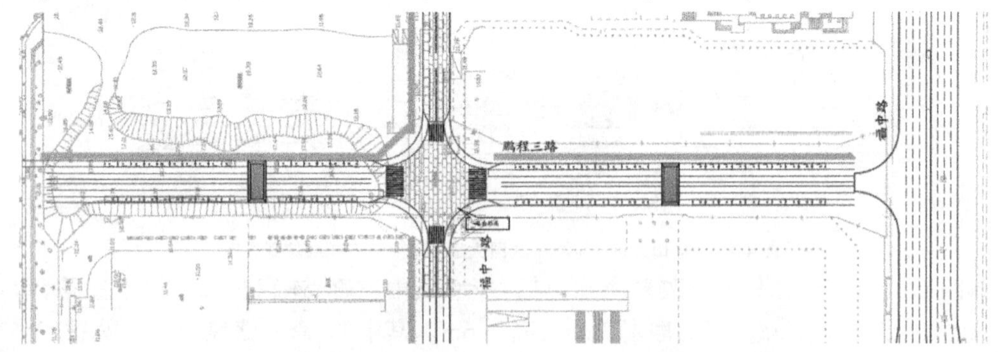

图4-89 鹏程三路(红荔路—福中路)慢行设施详细规划方案

⑥鹏程四路。鹏程四路主要改善措施包括：新增风雨连廊，连廊北起于红荔路，南止于福中路，总长约0.47km。连廊净宽3.0m，高3.6m。风雨连廊紧靠道路东侧绿化带设置；于红荔路—福中一路中段及福中一路—福中路中段处设置人行过街抬高2处；结合路内停车位规划，于鹏程三路—福中一路进行交叉口窄点设计1处(图4-90)。

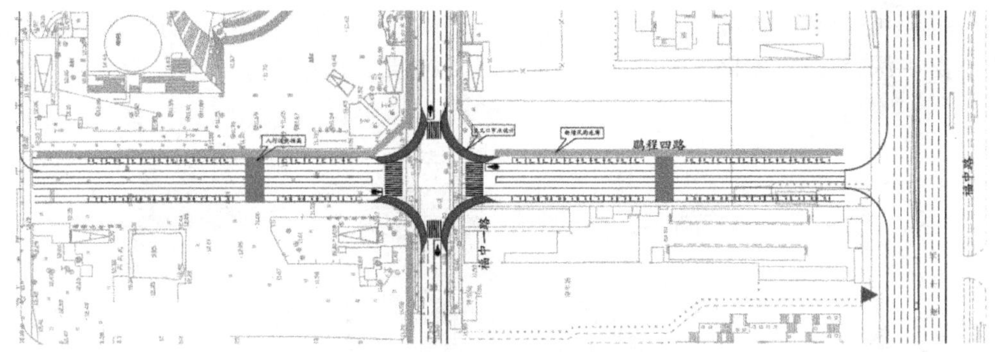

图 4-90 鹏程四路(红荔路—福中路)慢行设施详细规划方案

⑦中心四路。中心四路主要改善措施包括:新增风雨连廊,连廊北起于福华一路,南止于福华三路,总长约0.5km。连廊净宽3.0m,高3.6m。风雨连廊紧靠道路东侧绿化带设置;结合路内停车位规划,于中心四路—福华一路及中心四路—福华路 2 处交叉口进行窄点设计(图 4-91)。

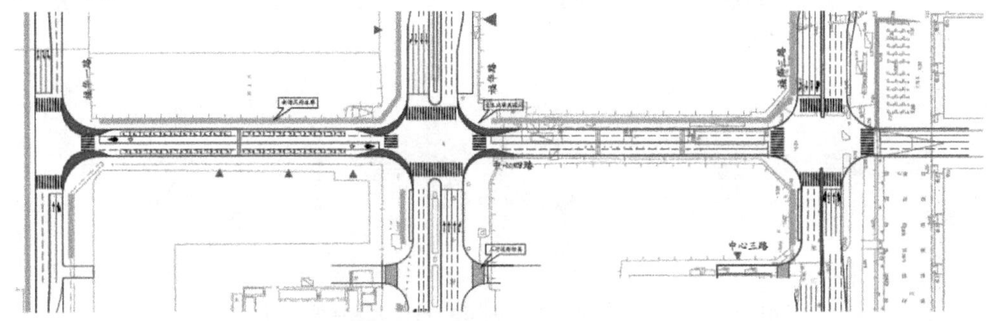

图 4-91 中心四路(福华一路—福华三路)慢行设施详细规划方案

⑧中心五路。中心五路主要改善措施包括:新增风雨连廊,连廊北起于福华一路,南止于福华三路,总长约0.5km。连廊净宽3.0m,高3.6m。风雨连廊紧靠道路西侧绿化带设置;结合路内停车位规划,于中心四路—福华一路及中心四路—福华路 2 处交叉口进行窄点设计(图 4-92)。

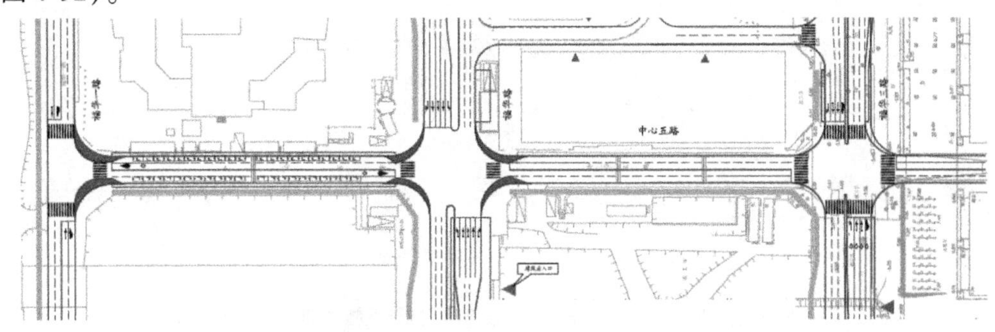

图 4-92 中心五路(福华一路—福华三路)慢行设施详细规划方案

⑨海田路。海田路主要改善措施包括:新增风雨连廊,连廊分为红荔路—深南大道及滨河大道—福华一路两段,总长约 2.0km。连廊净宽 3.0m,高 3.6m。风雨连廊紧靠道路西侧绿化带设置;于海田路—福华三路交叉口处增设人行过街抬高 1 处;于海田路—福中一路及

海田路—福中路交叉口新增窄点设计2处。本条道路空间基本满足风雨连廊设置要求，部分(红荔路—深南大道)空间不足之处需铲除部分绿化带(图4-93)。

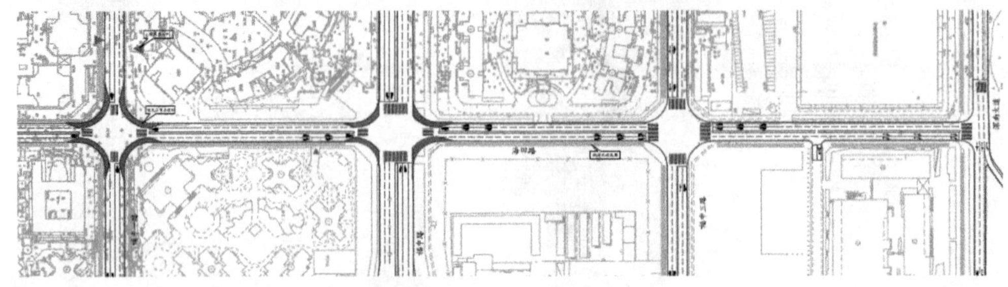

图4-93　海田路慢行设施详细规划方案

⑩福中一路。福中一路主要改善措施包括：新增风雨连廊，连廊西起于新洲路，东止于彩田路，总长约1.9km。连廊净宽3.0m，高3.6m。风雨连廊紧靠道路北侧绿化带设置；于鹏程一路—福中一路、鹏程二路—福中一路、少年宫门前、鹏程物流—福中一路交叉口设置人行过街抬高4处；深圳书城与音乐厅之间路面整体抬高至与人行道齐平，铺装调整，并加设拦车柱(图4-94～图4-96)。

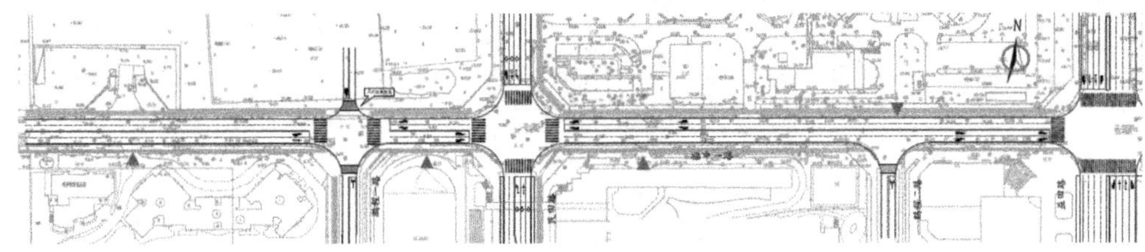

图4-94　福中一路(新洲路—益田路)慢行设施详细规划方案

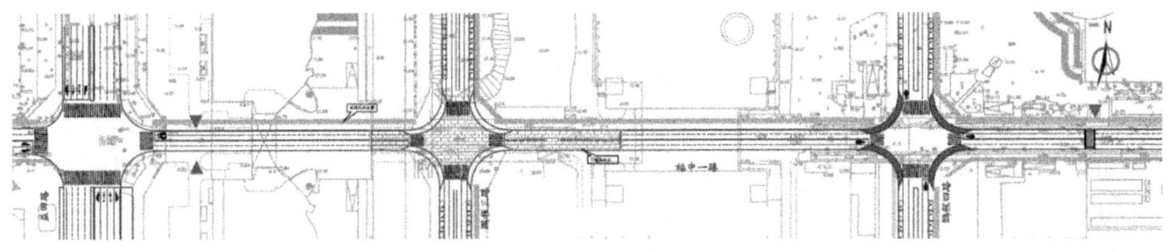

图4-95　福中一路(益田路—鹏程四路)慢行设施详细规划方案

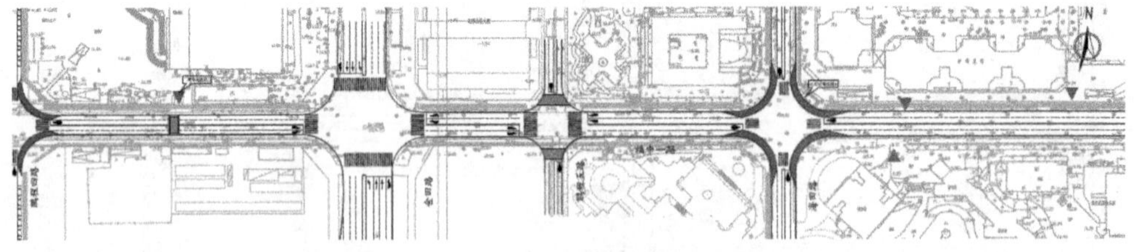

图4-96　福中一路(鹏程四路—彩田路)慢行设施详细规划方案

⑪福中三路。福中三路主要改善措施包括：新增风雨连廊，连廊西起于新洲路，东止于彩田路，总长约1.9km。连廊净宽3.0m，高3.6m。其中彩田路—金田路及民田路—新洲路段风雨连廊紧靠道路北侧绿化带设置，金田路—民田路段风雨连廊紧靠道路南侧绿化带设置；于鹏程一路—福中三路、鹏程五路—福中三路新增人行过街抬高2处(图4-97～图4-99)。

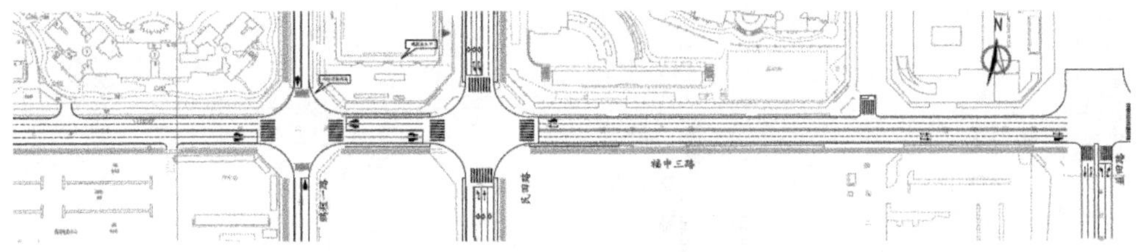

图 4-97　福中三路(新洲路—益田路)慢行设施详细规划方案

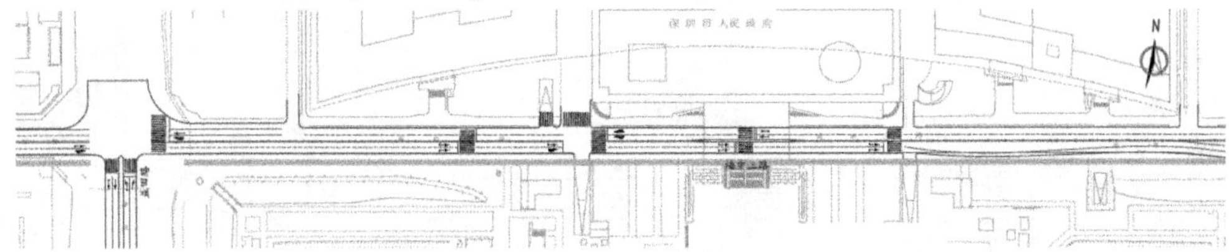

图 4-98　福中三路(益田路—金田路)慢行设施详细规划方案

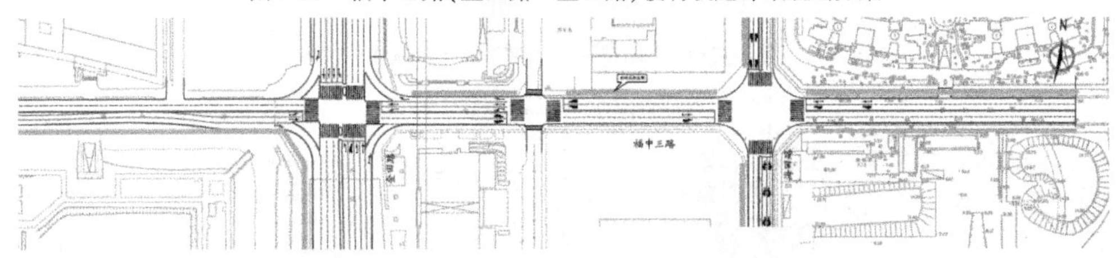

图 4-99　福中三路(金田路—彩田路)慢行设施详细规划方案

⑫深南大道辅道。深南大道辅道主要改善措施包括:新增风雨连廊,连廊分为新洲路—益田路及金田路—彩田路两段,总长约 2.1km,南北辅道均沿绿化带设置(图 4-100)。

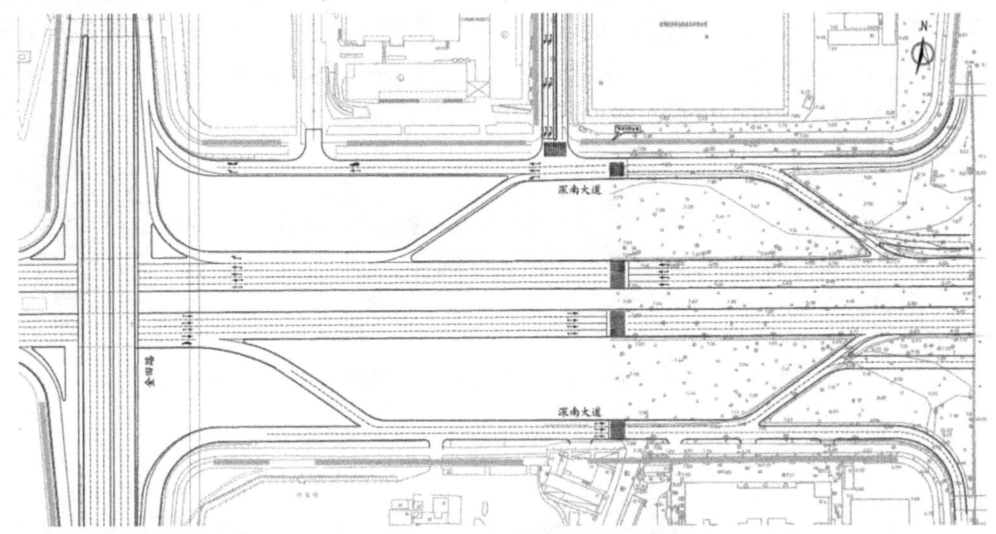

图 4-100　深南大道辅道慢行设施详细规划方案

⑬福华路。福华路主要改善措施包括:新增风雨连廊,连廊西起于新洲路,东止于彩田路,总长约 1.9km。连廊净宽 3.0m,高 3.6m。风雨连廊紧靠道路北侧绿化带设置,部分路段需铲除部分绿化带以提供足够空间;于中心三路—福华路交叉口处增设人行过街抬高 1 处(图 4-101 ~ 图 4-103)。

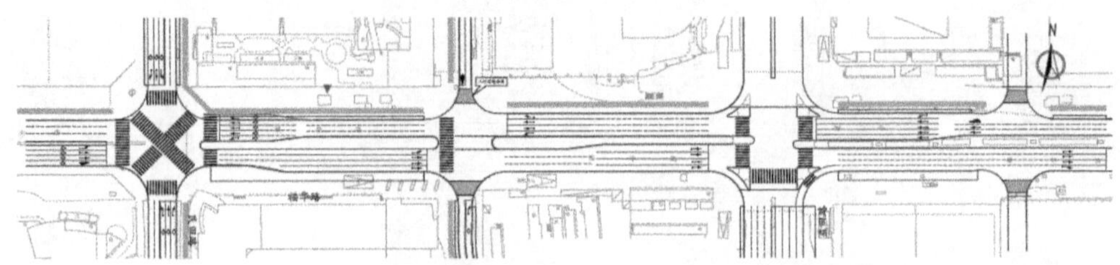

图 4-101　福华路(民田路—中心四路)慢行设施详细规划方案

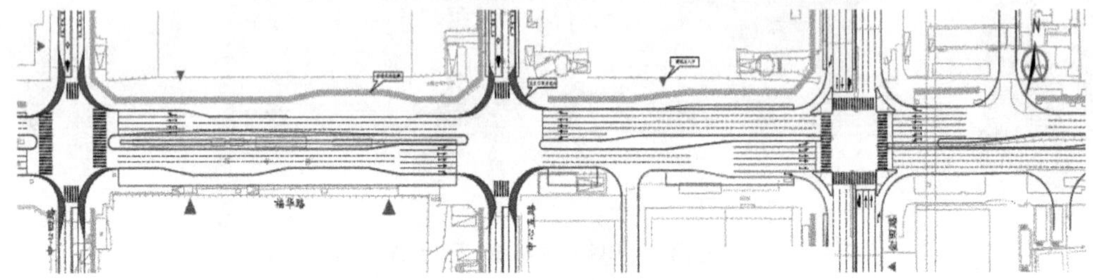

图 4-102　福华路(中心四路—金田路)慢行设施详细规划方案

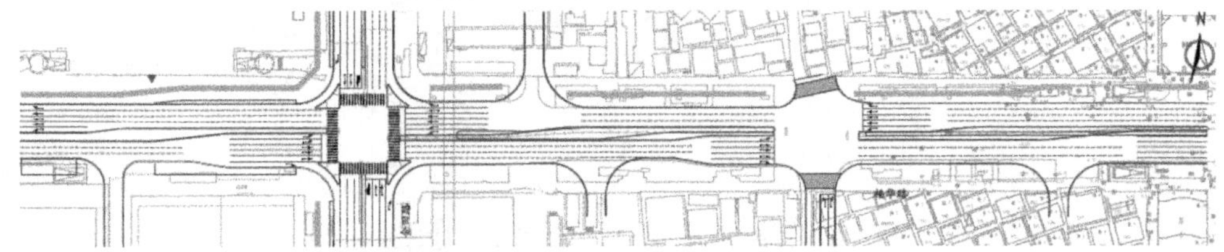

图 4-103　福华路(金田路—彩田路)慢行设施详细规划方案

⑭福华三路。福华三路主要改善措施包括:新增风雨连廊,连廊西起于新洲路,东止于彩田路,总长约 1.9km。连廊净宽 3.0m,高 3.6m。其中新洲路—民田路段风雨连廊紧靠道路南侧绿化带设置,彩田路—民田路段风雨连廊紧靠道路北侧绿化带设置;于中心三路—福华三路交叉口新增人行过街抬高 1 处(图 4-104 ~ 图 4-106)。

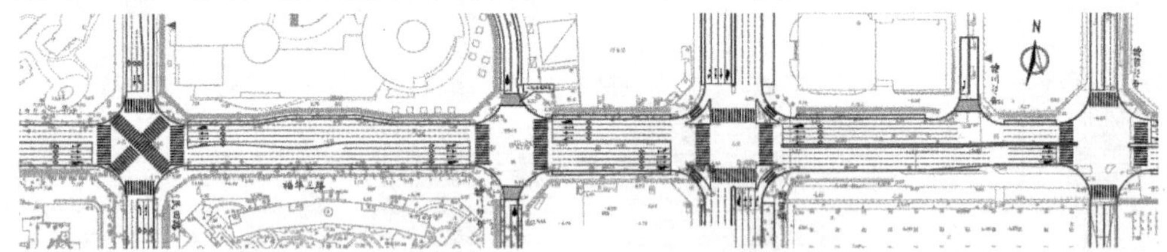

图 4-104　福华三路(民田路—中心四路)慢行设施详细规划方案

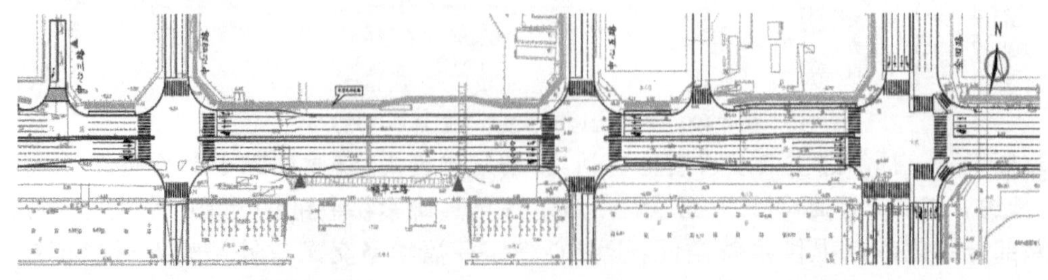

图 4-105　福华三路(中心四路—金田路)慢行设施详细规划方案

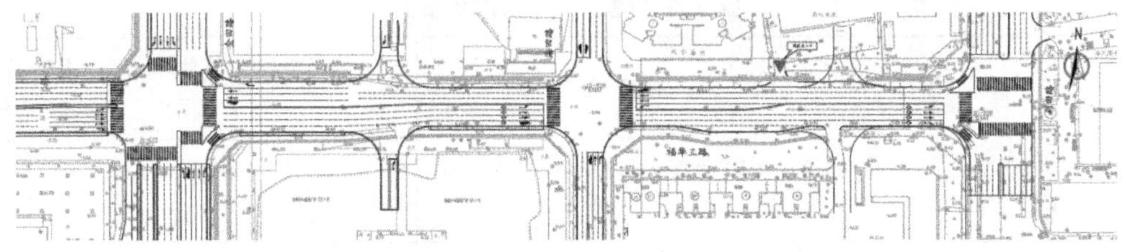

图 4-106　福华三路(金田路—彩田路)慢行设施详细规划方案

⑮鹏程一路。鹏程一路主要改善措施包括:新增风雨连廊,连廊北起于福中一路,南止于深南大道,总长约 0.9km。连廊净宽 3.0m,高 3.6m。风雨连廊紧靠道路西侧绿化带设置(图 4-107)。

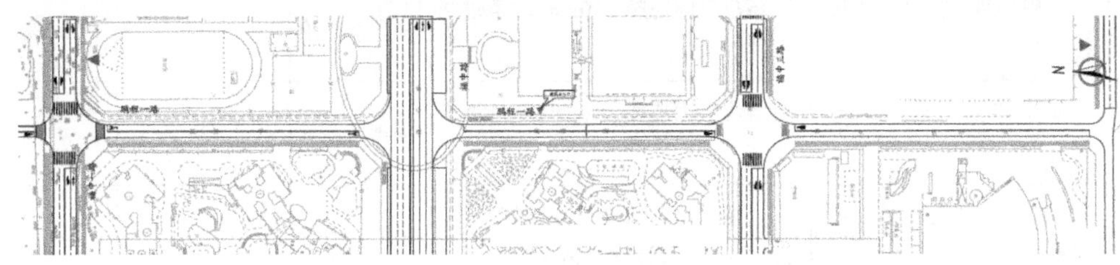

图 4-107　鹏程一路(福中一路—深南大道)慢行设施详细规划方案

⑯福华一路。福华一路主要改善措施包括:新增风雨连廊,连廊西起于新洲路,东止于彩田路,总长约 1.9km。连廊净宽 3.0m,高 3.6m。其中彩田路—益田路段风雨连廊紧靠道路北侧绿化带设置,益田路—新洲路段风雨连廊紧靠道路南侧绿化带设置(图 4-108、图 4-109)。

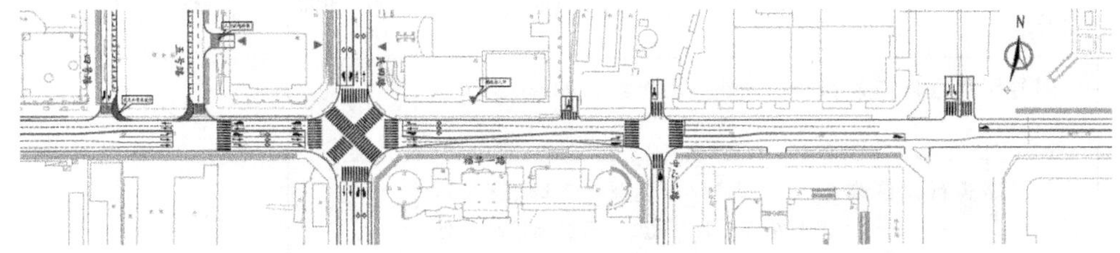

图 4-108　福华一路(新洲路—中心四路)慢行设施详细规划方案

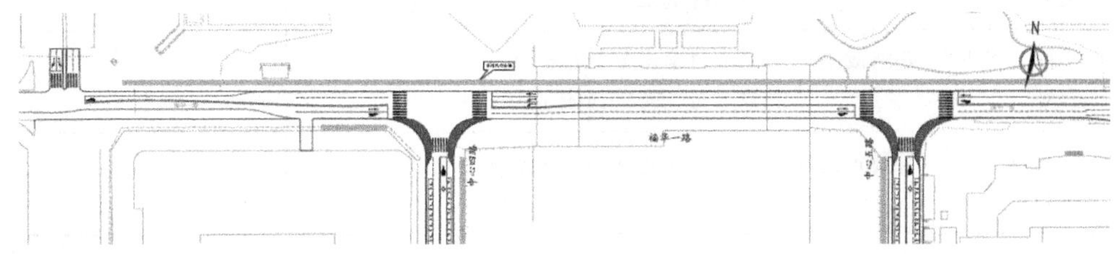

图 4-109　福华一路(中心四路—中心五路)慢行设施详细规划方案

3)建设计划及投资估算

主要步行通道建设总投资约 4858 万元,其中由市级财政投资约 752 万,区级财政投资约 4106 万。纳入 2015 年的 17 项,投资约 4442 万元(表 4-22)。

步行通道建设计划及投资估算 表4-22

序号	项目内容	主要措施	实施主体	投资估算（万元）	是否纳入2015年
1	福中一路步行设施改造提升	新建风雨连廊1.9km，人行过街抬高3处	福田区政府	438	是
2	福中三路步行设施改造提升	新建风雨连廊2.2km，人行过街抬高1处	福田区政府	480	是
3	深南大道步行设施改造提升	新建风雨连廊2.1km	市交委	420	是
4	福华一路步行设施改造提升	新建风雨连廊2.0km，对角过街设计1处	福田区政府	462	是
5	福华路步行设施改造提升	新建风雨连廊1.9km，人行过街抬高1处	福田区政府	434	是
6	福华三路步行设施改造提升	新建风雨连廊2.0km，对角过街设计1处，人行过街抬高1处	福田区政府	476	是
7	鹏程一路步行设施改造提升	新建风雨连廊0.9km，人行过街抬高2处	福田区政府	188	是
8	鹏程三路步行设施改造提升	新建风雨连廊0.47km	福田区政府	94	是
9	鹏程四路步行设施改造提升	新建风雨连廊0.47km	福田区政府	94	是
10	四号路步行设施改造提升	新建风雨连廊0.23km，交叉口窄点设计3处	福田区政府	76	是
11	五号路步行设施改造提升	新建风雨连廊0.23km，交叉口窄点设计3处，人行过街抬高1处	福田区政府	80	是
12	六号路步行设施改造提升	新建风雨连廊0.06km，交叉口窄点设计1处	福田区政府	22	是
13	民田路步行设施改造提升	新建风雨连廊2.1km，人行过街抬高4处，交叉口整体抬高1处	福田区政府	484	是
14	中心二路步行设施改造提升	新建风雨连廊0.53km，人行过街抬高1处	福田区政府	122	是
15	中心四路步行设施改造提升	新建风雨连廊0.5km，交叉口窄点设计2处	福田区政府	120	是
16	中心五路步行设施改造提升	新建风雨连廊0.5km，交叉口窄点设计2处	福田区政府	120	是

续上表

序号	项 目 内 容	主 要 措 施	实施主体	投资估算（万元）	是否纳入 2015 年
17	金田路步行设施改造提升	新建风雨连廊 1.6km	市交委	332	是
18	海田路步行设施改造提升	新建风雨连廊 2.0km，人行过街抬高 1 处	福田区政府	416	是
合计				4858	

4.1.6.2　立体步行系统

本次慢行系统规划中，中心区立体步行系统以深南大道为界限，由南片区立体步行系统、北片区行人优先区及二号路步行街三部分组成。

1）南片区立体步行系统

（1）现状需求。

福田中心区主要空间发展轴基本形成，轴线慢行出行需求不断增长，需要延伸并完善既有空中连廊系统，对地面和地下慢行通道进行补充，提高慢行出行吸引力，进一步提高福田中心区的活力与魅力。

福田中心区目前办公面积和商业面积开发总量达到 425 万 m^2，占已开发总建筑面积的 74%（表 4-23），商业轴线上办公出行和购物出行的出行量已达到 10 ~ 20 万人次/日（图 4-110）。

中心区已建成用地汇总表　　表 4-23

建筑类型	建筑指标（万 m^2）	占比（%）	出行率参考指标（人次/百 m^2）
办公	375	65	2 ~ 5.5
商业	50	9	5 ~ 25
居住	140	24	0.5 ~ 2.5
其他	10	2	—
总建筑面积	575	100	—

通过交通调查，目前怡景中心城至购物公园、COCO PARK 的商业主轴线慢行出行量约 4 万人次/日；怡景中心城至皇庭广场、会展中心轴线慢行出行量约 6000 人次/日。现状地下有怡景中心城至 COCO PARK 的连城新天地，地面道路人行道宽度为 3.5 ~ 5.0m，近期地下和地面道路尚能够满足需求，考虑远期福田中心区完全建成后的慢行出行需求，建议规划空中连廊，以应对未来地下通道、地面道路步行拥堵情况的出现。

空中连廊系统是指承担了交通功能、休闲功能、商业商务功能等多种复合功能的步行道路，主要分布在城市中心商业区，是在空中、地面和地下多维度上相互连接而形成的步行道路网络。空中连廊系统能够解决中心区地面交通拥堵的问题，提升慢行出行空间品质和连续性，提升地块价值和利用率。

福田中心区，特别是南片区开发强度高，地面慢行需求逐步增大，应提前进行空中连廊系统的规划，以提升慢行出行空间品质、提升中心区内出行连续性，形成连续畅通、舒适友好的空中步行系统，同时为未来福田中心区高强度开发带来的地下通道、地面道路慢行出行拥堵问题提供一种解决办法。

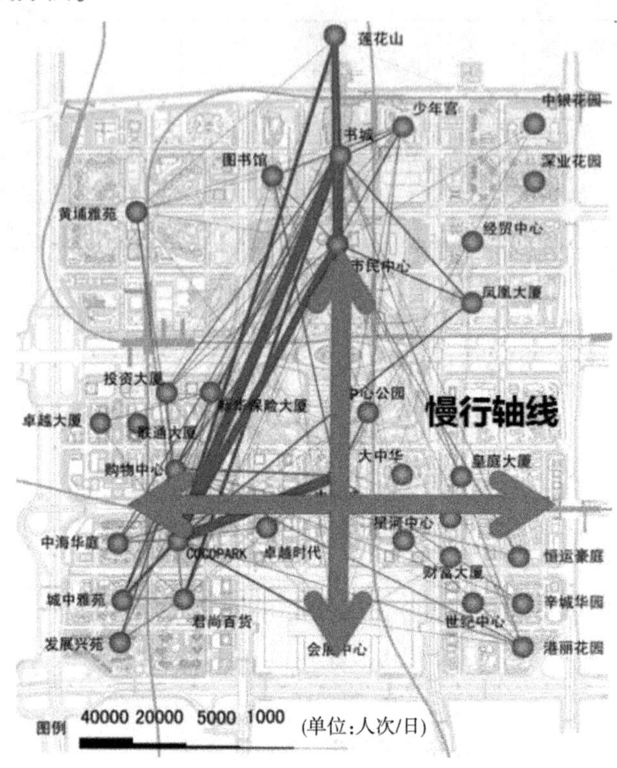

图 4-110　福田中心区慢行轴线示意图

(2)规划策略。

①结合发展需求，扩大现有空中连廊网络，建立与城市商业空间高效衔接的多方位、立体化慢行系统，构建并联式空中连廊主轴，将主轴两侧主要建筑并入空中连廊系统(图 4-111)。

连接形式	定　位	适 用 性	图　片
串联式	利用较短的连廊点对点连接主要城市功能	1.片状发展功能区内； 2.功能相似或互补建筑体内	
并联式	建筑外围二层或三层加建外连廊	1.带状发展功能区之间； 2.各功能片区之间衔接	
广场式	连廊系统中关键节点处通过向内延伸到广场平台来组织过渡空间，形成空间连廊的交汇广场	多条连廊或射线的交汇衔接段，形成连廊最密集的中心区域	

图 4-111　空中连廊连接形式示意图

②在现有空中连廊结构的基础上，加大对怡景中心城、皇庭广场顶层用地的商业开发，提升顶层商业活力与吸引力。

③增加空中连廊与地面的竖向连接设施，形成空中、地面和地下多维度、相互连通的步行网络。

④改善现有空中连廊的设施条件，打造宜人的慢行空间与环境，满足购物、娱乐等多种出行需求。

(3)规划原则。

连通性：实现主要发生点和吸引点的空中连通，实现空中与地面的竖向连接。

延续性：以既有空中连廊为基础延伸整个空中连廊系统，使得空中连廊系统覆盖主要的商业、办公、娱乐和休闲区域。

与需求一致：以现状调查数据为基础，重点改善需求强度大的慢行区域。

共生性：加强空中连廊与中心区主要建筑布局的整合，注重衍生空中连廊功能，提升土地使用效率。

行人优先：人流密集区的步行通道与轨道、地下空间、建筑方案相协调，保障行人优先。

可实施性：综合考虑各方面的建设实施条件，制定具有较高可实施性的方案。

(4)规划方案。

通过对空中连廊现状的分析，结合南侧现有空中连廊形态，规划约6.0km(其中新增约3.0km)的空中连廊，连接商业人流密集区域；同时大范围增加空中连廊与地面道路的竖向连接设施(扶手楼梯、电梯等设施)，共35处；引入社会力量，对怡景中心城和皇庭广场顶层适当进行商业开发，聚集人气，扩大现有出行活动范围；改善现有空中连廊设施品质和步行环境，提升空中连廊步行体验和空间品质。

①连接福田中心区南部片区商业，覆盖购物、休闲、娱乐等出行活动密集区域。

调查数据和需求分析表明，购物公园站(购物公园、COCO PARK 等)与会展中心站(怡景中心城、皇庭广场等)均为重要商业区域，怡景中心城、皇庭广场与购物公园、COCO PARK 之间的片区连接通道主要有地面道路(福华路)和地下通道(连城新天地)。片区内商业人流密集，高峰时段地下连城新天地断面流量达到约200人/min，两片区之间漫游式商业出行需求大、联系十分紧密(图4-112)。随着福田中心区的进一步开发，以购物、休闲、娱乐为目的的商业出行需求将继续增加。

图4-112　连城市新天桥地下通道出行环境示意图

目前，地面步行通道步行环境在天气适宜时较为舒适，而连城新天地地下通道内部两侧进行了以餐饮、购物为主的商业开发，具有较强的人流集聚能力。地下通道购物、休闲等漫游式出行客流较大。然而,现状连成新天地地下通道宽度并不宽敞,造成高峰时段地下通道内出行十分拥挤,出行体验较差。

考虑到福田中心区周边片区商业办公开发和远期发展,地下通道已经接近饱和的情况下,地面出行量将急剧上升,进一步导致地面出行空间舒适性、连续性下降的问题出现。为方便中心区内两个主要商业片区之间的互通,满足大量的商务办公、购物娱乐等出行需求,同时保证出行空间品质,在已有地下通道和地面通道的基础上,规划空中连廊系统,构建地下、地面和地上的多层次、立体化出行系统。

规划空中连廊连通通道,延伸现有空中连廊,将慢行出行需求较大的购物公园和 COCO PARK 纳入空中步行系统,与怡景中心城和皇庭广场空中连廊连通。新增空中连廊,沿福华路(近信息枢纽大厦)东起福华路和益田路交叉口,穿越中心二路,西至购物公园并设置过街连廊与 COCO PARK 连通,规划连廊总长度约 400m,同时设置 4 处竖向连接设施,将人气旺盛的怡景中心城、COCO PARK、购物公园(图 4-113)空中衔接为整体,为约 4 万人次/日的慢行出行提供不被地面道路分割的、连续的空中慢行网络,提高慢行出行的舒适性和连续性。

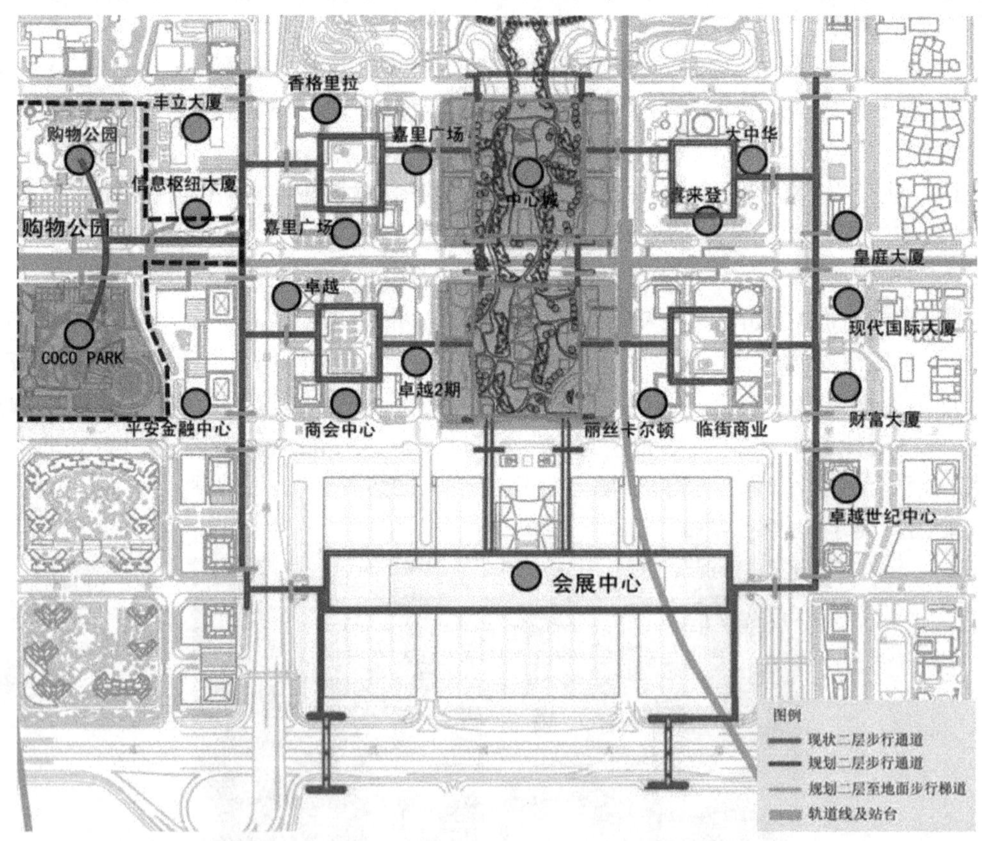

图 4-113　福田中心区空中连廊规划方案——购物公园段

②规划空中连廊主要走廊,与现有空中连廊衔接,连接福田中心区南部片区主要建筑,覆盖工作岗位密集片区。

益田路和金田路为南北向穿越福田中心区的两条主干路,路段两侧整体开发强度较高,信息枢纽大厦、嘉里建设广场、卓越时代广场、金中环国际商务大厦、怡景中心城、皇庭广场等大量办公商业类的建筑坐落两侧，总建筑面积超过 280 万 m^2，总工作岗位数超过 15 万。因此，未来福田中心区益田路和金田路路段将形成重要的办公、商务、购物出行走廊，高峰时段轨道接驳需求量和地面步行出行需求量将急剧增大。

沿益田路和金田路规划两条衔接周边建筑的并联式空中连廊主轴，以解决未来出现走廊上的高强度步行需求问题。西侧空中连廊北起福华一路与益田路交叉口处的免税商务大厦，沿益田路经信息枢纽大厦、平安金融中心等建筑，连廊主轴连通至福华四路与益田路交叉口，并与会展中心过街天桥连通，其中，免税商务大厦、信息枢纽大厦、平安金融中心需在建筑东侧设置接口，与空中连廊对接；东侧空中连廊北起福华一路与金田路交叉口处的深圳中心天元大厦，沿金田路经皇庭大厦、现代国际大厦、财富大厦、卓越世纪中心等建筑至福华五路与金田路交叉口，并延伸与会展中心二层连通，其中，深圳中心天元大厦、皇庭大厦、现代国际大厦、财富大厦、卓越世纪中心需在建筑西侧设置接口，与空中连廊对接。两侧空中连廊主轴分别长约 850m，两连廊总长约 1700m。

设置连接益田路和金田路两侧主轴的连接通道，需结合主轴周边建筑的具体设计方案灵活选取接口位置。通过空中连廊主轴，能够将道路两侧近 280 万 m^2 的建筑面积、约 15 万的工作岗位与现有空中连廊系统连接，扩大空中连廊的辐射范围，提升整个片区慢行出行的安全性、连续性和便捷性（图 4-114）。

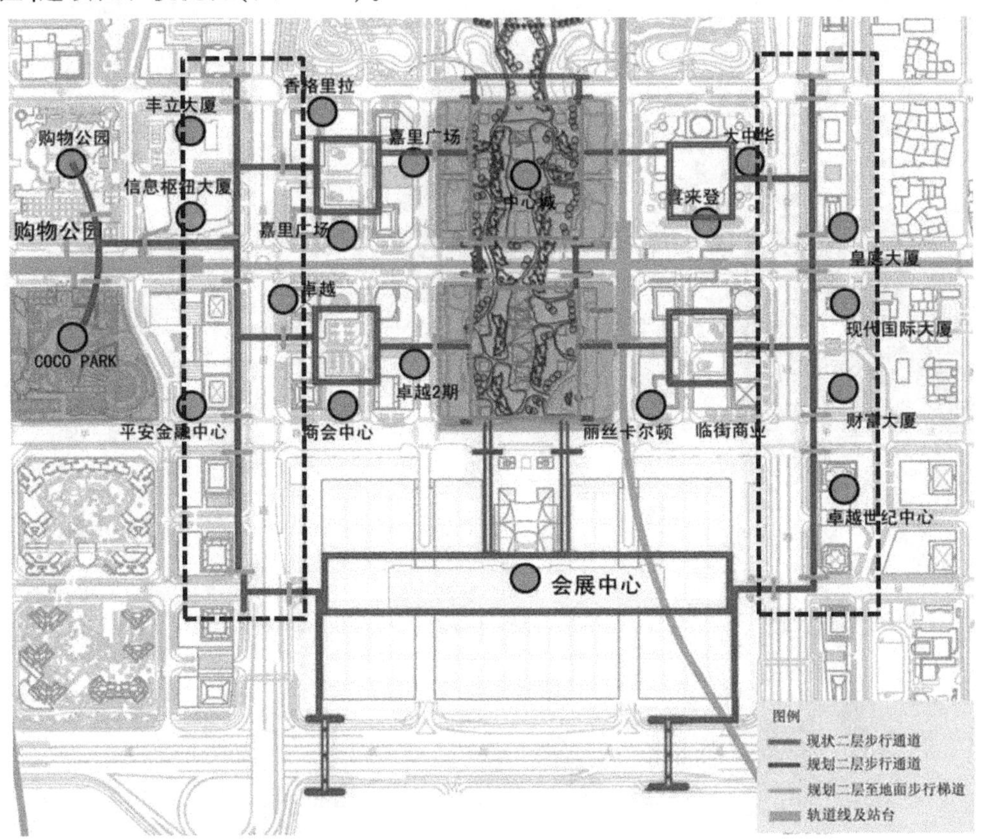

图 4-114　福田中心区空中连廊规划方案——两侧走廊

③结合空中连廊布局和地面道路条件，广泛设置与地面道路衔接的竖向连接设施，增强

空中连廊的系统功能。

空中连廊系统是立体步行系统的一个重要环节,与地面步行通道、地下步行通道共同构成完整的、多维的立体步行系统,形成完整的立体步行系统。因此,地面道路与空中连廊的竖向衔接设施,在整个立体系统中起到“承上启下”的作用,能够进一步发挥空中连廊的交通功能。

福田中心区南片区有各等级城市道路 14 条,将中心区南片区割裂,影响地面步行连续性。为提升步行连续性,最大限度地发挥空中连廊的系统功能,提升空中连廊整体性,结合空中连廊主要通道布局方案,规划设置 35 处与地面道路衔接的竖向连接设施,要求设置竖向扶手楼梯或自动扶梯连接空中连廊与地面,增强立体步行系统的完整性,部分节点应结合需求设置无障碍电梯。

其中,沿益田路空中连廊主轴设置 7 处竖向连接,分别为主轴跨越福华一路两侧、丰立大厦与信息枢纽大厦中部、主轴跨越福华路南侧、主轴跨越福华三路两侧,与会展中心天桥衔接处;沿金田路空中连廊主轴设置 7 处竖向连接,分别为主轴跨越福华一路两侧、主轴跨越福华路两侧、主轴跨越福华三路两侧,与会展中心天桥衔接处;怡景中心城与中央花园连接空中连廊设置 2 处竖向连接;怡景中心城与皇庭广场连接空中连廊设置 4 处竖向连接;皇庭广场与会展中心连接空中连廊设置 2 处竖向连接;沿空中连廊与周边主要建筑位置设置 13 处竖向连接(图 4-115)。

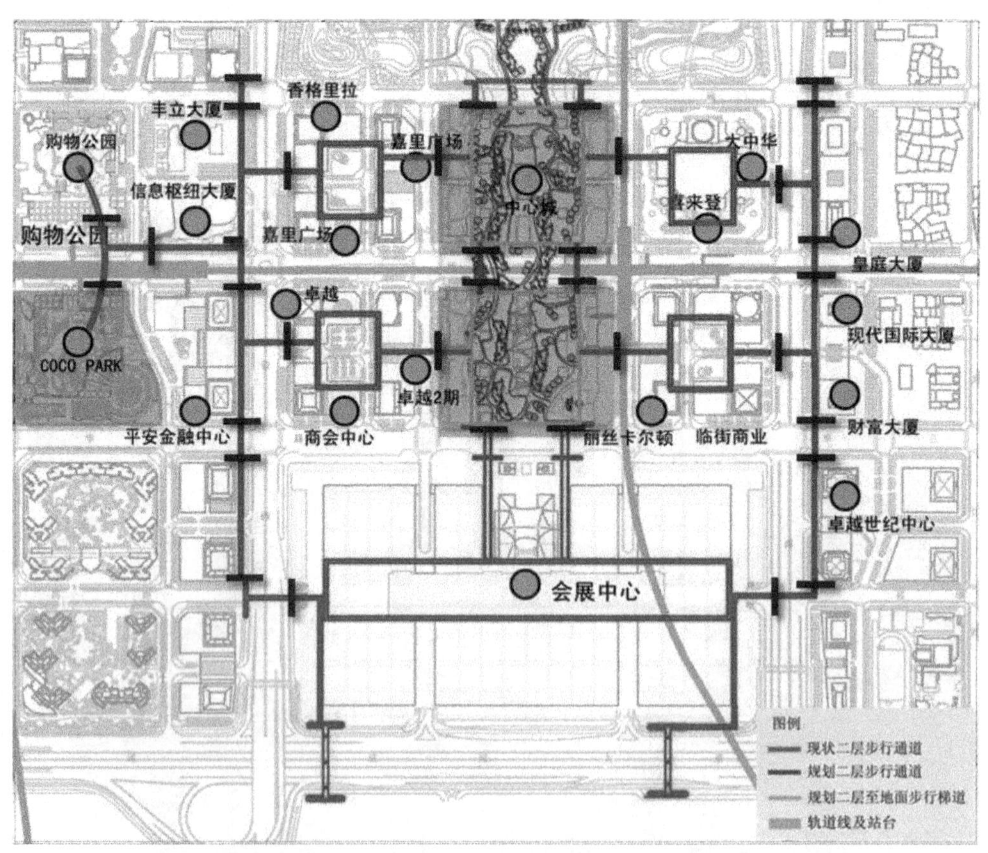

图 4-115 福田中心区空中连廊规划方案——竖向连接

④引入社会力量，对怡景中心城和皇庭广场进行适度的商业开发，提升空中层面的商业吸引力。

目前，以怡景中心城—皇庭广场为主轴的福田中心区南部片区的空中连廊系统，具备一定的向四周辐射和集散人群的潜在能力，但是由于顶层用地性质、周边空中连廊封闭等原因，缺乏对中心区出行市民的聚集吸引力。

怡景中心城顶层用地类型为绿地，皇庭广场顶层暂处施工中，两处顶层平台总面积达5.0万m^2。为解决目前福田中心区空中连廊使用率较低的状况，应在保留绿地休闲功能的同时改变怡景中心城和皇庭广场顶层用地类型，引入社会力量，对怡景中心城和皇庭广场进行适度的商业开发，改变现有顶层用地类型，对顶层平台进行适当的改造，增加商业开发，增强平台的活力，提升对周边的商业吸引力。

引入商业开发须对深圳市民有较强的吸引能力，宜以大众化、高品质的餐饮、娱乐和休闲服务设施为主，以带来较高的人气，避免引入小众、高端行业。

⑤对现有空中连廊设施进行维修，增设遮风避雨设施，加强日后的养护工作，改善空中连廊的出行环境品质。

空中连廊设施老化、破旧，应对现有空中连廊设施进行维修，美化护栏、清除杂草、更换损坏的设施，并指定专人进行日后的安全养护工作。

结合深圳气候条件，对现有空中连廊进行工程改造，设置遮挡棚，提升空中连廊出行的舒适性，提供全天候出行条件；对新规划的空中连廊设置遮挡棚，全面改善空中连廊步行环境。

空中连廊可结合建筑设计方案与建筑融于一体直接连通，亦可独立设置。当空中连廊独立布设在建筑外侧与建筑独立时，应保证与建筑之间大于1m的安全距离要求。

连廊主轴应在同一平面，各衔接处应避免有显著的高度差异，造成步行出行不便；连廊净高应不小于3m，设置连廊商业时净高不小于5m；与地面高度应不小于5m，底层为商业或者公共活动空间控制在5～8m；连廊坡度宜不大于1∶12，极限不得超过1∶6；空中连廊通道宽度应结合人流量设置，不应小于4m；连接地面与空中连廊的竖向扶手阶梯梯道宽度应不小于3m。空中连廊可结合实际情况放置绿色盆栽、小型植物等进行环境绿化；亦可设置彩绘等艺术装饰增添趣味，进行环境美化；空中连廊节点应设置路线指示牌、空中连廊路线信息图等指示标志，引导市民出行(图4-116)。

图4-116 香港空中连廊空间实例

2)北片区周末行人优先区

福田中心区北部用地以居住、办公及文化公建类建筑为主，其中市民中心、图书馆、书城、少年宫等重要的市民公共活动空间坐落其中，是福田中心区乃至深圳市重要的文化活动区域。

通过对福田中心区北部片区进行步行和机动车交通量调查,发现北部片区节假日人流最为集中,主要分布于图书馆、书城、少年宫等文化建筑区域。相比于南部片区,该区域具有建筑商业开发强度低于南片区、片区内以步行地面出行为主、福中一路南北两侧过街人流量大等特点。与此同时,福田中心区北部片区机动车交通量低于南部片区,红荔路为北片区主要交通通道,金田路—福中一路交叉口、鹏程三路与福中一路交叉口为主要交叉口,各路段和各交叉口节假日的机动车及人流量调查数据见表4-24。

北片区节假日晚高峰交通量调查数据统计表　　表4-24

位　置	交 通 量	备　注
红荔路	2855pcu/h	双向十车道
福中路	942pcu/h	双向八车道
鹏程三路(福中一路—红荔路)	161pcu/h	双向两车道
鹏程三路(福中一路—福中路)	125pcu/h	双向两车道
鹏程四路(福中一路—红荔路)	150pcu/h	双向两车道
鹏程四路(福中一路—红荔路)	115pcu/h	双向两车道
福中一路(鹏程三路—深圳书城)	680pcu/h	双向四车道
福中一路(深圳书城—鹏程四路)	710pcu/h	双向四车道
福中一路(金田路—鹏程四路)	652pcu/h	双向四车道
福中一路—鹏程三路交叉口	1950 人次/h	信号交叉口
福中一路—鹏程四路交叉口	681 人次/h	信号交叉口
福中一路—金田路交叉口	1350 人次/h	信号交叉口

通过对上述数据的解读发现,节假日时,福田中心区北片区步行出行量较大、机动车出行量相对较小。针对这一特点,结合现场路网勘查,选取红荔路—金田路—福中一路—益田路围合区域设置周末行人优先区,在周末时段,禁止机动车穿越福中一路—鹏程三路交叉口,充分保障行人优先区内的市民步行出行连续性、便捷性和安全性。

福中一路—鹏程三路交叉口周末机动车禁行将会对北片区机动车交通造成一定的影响,因此,须对调整后的机动车交通组织及交通运行进行评估,以确保周末行人优先区的可实施性。项目组对福中一路沿线地库开口、车流量及交通组织进行了调查研究。

设置周末行人专用区后,原福中一路上的地下车库出入口(共4对、8处)将能够正常使用,不影响机动车辆的正常进出,进出福中一路的车辆可通过掉头、绕行正常出行。原福中一路由西向东通行车辆可通过掉头、绕行鹏程三路、红荔路出行;原福中一路由东向西通行车辆可通过掉头、绕行鹏程四路、红荔路或福中路出行;原鹏程三路和鹏程四路车辆通过绕行红荔路或福中路出行;同时,福中一路上各地库出入口高福田中心区及周边片区慢行系统规划高峰小时进出总量为434pcu/h,这些车辆将通过在福中一路掉头、绕行完成出行。因此,设置周末行人专用区后,通过合适的交通组织手段,能够将周末福中一路的机动车交通分流至周边道路,对机动车交通运行的影响处于可接受水平(图4-117)。

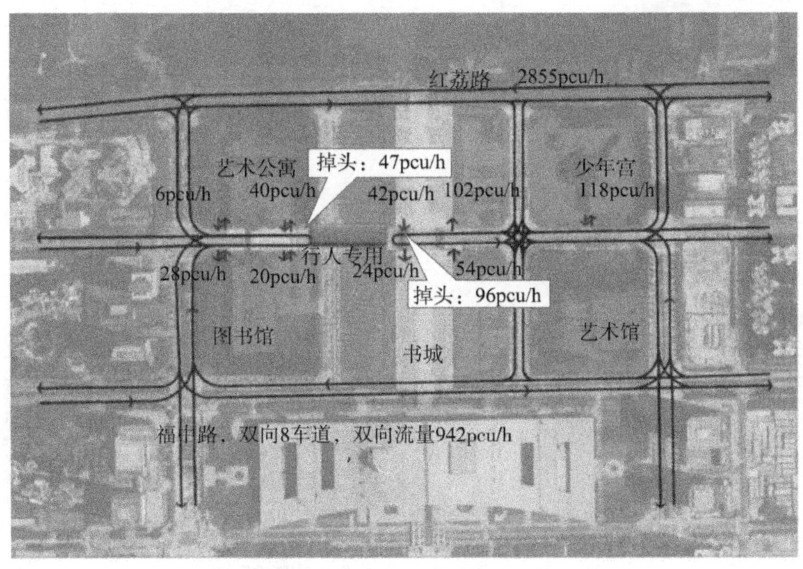

图4-117　福中一路通道组织引导图

现状周末时段福中一路、外围道路(红荔路、福中路)车流量饱和度较低,通过交通仿真,周末设置行人专用区后,高峰小时过境车流仅为500pcu/h,将通过福中路和红荔路分流,福中路饱和度由0.72上升至0.79,红荔路饱和度由0.82上升到0.84,饱和度变化较小,不会对福中路、红荔路及北部片区造成显著影响。

与此同时,为保障红荔路—金田路—福中一路—益田路围合的周末行人优先区内的出行连续性和安全性,还对优先区采取了一些措施,主要包括:

(1)压缩机动车道宽度。降低福中一路车速,拓宽人行道宽度。将福中一路(金田路—益田路段)整体进行改造,压缩机动车道,将原4条3.75m机动车道压缩为3.25m,同时拓宽人行道,两侧非机动车道宽度由4.5m增加至5.0m;同时,将嘉之华中心影城平面过街处至中心书城天桥下平面过街处路面抬高,方便行人过街。

(2)窄点/抬高交叉口。缩短行人过街距离,方便行人过街。对福中一路与金田路交叉口、福中一路与益田路交叉口进行窄点设计;对福中一路与鹏程三路交叉口、福中一路与鹏程四路交叉口进行抬高设计和交叉口窄点设计;同时,在鹏程三路、鹏程四路人流过街密集处分别增设两处路段抬高过街通道。

综上,设置周末步行优先区后,仅致使部分机动车增加一定的绕行距离,对红荔路和福中路未造成显著影响,不会对北部片区内机动车交通造成显著影响,同时能够有效地提升福田中心区北片区周末市民出行的连续性、便捷性和安全性。北片区行人优先区总体规划方案示意图和详细设计方案如图4-118～图4-120所示。

3)二号路步行街改造

二号路总长约360m,东至七号路,西至九号路,分成三段。道路中央规划有绿化带,两边是风雨连廊/骑楼的步行街。该路原本曾是SOM(境外规划单位)最初规划中融入前沿的“沿街墙”理念、中心区仅此一条的商业步行街,当前因种种原因未能实现。

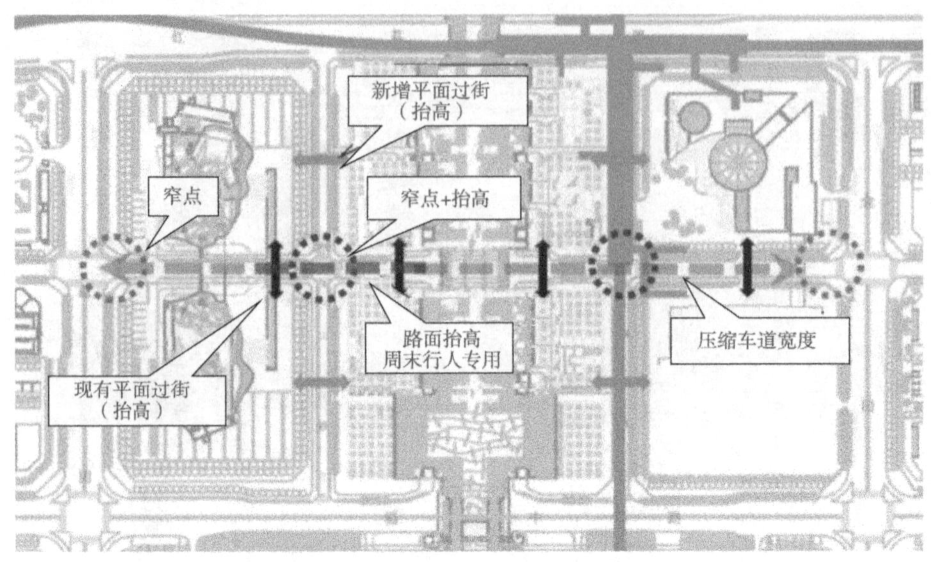

图 4-118　行人优先区总体规划方案示意图

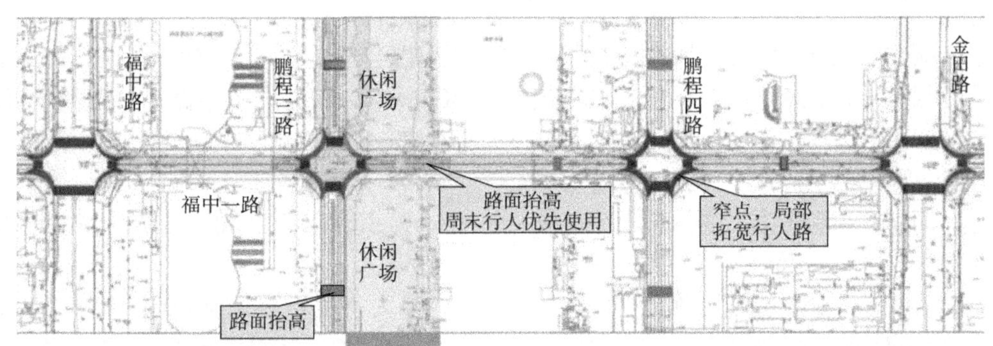

图 4-119　行人优先区详细设计方案

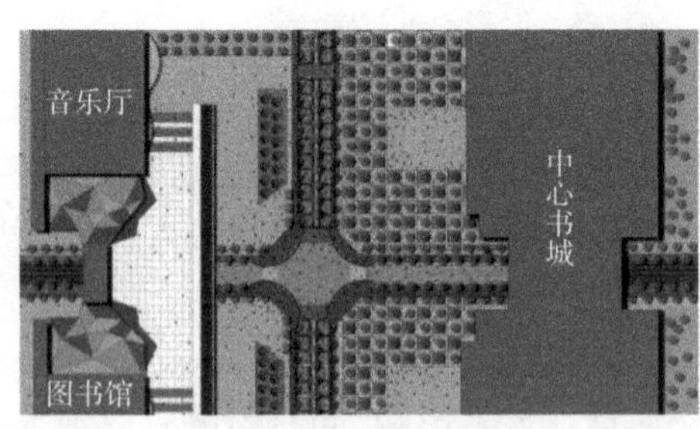

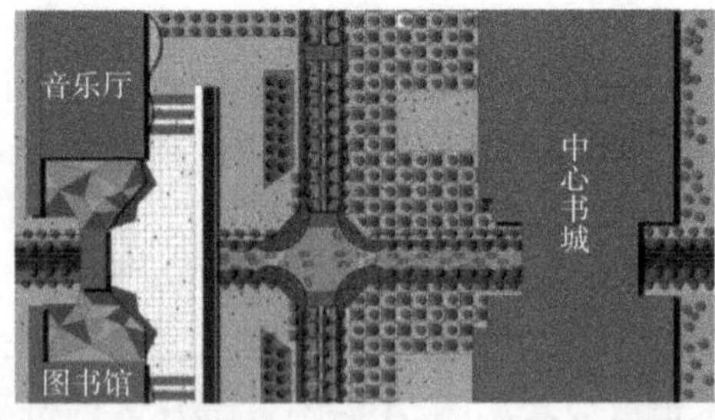

图 4-120　设置周末行人优先区前后对比效果

本次规划提出还原二号路本质，恢复二号路的步行可能，打造特色的商业步行街，以提升中心区步行体验。近期改造中将着重于沿线步行通行条件改善、景观改善等，远期将考虑与南区立体行人系统相衔接。目前，福田区政府已经开展二号路规划设计工作。

4）建设计划及投资估算

立体步行系统建设总投资约 16275 万元，全部由区级财政投资，纳入 2015 年的 4 项，投资约 1475 万元（表 4-25）。

二层连廊系统建设计划及投资估算 表4-25

序号	项 目 内 容	主 要 措 施	实施主体	投资估算（万元）	是否纳入2015年
1	现有空中连廊设施完善	完善既有3km空中连廊设施，增加遮挡棚及12处竖向连接设施	福田区政府	300	否
2	益田路、金田路空中连廊	分别沿益田路、金田路（福田一路—滨河大道段）新增空中连廊，各约850m（预留建筑衔接口，同步建设竖向连接设施）	福田区政府	8000	否
3	COCO PARK至福华中路空中连廊	福田中路（益田路—中心二路段）新增空中连廊约400m（预留建筑衔接口，同步建设竖向连接设施）	福田区政府	2000	否
4	丰立大厦至香格里拉大酒店空中连廊	修建丰立大厦经益田路连廊至香格里拉大酒店的空中连廊，长约100m，同步建设竖向连接设施	福田区政府	500	否
5	平安金融中心至卓越时代广场空中连廊	修建平安金融中心经益田路连廊至卓越时代广场的空中连廊，长约100m，同步建设竖向连接设施	福田区政府	500	否
6	大中华至金田路右侧建筑空中连廊	修建大中华经金田路连廊至香格里拉大酒店的空中连廊，长约100m，同步建设竖向连接设施	福田区政府	500	否
7	星河中心、金中环国际商务大厦至金田路右侧现代国际大厦空中连廊	修建星河中心、金中环国际商务大厦经金田路连廊至金田路右侧现代国际大厦的空中连廊，长约300m，同步建设竖向连接设施	福田区政府	1500	否
8	会展中心补充连廊	修建会展中心至皇庭商务中心、会展中心至南侧人行天桥的空中连廊，总长约300m	福田区政府	1500	否
9	福中一路稳静化改造	中心书城与音乐厅之间路面抬高并改善铺装，路侧加装防撞柱	福田区政府	55	是
10	鹏程三路稳静化改造	人行过街抬高2处	福田区政府	10	是
11	鹏程四路稳静化改造	人行过街抬高2处	福田区政府	10	是
12	二号路步行街	修建二号路步行街	福田区政府	1400	是
合计				12675	

4.1.6.3 自行车主要出行通道

本次慢行系统规划中，自行车系统包括内部自行车道及对外自行车通道两部分：对外自行车通道专供自行车快速行驶，以解决中心区与周边居住片区（5km 范围内）之间的短距离通勤出行需求为主；内部自行车道提供片区内部主要交通源之间的自行车交通联系，集散自行车对外通道交通。

1）主要对外自行车道

主要对外自行车道的规划目标是构筑拥有独立路权的自行车专用道，改善自行车通道的出行环境，引导梅林等周边片区至福田中心区短距离出行直接采用自行车。中心区自行车对外通道规划主要遵循以下三个原则：一是与自行车需求相匹配，通道布局满足自行车出行需求；二是采用机非分离，独立路权，保证自行车出行安全、高效；三是自行车优先，给予自行车通行优先权，保证自行车出行连续性和快速性。自行车通道以地面敷设为主，仅在部分大型立交等难以地面穿越之处以局部高架的形式进行穿越。

根据预测，未来福田中心区对外自行车交通需求主要呈南北向分布，自行车交通需求主要是福田中心区与梅林、新洲、景田及莲花北之间的联系，成“两横两纵”布局。“两横”指的是莲花路走廊和红荔路走廊，其中莲花路走廊自行车需求为 400 ~ 900 人次/小时，红荔路走廊自行车需求为 600 ~ 1200 人次/小时。“两纵”指的是梅丽路—新洲河走廊和红荔路走廊，其中莲花路走廊自行车需求为 400 ~ 1580 人次/小时，与福田中心区衔接段需求大，途经福田中心区段小，最大断面为莲花路—红荔路段；中康路—彩田路走廊自行车需求为 600 ~ 1020 人次/小时，与福田中心区衔接段需求大，其余路段较小（图 4-121）。

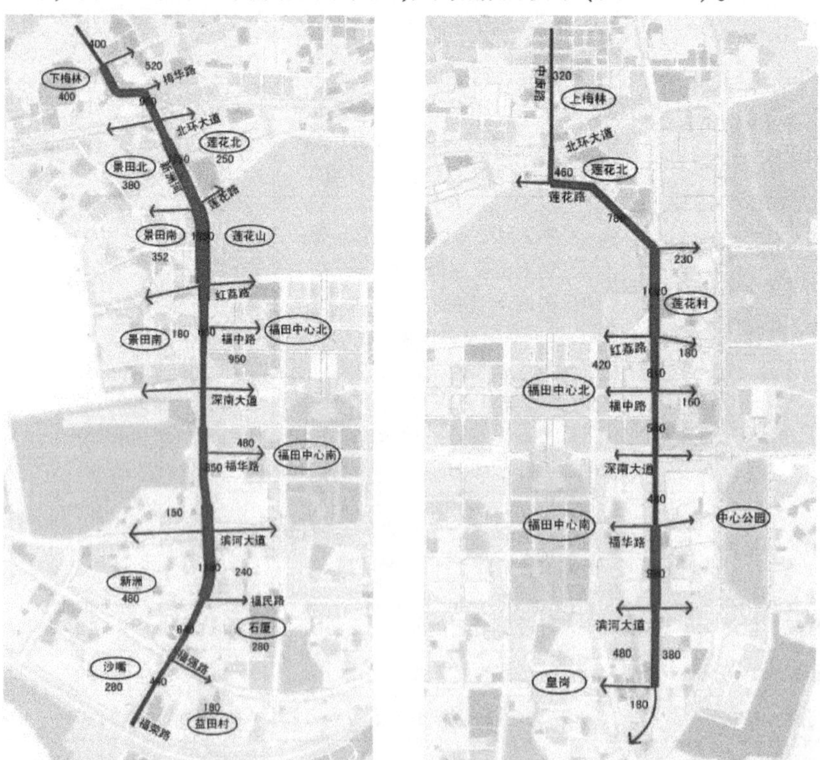

图 4-121 梅丽路—新洲路走廊自行车需求及中康路—彩田路走廊自行车需求（单位：人次/小时）

本次规划自行车对外通道 4 条，其中南北向有梅丽路—新洲路和中康路—彩田路 2 条通道，总长约 13.3km，其中梅丽路—新洲路段在跨越北环大道时设置局部高架段；东西向有莲花路和红荔路 2 条通道，总长约 4.5km（图 4-122）。

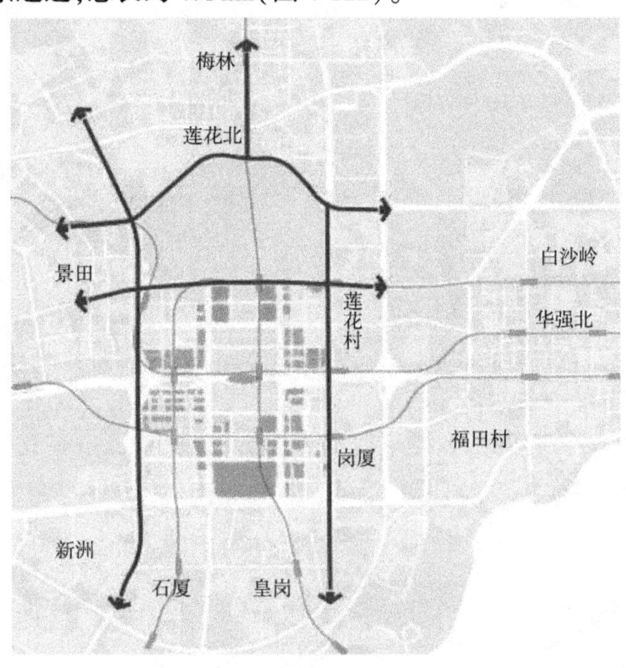

图 4-122　自行车快捷通道规划示意图

（1）梅丽路—新洲河走廊自行车对外通道。

线路北起于梅林水库，南至广深高速，线路全长约 7.2km。综合考虑沿线道路慢行设施条件、跨快速路及路口过街要求，可将该段分为五段。

①自行车对外通道：梅丽路—梅华路段。

现状梅华路无独立自行车道，仅北侧人行道，宽度为 5.5m，具备设置高架自行车道和独立自行车道条件（图 4-123）。

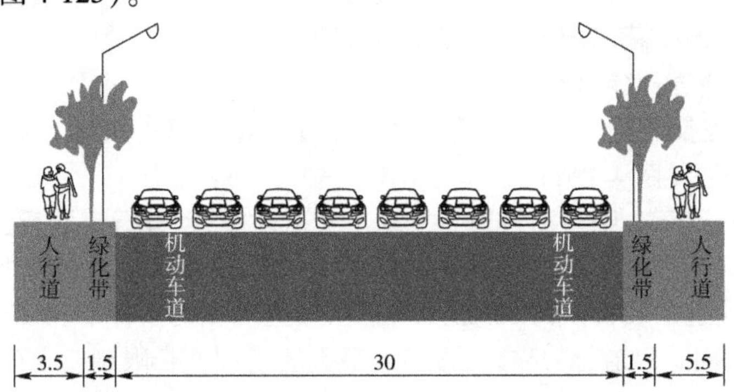

图 4-123　梅华路（新洲路以西）现状横断面示意图（尺寸单位：m）

方案一：采用高架自行车方案。

高架自行车方案北起梅林路口，设置在梅华路东侧人行道上，采用 2.5% 的纵坡上跨沿线出入口，可保证沿线出入口净空在 3.4m 以上，满足一般小汽车通行要求。为方便梅华路（新洲路以东)自行车上下该通道,提出在梅华路(新洲路以西)段设置上下高架自行车通道匝道,因该段高架自行车道净空高,纵坡要求设为3.5%,坡长为150m,骑行舒适感较差(图4-124)。

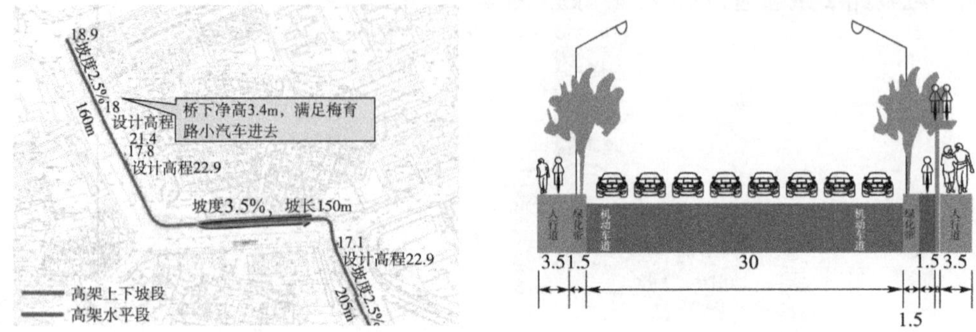

图4-124　梅华路(新洲路以西)高架自行车道线位方案及横断面图

方案二:采用地面自行车方案。

考虑梅华路北侧人行道较宽,且受沿线出入口影响较小,提出在北侧设置3m宽的彩色沥青自行车道,在南侧设置1.5m宽的彩色沥青自行车道(图4-125)。

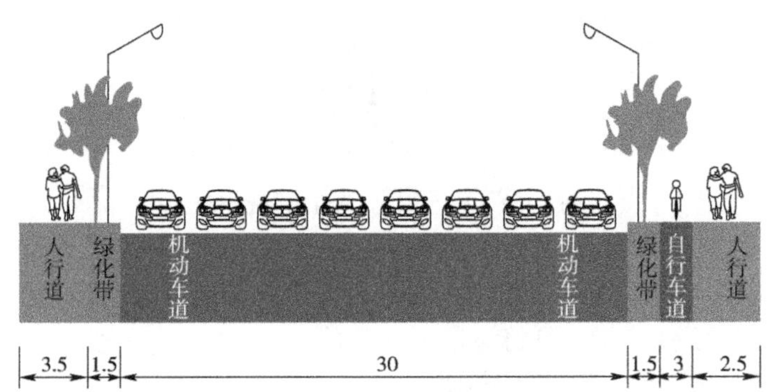

图4-125　梅华路(新洲路以西)地面自行车道横断面图(尺寸单位:m)

综合考虑该段自行车需求较为分散,周边地块难以上高架自行车道,且高架自行车道骑行条件也不舒适,该段推荐采用地面自行车道方案。

②自行车对外通道:北环新洲立交段。

现状北环新洲立交外围微循环道路宽度为3.5m,作为旧村机动车进出的主要道路,人车混行,骑行环境较差(图4-126)。

若采用地面自行车道,则与旧村进出机动车交通冲突,且自行车骑行安全和连续性也难以保证,必须采用高架自行车道。现状北环新洲立交北转西匝道与地面微循环道路竖向高差约10m,可设置坡道的坡长仅为105m,在坡度不大于3%的条件下,难以直接上跨该匝道。故本次采用U形迂回式匝道,满足自行车高架最大坡度和坡长限制要求(图4-127)。

③自行车对外通道:新洲河段(北环大道—红荔路)。

现状新洲路西侧人行道宽度仅为2m,商报东路临街面人行道宽度为3.5m,临新洲河人行道宽度为4m。商报东路临新洲河人行道宽度较宽且使用率低,具备改造独立自行车道条件。现状新洲河河道采用台阶式,台阶上设置栈道式自行车道(图4-128)。

图 4-126　北环新洲立交周边微循环道路

图 4-127　跨北环高架自行车道效果图

图 4-128　新洲河两侧慢行设施条件(尺寸单位:m)

综合考虑新洲河两侧道路条件及景观资源,提出在新洲河上设置栈道式自行车道和商报东路临河侧地面自行车道。

方案一:栈道式自行车道。

整体高架于河堤东侧,坡道平缓,顺势而下,可体验新洲河风光,具备较好的遮阴效果。同时能依托北高南低的地形高架优势,上跨莲花新洲路口,避开交通拥堵节点。之后新洲路(莲花路—红荔路口)继续采用栈道式自行车道,逐渐与人行道水平(图4-129)。

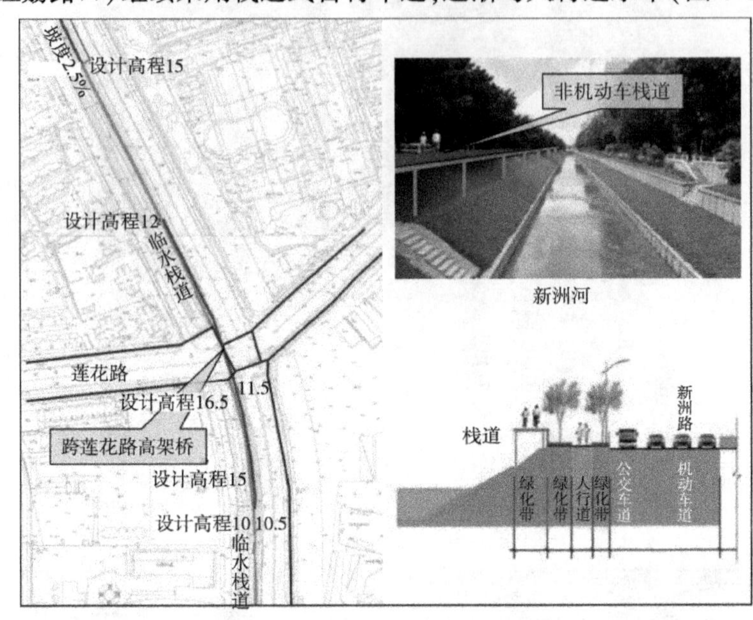

图4-129 新洲河栈道式自行车道方案图

方案二:商报东路临河侧地面自行车道。

商报东路临新洲河侧人行道改造为彩色沥青自行车道,与莲花路口采用灯控过街(图4-130)。

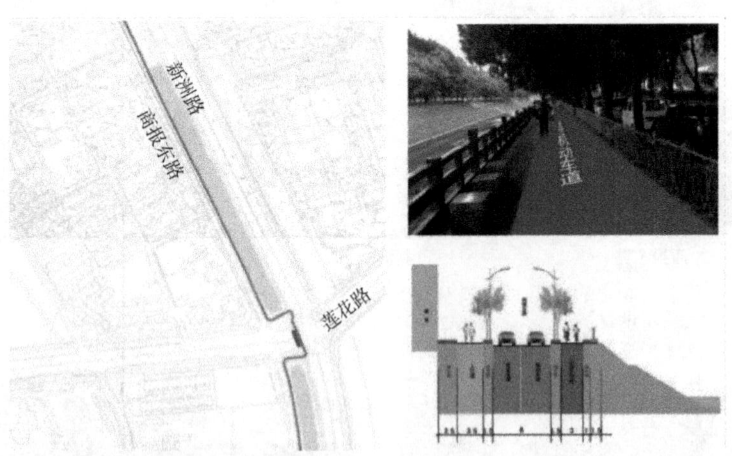

图4-130 商报东路临河地面自行车道方案

从骑行者体验和舒适度等角度分析,建议采用栈道式高架自行车道方案,同时从该段自行车流量流向分析来看,该段跨莲花路口自行车流量大,可避开灯控路口,保证连续通行。

莲花新洲路口作为两条自行车通道的交会处,转换自行车流量大,要求设置自行车专用过街通道及信号灯。为避免自行车挤压在二次过街岛内,影响两侧机动车出行,建议优化自行车通行时间,尽量减小自行车在二次过街岛内停留(图4-131)。

④自行车对外通道:红荔路至滨河大道段。

新洲红荔路口作为我市交通拥堵的黑点,交通压力大,同时过街的人行和自行车流量也较大。首先考虑采用立体分离,但在城市中心区采用高架匝道对城市景观影响较大且无先例,为此本次规划优先采用平面过街方案解决。

通过对新洲红荔路口机动车交通、人行交通和自行车交通的调查,结合道路空间条件,提出增设自行车专用过街通道及信号灯(图4-132)。经综合评估,设置自行车专用过街通道和信号灯后,自行车过街运行效率提高35%,机动车通行能力折减较小。

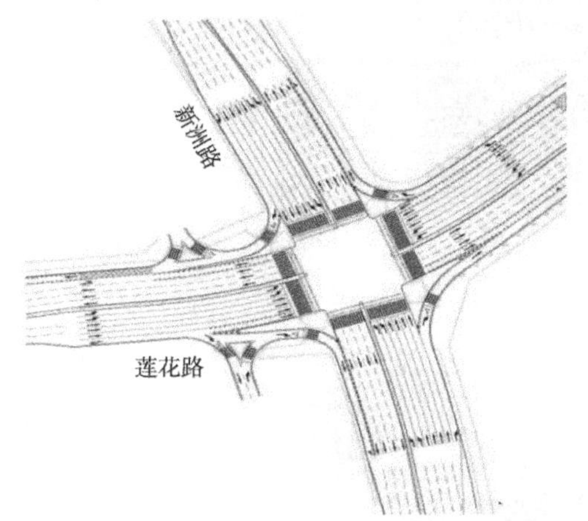

图4-131　莲花新洲路口自行车过街改造方案

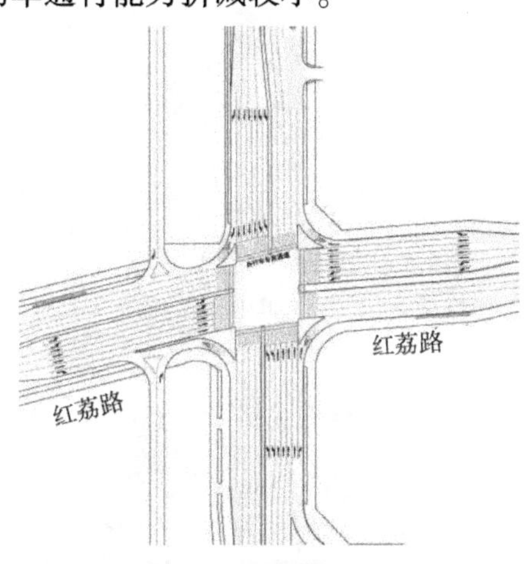

图4-132　新洲红荔路口自行车道改造方案

新洲路(红荔路—滨河大道段)采用地面彩色沥青自行车道,设置在东侧人行道上或非机动车道上。过深南大道段,考虑深南大道景观要求,且立交匝道周边微循环道路机动车交通量也较小,采用利用微循环道路下穿深南大道。

⑤自行车对外通道:滨河新洲立交段。

滨河新洲立交东侧设有微循环道路,可实现南北连通,且地面机动车流量较低。若采用高架自行车道跨滨河—新洲立交,同地面道路相比无明显优势,且需连续上下坡,不利于骑行。建议该段利用立交东侧微循环道路来实现南北向自行车连续通行。为避免该通道机非冲突,在南北微循环道路入口处设置禁止机动车通行提示(图4-133)。

(2)中康路—彩田路走廊自行车对外通道。

线路北起颐林雅院,南至福民路,线路全长约6.1km。综合考虑沿线道路慢行设施条件、跨快速路及路口过街要求,可将该段分为六段。

①自行车对外通道:中康段。

中康路仅西侧设有自行车道,宽度为1.5m,沿线出入口密集,自行车出行连续性差(图4-134)。依据道路条件,分别提出高架自行车道方案和地面自行车道方案。

方案一:高架自行车道方案。

依据道路条件,提出在中康路东侧设置高架自行车道,在梅林路口设置上下高架自行车道匝道,提高自行车使用率(图4-135)。

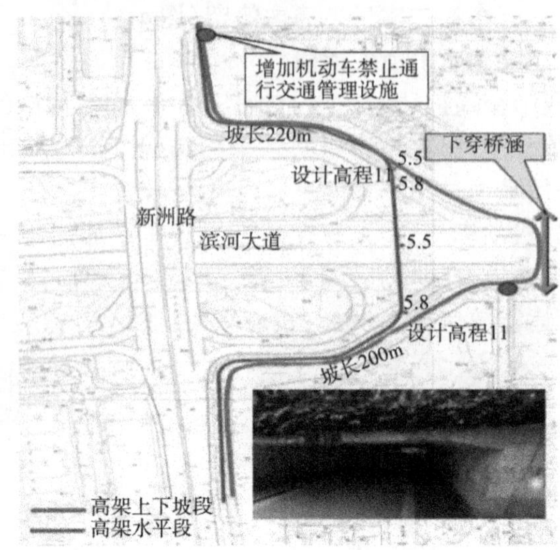

图 4-133　新洲红荔路口自行车道改造方案(尺寸单位:m)

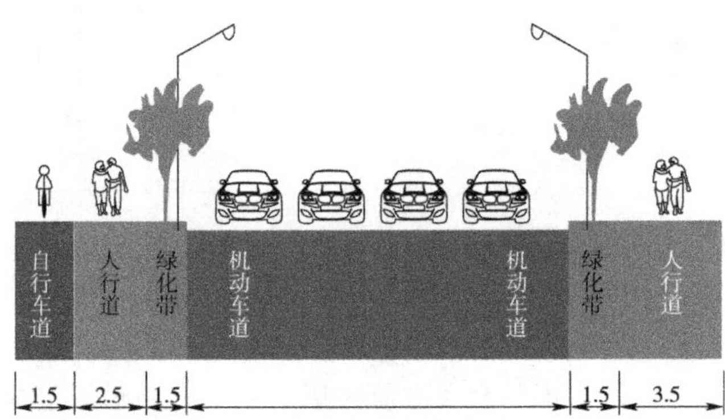

图 4-134　中康路横断面示意图(尺寸单位:m)

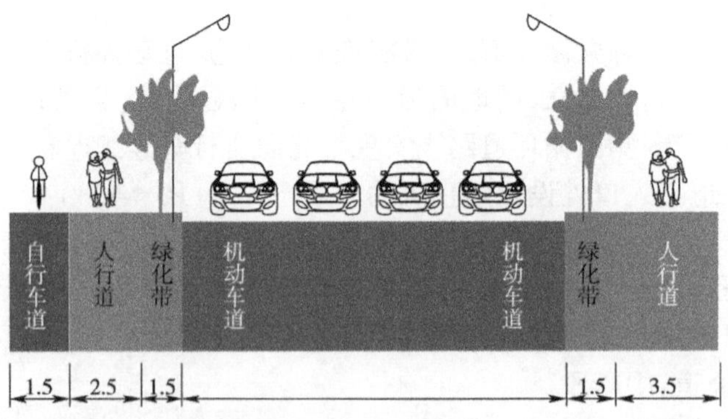

图 4-135　中康路高架自行车道方案(尺寸单位:m)

中康路自行车道横断面改造方案(图 4-136),保持西侧自行车道宽度不变,改造为彩色沥青自行车道,东侧在人行道外侧增设高架自行车道。

方案二:地面自行车道方案。

为保证中康路沿线片区使用自行车道,保持西侧自行车道宽度不变,改造为彩色沥青自行车道，考虑现状中康路机动车道宽度为 15m，可压缩机动车道宽度，在机动车道东侧增设 1.5m 宽的自行车道（图 4-137）。

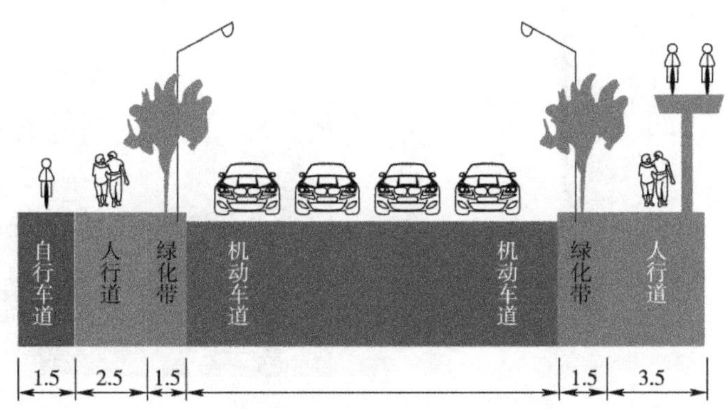

图 4-136　中康路高架自行车道横断面图（尺寸单位：m）

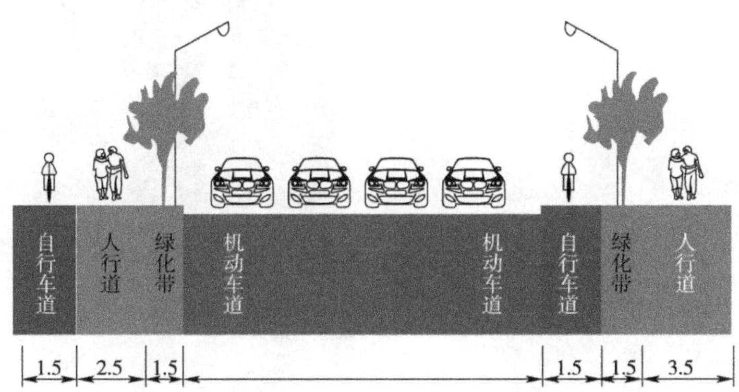

图 4-137　中康路地面自行车道横断面图（尺寸单位：m）

经综合比选，考虑中康路沿线自行车需求较为分散，不利于使用高架自行车道，故本段可选取地面自行车道。

②自行车对外通道：跨北环大道段。

现状跨北环大道设有一处人行天桥，但坡度较大，自行车无法骑行。考虑现状跨北环大道自行车需求强度低，新建高架自行车道与北环大道地面自行车道难以衔接，且影响高架段沿线地块车辆进出，为此提出利用既有人行天桥，远期视情况增加高架自行车道（图 4-138）。

③自行车对外通道：宏威路段。

北环大道至莲花路约 190m，结合北侧沿线段采用利用既有人行天桥，故该段采用地面自行车道。宏威路无自行车道，且人行道宽度也仅为 3.5m，必须新增自行车道。针对宏威路交通流量低的问题，机动车道为双向四车道，道路宽度为 16m，可压缩机动车道宽度，增设自行车道（图 4-139）。

④自行车对外通道：宏威路—红荔路段。

莲花路段，可利用既有莲花路自行车道。与彩田路衔接段，主要利用莲花路南侧自行车道及下穿彩田路桥洞与彩田路自行车道连通。彩田路段，西侧在人行道上增设彩色沥青自行车道,东侧利用既有非机动车道。过红荔路口段,从骑行者体验角度分析,一般会选择地面过街,高架过街需要连续上下坡,不利于骑行,故红荔路口采用自行车平面过街(图4-140)。

图4-138　跨北环大道平面方案

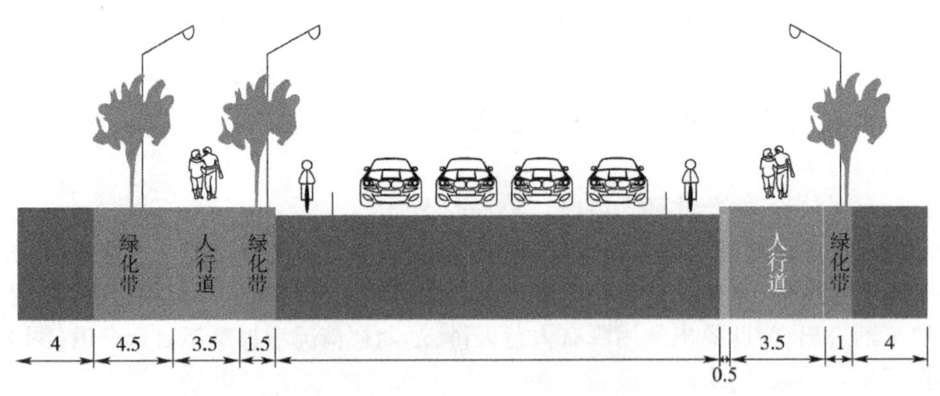

图4-139　宏威路段自行车道方案(尺寸单位:m)

⑤自行车对外通道:红荔路—深南大道段。

红荔路—深南大道段无独立自行车道,但两侧人行道宽度均超过5m,可在人行道上设置彩色沥青自行车道。受深南彩田立交影响,南北自行车道无法直接连通。彩田路西侧的深南大道设有一处路段人行过街,绕行距离约300m,若设置高架自行车道,仅能设置在彩田路东侧,且要满足深南大道进出匝道限高要求,南北两段自行车道高架路坡长约360m,不利用骑自行车出行。故该段跨深南大道利用东侧路段过街(图4-141)。

图4-140　过红荔路口自行车道高架比选方案

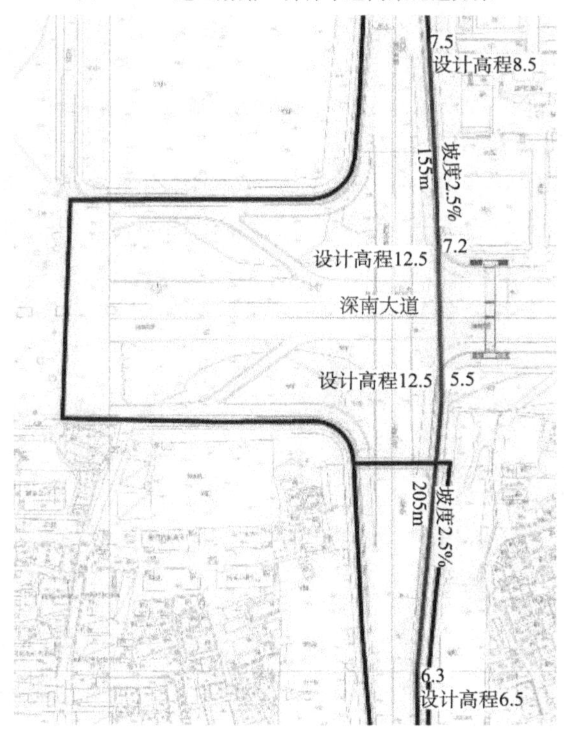

图4-141　跨深南大道自行车道比选方案

⑥自行车对外通道：深南大道—福民路段。

深南大道—福民路段无独立自行车道，但两侧人行道宽度均超过5m，可在人行道上设置彩色沥青自行车道。受滨河彩田立交影响，南北自行车道无法直接连通。现状滨河彩田立交西侧设有一处地下过街通道，但下穿过街通道入口处无障碍坡道纵坡较大，无法骑行。若设置高架自行车道，仅能设置在彩田路东侧，且要满足滨河大道进出匝道限高要求，南北两段自行车道高架路坡长约400m,不利于骑自行车出行。故该段选用滨河彩田立交西侧地下过街通道,增加坡长,并需完善照明、提示等安全措施(图4-142)。

图4-142　跨滨河大道自行车道比选方案

(3)莲花路走廊自行车对外通道。

西起香梅路,东至华富路,线路全长约5.4km,采用地面优先为主。莲花路以新洲路为界,分为东西两段。西段无自行车道,两侧人行道宽度均超过4.5m,东段仅南侧设有自行车道,宽度为1.5m。依据莲花路自行车需求,结合两侧道路条件,提出在莲花路两侧设置2.5m的彩色沥青自行车道,设置在最外侧(图4-143、图4-144)。

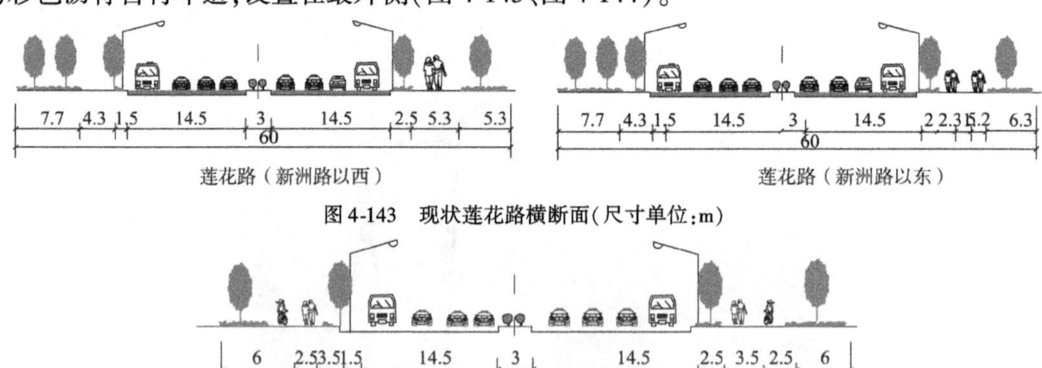

图4-143　现状莲花路横断面(尺寸单位:m)

图4-144　改造后莲花路横断面(尺寸单位:m)

(4)红荔路走廊自行车对外通道。

西起香梅路,东至华富路,线路全长约4.3km,采用地面优先为主。

红荔路以新洲路为界,分为东西两段。西段两侧设有4.5m宽的非机动车道,东段仅设有人行道,宽度为4m。根据红荔路自行车需求,结合两侧道路条件,提出西段非机动车道上铺设彩色沥青,东段考虑该段机动车道双十,而其他路段均为双八,两侧各多一条机动车道,可改造为自行车道，既能实现上下游车道匹配，也能增加自行车道（图 4-145 ~ 图 4-147）。

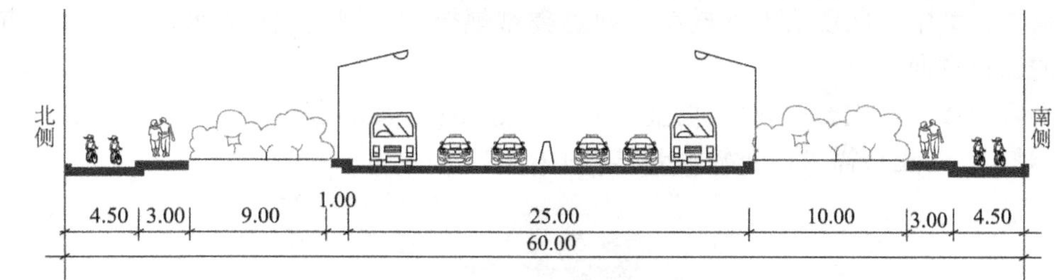

图 4-145 红荔路（新洲路以西）道路横断面（尺寸单位：m）

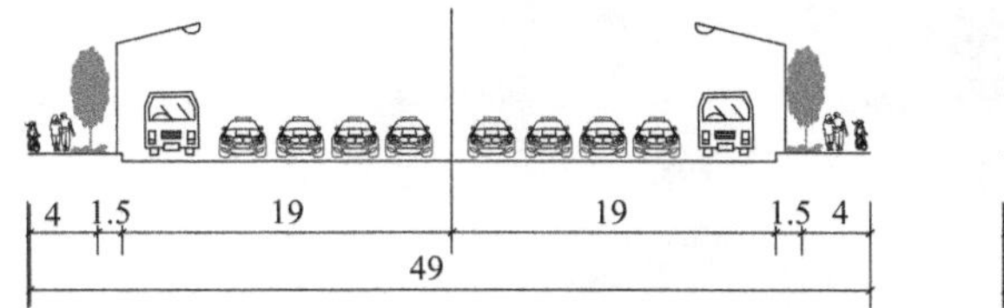

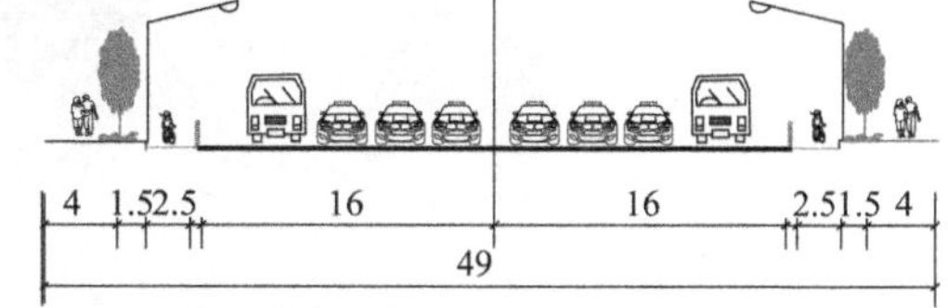

图 4-146 红荔路（新洲路以东）现状与改造后道路横断面（尺寸单位：m）

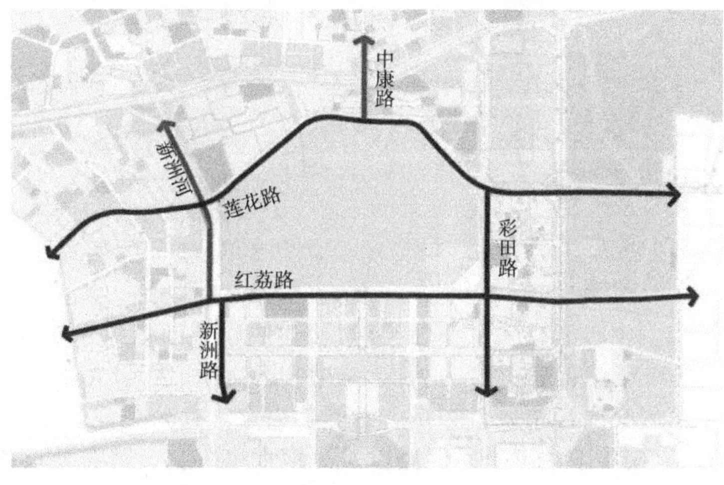

图 4-147 莲花路和红荔路自行车道方案

2）主要内部自行车道

福田中心区内部无成熟独立的自行车专用通道，仅中心区外沿红荔路、滨河大道、彩田路侧人行道上有部分自行车道画线区分。中心区内部其余道路红线范围内无独立自行车道，大部分自行车流与行人流混行。

中心区内人行道设施良好，56.6% 的人行道宽度在 3m 及以上，具有压缩后铺设自行车休闲道的硬件条件，但部分路段进出交叉口无障碍设施布设不佳，无障碍通道存在"斜坡 + 阶梯"的情况，不仅自行车出行舒适感较差，残障人士轮椅出行亦有一定程度的不便。

中心区内自行车出行率占全方式发生吸引比例约 6%，远远低于全市平均水平，自行车流量主要集中在新洲路、红荔路、莲花路等道路，高峰小时双向流量在 350 人次以上。

（1）内部需求分析。

福田中心区主要建筑基本建成，建筑业态性质决定的交通吸引发生点类型分布和规模也已基本形成。中心区内自行车出行比例远低于市区平均水平，内部自行车通道规划在满足内部自行车出行的基础上，主要为未来市民自行车出行起引导作用。故内部自行车通道规划依据主要为中心区现已基本成型的业态类型规模、交通吸发量以及不同业态内市民对自行车的出行意向。

中心区内吸发点主要有办公、商业、住宅、公建四类，其形态分布、高峰小时出行特征差别较大，对自行车出行需求也有较大差异（图4-148）。

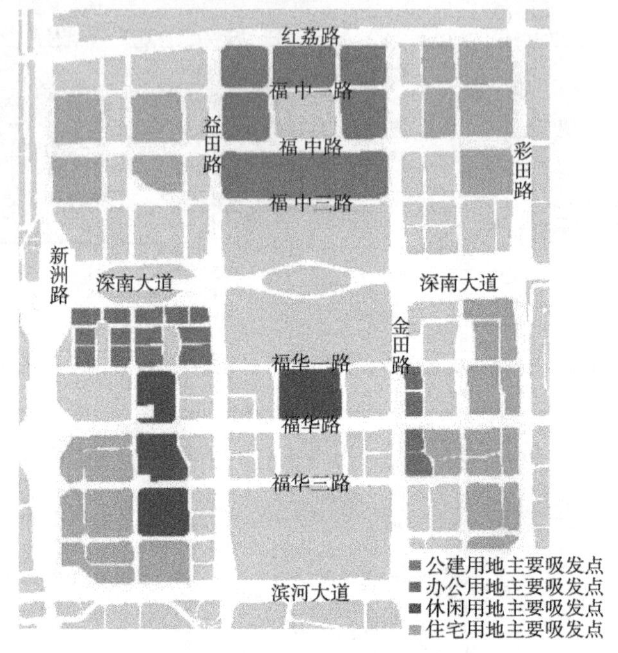

图4-148　中心区交通主要吸发点总体分布示意图

①办公类吸发点。中心区有大量办公类建筑，建成建筑面积约375万m^2，占中心区总建筑面积的65%，平均出行量超过13万人次，是中心区交通出行最大的组成部分，出于办公目的的出行是中心区内交通形态最具影响力的影响因素。办公类建筑主要沿益田路、金田路和深南大道分布，其中深南大道—民田路以及深南大道—金田路交叉口片区内分布有大量办公建筑。

该类区域交通工作日有较为明显的早晚高峰现象，但周末交通出行量较低。中心区内以办公为目的的出行中，公共交通、私家车出行占全方式的比例超过90%；慢行出行主要为公共交通补充，解决“最后一公里”接驳出行，或者为周边居住片区自行车出行至中心区最终端分流抵达目的地。

②公建类吸发点。公建类建筑是中心区重要组成部分，其中含儿童医院、市民广场、深圳市图书馆、少年宫、音乐厅、人民政府和会展中心等不同性质的公共建筑，主要分布在益田路—福中三路—金田路—红荔路围合以及中心区南部的会展中心片区。

不同类型的公建建筑有着不同的交通吸发特征，总体而言，工作日公建类交通吸发点并无比较明显的高峰特征；但在周末及各种节假日，公建类区域是除商业类区域外人流最为密集的区域，并与周边住宅、休闲通道以及自然景点都有较为密切的关系。公建类交通出行中慢行出行主要体现在周边距离较近的住宅区与公建区域的出行，以及公建区域至附近商业区域和南面莲花山公园、笔架山公园等绿道、公园的休闲出行。公交类建筑带来的交通出行量受到节假日、特殊活动等影响较大，高峰时平均出行或超过 1 万人次/小时，需要一定的预留空间以满足需求，出行方式中，对自行车以及公共自行车出行有一定需求。

③商业类吸发点。商业类区域在中心区占地并不广泛且位置相对集中，除少部分分布于中心区北部和一般建筑配建商业外，最重要的商业休闲区域为中心区南部的 COCO PARK、购物公园及怡景中心城等。

现已建成商业类建筑面积约 50 万 m^2，仅占中心区总占地面积的 9%，但由于成熟的商业营销和除购物区域外完善的餐饮、休闲行业，中心区商业类片区出行率平均可达 6 万人次及以上。各种商业服务业从业人群亦是中心区自行车出行主体，占总体自行车出行比例超过 50%。一般工作日内下班时间后以及周末和节假日，商业类吸发点是中心区内出行最为密集的区域。因中心区尺度较大，所以商业类吸发点带动的慢行出行起讫以较近距离的住宅、办公至商业区域，以及购物公园至怡景中心城的步行地下通道(连城新天地)为主。

④居住类吸发点。

除中心区周边的皇岗、岗厦等居住片区外，中心区内亦分布有大量居住片区。主要沿新洲路东侧和彩田路西侧散布，基本分布在福田中心区靠外部区域。其中高彩田路西侧南部片区尚有部分区域仍在建设中，短期内不会有较大交通出行，建成成熟后亦会吸引大量市民入住。

现已建成居住类建筑面积约 140 万 m^2，其中新洲路东侧以南的居住片区具有较强的代表性。居住小区内居民入住率较高，居民出行与周边各类建筑都较为密切，工作日内早晚高峰现象明显，高峰时段沿民田路几个重要交叉口仅过街人流即可达 2000 ~ 3000 人次/小时。

相对而言，周末及节假日无明显早晚高峰现象。中心区内居民自行车出行在中心区外围以沿新洲路、彩田路南北向通行为主，中心区内部以沿福华路、福中路左右东西贯穿为主。居住小区对步行出行和自行车出行都有较高的需求，也是引导自行车出行的重要对象。

中心区内对自行车出行整体需求较少，内部自行车道除满足部分轨道接驳和通勤需求以外，更大程度上承担着慢行引导的作用。建立专用自行车道网络，旨在引导现有非慢行出行的人群在合理的条件下选择慢行出行替代机动车出行，解决交通问题的同时养成良好的慢行出行习惯，营造中心区慢行出行的健康出行氛围。故自行车通道规划以减少对区内机动车影响为前提，着重在中心区内自行车主要通道上压缩人行通道，将原有行人与自行车混行通道以彩色沥青概念隔离的方式进行分隔，形成人行道与自行车道共板但相互独立的以自行车道为主体的布局。

(2)规划目标与策略。

提供片区内部主要交通吸发源之间的自行车交通联系，集散自行车快捷通道交通，内部自行车规划布局应与片区内部的自行车交通流向一致，以主次干路以及连通性较好的支路为主，服务沿线土地利用，引导市民养成良好科学的慢行出行习惯。

结合中心区发展需求，在满足现状自行车出行的前提下，以中心区整体建筑业态构成和不同类型交通吸发点的规模、性质作为参考依据，形成中心区内部自行车通道“井”字形通行需求走廊，其中以益田路、金田路为“井”字形主要南北纵向通道走廊，服务中心区自行车跨深南大道打通南北片区需求，未来高峰小时需求量达 300 ~ 400 人次/小时；福中路、福华路为“井”字形南北横向通道,服务中心区内自行车东西向穿行,未来高峰小时需求量达400~500人次/小时,横向走廊与纵向走廊以及中心区对外自行车通道构成整体网络。

(3)规划原则。

中心区内部自行车系统通过构筑拥有独立路权的自行车专用道改善自行车通道的出行环境,引导短距离出行时尽量多采用自行车,主要遵循以下三个原则:一是与自行车需求相匹配,通道布局满足自行车出行需求;二是采用机非分离,独立路权,保证自行车出行安全、高效;三是自行车优先,给予自行车通行优先权,保证自行车出行的连续性和快速性。

福田中心区内自行车作为辅助慢行工具,起连接对外自行车分流终端和接驳公共交通末梢的作用。自行车通道规划以引导未来市民尽可能选择自行车出行作为主要目的,规划依据在满足需求的前提下,亦需要考虑现状建筑分布所带来的市民出行未来趋势。根据《深圳市步行和自行车交通系统规划设计导则》,定位福田中心区内自行车道等级为休闲道,基本以道路两侧压缩人行道,沥青独立铺装为主。

(4)规划方案。

考虑到福田中心区内自行车出行需求,着重参考内部居民自行车出行习惯以及由建筑业态带来的未来自行车交通分布趋势,中心区内部自行车通道规划以连接贯穿东西两向主要居住区和办公区域,南北贯穿主要公建、办公、商业娱乐区域为目标,依附自行车出行类“井”字形趋势分布,共规划自行车通道5条,主要包括福中路、福华路、民田路、益田路和金田路,总长度为7.5km。

根据现场勘查调研涉及道路人行道路硬件条件,现规划福中路南侧、福华路北侧,民田路、益田路、金田路双侧压缩部分人行道,采用彩色沥青独立铺装自行车道,同时提高涉及道路在交叉口进出口道的无障碍设施条件(图4-149、图4-150)。

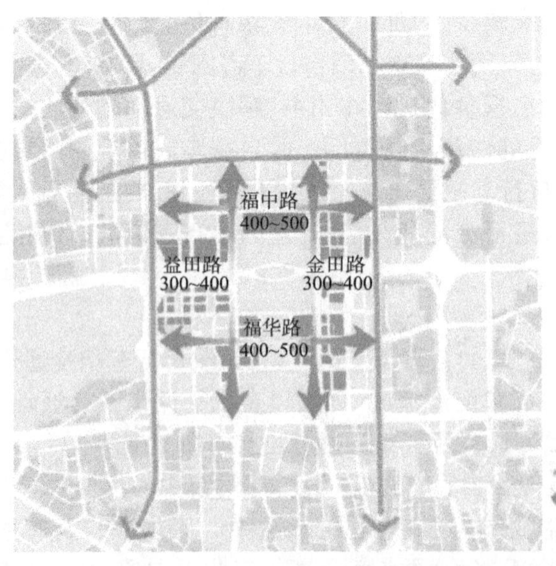

图4-149　内部自行车需求走廊示意图

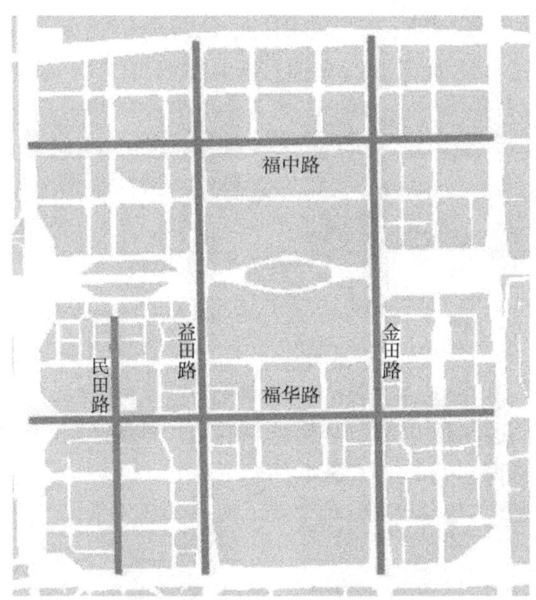

图 4-150 内部自行车道规划示意图

福中路自行车通道西起新洲路，东至彩田路，线路全长约 1.66km，采用地面优先，压缩南侧人行道，增加 1.5m 宽彩色沥青自行车道（图 4-151、图 4-152）。

图 4-151 福中路现状横断面（尺寸单位：m）

图 4-152 福中路规划横断面（尺寸单位：m）

福华路自行车通道西起新洲路，东至彩田路，线路全长约 1.86km，采用地面优先，压缩北侧人行道，增加 1.5m 宽彩色沥青自行车道（图 4-153）。

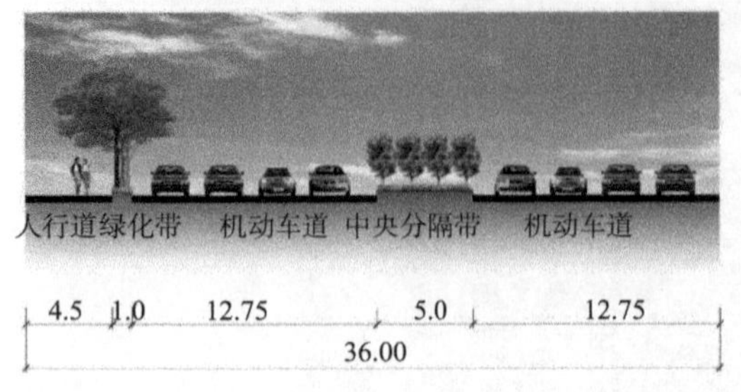

图 4-153　福华路现状及规划横断面（尺寸单位：m）

民田路自行车通道北起深南大道，南至滨河大道，线路全长约 1.00km，压缩两侧人行道，各增加 1.5m 宽彩色沥青自行车道（图 4-154）。

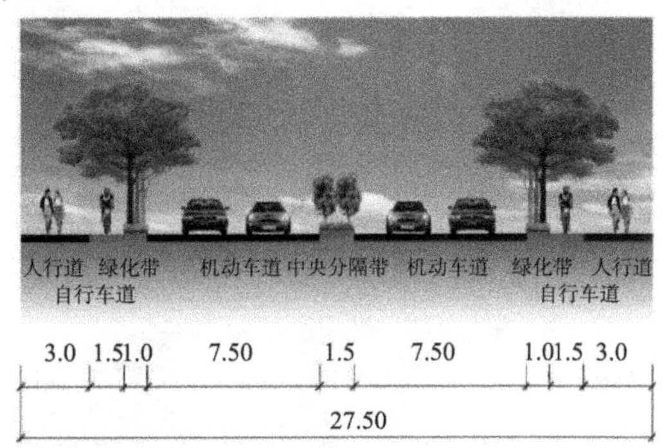

图 4-154　民田路现状及规划横断面（尺寸单位：m）

益田路自行车通道北起红荔路，南至滨河大道，线路全长约 1.87km，采用地面优先，压缩两侧人行道，各增加 1.5m 宽的彩色沥青自行车道。其中跨深南大道部分借由已有人行地下隧道通行顺连（图 4-155、图 4-156）。

图 4-155　益田路现状横断面（尺寸单位：m）

金田路自行车通道北起红荔路，南至滨河大道，线路全长约 1.89km，采用地面优先，压缩两侧人行道，各增加 1.5m 宽彩色沥青自行车道。其中跨深南大道部分借由已有人行地下隧道通行顺连（图 4-157、图 4-158）。

图 4-156　益田路规划横断面(尺寸单位:m)

图 4-157　金田路现状横断面(尺寸单位:m)

图 4-158　金田路规划横断面(尺寸单位:m)

3)自行车停放点

中心区内现状自行车停放点数量少、停放规模小,无法满足实际自行车出行需求,亦不能匹配未来自行车出行趋势,急需配套自行车停放点规划。在福田中心区内部自行车出行需求和出行分布的基础上,结合福田区城管局公共自行车系统规划方案,兼顾中心区内部主要建筑出入口位置、轨道公交站点布局和相关土地利用具体情况，同时参考其他城市自行车停放规划典型案例中相关自行车停放点密度设定等经验，在中心区内规划设定自行车停放点 39 个。

作为福田城管局公共自行车停放点方案的补充，本次规划自行车停放点主要位于轨道站点附近、主要居住社区出入口、出行量较大的建筑出入口附近等需求量较大的区域地段。其中，轨道站点周边 11 个，居住区 10 个，办公区 10 个，购物休闲区 8 个，规划停车规模为 15～20 辆(图 4-159、表 4-26)。

图 4-159　自行车停放点位置示意图

自行车停放点详细方案　　表 4-26

标号	位　置	车位	标号	位　置	车位
1	福中一路南侧黄埔雅苑翠悠园北	20	21	二号路—七号路交叉口西南角	15
2	鹏程二路西侧黄埔雅苑骏悠园东	20	22	福华一路—益田路交叉口东南角	15
3	益田路—福中一路交叉口东南角	15	23	福华一路—中心四路交叉口东南角	20
4	红荔路—鹏程三路交叉口东南角	15	24	福华路—中心五路交叉口西北角(地铁会展中心站 B 出口)	20
5	福中一路—鹏程四路交叉口东北角深圳市少年宫	20	25	福华路—金田路交叉口西南角	15
6	金田路—福中一路交叉口西北角	15	26	深南大道—海田路交叉口东南角岗厦华嵘世纪大厦	20
7	中银花园	20	27	福华一路—彩田路交叉口西侧	15

4)建设计划及投资估算

主要自行车通道建设总投资约 7760 万元，其中由市级财政投资约 6580 万，区级财政投资约 1180 万。纳入 2015 年的 4 项，投资约 4660 万元(表 4-27)。

自行车通道建设计划及投资估算　　表 4-27

序号	类别	项目	形式	全长（km）	投资（万元）	实施单位	是否纳入2015 年
1	自行车快捷通道	梅丽路—新洲河走廊	局部高架 + 地面优先为主	7.20	4000	市交委	是
2		中康路—彩田路走廊	地面优先	6.10	1200	市交委	否
3		莲花路	地面优先	5.40	550	市交委	否
4		红荔路	地面优先	4.30	430	市交委	是
		合计			6180	—	
5	内部自行车道	福中路	地面优先	1.30	130	福田区政府	是
6		福华路	地面优先	1.46	150	福田区政府	否
7		民田路	地面优先	0.80	100	福田区政府	是
8		益田路	地面优先	1.55	200	市交委	否
9		金田路	地面优先	1.57	200	市交委	否
		合计			780		
10	自行车停放点		40 个点		800	福田区政府	否
合计					7760	—	

4.1.6.4　慢行休闲系统

（1）休闲通道现状。

作为深圳具有代表性的城市综合中心区，福田中心区除了拥有大量的商业办公资源外，中心区内及周边片区亦拥有大量丰富的自然生态公园，不仅有深圳市重要公园如莲花山公园、笔架山公园、中心公园、新洲河等，也有散布中心区各处的购物商场、饮食休闲以及图书馆、音乐厅等娱乐资源。周末及节假日期间，福田中心区各种公园、公共建筑、娱乐商业等建筑单元片区带来的休闲契机都是市民最佳的休闲度假首选地点。相对的，这些建筑单元也成为吸引大量交通量的重要交通吸发点。

（2）休闲通道慢行规划策略。

在功能层面上，休闲通道是城市众多公园景区、文化娱乐、购物休闲等各种以丰富市民休闲生活为目的地各个片区连接的桥梁，也是构建人与自然环境良好对话的公共空间，本身也应是城市自然风景的一部分。在进行休闲通道规划设计时应协调慢行系统与生态景观环境之间的互动关系，让市民的慢行出行变成一种在自然景观环境内的游历而非简单地为了抵达目的的出行。在城市景观意义上，休闲通道应是众多绿地公园的延续，对于慢行空间氛围的营造应该做到保持相应的生态景观特色，并注重加强人文关怀，在彰显城市的历史文化底蕴的同时，利用其吸引而来的步行与自行车交通量，借助“人”的力量打造城市活力。

针对福田中心区及周边地区所涉及的休闲通道，应依托各个级别已有的城市绿道体系以及未来规划绿道网络，联系中心区周边几大城市景观公园，同时连接中心区内部居住区和休闲通道（主要包括莲花路、红荔路、深南大道等道路），达到将城市公园与居住片区、行政办公区以及文体活动中心、购物商业娱乐区域整体贯通连接的目的，使所有休闲片区形成一个贯通的网络系统，使市民能够通过慢行休闲通道直接安全便捷地抵达不同种类的休闲功能片区，满足居民休憩慢行、健身娱乐的活动需求（图 4-160、图 4-161）。

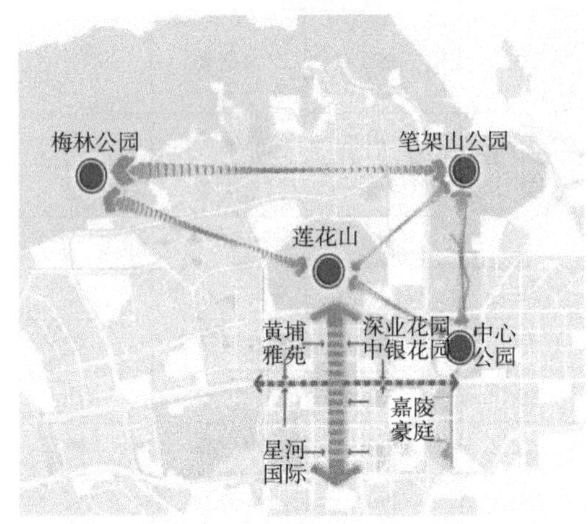

图 4-160　中心区居住片区及周边休闲片区分布示意图

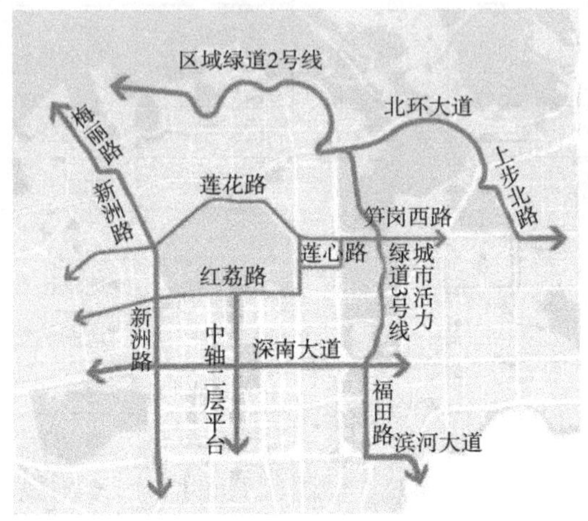

图 4-161　慢行休闲通道示意图

结合深圳市绿道网专项规划和《深圳市步行和自行车交通系统规划》，福田中心区及周边片区慢行休闲通道主要涉及莲花山—笔架山—中心公园环形通道、彩田路、莲心路、笋岗路等路段。综合休闲通道的性质定位和现状问题，并兼顾中心区内部休闲功能片区和周边几大公园未来交通需求，涉及的休闲片区主要进行自行车道铺装增设和相关改造，增设标志标牌，以及部分节点增设人行天桥和相关竖向连接，达到福田中心区与外部休闲绿道整体贯通连接的目的。

(3)规划方案。

①莲花山—笔架山—中心公园环形通道。

莲花山—笔架山—中心公园环形通道位于福田中心区北侧，毗邻中心花园与莲花山，是连接、进入莲花山公园、中心公园的重要联通通道。莲花山公园和中心公园是市民极度喜爱的几大城市公园之一，每逢节假日就会吸引大量休闲目的的交通出行量。现状莲花山—笔架山—中心公园环形通道整体道路机动车通行条件和通行环境均较良好，但对于慢行交通而言，缺少相应自行车道，方便市民出行，笔架山公园与莲花山公园相距不足 800m，但无直达路线可互通；且公园几大出入口处因街道幅度大、机动车交通量高，交通设施方面也未从步行者角度考虑，笔架山公园南出入口和西出入口均无地面过街设施，行人过街必须绕行人行天桥，行人过街相对不便。故莲花山—笔架山—中心公园环形通道整体对于慢行交通而言，缺少适当必要的连接，严格意义上尚未形成贯通。

规划按照莲花山—笔架山—中心公园环形通道周边相关城市更新项目，依托赛格天桥城市更新项目横跨莲花路、彩田路和皇岗路新增两座人行天桥，并根据赛格天桥城市更新项目中所提的二层休闲小镇形成整体的二层连廊，将莲花山、笔架山两大公园真正意义上形成连通，根据慢行交通需要并考虑到相关建设规范和实际地形、交通状况，于天桥上适宜位置设置竖向垂直连接设施，连接莲花路、彩田路、皇岗路，使二层平台能够与中心区周边休闲通道连通。同时，新建笋岗路处人行天桥，并适当打开两处人行过街，使笋岗路南北两侧与赛格天桥项目中二层休闲小镇也得以连通。此外，也需要依托相关道路增设自行车道（下文详述），进一步衔接至绿道网内，最终将莲花山—笔架山—中心公园区域形成依托绿道和二层立体通行系统的慢行交通微循环（图4-162）。

②彩田路。彩田路位于福田中心区东侧，紧邻莲花山公园，是连接福田中心区内部通道与外部休闲通道的重要连接路段。现状彩田路的笋岗西路—莲心路路段西侧已铺装彩色沥青自行车道，彩田路东侧自行车道尚未全线贯通。

图4-162　莲花山—笔架山—中心公园环形通道示意图

规划彩田路笋岗西路—红荔路路段东侧增设自行车道，并整体进行统一的铺装改善。其中，笋岗西路—莲心路路段东侧压缩部分人行通道空间，增宽1.5m绿色沥青铺装自行车道，将原有4m人行非机动车混行通道分隔为1.5m宽自行车通道及2.5m宽人行道。莲心路—红荔路路段东西两侧自行车道铺装进行统一改善，自行车道加铺将西侧原3m人行非机动车混行通道分隔为1.5m自行车道和1.5m人行道，将东侧原4m人行非机动车混行通道分隔为1.5m自行车道和2.5m人行道，自行车道均加铺绿色沥青。增加、改善自行车独立车道的同时，注重在各路段出入口无障碍设施的建立，以及提醒自行车注重安全的相关交通标志标牌的设置（图4-163）。

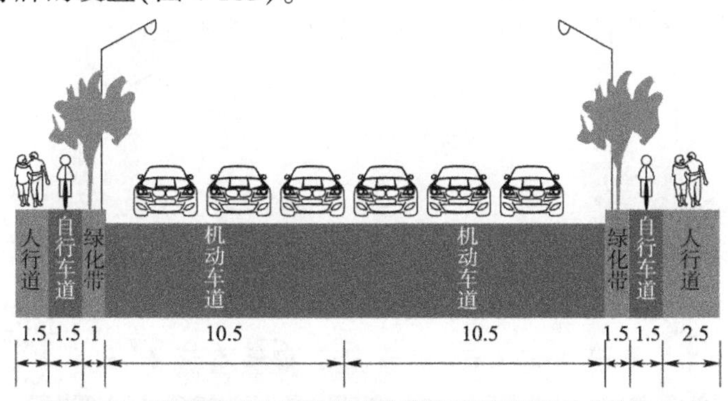

图4-163　彩田路（莲心路以南）规划横断面示意图（尺寸单位：m）

③莲心路。莲心路位于福田中心区东北侧，西侧起于彩田路，东侧止于皇岗路，是连接彩田路与城市活力绿道3号线的重要通道。现状莲心路为双向两车道的三幅路设计，道路铺装条件良好，左右两侧辅道仅作为停车辅道使用，但道路设计未考虑自行车交通需求缺少自行车道。根据现状交通需求和道路设计，理想改善方案是将左右两侧停车辅道直接改为自行车通道，但莲心路周边居住人口较多，现状停车需求无法依靠已有的相关停车位满足，直接取消停车辅道内停车位造成的停车空缺无法填补，故本次规划中建议保留停车位，但借由停车辅道停靠车位后多余的断面空间布设自行车道。规划压缩左右两侧停车辅道，增加

1.5m、铺装为绿色沥青的自行车道。

除自行车出行外,考虑到行人出行安全以及莲花山公园与笔架山公园的位置和行人交通流整体出行流向,在莲心路两端与彩田路、皇岗路交叉口分别设置,以照顾行人流和自行车流为目的的人行信号灯控组,安放相应的让行及注意等标志标牌,保障步行交通和自行车交通的过街安全(图4-164)。

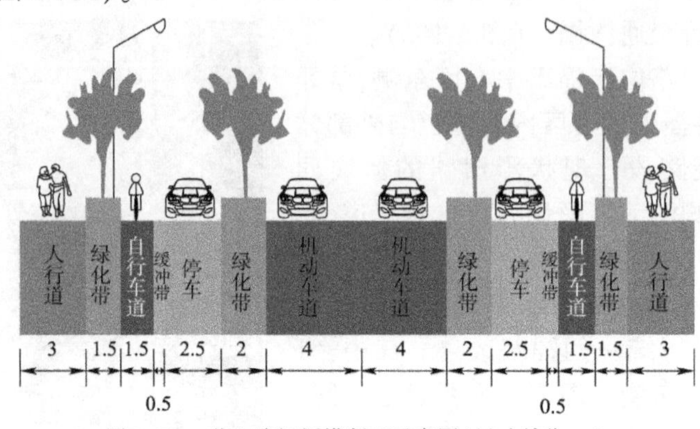

图4-164　莲心路规划横断面示意图(尺寸单位:m)

④笋岗路。笋岗路位于福田中心区东北侧,西起莲花路东端和彩田路交叉口,东往笔架山公园、深圳体育馆并通往罗湖等地区,是负责连接福田中心区与中心区东侧区域的重要休闲通道。现状道路设置上主要以机动车交通为主,慢行通道整体设置贯通性不足,尤其自行车道基本上为在人行道上直接画线,无障碍设施差、骑行通道坎坷不平,且标线警示作用相对较弱,整体自行车通道沿线自行车与人行交通流经常混行,骑行体验较差。

规划改善笋岗路(彩田路—皇岗路段)南侧,以及皇岗路东面路段道路两侧的自行车现状铺装,统一为绿色沥青铺装,并注重在各出入口的无障碍设施以及相关警示标志标牌的布设,整体改善自行车通行条件,提高步行交通的安全性(图4-165)。

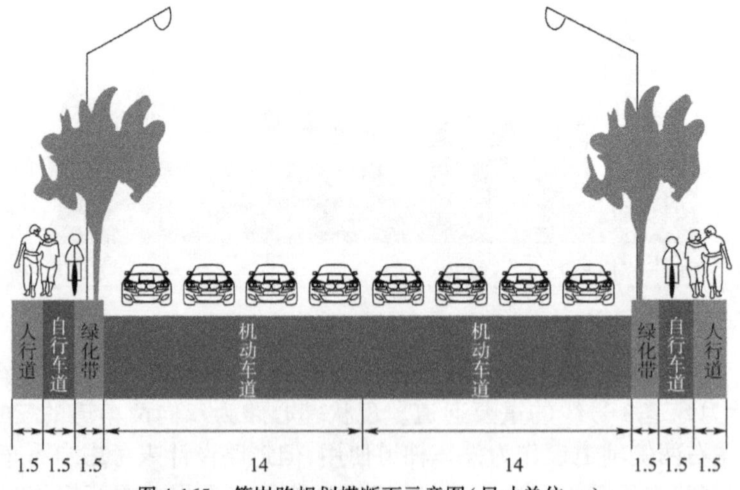

图4-165　笋岗路规划横断面示意图(尺寸单位:m)

(4)建设计划及投资估算。

本次规划慢行休闲通道总投资约710万元,其中市级财政投资290万元,区级财政投资420万元。纳入2015年计划4项,投资约210万元(表4-28)。

慢行休闲系统建设计划及投资估算　　表 4-28

序号	路名	项 目 内 容	数量	实施单位	投资费用（万元）	是否纳入2015 年
1	彩田路	莲心路以北东侧增加自行车道	0.4km	市交委	20	是
2		莲心路以南东侧自行车道绿色沥青铺装	0.4km	市交委	20	是
3		彩田路人行天桥	1	市交委	250	否
4	莲心路	增加自行车道绿色沥青铺装，增加两处灯控路口	0.5km	福田区政府	70	是
5	笋岗路	绿色沥青铺装	1.0km	福田区政府	100	是
6		笋岗路人行天桥打开	1	福田区政府	250	否
汇总					710	

4.1.6.5　建设投资汇总

本次规划建设总投资约 29603 万元，其中由市级财政投资约 7622 万，区级财政投资约 21981 万。纳入 2015 年的 29 项，投资约 10787 万元（表 4-29）。

建设投资汇总一览表　　表 4-29

序号	项 目 内 容	主 要 措 施	实施主体	投资估算（万元）	是否纳入2015 年
1	福中一路步行设施改造提升	新建风雨连廊 1.9km，人行过街抬高 3 处	福田区政府	438	是
2	福中三路步行设施改造提升	新建风雨连廊 2.2km，人行过街抬高 1 处	福田区政府	480	是
3	深南大道步行设施改造提升	新建风雨连廊 2.1km	市交委	420	是
4	福华一路步行设施改造提升	新建风雨连廊 2.0km，对角过街设计 1 处	福田区政府	462	是
5	福华路步行设施改造提升	新建风雨连廊 1.9km，人行过街抬高 1 处	福田区政府	434	是
6	福华三路步行设施改造提升	新建风雨连廊 2.0km，对角过街设计 1 处，人行过街抬高 1 处	福田区政府	476	是
7	鹏程一路步行设施改造提升	新建风雨连廊 0.9km，人行过街抬高 2 处	福田区政府	188	是
8	鹏程三路步行设施改造提升	新建风雨连廊 0.47km	福田区政府	94	是

续上表

序号	项目内容	主要措施	实施主体	投资估算（万元）	是否纳入2015年
9	鹏程四路步行设施改造提升	新建风雨连廊0.47km	福田区政府	94	是
10	四号路步行设施改造提升	新建风雨连廊0.23km，交叉口窄点设计3处	福田区政府	76	是
11	五号路步行设施改造提升	新建风雨连廊0.23km，交叉口窄点设计3处，人行过街抬高1处	福田区政府	80	是
12	六号路步行设施改造提升	新建风雨连廊0.06km，交叉口窄点设计1处	福田区政府	22	是
13	民田路步行设施改造提升	新建风雨连廊2.1km，人行过街抬高4处，交叉口整体抬高一处	福田区政府	484	是
14	中心二路步行设施改造提升	新建风雨连廊0.53km，人行过街抬高1处	福田区政府	122	是
15	中心四路步行设施改造提升	新建风雨连廊0.5km，交叉口窄点设计2处	福田区政府	120	是
16	中心五路步行设施改造提升	新建风雨连廊0.5km，交叉口窄点设计2处	福田区政府	120	是
17	金田路步行设施改造提升	新建风雨连廊1.6km	市交委	332	是
18	海田路步行设施改造提升	新建风雨连廊2.0km，人行过街抬高1处	福田区政府	416	是
合计				4858	
19	现有空中连廊设施完善	完善既有3km空中连廊设施，增加遮挡棚及12处竖向连接设施	福田区政府	300	否
20	益田路、金田路空中连廊	分别沿益田路、金田路（福田一路—滨河大道段）新增空中连廊各约850m（预留建筑衔接口，同步建设竖向连接设施）	福田区政府	8000	否
21	COCO PARK至福华中路空中连廊	福田中路（益田路—中心二路段）新增空中连廊约400m（预留建筑衔接口，同步建设竖向连接设施）	福田区政府	2000	否
22	丰立大厦至香格里拉大酒店空中连廊	修建丰立大厦经益田路连廊至香格里拉大酒店的空中连廊，长约100m，同步建设竖向连接设施	福田区政府	500	否
23	平安金融中心至卓越时代广场空中连廊	修建平安金融中心经益田路连廊至卓越时代广场的空中连廊，长约100m，同步建设竖向连接设施	福田区政府	500	否

续上表

序号	项 目 内 容	主 要 措 施	实施主体	投资估算（万元）	是否纳入2015年
24	大中华至金田路右侧建筑空中连廊	修建大中华经金田路连廊至香格里拉大酒店的空中连廊，长约100m，同步建设竖向连接设施	福田区政府	500	否
25	星河中心、金中环国际商务大厦至金田路右侧现代国际大厦空中连廊	修建星河中心、金中环国际商务大厦经金田路连廊至金田路右侧现代国际大厦的空中连廊，长约300m，同步建设竖向连接设施	福田区政府	1500	否
26	会展中心补充连廊	修建会展中心至皇庭商务中心、会展中心至南侧人行天桥的空中连廊，总长约300m	福田区政府	1500	否
27	福中一路稳静化改造	中心书城与音乐厅之间路面抬高并改善铺装，路侧加装防撞柱	福田区政府	55	是
28	鹏程三路稳静化改造	人行过街抬高2处	福田区政府	10	是
29	鹏程四路稳静化改造	人行过街抬高2处	福田区政府	10	是
30	二号路步行街	修建二号路步行街	福田区政府	1400	是
31	现有空中连廊设施完善	完善既有3km空中连廊设施，增加遮挡棚及12处竖向连接设施	福田区政府	300	否
合计				16275	
32	自行车快捷通道	梅丽路—新洲河走廊(7.2km)	市交委	4000	是
33		中康路—彩田路走廊(6.1km)	市交委	1200	否
34		莲花路(5.4km)	市交委	550	否
35		红荔路(4.3km)	市交委	430	是
36	内部自行车道	福中路(1.3km)	福田区政府	130	是
37		福华路(1.46km)	福田区政府	150	否
38		民田路(0.8km)	福田区政府	100	是
39		益田路(1.55km)	市交委	200	否
40		金田路(1.57km)	市交委	200	否
41	自行车停放点	40个	福田区政府	800	否
合计				7760	
42	彩田路休闲通道方案	莲心路以北东侧增加自行车道(0.4km)	市交委	20	是
43		莲心路以南东侧自行车道绿色沥青铺装(0.4km)	市交委	20	是
44		彩田路人行天桥	市交委	250	否

续上表

序号	项目内容	主要措施	实施主体	投资估算（万元）	是否纳入2015年
45	莲心路休闲通道方案	增加自行车道绿色沥青铺装(0.5km)，增加两处灯控路口	福田区政府	70	是
46	笋岗路休闲通道方案	绿色沥青铺装(1.0km)	福田区政府	100	是
47		笋岗路人行天桥打开	福田区政府	250	否
汇总				710	
总计				29603	

4.1.7 行动与保障

4.1.7.1 近期建设计划

1)近期建设时序安排原则

(1)建设时序分期。

本次规划建设项目划分近、远两期实施，其中近期指纳入2015年建设计划，远期指纳入2020年建设计划。

(2)建设项目排序原则。

建设项目遵循建设项目迫切性及建设项目可实施性两大原则，依据建设项目迫切性得到初步近期建设项目排序结果，再依据项目可实施性再次排序，得到最终建设项目排序成果。

①建设项目迫切性。

a.满足特色彰显集聚人气的需要。优先实施项目应针对中心区城市定位，改善中心区慢行交通出行环境，提升片区慢行交通品质，打造极具吸引力的慢行空间，以实现集聚人气、激发商业活力，彰显中心区城市CBD特色的目的。

b.解决现状已经存在的突出问题。优先实施方案应针对当前中心区慢行交通系统中存在的突出问题，如平面过街设施安全性及效率偏低、高等级道路对慢行交通的阻隔问题、慢行空间被挤占等问题有较好的改善效果，解决当前市民关注的焦点。

c.满足综合交通协调发展的需要。优先实施方案应结合当前福田中心区综合交通发展现状及发展前景，增强慢行交通与其他交通之间的联系，如慢行交通与轨道交通之间的接驳、与机动车交通之间的空间协调等，满足福田中心区综合交通协调发展的需要。

②建设项目可实施性。

依据项目详细设计方案成果，从方案实施的技术、资金、管理、与其他交通系统及规划方案之间的协调等方面对建设项目的可实施性进行评估和先后排序。

2)近期建设计划梳理

近期建设计划共29个项目，投资约1.09亿元，拟由市级财政投资0.52亿，区级财政投资0.57亿(表4-30)。

项目建设计划及投资预算表 表4-30

序号	项目内容	主要措施	实施主体	投资估算（万元）	是否纳入2015年
1	福中一路步行设施改造提升	新建风雨连廊1.9km，人行过街抬高3处	福田区政府	438	是
2	福中三路步行设施改造提升	新建风雨连廊2.2km，人行过街抬高1处	福田区政府	480	是
3	深南大道步行设施改造提升	新建风雨连廊2.1km	市交委	420	是
4	福华一路步行设施改造提升	新建风雨连廊2.0km，对角过街设计1处	福田区政府	462	是
5	福华路步行设施改造提升	新建风雨连廊1.9km，人行过街抬高1处	福田区政府	434	是
6	福华三路步行设施改造提升	新建风雨连廊2.0km，对角过街设计1处，人行过街抬高1处	福田区政府	476	是
7	鹏程一路步行设施改造提升	新建风雨连廊0.9km，人行过街抬高2处	福田区政府	188	是
8	鹏程三路步行设施改造提升	新建风雨连廊0.47km	福田区政府	94	是
9	鹏程四路步行设施改造提升	新建风雨连廊0.47km	福田区政府	94	是
10	四号路步行设施改造提升	新建风雨连廊0.23km，交叉口窄点设计3处	福田区政府	76	是
11	五号路步行设施改造提升	新建风雨连廊0.23km，交叉口窄点设计3处，人行过街抬高1处	福田区政府	80	是
12	六号路步行设施改造提升	新建风雨连廊0.06km，交叉口窄点设计1处	福田区政府	22	是
13	民田路步行设施改造提升	新建风雨连廊2.1km，人行过街抬高4处，交叉口整体抬高1处	福田区政府	484	是
14	中心二路步行设施改造提升	新建风雨连廊0.53km，人行过街抬高1处	福田区政府	122	是
15	中心四路步行设施改造提升	新建风雨连廊0.5km，交叉口窄点设计2处	福田区政府	120	是
16	中心五路步行设施改造提升	新建风雨连廊0.5km，交叉口窄点设计2处	福田区政府	120	是

续上表

序号	项目内容	主要措施	实施主体	投资估算（万元）	是否纳入2015年
17	金田路步行设施改造提升	新建风雨连廊1.6km	市交委	332	是
18	福中一路稳静化改造	中心书城与音乐厅之间路面抬高并改善铺装，路侧加装防撞柱	福田区政府	55	是
19	鹏程三路稳静化改造	人行过街抬高2处	福田区政府	10	是
20	鹏程四路稳静化改造	人行过街抬高2处	福田区政府	10	是
21	二号路步行街	修建二号路步行街	福田区政府	1400	是
22	自行车快捷通道	梅丽路—新洲河走廊(7.2km)	市交委	4000	是
23		红荔路(4.3km)	市交委	430	是
24	内部自行车道	福中路(1.3km)	福田区政府	130	是
25		民田路(0.8km)	福田区政府	200	是
26	彩田路休闲通道方案	莲心路以北东侧增加自行车道(0.4km)	市交委	20	是
27		莲心路以南东侧自行车道绿色沥青铺装(0.4km)	市交委	20	是
28	莲心路休闲通道方案	增加自行车道绿色沥青铺装(0.5km)，增加两处灯控路口	福田区政府	70	是
29	笋岗路休闲通道方案	绿色沥青铺装(1.0km)	福田区政府	100	是
总计				10887	

4.1.7.2 配套措施与政策保障

(1)加强组织管理。

为保证慢行系统规划方案的实施，应加强组织领导，明确政府职能，提高慢行系统建设效率，充分发挥政府对慢行系统规划建设工作的协调、指导和支持作用。

(2)加大政策支持力度。

制定规划政策优惠、财税优惠等措施，推动慢行系统尤其是立体步行系统的建设。可借鉴国内外经验，制订容积率奖励或功能置换措施，鼓励城市中心区私人或住宅建设项目为立体步行系统提供空间。

(3)鼓励多元化投资。

探索建立投资主体多元化、筹资渠道社会化、投资决策科学化、项目管理专业化、监督约束法制化的投融资机制，采取多渠道、多元化融资，逐步扩大社会投资参与度，完善建设投融资体制，实现可持续发展。

(4)加强宣传力度。

为进一步落实慢行系统规划,建议加强对慢行交通的宣传力度,让管理者、建设者、使用者都参与到慢行交通的建设中来,充分体现慢行规划对城市未来发展的引导作用。

第4.2节　深圳市大梅沙旅游度假区慢行交通系统规划

4.2.1　大梅沙慢行系统现状

作为盐田区重点发展的大梅沙地区,依山畔海,拥有1.8km优质沙滩和海岸线,自然景观资源十分丰富,是离深圳市区最近的海滩,规划面积为430.48公顷,可建设用地面积约220公顷,规划总人口为1.8万。

大梅沙旅游度假区现状慢行交通系统存在慢行路径不连续、过街设施缺乏、人车冲突严重、人流集中点慢行通道过窄、缺乏缓冲场所等问题,其交通性、安全性、舒适性均不能满足度假高峰期游客集中带来的慢行交通需求。

4.2.2　大梅沙慢行系统规划思路

大梅沙"山海通廊"慢行系统规划思路如图4-166所示。

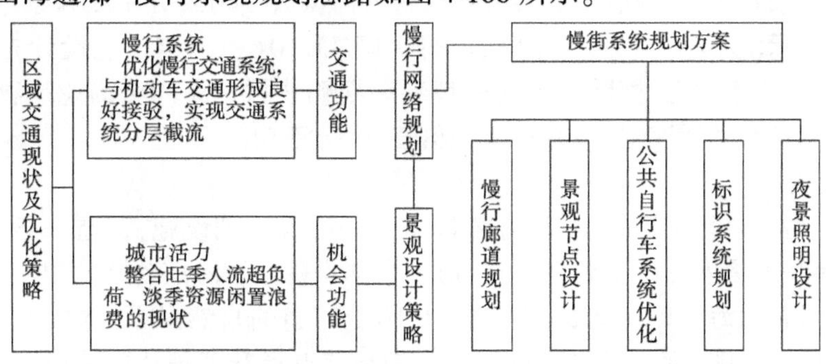

图4-166　大梅沙"山海通廊"慢行系统规划思路

4.2.3　大梅沙慢行系统规划重点

慢行主廊道:交通功能为主,以方便、快捷到达海滨公园为原则,沿外围绕行,长约3.3km,设置2.5m宽自行车道,红色沥青铺装。

特色景观廊道:连接东部华侨城、海滨公园两大景点,承担行人交通直达功能,以连续性、通达性、舒适性为原则进行规划,具体内容包括风雨连廊、湖面人行栈桥、行人集散空间规划等。

慢行集散道:围绕内湖、outlet购物村等景点,串联几大居住集聚区,依据道路条件设置合适宽度的自行车道,采用绿色沥青铺装。

环状的慢行主廊道、直达式的特色景观廊道、网状的慢行集散道共同构成大梅沙片区"通行+渗透"的慢行交通系统网络结构,如图4-167所示。

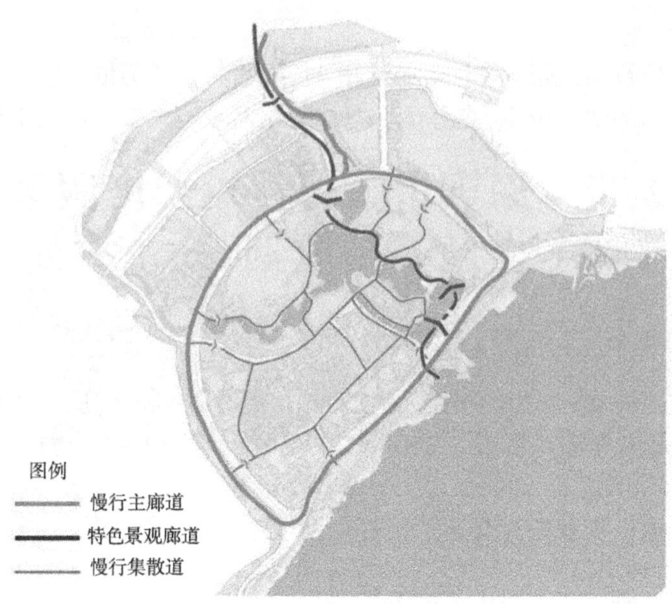

图 4-167　大梅沙慢行网络示意图

4.2.4　特色景观廊道规划

大梅沙特色景观廊道串联东部华侨城、大梅沙海滨公园两大五星级风景旅游景区，沿线经过绿建二星级示范小学——海希小学、获得美国 LEED（能源与环境设计先锋）铂金认证的万科中心、未来艺术中心、国际知名品牌奥特莱斯购物村及海丽金商业购物街等兴趣点，形成大梅沙景区核心的游客之道，并且兼顾科普、生态等功能。

（1）游客之道。

以人为本，增设自行车租赁点、旅客咨询服务中心等基础设施，营造一条绿道服务设施齐全的通道，串联大梅沙片区主要兴趣点，形成东部华侨城至海滨公园的便捷通道。

让旅客在沿着山海通廊通行的过程当中，感受周边的自然风景，人文风情，特色建筑。通过对沿途的地面喷图，标志系统以及相应的景观节点提升工程让旅客感受从山至海的沿途乐趣与相关景点（图 4-168）。

（2）生态之道 。

建立以生态廊道为基础模型的生物多样性廊道，修复沿山至海的缺失环节，建立多样化的生态廊道。通过从山到海的沿途节点，对周边的环境进行解说，将周边的特色建筑、水环境处理技术、河道处理技术、植物种类等通过标志系统进行科普（图 4-169）。

4.2.5　景观节点规划设计

景观节点可视为借用景观设计的手法打造新的中转节点，以达到形成缓冲地带有效疏散人群的目的，具体表现在两个方面：一是在人群容易聚集形成拥挤状态的地方为其提供足够的集散空间；二是改善某些区段景观环境，提升其观赏游玩价值，吸引人群疏散。

节点的主要景观要素包括风雨连廊、广场铺装、雕塑小品、绿植、照明设施等，各类景观要素的设计和材质选择以实用性高、绿色环保、与周边环境适度融合为基本原则（图 4-170）。

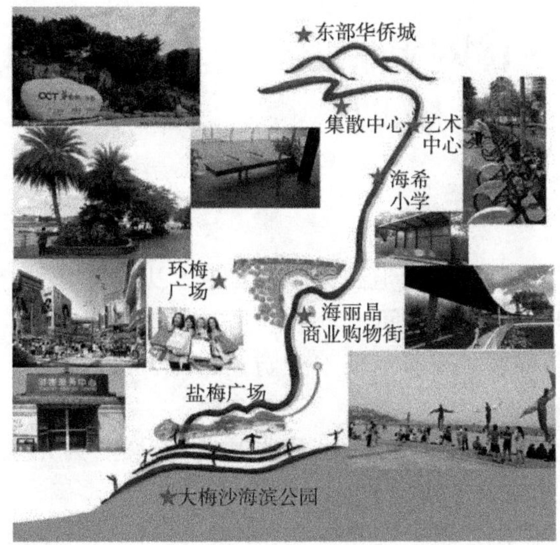

图4-168　大梅沙特色景观廊道设计主题——游客之道

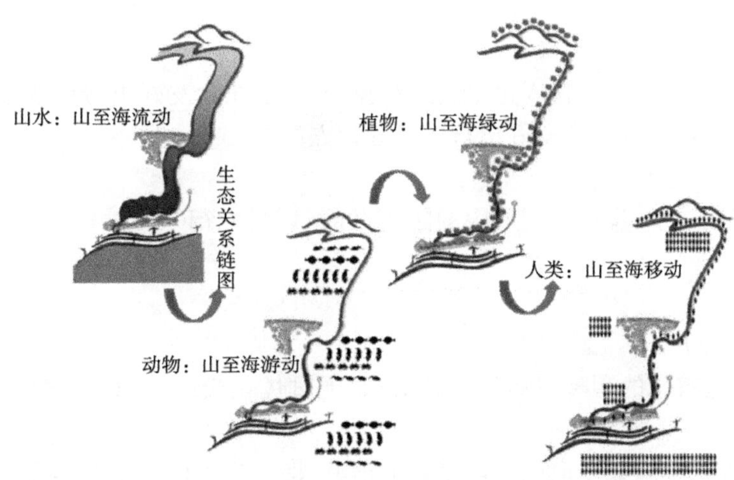

图4-169　大梅沙特色景观廊道设计主题——生态之道

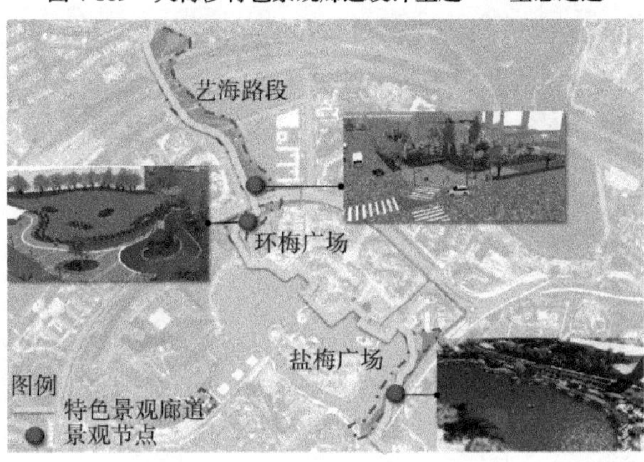

图4-170　景观节点设计效果

第 4.3 节　白沙岭、红荔片区儿童友好出行试点建设规划

4.3.1　规划目标

(1)构建连续的出行网络。实现道路路权分配从“以车为本”向“以人为本”的转变,为儿童划定独立、连续的步行和骑行空间。

(2)营造安全的道路环境。完善道路安全防护设施,加强机动车交通管理,为儿童营造足够安全的出行环境。

(3)提供舒适的出行体验。通过建设高品质的慢行设施,为儿童提供舒适的出行环境,充分体现城市建设对儿童的关怀和爱护。

(4)创造有趣的出行空间。基于儿童视角,在城市出行系统中通过趣味化设计,形成丰富有趣、激发儿童兴趣的出行空间,并起到引导儿童出行路径的作用。

4.3.2　规划方案

通过对白沙岭、红荔片区学校周边道路进行梳理,结合儿童友好出行系统建设指引相关理念,提出白沙岭、红荔片区儿童友好出行试点规划方案。

4.3.2.1　行人交通系统

选取现状人行道较窄、步行空间局限的园岭五街(园岭六街—园学路段)以及园岭一街进行整体改造。

1)人行道

(1)拓宽步行空间。

针对现状人行道较窄的园岭一街及园岭五街,通过优化交通组织,压缩机动车道,拓宽人行道空间。

园岭一街:将现状单向 2 车道压缩至单向 1 车道,将东侧人行道拓宽 2m,并在两侧设置双向 1m 宽的自行车道,自行车道与机动车道之间采用护栏进行分隔(图 4-171)。

图 4-171　园岭一街拓宽人行道(尺寸单位:m)

园岭五街:实施西往东单向交通组织,将现状双向 2 车道压缩至单向 1 车道,使南、北两侧人行道各拓宽 1.5m(图 4-172)。

图 4-172　园岭五街拓宽人行道(尺寸单位:m)

同时,园岭一街及园岭五街沿线行道树树池采用树池篦填平,进一步增加人行道的有效通行空间(图 4-173)。

图 4-173　安装树池篦增加通行空间

(2)人行道铺装翻新。

对园岭一街及园岭五街的人行道铺装进行整体翻新,并在园岭小学、园岭外国语小学以及基建幼儿园门口两侧 30 ~ 50m 处设置地面彩绘,指引学校的方向及距离,增加儿童出行的趣味性(图 4-174)。

图 4-174　园岭小学、园岭外国语小学地面彩绘标识示意图

(3)设置隔离设施。

在园岭一街及园岭五街人行道与机动车道之间采用连续的护栏进行分隔,保障儿童的安全(图 4-175)。

(4)补充服务设施。

在园岭小学和园岭外国语小学门口设置风雨连廊,配套休憩座椅,打造家长、儿童休憩、等候空间(图 4-176、图 4-177)。

图 4-175　护栏隔离示意图

图 4-176　在园岭小学、园岭外国语小学门口设置风雨连廊

图 4-177　学校门口风雨连廊示意图

(5)出入口稳静化。

园岭一街及园岭五街沿线机动车出入口采用路面抬高稳静化处理,并施画人行横道线,沿机动车行驶轨迹外侧设置人行道桩(图 4-178)。

(6)迁移障碍物。

对现状设置在人行道上阻碍通行的障碍物进行迁移或安装防护设施,其中,园岭一街 4 处(1 处消防栓、3 处树池),园岭五街 2 处(电箱),如图 4-179 所示。

2)行人过街设施

(1)人行横道抬高。

园岭一街及园岭五街沿线人行横道采用过街抬升,抬高至与人行道同高程,提高过街的安全性和舒适性(图 4-180)。

图 4-178 出入口稳静化示意图

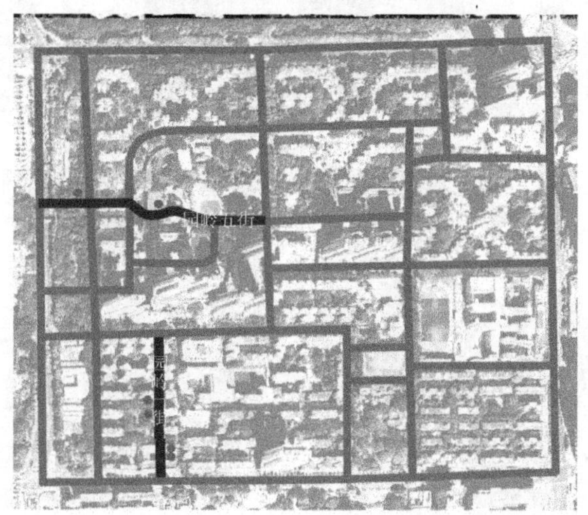

图 4-179 园岭一街、园岭五街障碍物分布图

图 4-180 人行横道抬高示意图

(2)完善人行横道标志。

园岭一街及园岭五街沿线人行横道配套设置人行横道、注意儿童标志，并在人行横道上游机动车道上施画醒目的地面提示标语(图 4-181)。

(3)试点彩绘斑马线。

在园岭一街及园岭五街各选取 2 处路段人行横道，试点彩绘斑马线，并在两端地面标绘“←望左”“望右→”标线(图 4-182、图 4-183)。

4.3.2.2 自行车交通系统

在既有人行道设置自行车道常规方式的基础上，探索通过调整机动车道路权分配和占用路内停车泊位来设置自行车道，致力于在白沙岭、红荔片区打造全覆盖、连续的骑行系统。

图 4-181　人行横道标志

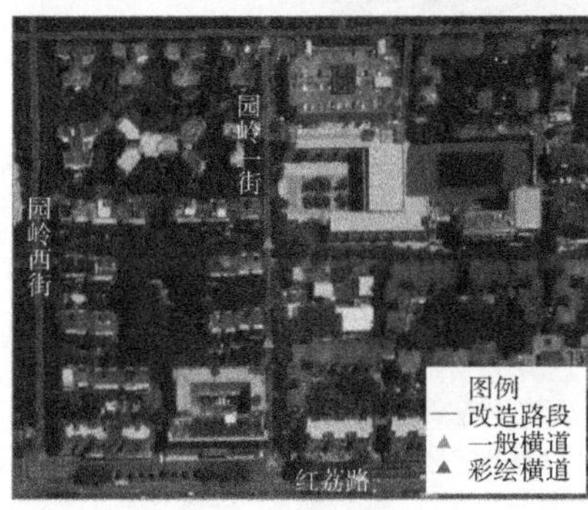

图 4-182　园岭一街、园岭五街试点彩绘斑马线

图 4-183　彩绘斑马线示意图

1)自行车道

(1)外围主廊道。

结合片区外围主廊道现状实际,对未设置自行车道路段,主要采取以下三种方式进行补充设置:

①针对现状人行道空间较富余的路段,通过在人行道上画线设置自行车道;

②针对现状破损、塌陷严重的自行车道,重新铺装,采用透水混凝土路面,并与人行道设置一定高差;

③通过占用绿化带部分空间设置自行车道。

如图 4-184 所示。

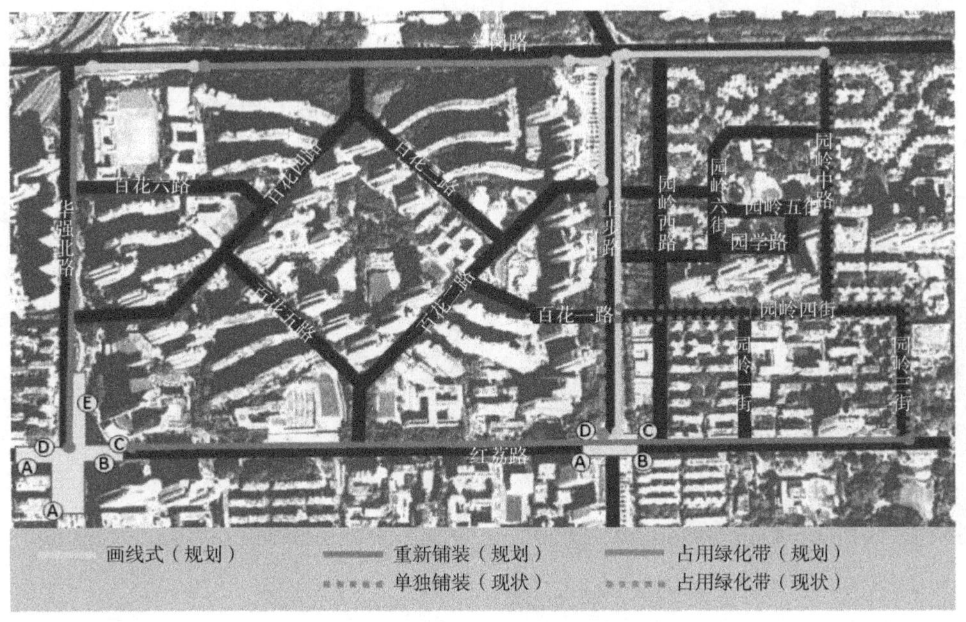

图4-184 片区自行车外部主廊道规划方案示意图

(2)内部连通道。

结合片区内部连通道现状实际,本着优先保障儿童出行路权的理念,主要采取以下三种方式进行设置:

①针对现状人行道空间较富余的路段,通过在人行道上画线设置自行车道;

②针对现状人行道空间较局限的路段,通过压缩机动车道设置自行车道;

③通过占用路内停车泊位设置自行车道。

如图4-185所示。

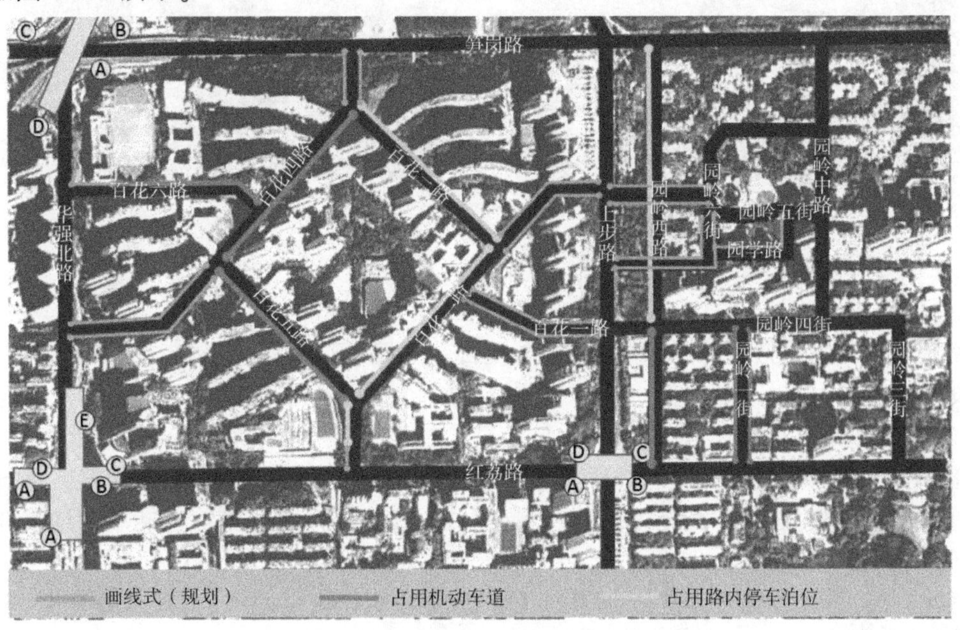

图4-185 片区自行车内部连通道规划方案示意图

2）自行车过街设施

片区自行车过街设施与行人过街设施相结合，主要采取以下两种方式进行补充设置。

（1）内部连通道与外部主廊道的交叉口：通过设置自行车专用横道，并提前将自行车道引导至人行道上（图4-186），自行车利用人行道进入自行车专用横道过街。

图4-186　自行车道提前引至人行道过街示意图

（2）路段无灯控的交叉口：通过设置自行车专用横道、等待线、减速标志等方式，提醒车辆安全行驶（图4-187）。

图4-187　自行车过街通道示意图

4.3.2.3　机动车交通系统

（1）实施限速措施。

片区学校路段包括园岭一街、园岭五街及百花二路、百花三路，实施30km/h限速措施，配套设置相应的限速标志，降低机动车对儿童的威胁（图4-188、图4-189）。

（2）交通组织优化。

通过优化片区学校路段交通组织减少机动车与儿童的冲突。其中，园岭五街进行由西往东单向交通组织，园岭一街延续由北往南单向交通组织，并通过压缩机动车道增加儿童步行空间（图4-190）。

百花一路、百花二路及百花三路通过上下学高峰期优化交通组织，重新分配路权，设置即停即走区，有序组织家长接送学（图4-191、图4-192）。

图4-188 园岭一街、园岭五街实施30km/h限速

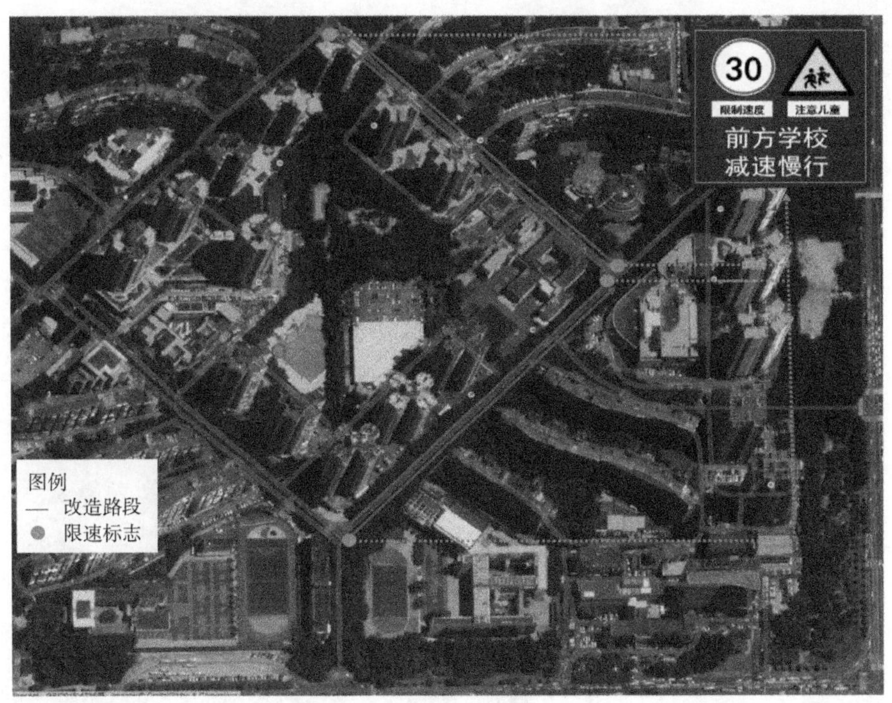

图4-189 百花二路、百花三路实施30km/h限速

(3)路内停车管理。

加强片区学校路段路内停车管理,其中,百花二路取消路边停车泊位8个,百花三路取消路边停车泊位12个,并将百花一路、百花二路及百花三路设置为严管路段,安装违停球,参考机场送机模式高峰期停靠超过3min抓拍。

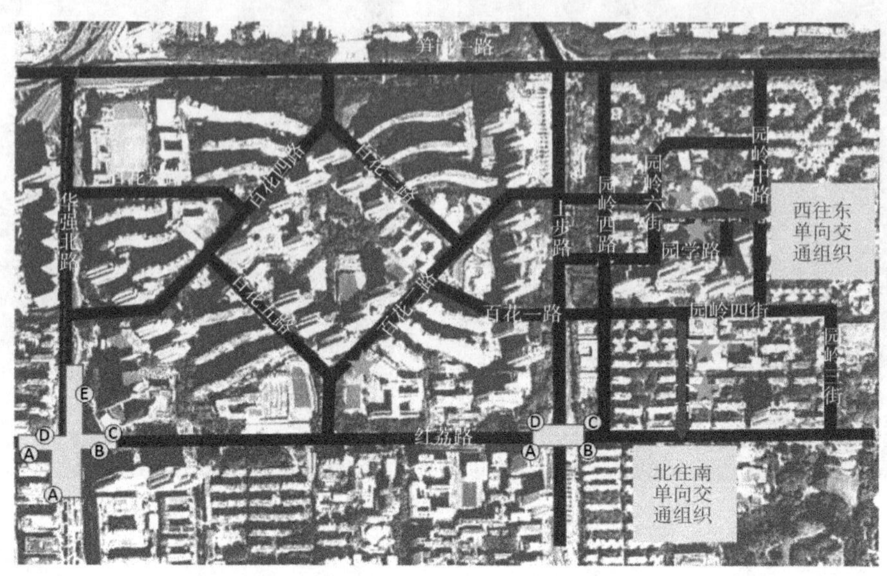

图 4-190　园岭一街、园岭五街实施单向交通组织

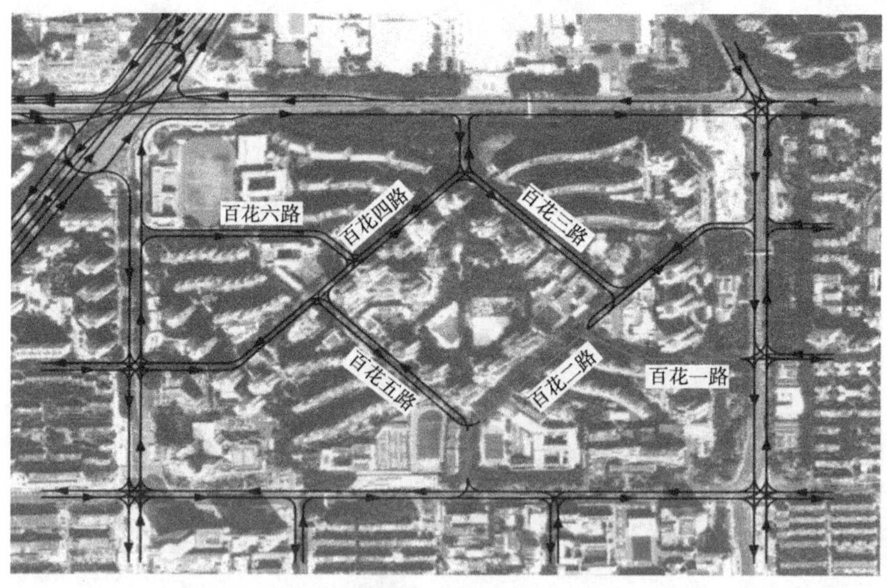

图 4-191　百花一路、二路、三路上下学高峰期交通组织优化

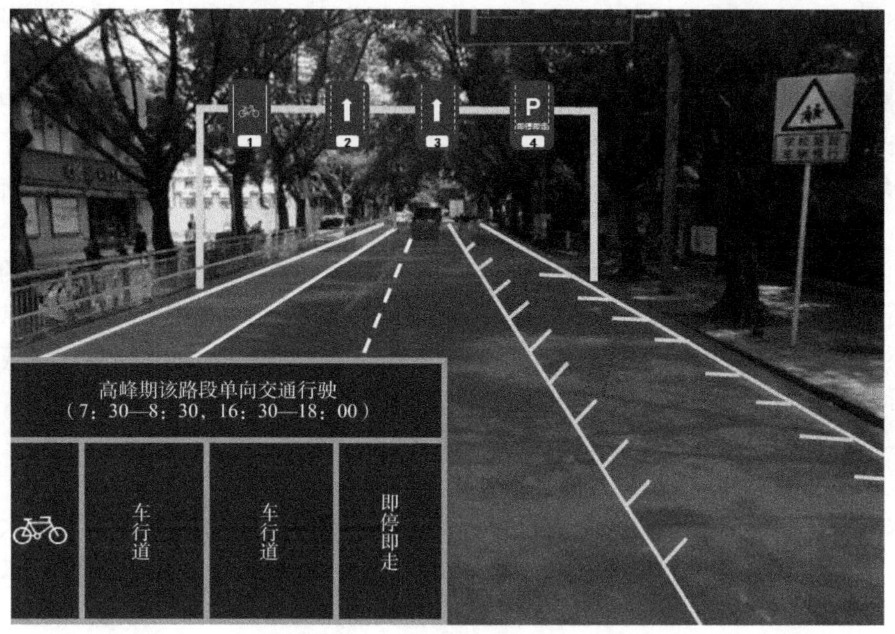

图 4-192 百花二路交通组织示意图

第 4.4 节 坪山新区慢行系统规划

4.4.1 概述

4.4.1.1 项目背景

(1)步行和自行车交通“复兴”的国际化趋势。

国内外城市发展经验表明,过去几十年,以机动车交通为主体的交通发展方式是不可持续的,引发了诸多城市问题,包括对环境的污染、交通拥堵、交通安全问题等。以石油危机伊始,荷兰带头制定鼓励自行车的慢行交通政策,并引发了许多欧洲国家效仿。由此,以“公交优先、鼓励慢行,限制小汽车发展”为主旨的综合交通发展策略在许多国家和地区逐步提倡,机动车为主导的时代将开始面临被批判的命运。

(2)坪山新区获批部市共建低碳生态示范区,被提升为国家战略。

2010 年 1 月,坪山新区在部市共建低碳生态示范市框架协议中被列为示范区。随着获批部市共建低碳生态示范区,坪山新区已被提升为国家战略。《深圳创建国家低碳生态示范市白皮书(2010—2011)》明确提出将建设慢行交通系统,形成绿色交通体系。慢行交通是城市道路交通的重要组成,具有必然性和不可替代性,行人在交通系统中处于弱势地位,在倡导“以人为本”的交通理念时更应保证行人交通的相对优先。根据市委市政府打造国际水准公交都市的目标和大力实施品质交通战略,“十二五”期间,坪山新区全力构建安全、宜人的慢行交通环境。

城市慢行交通系统是城市绿色交通系统的首要构成及综合交通体系的重要组成部分,由步行系统和非机动车系统两大部分构成。慢行交通隐含了公平和谐、以人为本和可持续发展的理念。当前,坪山新区开展了新一轮交通发展战略规划,对坪山综合交通发展具有全面指导意义。慢行交通作为综合交通体系的重要一环,是最为低碳、环保、可持续的交通组成部分,最能体现科学发展和以人为本。因此,坪山新区慢行交通系统的规划建设是对坪山新区综合交通体系的补充、完善和提升。

(3)坪山新区自然景观丰富、人文底蕴深厚,独有的山水人文资源给慢行交通创造了良好的出行环境,是本地区慢行交通建设的巨大推动力。

坪山新区包括坪山老墟镇、坪山河周边的众多景观资源、历史人文资源丰富的地区,慢行交通需求较强,发展慢行交通条件较好。通过坪山新区慢行系统的规划研究及试点地区实施方案的编制,推进坪山新区慢行交通系统构建,创造更加宜人舒适的慢行环境,为坪山新区慢行系统规划先行先试、探索有益的经验,促进"文化、产业、繁荣、幸福、宜居、和谐"坪山建设。

4.4.1.2 规划范围与年限

本次规划研究范围为坪山新区辖区范围,辖坪山、坑梓两个街道办事处以及大工业区,规划总面积 168km^2。本次规划年限与深圳市总体规划及其他相关规划保持一致,界定为 2020 年。

4.4.1.3 工作目标

本项目目标是"打造可持续发展、绿色环保低碳的交通出行方式,促进坪山新区城市发展更加绿色、更加低碳,打造与低碳生态城区相适应的慢行交通环境"。具体如下:

(1)宏观策略层面:在深入解读相关政策及规划的基础上,提出指导坪山慢行交通系统构建的发展目标、在城市交通体系中的定位等战略框架。制定合理的慢行交通政策及慢行空间发展策略,具前瞻性地引导市民的慢行出行行为,优化绿色交通发展模式及其系统的构建。

(2)规划研究层面:深化道路网络体系的研究,从坪山新区整体发展的角度科学规划慢行系统,构建有地区特色的、满足各类型区域和人群出行需求的慢行系统。

(3)指导实施层面:制订有效措施解决快慢交通冲突,制定各类慢行空间的设计指引和说明,为慢行系统的建设提供技术支持,构筑高标准的慢行空间。编制具有近期实施性的"试点实施方案",提出切实可行的改善规划方案及分期实施建议。

4.4.1.4 工作内容与技术路线

通过对研究范围内自行车及人行交通全面、细致、深入的调研,掌握规划范围内慢行系统现状,编制"坪山新区慢行系统规划",总体指导新区慢行交通发展;同时编制具有近期实施性的"试点实施方案",提出切实可行的改善规划方案及分期实施建议。同时规划还将对慢行交通实施、管理等工作进行深入分析探讨并形成工作建议。

4.4.1.5 工作依据

(1)《深圳市城市总体规划(2010—2020)》。

(2)《坪山新区综合发展规划》。

(3)《坪山中心(老城)、坑梓中心、龙田等片区法定图则》(已批、在编或草案)。

(4)《坪山中心区、坪山河流域(碧岭、沙湖片区)、金沙片区发展单元规划》。

(5)《坪山新区交通运输"十二五"规划》。

(6)《坪山新区绿道网专项规划》。
(7)《坪山河流域概念规划》。
(8)《深圳市干线道路网规划修编》。
(9)《深圳市轨道交通规划》。
(10)《深圳市打造国际水准公交都市五年实施方案》。
(11)《深圳市绿色城市规划设计导则》。
(12)《深圳市城市规划标准与准则》项目技术路线图(图4-193)。

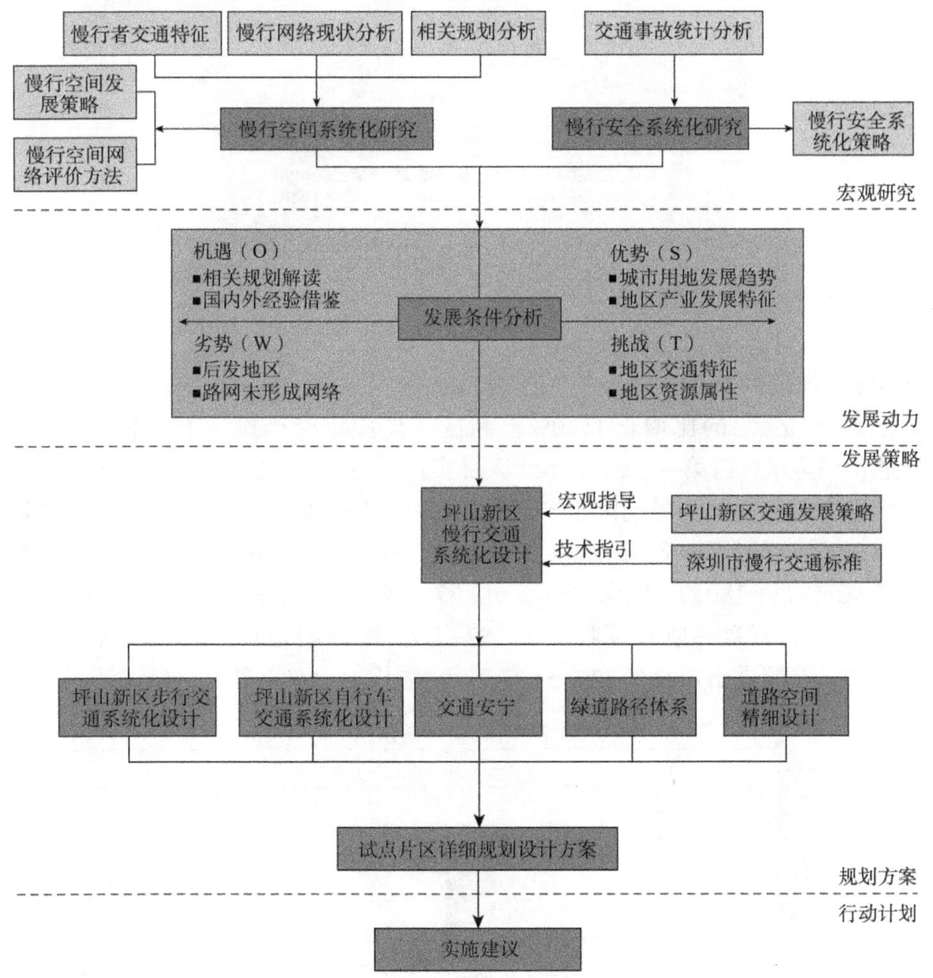

图4-193 《深圳市城市规划标准与准则》项目技术路线

4.4.2 发展现状分析

4.4.2.1 区域位置(图4-194)

坪山新区位于深圳市东北部,包括坪山、坑梓两街道办事处和大工业区在内,总面积为168km^2,是深圳市东部主要工业基地。坪山新区地理位置优越,东靠惠州大亚湾石化城,南连具有优美原生态的大鹏半岛,西邻世界最大的单体港——盐田港,北面是商贸发达、配套齐全的龙岗中心城,是深化深莞惠合作的重要战略节点。

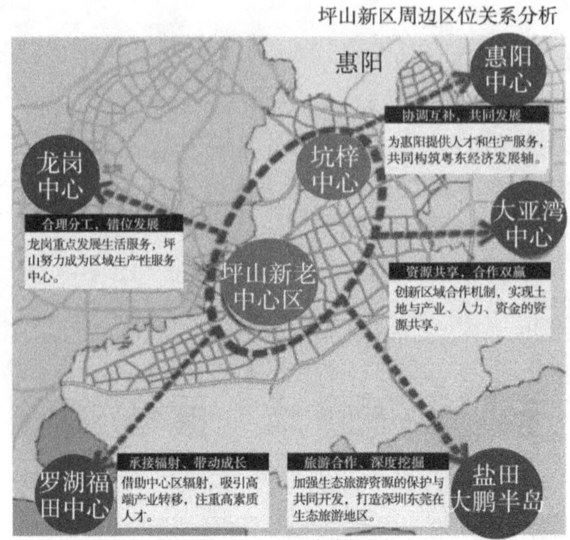

图 4-194　区域位置图

4.4.2.2　社会经济发展概况

坪山新区成立以来，经济总量快速增长。2011 年，新区实现地区生产总值 276.33 亿元，同比增长 14.5%。规模以上工业实现总产值 800.12 亿元，同比增长 15.6%；规模以上工业企业实现增加值189.59亿元，同比增长 15.0%。新区实现固定资产投资 135.10 亿元，同比增长 34.7%，增速位列全市各区第一。2011 年新区月实现两税收入 37.00 亿元，增长 24.2%。

2012 年坪山新区全年实现地区生产总值 345.1 亿元，同比增长 15.2%；规模以上工业总产值882.03亿元，同比增长 12.2%；规模以上工业企业增加值 207.52 亿元，同比增长 13.3%；固定资产投资 180.74 亿元，同比增长 37.2%；社会消费品零售总额 45.96 亿元，同比增长 23.4%；地方财政一般预算收入 14.57 亿元，同比增长18.45%；两税收入 45.19 亿元，增长 26.9%；外贸进出口总额 117.51 亿美元，增长 18.6%（图 4-195）。

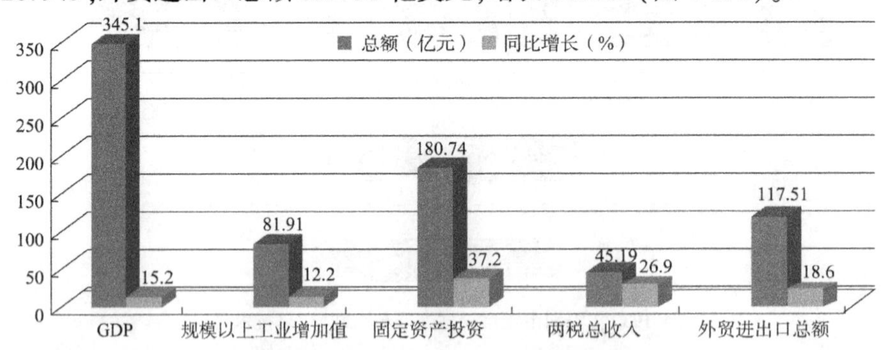

图 4-195　坪山新区 2012 年经济增长情况

4.4.2.3　人口及岗位概况

根据 2010 年第六次全国人口普查数据统计，全区常住人口为 309211 人（其中户籍人口约 3.7 万），同第五次全国人口普查 2000 年相比，十年共增加 105326 人，增长 51.66%。年平均增长率为 4.25%。全区常住人口中，0 ~ 14 岁人口占 9.14%；15 ~ 64 岁人口占 89.34%；65 岁及以上人口占 1.52%，人口结构呈现“两头小中间大”，以劳动适龄人口为主的特点（表 4-31）。

常住人口分布 表4-31

坪山新区	309211	1852	坑梓街道	99358	2435
坪山街道	209853	1650			

据初步统计，现状就业岗位规模约为40万个，平均就业岗位密度为5556个/km^2。从岗位类型来看，工业性岗位占绝大多数（75%），服务性岗位严重缺乏（5%），使得产业人口的通勤出行成为目前城市交通出行的主体。

4.4.2.4 土地利用现状

坪山新区行政范围为168km^2，2010年坪山建成区面积达到52km^2，其中工业用地约占40%、居住用地约占31%，商服用地不足4%，用地结构有待优化。坪山新区的土地总存量为167.02km^2，其中可建设用地面积为68.09km^2，占用地总量的40%，在可建设用地中，未建设用地为33.01km^2，占可建设用地的50%。扣除原规划确定的控制开放空间用地8.09km^2、拆迁居民异地安置用地1.52km^2，实际可用于开发建设的用地仅有23.40km^2，而在这23.40km^2的用地中，扣除零星用地，面积大于5公顷的规模化可开发建设用地为18.9km^2（图4-196）。

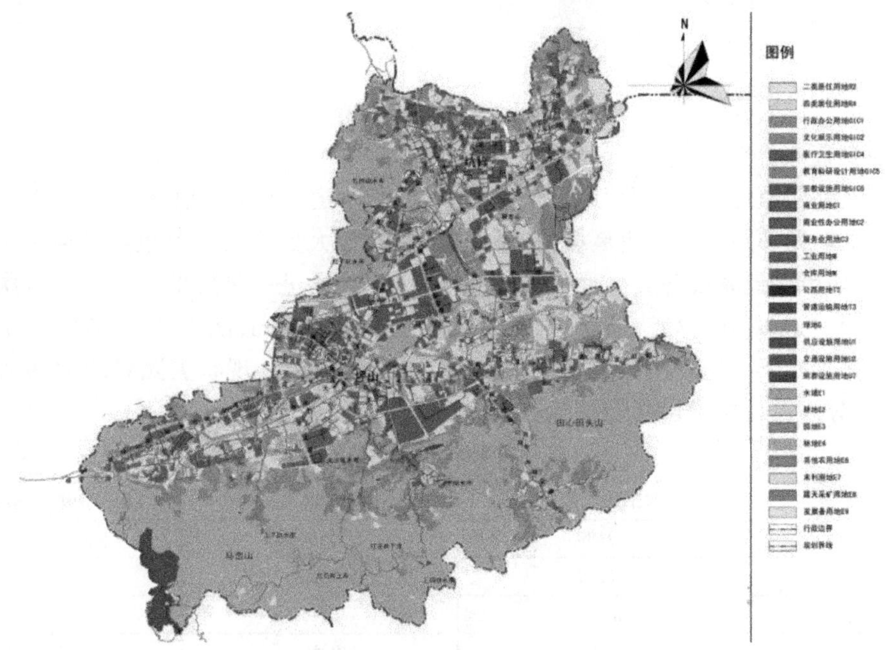

图4-196 新区土地利用现状

4.4.2.5 现状道路

1）对外交通

新区现状上层次高快速道路规模不足，导致过境及对外交通需依靠城市干道解决，对外通道资源缺乏。

（1）仅有一个高速公路出入口，与高快速路网衔接不畅。

（2）与市中心区、盐田区之间无快速直达联系通道联系，新区的发展不能够充分依托市中心区配套资源。

（3）与惠州大亚湾之间联系通道仅依靠深汕高速公路、深汕公路，不能有效支撑深莞惠一体化合作。

(4)与龙岗区之间联系仅依靠深汕公路、锦龙大道等城市主干道,不能充分发挥新区与龙岗区在产业、公共服务、配套设施上互补。

(5)与坪地街道、大鹏半岛之间均只有一条主要道路联系,路网可靠性较差。

坪山新区成立以来,基础设施全面推进。目前,大工业区北通道、新横坪公路坪山至横岗段已建成通车,深汕公路拓宽改造工程、绿梓大道、丹梓东路等快速路网顺利推进(图4-197)。

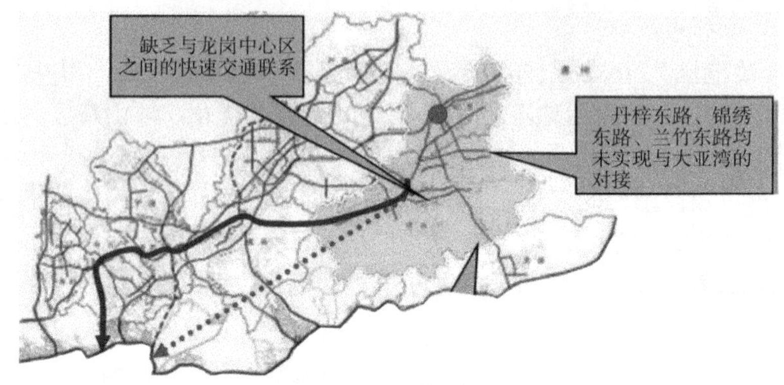

图4-197　对外交通通道示意图

2)内部交通

坪山新区路网整体形态仍呈以国省道为骨架,沿干道路向两侧发散的"鱼刺状"布局。现状次干道及微循环路网建设进展缓慢,断头路多,导致大量片区内短距离交通也需依靠主干道解决,使城市干道系统各类交通流混行,整体路网容量进一步降低。坪山新区次干道及以上道路里程142km,其中高快速路16.58km,主干道82.77km,次干道42.62km,组团式城市路网格局初见雏形。支路网系统建设标准不满足国家规范,现状支路系统大多由村道演变而来,大部分不符合城市道路设计标准(表4-32)。

现状路网密度统计表　　　　表4-32

道路等级	现状道路长度(km)	现状路网密度(km/km^2)	深标密度(km/km^2)
高速公路	9.39	0.13	0.3~0.4
快速路	7.19	0.10	0.4~0.6
主干道	82.77	1.15	1.2~1.8
次干道	42.62	0.59	1.6~2.4
支路	156.19	5.2	9~12.2

4.4.2.6　公共交通现状

2011年6月25日,深圳市交通运输委与坪山新区管委会正式签订共建"公交都市"示范区合作框架协议。作为全市第一个"公交都市"区级示范区,新区这两年来优先发展公共交通系统,积极推行绿色公交,全力完善公交配套设施建设。

目前,坪山新区范围内已有公交站点649个、公交线路73条(通往其他区39条、内循环线路34条)、公交车1608辆。2010年初至今,新区至市中心区开通了5条公交快线,填补了此前的空白。干线由3年前的23条增至38条,支线由12条增至30条,快、干、支线三层公交网络全面优化,公交保障水平显著提升。目前,中途换乘枢纽大站选址、用地、立项工作正在有效推进,争取在新区主干道周边新建2个公交中途换乘枢纽站,构成快线走廊。现状公交线路主要分布在深汕公路、东纵路、坪葵公路。目前公交体制改革基本完成,坪山新区公交经营完成了由"线路特许经营模式"向"公交区域专营化"的转变,公交服务水平不断提高。此外,公交"四站"提升工作也取得明显成效,如将410个无任何设施的公交站点装配设施,其中新建标准候车亭设施30个,简易候车亭设施380个;将所有公交站点全部装配站牌名称和线路信息,结束了市民因没有线路信息而搭乘公交盲车的历史。

公交场站的用地和建设是提升公交保障能力的基础。新区共有10个公交场站,其中坑梓街道有公交场站2个,坪山街道有公交场站8个,大多是临时租赁用地,极大地制约了公交事业的发展。新区计划解决13块近6.8万m^2公交场站用地,其中新能源场站用地2.56万m^2。碧岭村公交总站已于2012年底投入使用;汤坑公交总站正在进行施工图设计;龙田公交总站正在进行施工图审查;上布南村、金沙片区、坪山街道办和宝梓中路4个公交总站项目建议书已经报市发改委立项。

4.4.3 相关规划解读

4.4.3.1 《综合发展规划(2010—2020)》

1)土地利用与功能布局

提出新区未来目标,即"产业新城、低碳新城、幸福新城、创业新城",要将坪山新区建设为:辐射粤东、城市功能完善的中心之城;自主创新、高端产业集聚的科技之城;内聚外联、弹性应对发展的动力之城;特色鲜明、人文底蕴浓厚的文化之城;低碳和谐、山水城林相融的幸福之城。规划九大功能区,包括中心片区、坑梓片区、聚龙山片区、老坑片区、碧岭片区、燕子岭—出口加工区、田心田头片区、马峦山片区、生态农业片区。

2)慢行交通

确立"公交+慢行"的主体地位。大力发展以轨道、中运量系统、常规公交为主的公共交通以及以自行车、步行为主的慢行交通,慢行交通主要承担公交接驳、短距离出行以及健身休闲功能。到2020年,公共交通的机动化出行分担率达到70%。

(1)公交接驳方面:构筑居住与工作、商业片区的联系走廊,形成"慢行—公交—慢行"的出行方式。逐步实现"慢行—公交"接驳距离不大于500m,换乘距离不大于150m。慢行网络密度不低于9.5km/km^2的发展目标。

(2)日常出行方面:建立服务日常生活出行的宜人慢行交通环境。串联马峦山、坪山河、聚龙山等独有的山水资源以及特色客家文化。在城市绿道方面,强调沿城市的主要风景区构筑绿道,鼓励低碳出行。

(3)绿道建设方面:构建城市、片区、社区三级绿道系统,与区域绿道衔接互通。沿松子坑水库、新中心区、燕子岭、马峦山形成南北向城市级绿道,沿坪山河形成东西向城市级绿道,到2020年,城市级绿道为4km。沿创业路、龙坪大道、高压走廊、外环路形成四条片区级绿道,到2020年,片区级绿道为3.5km。结合社区公园、街头绿地、步行道等形成社区级绿道,到2020年,社区级绿道为96km,方便居民绿色出行,丰富日常休闲活动。

(4)规划提出:2015年慢行网络密度应达到6.7km/km^2,慢行网络间距约300m;2020年慢行网络密度应达到6.7~13.3km/km^2,慢行网络间距约150m。

4.4.3.2 《坪山新区交通运输"十二五"规划》

该规划提出了"创建乐活宜居的慢行交通体系，打造品质都市"这一综合交通发展策略。围绕坪山河、马峦山、松子坑水库—聚龙山公园三条城市绿带，以商业区、绿道网、轨道站、公交站、公园等设施为支撑点组织区域慢行交通，通过慢行系统圈形成慢行系统网。

4.4.3.3 《深圳市步行和自行车交通系统规划》

2011 年 10 月，深圳被确定为住房和城乡建设部第二批"城市步行和自行车交通示范项目"，为更好地指导深圳步行和自行车交通的规划建设，深圳市先后组织编制全市步行和自行车交通系统专项规划及设计导则。

结合各骑行单元自行车道网络建设条件、出行需求、轨道及公交的发展，坪山新区被确定为全市 22 个自行车交通重点发展地区之一。坪山中心区规划有坪山区级公共服务中心，具备近期重点建设、更新地区和高出行强度地区等要素，将坪山中心区确定为核心步行片区（图 4-198、图 4-199）。

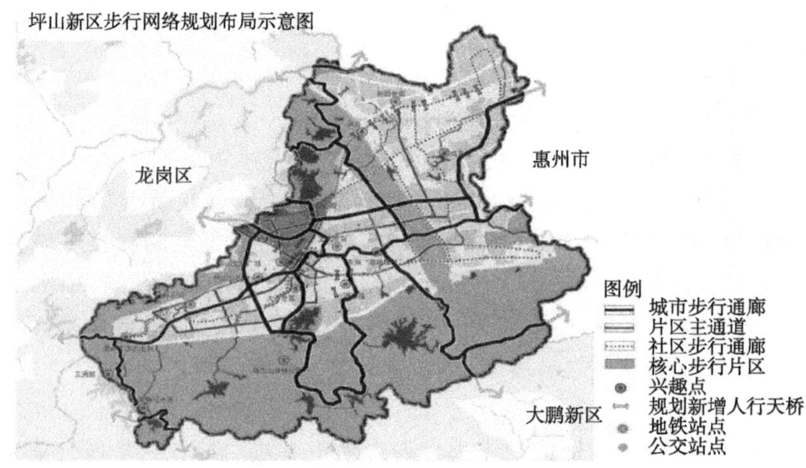

图 4-198 坪山新区步行网络规划布局

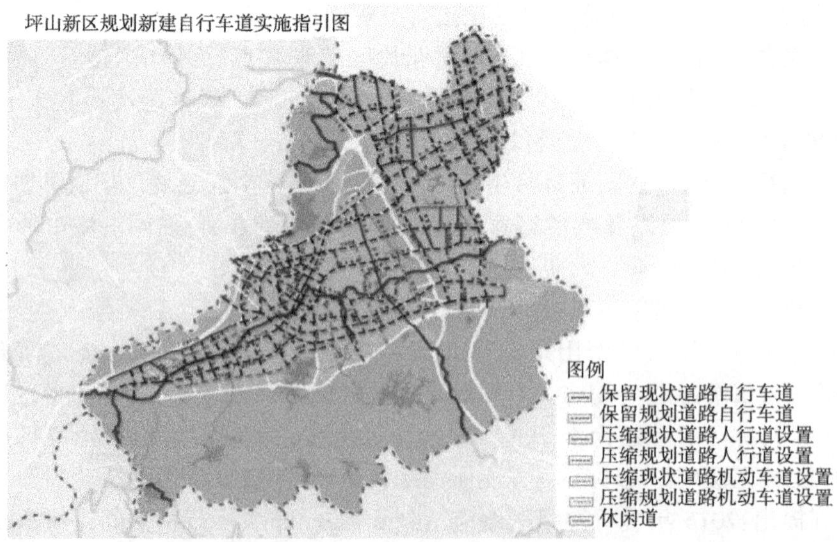

图 4-199 坪山新区自行车道实施指引图

4.4.3.4 《深圳市绿道网专项规划》

规划坪山新区城市绿道总长度为43.1km,分别为城市绿道8号坪山河滨河休闲线,城市绿道21号菠萝山——龙城公园山海风光线,城市绿道23号葵涌——青龙山山海风光线(图4-200)。

图4-200 坪山新区绿道网布局结构示意图

4.4.3.5 《坪山新区绿色交通专题研究》

该专题研究以绿色交通规划体系为理念,将对坪山新区的城市交通及产业发展态势进行系统分析,结合坪山新区城市发展目标及产业发展策略的宏观要求,系统整合地区各层次交通方式的发展模式,并制定适宜地区的绿色交通规划体系,对各交通系统之间的合理衔接方式进行研究和梳理,最后对坪山新区绿色交通发展提出政策与实施建议。

该规划体系的目标为:构建与生态型先进制造业基地、东部高新技术产业服务中心的城市副中心定位相适应的绿色交通体系,坚持城市公交社区导向开发模式,实现对外便捷连接,塑造安宁、舒适的生态型生活交通空间。其核心为减少高污染、低效能交通方式的使用,形成以无污染或低污染、环保的公共交通为主体的交通体系。

4.4.4 坪山新区慢行交通现状分析

4.4.4.1 慢行交通设施分析

1)绿道现状

新区现有绿道153.18km,其中区域绿道5.42km,城市绿道46.76km,社区绿道101km。坪山新区根据自身特色构建出五种不同风格的绿道,包括古村落风貌绿道(图4-201)、聚龙山生态绿道(图4-202)、城市中心公园绿道、坪山河沿河景观绿道、森林公园风光绿道,丰富了慢行文化,使慢行出行环境得到提升,但目前绿道系统尚未形成网络。

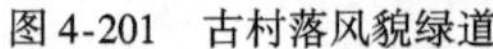

图4-201　古村落风貌绿道

图4-202　聚龙山生态公园绿道

2)人行道现状

随着道路改造的推进,新区大部分主要道路上都设置了人行道。其中深汕路改造完成后人行道宽度4~5m,两侧绿化设施较为完善,步行条件显著提高。部分干道没有设置人行道,如主干道比亚迪路,次干道竹坑路、龙兴路、旧横坪公路、金田路等。

坪山新区老中心的商业步行街内车流、人流混杂,步行环境较差(图4-203)。步行街虽然部分地段设有人行道,但宽度较为窄小,还被非机动车辆挤占,通行能力有限。

图4-203　坪山新区老中心商业街步行环境

3)过街交通设施分析

坪山新区内信号控制路口有部分路口只有车辆控制信号灯,无行人过街控制灯,给行人过街带来不便。如深汕路与东纵路交叉口只有车辆控制信号,无行人过街控制信号。

人行过街天桥可划分为以下三种类型:

A类——保证行人过街便捷性,主要解决行人过街流量较大路段的过街需求,方便行人过街,减少机动车交通对行人交通的影响,充分体现以人为本的原则。

B类——保证行人过街安全性,主要解决学校、医院、轨道站点等特殊路段的过街需求,该类路段平时行人过街流量不大,但存在特定时段的人流高峰期;或者行人过街流量虽然不大,但由于过街对象或道路交通等方面的原因,行人过街存在较大安全隐患。

C类——保证行人过街可达性,主要解决车流量较大、车速较快的道路两侧步行交通联系困难的问题。

从现状人行天桥统计来看，整个坪山新区人行天桥共10座（A类天桥1座、B类天桥2座、C类天桥7座），主要集中在深汕路上。坪山新区立体过街设施存在以下问题：

(1)立体过街设施数量少且形式单一，存在无名天桥。坪山新区内立体过街设施共10个，除深汕路与中山路1处为交叉口人行过街天桥，其余均是路段过街天桥。在10座天桥中有2座无名天桥。

(2)立体过街设施附属设施不完善，人性化程度不够。在坪山新区内的10座天桥中有6座无遮雨棚，8座无斜坡。无遮雨棚，在强烈日照和多雨季节给行人步行活动带来了较大障碍；无斜坡，给残疾和负重行人带来非常大的不便。

(3)C类天桥利用率非常低。在坪山新区C类天桥附近无分隔护栏，行人乱穿马路现象十分普遍，天桥使用效率非常低。

深汕路与中山大道交会处的人行天桥覆盖了十字交叉口的三个方位，深汕公路改造工程施工时只实施了路口北、西向天桥。路口建设路东向采用斑马线过街，路口南向中山大道两侧护栏封闭。因该路口较大，人流量密集，大部分行人横穿路口过街，安全隐患大。如表4-33所示。

主要城市主干路人行天桥设施情况一览表　　表4-33

人行天桥	类别	位置	是否有遮雨棚	是否有斜坡
坪山高斯特人行天桥	C类	深汕路	无	有
人行天桥（未命名）	C类	深汕路	无	有
人行天桥（未命名）	A类	深汕路	无	有部分通道无斜坡
人行天桥	B类	深汕路	无	无
人行天桥	B类	深汕路	无	无
坪山中学人行天桥	B类	东纵路	有	无
坪山第二小学人行天桥	B类	东纵路	有	有
比亚迪人行天桥	B类	创业路	无	有
欧姆龙人行天桥	C类	坪西公路	无	无

4)自行车道现状分析

坪山新区内现有自行车道市政道路31条，总长度为44.59km，主要集中在主、次干道上。共有机非绿化分隔自行车专用道、机非护栏自行车专用道、人非绿化分隔自行车专用道、人非彩色铺分隔自行车专用道、人非划分分隔自行车专用道、人车混行六类。

主次干道有分隔的自行车道约15.8km，占主次干道的比例约为12.6%。目前新区内自行车道没有连成网络，通达性不够。其中坑梓中心片区自行车道严重匮乏。大工业区内的自行车骑行环境较好，采用彩色路面进行区分，周边绿化设施、环卫设施都较为完善，如竹坑路、金牛西路等(图4-204)。东纵路等道路的骑行环境相对较差，东纵路整体上较为破旧，自行车道年久失修，部分路段出现路面破损和沉降（图4-205）。

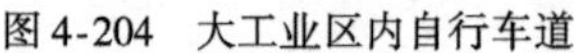

图4-204　大工业区内自行车道

图4-205　东纵路自行车道

5）自行车停放点现状分析

新区一些大型商场附近及医院附近设有自行车停放点。国惠康商场正门前有一自行车停放点，大约可停放100辆自行车。万福家、民乐福商场周边分别有两处自行车停放点，总共可停放400辆自行车。人民医院门前也设有自行车停放点，可停放自行车400辆，而且采用免费停放的方式（图4-206、图4-207）。

图4-206　国惠康商场

图4-207　万福佳商场

坪山新区对自行车出行的依赖性比较大，设置自行车停放点的商场较多，但自行车停放点整体上质量不高，均是路边直接停放，无遮雨遮阳设施。

4.4.4.2　慢行交通环境特征——自然景观丰富、人文底蕴深厚

坪山新区自然景观有马峦山郊野公园、松子坑森林公园、聚龙山生态公园、坪山新区中心公园、燕子岭生态公园、田头山森林公园、鹏茜国家矿山公园等。人文景观有龙田世居、新乔世居、大万世家、洪围、光祖中学、文武帝等，还有革命传统教育基地东江纵队纪念馆、曾生故居等。坪山新区自然景观丰富、人文底蕴深厚，给慢行交通创造了良好的出行环境。

4.4.4.3　居民慢行交通出行特征

（1）居民依赖非机动化出行强度高。在整个出行比例中，坪山新区非机动化的出行比重达到70%，仅次于光明新区。其中自行车出行比例高达15%，居全市各区第一。自行车交通出行目的所占比例如图4-208所示。

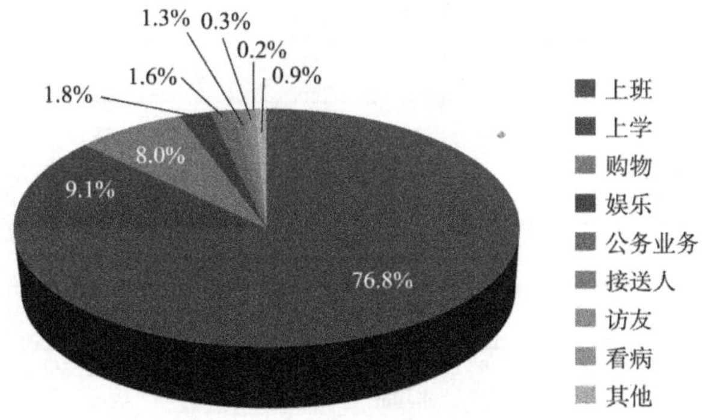

图 4-208 自行车交通出行目的所占比例

(2)居民短距离出行、通勤出行频率高。坪山新区现状土地利用方面大部分社区呈现“就居合一”的特征,如沙壆社区内设有力国五金厂、正隆塑胶印刷厂等工厂,坪山新天地商业广场、利和百货等购物商场,菩子岭公园等休闲场所,龙翔学校等教育机构。社区内居民依靠自行车、步行便能满足日常生活、工作需求,实现职住平衡,客观上减少了机动车的出行。根据深圳市居民出行期望线调查可以发现,出行源和吸源集中在坑梓老中心、坪山老中心及比亚迪汽车工业园附近,出行半径集中在 1500m 左右。新区 5km 内短距离出行约占 88%,高于全市 5km 内短距离出行 75% 的比例(图 4-209)。

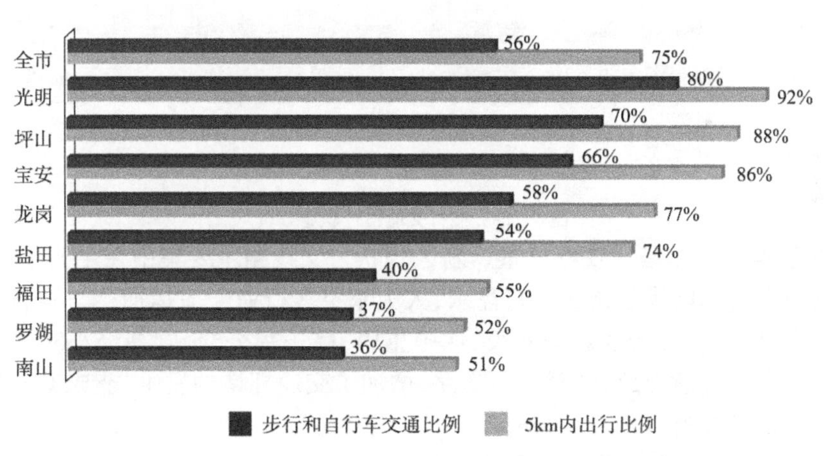

图 4-209 深圳市各区 5km 内出行比例

(3)产业人口的通勤出行成为目前坪山新区交通出行的主体。自行车出行目的结构与其他交通方式相同,以通勤为主。据初步统计,坪山新区现状就业岗位规模约为 40 万个,平均就业岗位密度为 5556 个/km²。从岗位类型来看,工业性岗位占绝大多数(75%),服务性岗位严重缺乏(5%),使得产业人口的通勤出行成为目前坪山新区交通出行的主体。现状自行车交通主要目的是通勤,上下班占 76.8%,上下学占 9.1%,与其他交通出行方式的目的结构基本相同;高峰主要集中在早晚上下班高峰期,早高峰峰值达 27%,晚高峰峰值接近 15%,早晚高峰比例远高于机动车交通;13:00—15:00 出现午间出行小高峰(图 4-210)。

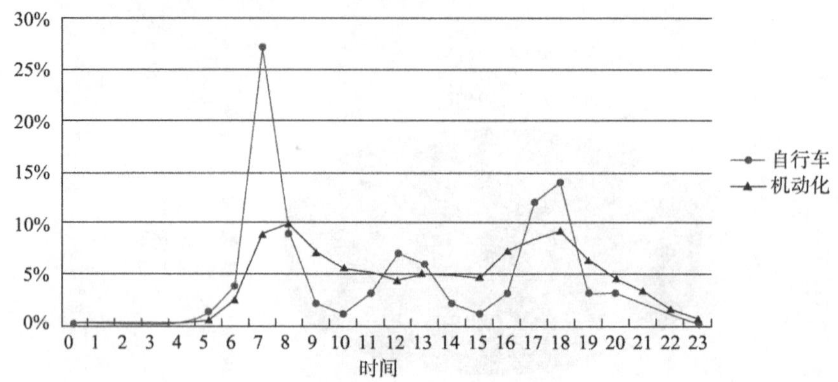

图4-210　自行车出行时段分布

(4)工业制造、学生、其他(无固定职业)三类以短距离出行为主的低收入群体慢行交通出行比例相对较高。工业制造业达到78%(自行车占10%)。行政技术、商业服务业人员收入相对较高、出行距离长,机动化出行比例较高,慢行交通出行比例低(图4-211)。

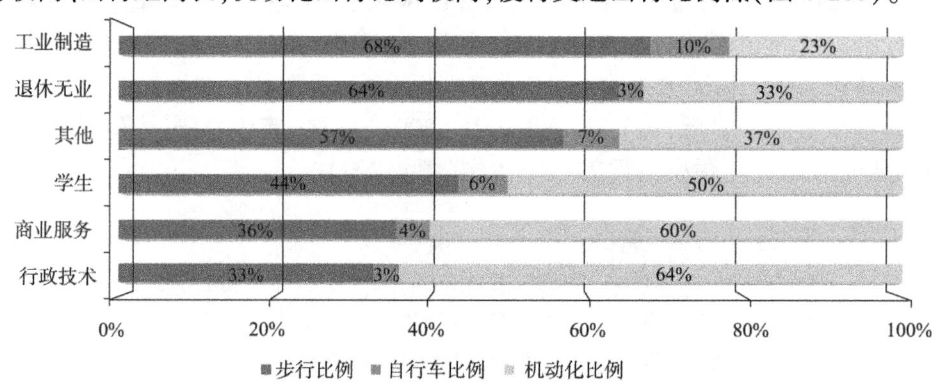

图4-211　慢行交通出行职业分布

(5)非法营运自行车搭客现象严重。新区现状公交线路主要集中在主要干道上,街巷内没有公交线路覆盖,不能满足市民出行需求,人力车搭客行业便应运而生。自行车搭客及人力三轮车主要集中在坪山新区繁华地段,如国惠康、民乐福公交站,高峰小时聚集几十辆搭客自行车,这些车辆随意停放,任意穿行道路,增加了交通拥堵的发生,造成安全隐患。

4.4.4.4　慢行交通总体问题分析

(1)问题一:设施供给与需求之间的矛盾。

自行车承担居民出行比例和其道路空间比例不协调,在现状非机动车出行分担率达15%左右的情况下,主次干道有分隔的自行车道约15.8km,占主次干道的比例约为12.6%,与其所承担的居民出行分担率不协调。

新区现状慢行出行占交通模式主导地位,但慢行通道尚未形成网络,部分道路建设年限较为久远,道路破损严重,慢行环境相对较差。部分干道保留公路断面,缺少人行道,行人与车辆共道,安全隐患较大。

根据2010年居民出行调查公众咨询结果,影响自行车使用的因素主要有:缺乏停车设施(22.2%),自行车道少、路面不平整(18.1%),骑行方式受其他方式干扰(15.9%),气候(14%)。以上自行车交通设施问题所占比例接近60%(图4-212)。

(2)问题二:过街设施有待优化。

新区内的天桥利用率普遍不是很高,有必要对天桥的设置形式、位置进行优化调整。平面过街设施不够完善,部分交叉口缺少人行过街信号控制,基本上没有自行车过街标志。

(3)问题三:非机动车停放设施存在问题。

新区自行车随意停放现象严重,尤其是老中心商业地带,停车指引标志较少,公交场站及公交站点无自行车换乘场地。

(4)问题四:稳静态交通设施缺乏。

新区内稳静态交通设施十分匮乏,进入步行街、学校、居住区内基本没有设置减速带。交通标志也不够完善。

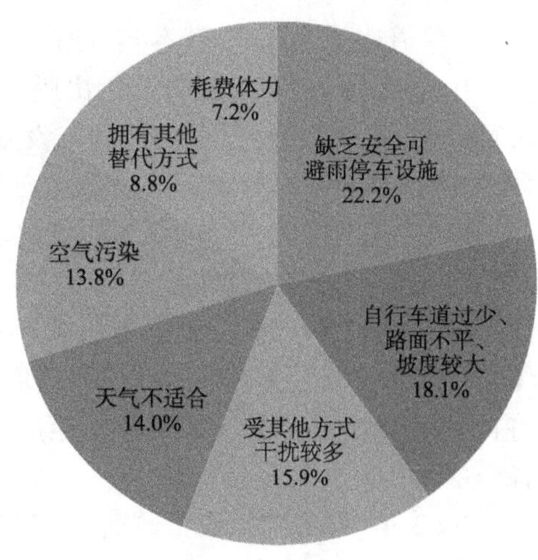

图4-212　影响自行车使用的主要因素

(5)问题五:休息设施及环卫设施有待加强。

新区内道路两侧座椅等休息设施、环卫设施不够齐全。要打造高品质慢行空间,周边的相应配套设施有待提升。

4.4.5　国内外慢行交通概况

4.4.5.1　国外

1)丹麦哥本哈根

20世纪60年代,第二次世界大战后欧洲城市重建已经完成,工业生产快速发展,私家车的拥有和使用变成了城市繁荣的标志,哥本哈根亦如此。哥本哈根市面积97km^2,人口67万,每千人拥有小汽车185辆,小汽车交通方式占全方式的比例超过50%。汽车在切割城市,占据活动空间,消磨城市文化。为挽救被汽车蚕食的城市中心,哥本哈根市市政府尝试建设步行街,以缓解人车矛盾。

(1)步行系统。

哥本哈根的步行系统建设基本分成两个阶段:1962年,哥本哈根开辟了第一条步行街——斯特勒格街,逐渐在市中心发展成步行网络;之后逐一对步行街、城市广场、社区广场和滨河区等重点地段和特色地段进行改造。同时,减少进入城市的干道,减少穿越中心的交通,减少中心的机动车停车空间。经过40年的建设,中心区行人专用区面积达9.6公顷,成为步行者天堂。到2015年,全市全方式步行出行比例规划达到17%。

(2)自行车系统。

1980年,哥本哈根市市政府通过了第一个自行车网络规划——该项规划由丹麦骑车者联合会于1974年提出。从1970年至今,该市自行车专用道的长度从210km增加到338多km,自行车出行量增长了65%。天气晴好的时候,在哥本哈根市民的通勤出行中,自行车出行所占的比例(37%)要高于乘坐小汽车或大容量公交所占的比例(均为31%)。即使是在雨天和雪天,也分别有60%和30%的自行车使用者坚持采用这种他们所偏好的出行方式上班。根据哥本哈根自行车交通规划,自行车专用道将达到388km,自行车专用路达到

18km,绿道达到110km,基本实现所有主次干道设置专用自行车道。

1996年起,哥本哈根每两年出版一次《自行车交通说明书》,一方面统计自行车交通量、出行比例、事故数量与程度、自行车设施建设指标;另一方面调查骑车者意见并转化为量化评分,据此调整后两年自行车交通改善的重点。

1997年,哥本哈根市市政府出台《交通与环境规划》,明确了抑制小汽车交通增长、大力发展自行车和公共交通的总体目标。2000年,政府出台《城市交通改善计划》,对哥本哈根市自行车发展目标进行细化,并为同年通过《自行车道优先计划》和《自行车绿道计划》等具体实施项目奠定了基础。2001年,政府出台《哥本哈根交通安全规划》,提出2001—2012年将自行车事故死亡率降低40%。至此,自行车已经逐步融入哥本哈根城市规划管理工作的各个层面。

2002年,哥本哈根市市政府发布《自行车政策(2002—2012)》,第一次围绕发展自行车工作制定了一揽子计划,并提出九大"抓手",包括建设自行车专用道、设置自行车绿道、改善城市中心区自行车环境、加强自行车与公共交通接驳、改善自行车停车设施、优化交叉口设计、加强自行车道的养护、保持自行车道的清洁、重视宣传教育。

2007年,哥本哈根市市政府在《生态都市》远景纲领中,正式提出要将哥本哈根建成"世界自行车最佳城市",到2015年力争使本市自行车通勤分担率至少提高到50%。

2012年夏,哥本哈根市市政府发布《气候规划》,提出到2025年将哥本哈根建设成世界第一座碳中和城市,并再次重申50%自行车通勤分担率的宏伟目标,将发展自行车作为交通领域的减排重点。

2)荷兰阿姆斯特丹

阿姆斯特丹城市布局平坦紧凑,棋盘式的格局使内城一个点到另一个点之间的距离最多只有5km,是骑自行车的理想距离。大部分出行距离较短,小于7.5km的出行占总出行的比例大于70%。约有40%的交通是由自行车承担的,阿姆斯特丹因此又被称为"自行车背上的城市"。

荷兰自行车交通的发展历程:

(1)荷兰也经历了一个机动化水平急剧上升的时期。20世纪50—60年代,大规模的机动化交通不仅被接受,而且得到鼓励,政府在政策上主动为小汽车提供空间,城市的发展被小汽车所支配。在此期间,荷兰成为世界上每平方千米小汽车拥有量最高的国家。这一时期,由于人们更多关注出行的时间和效率,小汽车成为必需品,自行车交通的发展被搁浅。

(2)20世纪70年代早期,荷兰年交通伤亡人数达到高峰,交通安全开始成为政治问题,环保呼声越来越高,同时人们也日益注意身体锻炼和休闲。加强小汽车管理和提倡公共交通与自行车交通成为讨论的焦点话题,阻止小汽车快速发展的建议得到越来越多人的支持。而且,荷兰中央政府还向省、市地方政府提供资金,用以通过革新措施鼓励自行车的使用。

(3)20世纪80年代,人们开始认识到各种经济和社会活动可达性的重要,小汽车不再是人们关注的中心。此时期交通政策特点明确,交通安全顺利向前发展,这主要归功于道路设施的建设,即分离各类交通方式,分别建设机动车专用道和自行车专用道,同时限制小汽车居住区的行驶速度(≤30km/h),有效保证了骑车人的安全,自行车出行需求上升。

(4)1990 年以来,荷兰政府为提高生活质量、推动经济发展,制定了新的交通政策,限制汽车使用是其中很重要的部分,目的是把私人小汽车交通转化为公共交通和自行车交通。此时期停车收费普遍被接受,包括在城市中心区的外围,且收费增长很快。同时在内城开辟了大范围的小汽车禁行区,第一个小汽车禁行居住区也开始实施。

荷兰政府还制定了如下政策:限制与小汽车有关的基础设施发展,控制小汽车的使用;缩短市民生活、工作、购物和休闲所去地方之间的距离,控制流动需求;推广自行车、公共交通和多人共乘小汽车,代替小汽车;提供有选择的可达性,不是所有的交通方式都能进入所有的区域。

3)韩国

20 世纪 90 年代,韩国也曾产生过严重的人车矛盾。伴随小汽车激增,首尔年均有超过 500 名行人死于交通事故,数万名行人受伤。1993 年 6 月,大规模步行示威活动在首尔市中心举行,民众要求制定改善学校、人行横道和地铁通道环境的条例。迫于民意,首尔规划院组织了步行交通研究,《首尔步行者权利及步行环境改善》法令得以颁布,该法令赋予了首尔市长保护行人权利及城市良好步行环境的责任,提出把汽车为中心的交通政策转变为以人为中心的交通政策。1995 年,首尔步行环境系列改善计划相继展开,包括人行横道重建计划、步道改善计划、社区街道改善计划、地铁通道改善计划、交通换乘改善计划、步行街计划、友好的街道步行环境计划、交叉口改善计划、无障碍车站和建筑计划、街道和停车场减少障碍计划等。

4.4.5.2 国内

1)香港

近年来,香港开展了行人环境规划研究,制定了一套指引,自 2000 年开始,香港运输署已在铜锣湾、中环、湾仔、旺角、尖沙咀、佐敦等区实施了行人环境改善计划,因地制宜地建立以人为本的步行环境,使步行成为香港以轨道交通为主导的多元化公共交通体系的重要组成部分。香港步行系统具有以下特点:构成类型多样,是一张由步行街、人行道、天桥、地下通道、公园、建筑大厅、屋顶花园等连接和叠加在一起的三维网络,通过地面、空中和地下的立体步行系统将地铁站、公交车站等交通枢纽和商场网点形成的综合建筑,以及公园、绿地和广场等开放空间相互连接。步行系统尺度很小,一般步行道的宽度为 3~5m,相邻步行道间距大多在 50m、100m 左右,密度高。步行系统与地铁站、建筑物结合紧密,在地下,地铁车站的出入口与地下商场相连,较好地实现人车分流,地上出入口则附设在建筑内部,释放了步行空间。人行道、地铁站、地面建筑三者紧密连接,使出行与上班、购物、娱乐等实现无缝连接,真正实现了"以人为本"的出行理念。步行系统注重细节处理,步行道无论在栏杆、座椅的形式还是在尺度和材质等方面都强调实用性。步行空间的交通管理理念处处体现"以人为本",交叉口行人过街信号配备声音,天桥设有电梯,坡道的形式、坡度、地面材料的感应度、扶手、排水都进行了精心设计。

香港自行车发展主要受限于地区地势条件和道路条件,香港只有 27% 的地区适合自行车骑行(坡度小于 5%)。香港对自行车的定位为休闲活动,建有 170km 自行车道,主要分布在新界区,自行车交通在交通出行中所占比例很低。整个自行车道网络沿线设有辅助设施,包括休息处、路标及景点指示牌,并会绿化沿线路径。整个自行车网络能经过香港文物古迹、海边沙滩(图 4-213)。

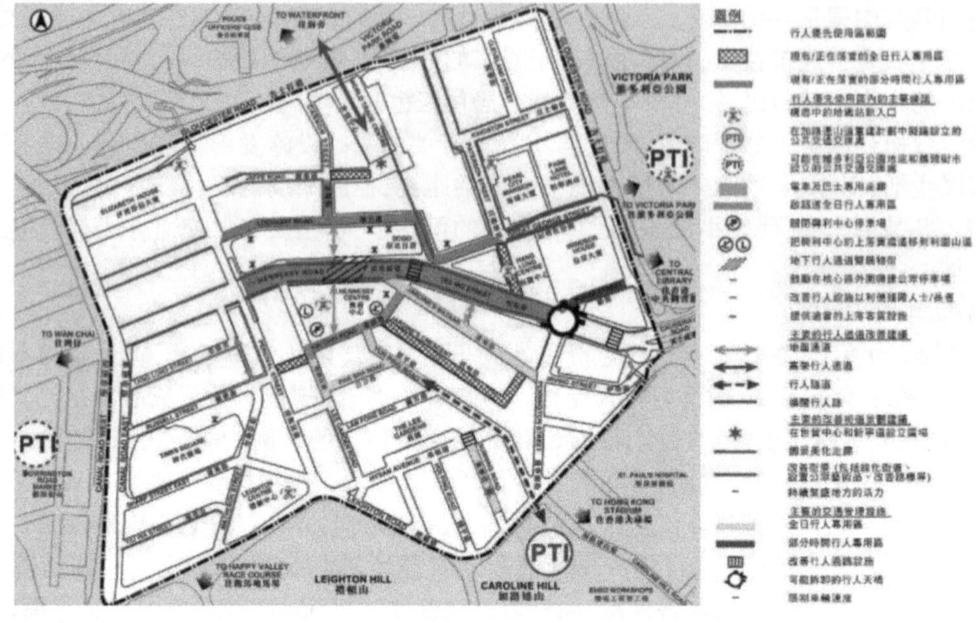

图 4-213　铜锣湾步行环境规划图

2)杭州

2010 年的杭州,慢行出行方式在出行结构中达到 58%,非机动车保有量达到 486.1 万辆。

提倡步行及自行车交通方式,实行步行者优先,为包括游客和交通弱势群体在内的步行者及自行车使用者创造安全、便捷和舒适的交通环境,体现城市的人文关怀,在这方面,杭州市的做法具有推广意义和学习价值。

杭州市结合市区河道整治,建设滨水慢行交通,使城市河道资源得到高效利用,也凸显了杭州城市特色魅力。

杭州公共自行车交通系统创建于 2008 年 5 月,是中国第一个推出真正意义上的公共自行车交通系统的城市。由政府投资,依托杭州公交集团公司建设运营。系统集合了计算机技术、通信网络、视频监控、IC 卡技术、RFID(射频识别技术)无线射频、CAN(控制器局域网络)总线等当代先进科学技术的公共自行车交通服务系统,由公共自行车停放管理子系统、租用管系统、通信子系统、清结算子系统、调度管理子系统以及防盗子系统高度集成的智能管理系统构成。杭州市公共自行车系统从 2008 年 5 月 1 日开始运营以来,从首期的 61 个服务点,2800 辆自行车,最高日租用量达到 5000 余人次发展到现在全市已建成 2674 个服务点,6.5 万辆自行车,最高日租用人次达到 34.56 万,2011 年租用量达到 8700 余万人次,三年累计租用量 19700 万人次。由于其便捷、经济、安全共享的特征,以及“自助操作、智能管理、通租通还、押金保证、超时收费、实时结算”的运作方式,公共自行车已经成为杭州中外游客和市民出行必不可少的城市交通工具。

杭州建设慢行交通系统的方法:

(1)构建交通接驳枢纽。构建非机动车与轨道交通、BRT(快速公交系统)、常规公交等组成的四级换乘枢纽,以优先发展公共交通为基础,促进非机动车与城市公共交通系统的衔接,保证良好的换乘环境。

(2)机动车道分级。将非机动车道网络划分为廊道、集散道、连通道、休闲道 4 个等级,以城市道路为依托,建立与城市土地利用相协调的非机动车道网络。

(3)将慢行区概念引入非机动车交通体系规划。把市区划分为 47 个慢行区,以慢行区划分为依据,优化、整合区内非机动车网络,引导非机动车在慢行区内出行,对于距离较长、强度较大的非机动车出行客流走廊,布局规划非机动车廊道。

(4)构建自行车租赁系统(公共自行车系统),提倡短距离出行向自行车交通转换,有效衔接轨道交通、BRT、常规公交,大大提升公交服务范围,实现公交出行的门到门。

(5)划分步行单元。根据地块内主导的土地利用性质、步行人流的主要性质以及市民使用活动的状况,将基本步行单元划分为 8 个类型。针对每种类型步行单元中步行活动的不同特点,有针对性地提出规划措施。

(6)科学设计人行道,提高步行系统安全性、可达性与可识性。详尽的设计指引,统一的设计标准,注重慢行设施与环境的协调性,最大可能地照顾弱势群体,体现路权分配的公正公平,塑造场所归属感。

3)上海

上海市市政工程管理局于 2006 年编制了《上海市中心城非机动车交通规划研究》,通过中心城机非冲突调查、干道空间利用调查、机非分离意愿调查等五轮调查及典型道路的实地踏勘,评价了“机改非”的绕行阈值及社会效益;按照交通强度将非机动车道划分为廊道、通道、休闲道三级,并结合慢行岛、慢性核的分析就非机动车廊道的规划、建设及管理做出深入的研究(图 4-214)。

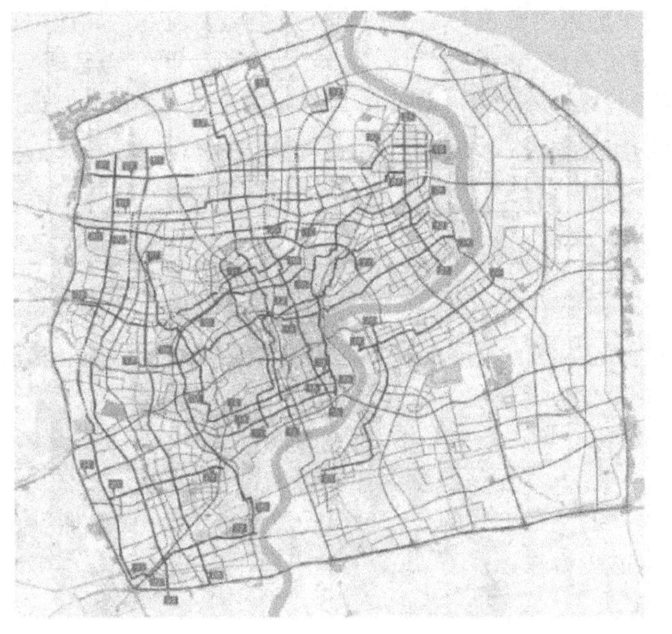

图 4-214　上海市中心城非机动车交通规划图

4.4.5.3 经验借鉴小结

通过国内外案例研究,能够归纳出构建城市慢行系统的实现途径为宏观策略制定、规划研究、设计指引及实施保障。

4.4.6 坪山新区慢行交通发展趋势和发展策略分析

4.4.6.1 坪山新区慢行交通发展条件分析

本次规划将采用SWOT分析方法,该方法是基于地区自身实力,分析外部环境变化及影响带来的机会与挑战,进而制定最佳发展战略的方法。其中,S = Strengths(优势),W = Weakness(劣势),O = Opportunities(机遇),T = Threats(挑战)。SWOT分析具体如下。

1)机遇

(1)坪山新区成为低碳生态示范区。2010年1月,坪山新区在部市共建低碳生态示范市框架协议中被列为示范区。随着获批部市共建低碳生态示范区,坪山新区已被提升为国家战略。《深圳创建国家低碳生态示范市白皮书(2010—2011)》明确提出将建设慢行交通系统,形成绿色交通体系。慢行交通是城市道路交通的重要组成,具有必然性和不可替代性。

(2)上位规划已明确确立"公交 + 慢行"的主体地位。大力发展以轨道、中运量系统、常规公交为主的公共交通,以及以自行车、步行为主的慢行交通,慢行交通主要承担公交接驳、短距离出行以及健身休闲功能。

2)优势

(1)新区现状和规划用地具备实现职住平衡,适宜发展慢行交通方式,居民出行习惯适合慢行交通体系的建立。

地区现状"就居合一"也造就了地区内部出行需求旺盛且短距离交通占主导地位。规划的"土地混合使用、功能分区"培育了内部出行的潜在特质(规划城市空间结构呈现"产业 + 居住" 双轴发展形态,"一心八片"片区基本为2 ~4km的类似矩阵片区,适合组织步行及自行车出行)。坪山新区现状和规划用地具备实现职住平衡与便捷生活的条件,客观上减少了机动化出行需求。区内居民慢行交通出行具有距离短、通勤出行频率高的特征,较适宜发展慢行交通方式。

(2)马峦山、坪山河、聚龙山等独有的山水资源是本地区慢行交通建设的巨大推动力。

(3)城市道路交通设施供给层面,规划有分隔的自行车道占主次干道的80%,其他自行车车道与人行道合并设置,为发展慢行交通奠定了良好根基。

(4)公众意愿。根据2010居民出行调查数据显示,民众对慢行交通的期待普遍较高,如果能够营造一个良好的慢行出行环境,大家还是愿意选择步行和自行车出行的(图4-215)。过去认为,非机动交通是低收入人群的交通方式的公众价值观逐渐被摒弃,民众能够认识到慢行交通对社会、环境和交通本身的积极作用。

3)弱势

(1)地区交通设施不完善,骨架路网逐渐成形,内部路网体系不健全。

(2)旅游资源未有效整合,旅游交通发展策略推广、居民及地区旅游群体出行方式引导须经历较长的一段时间。

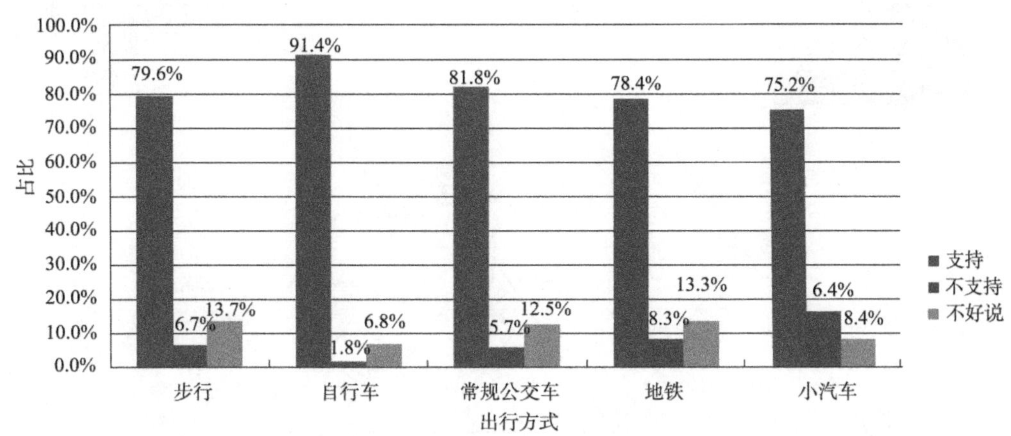

图 4-215　慢行出行公众意愿

数据来源:2010 年深圳市居民出行调查。

4)挑战

(1)生态敏感度高,环境保护要求严。

(2)规划理念与手法不能直接复制其他地区。

根据上述分析,坪山新区打造慢行交通体系应抓住机遇(O),应对挑战(T),扬长(S)避短(W);充分发挥该地区特有的山水资源,破解多重约束,打造具有地区特色的慢行交通体系,将对整个坪山新区综合交通体系的构建具有重要意义。

4.4.6.2　新区慢行交通发展趋势分析

依据出行结构不同,世界范围内城市交通模式可概括为五类(图 4-216)。

A 模式为小汽车导向型,小汽车出行比例大于 50%;

B 模式为公交导向型,公共交通出行比例大于 50%;

C 模式为慢行导向型,慢行交通比例大于 50%;

D 模式为不完全发展型,大量两轮机动车成为小汽车的过渡方式;

E 模式为均匀发展型,三极出行比例均不大于 50%。

其中,前三类模式中,占导向作用的交通方式的分担率超过 50%。D 类其他交通工具,如摩托车等占据较大比例。E 类中,公交、小汽车和慢行比例大致平衡。现状坪山新区步行和自行车交通出行占居民全方式出行的比例达到 70%,属于慢行导向型模式。

公交主导模式和慢行模式的资源与环境损耗均较低,慢行模式最低。但公交主导模式交通效率较高,故公交主导模式实现了环保和高效的最佳平衡,应鼓励引导“公交 + 慢行”出行。

综合以上分析,坪山新区慢行交通系统的发展定位如下。

近期:发展初期慢行交通所依赖的道路交通体系(次干道及支路网结构)难以发生较大的调整,巩固现状慢行主导结构,重点改善慢行环境品质;慢行交通主要承担短距离出行的直接服务。

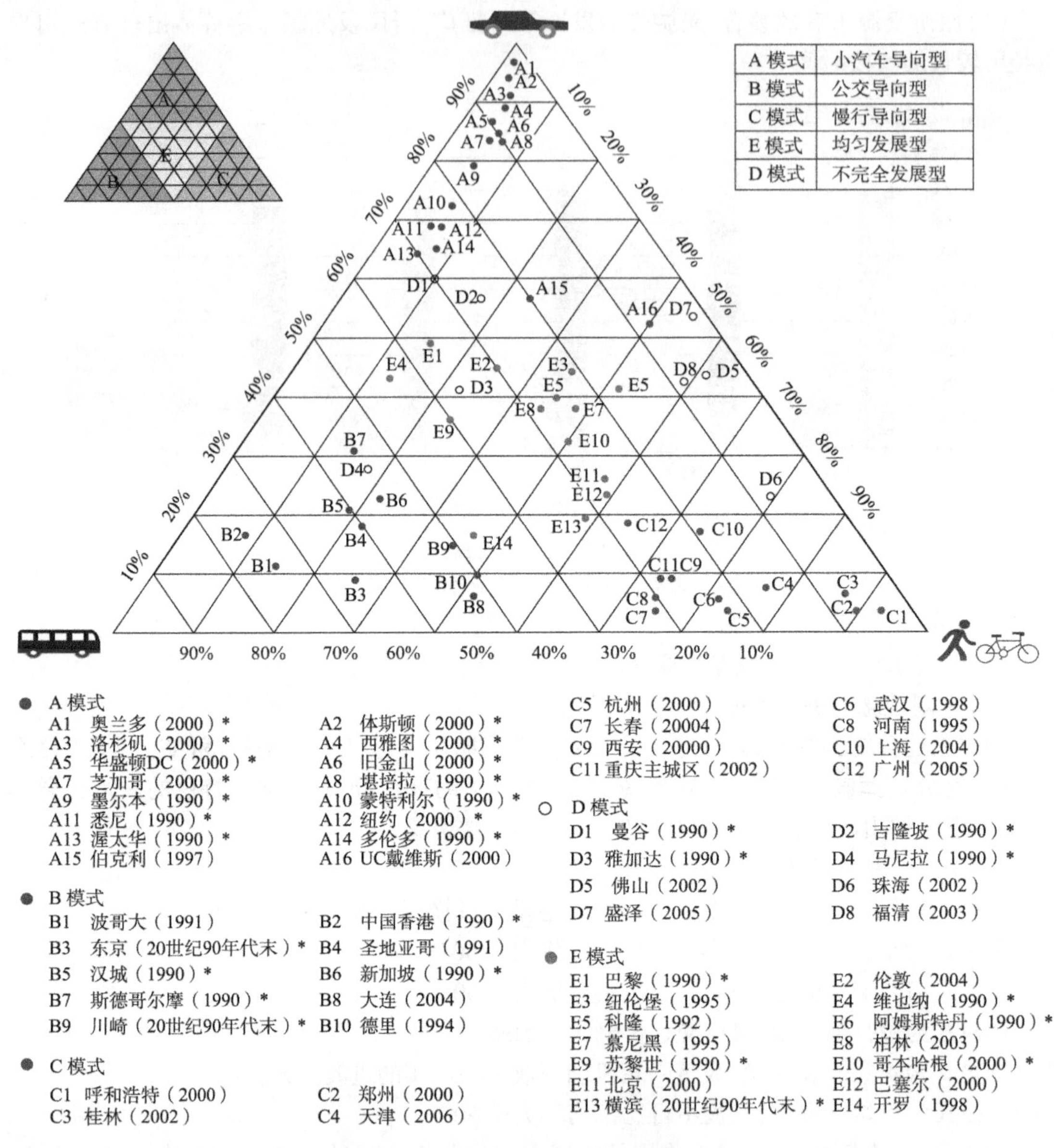

图 4-216　五类出行模式及代表城市

中远期：新区城市空间结构与新交通体系建立的关键时期，常规公交不断优化，轨道交通建设，鼓励“公交 + 慢行”的交通发展模式。慢行交通将主要承担短距离出行的直接服务、公共交通的接驳以及健身休闲三种功能。

4.4.6.3　坪山新区慢行交通系统发展策略

（1）策略一：满足日常出行——建立社区范围的服务日常通勤、生活出行的宜人慢行交通网络，巩固慢行交通出行比例。

新区“一心八片”功能片区基本为长度 2 ~ 4km 的类似矩阵片区，此尺度适宜组织步行和自行车交通。建立慢行分区内的宜人慢行交通网络，鼓励中短距离慢行交通出行。新建道路应根据规划要求高标准建设慢行通道。

(2)策略二:引导“步行+公交+步行”的出行模式。

轨道交通接驳层面:预留轨道站点周边行人和自行车交通网络,预留轨道站点与周边重点片区建设步行连廊,提升通达性与便捷性,缩短步行距离与步行时间,提高轨道站点服务能力与服务范围。推进与轨道交通站配套的自行车停放设施,同步规划、征地、施工、建成。

常规公交层面:坪山新区狭长的地理形态利于公交走廊的构建,应加强与公共交通走廊垂直方向的步行及自行车通道的网络密度,加强站点与服务范围内的步行及自行车交通联系,引导居民“慢行+公交+慢行”的出行模式。

(3)策略三:构建“市—区—社区”三级绿道网络,串联马峦山、坪山河、聚龙山等独有的山水资源及特色客家文化。

坪山新区自然景观优越,北有松子坑、石桥坜水库、中有坪山河蜿蜒穿越,南侧马峦山郊野公园山体环绕,更有燕子岭、聚龙山点缀其中,为城市居民休闲活动提供了得天独厚的条件。构建“市—区—社区”三级绿道网络,串联马峦山、坪山河、聚龙山等独有的山水资源及特色客家文化,丰富居民日常休闲活动,提升城市活力。

(4)策略四:利用公共自行车系统引导自行车交通良性发展。利用公共自行车在便利性、安全性、经济性上的比较优势以及与公共交通系统的良好衔接,引导自行车交通良性发展。

4.4.6.4 坪山新区慢行交通发展需求分析

2020年坪山新区规划常住人口70万,总人口120万,人口密度达到1.8万人/km^2。到2020年深圳市居民人均全方式出行率约为3.05人次/日,考虑保持现状自行车出行比例,自行车出行比例占全方式出行的15%,则新区2020年自行车日出行总量为

居民日全方式出行总量×自行车出行比例=120×3.05×15% =54.9万人次

根据深圳的实际情况,采用自行车道路服务水平等级为“良”的标准作为规划依据。以一条自行车道1.5m、每车载1人计算,高峰小时系数采取14.5%,则自行车通道规模为

自行车日出行总人次×高峰小时系数/每车所载人数/每车占用道路面积/车道宽度=54.9万人次×14.5% ÷1人/辆×7~9m^2/辆÷1.5m=2562~3294km(双向),即单向1281~1647km(表4-34)。

自行车道路服务水平 表4-34

等级	行程速度(km/h)	饱和度		占用道路面积(m^2/辆)	车流状况
		路段	路口		
优	≥15	<0.5	<0.4	>9	自由骑行,行人可穿越
良	11~14	0.5~0.69	0.4~0.59	7~9	基本自由骑行,行人可穿越
中	6~10	0.7~0.9	0.6~0.8	5~7	车流运行稳定,行人横穿难
差	<6	>0.9	>0.8	3~5	非稳定流运行受限,行人已无法横穿车道

4.4.7 步行交通系统规划

4.4.7.1 步行单元

城市不同功能区,市民步行活动特点不同,活动范围也不尽相同,各个功能区之间存在或吸引或排斥的关系。国内外有关步行单元划分的标准大致可分为两种:一是按照步行的适宜尺度范围来划分,一般间距为500~800m;二是按照不同的功能分区来划分。

在城市基本单元的基础上,按照功能、交通特征相对一致的原则进行合并,形成城市慢行分区。慢行分区以功能区划分为基础,以城市用地特征、速度要求、慢行出行需求特点为依据划分,对分区内慢行交通系统的构成进行差异化指引。

生态休闲和都市生活步行区域主要承担的步行活动类型、出行强度和用地功能类型存在差异。划分为五类步行功能区:居住主导型、商业主导型、产业主导型、生态休闲型、均衡发展型(表4-35)。

步行分区规划控制要点 表4-35

分区类型	慢行交通特点	慢行网络形式及密度	慢行空间
居住主导型	兼有通勤、休闲、健身类出行,对交通便捷性要求较高	依托城市道路和慢行专用道形成以轨道站点为核心的"网状+放射状"慢行系统,慢行网络密度不低于12km/km²,间距不宜大于200m	居住区内应设置一定范围的机动车辆禁行区域,慢行网络应联系各居住组团、公共建筑、公共空间以及学校用地等,并形成一定区域的环境优美的慢行公共空间
商业主导型	购物、休闲类慢行出行,对交通便捷性要求高	依托城市道路和慢行专用道形成以轨道等公共交通站点为核心的"网状+放射状"慢行系统,位于城市核心区的慢行网络密度取16~24km/km²,片区中心区取16~24km/km²,其他区域达到14.3~16km/km²	慢行空间应结合商业开发、街头小品等形成优美的慢行空间,若位于城市核心区和片区中心区应设为步行街或步行区。若在轨道站点500m覆盖范围内,应结合轨道站点进行周边地区的整体地下空间开发,利用自动扶梯等联系主要的公共建筑物,实现立体空间综合开发
产业主导型	主要为通勤出行	依托内部支路和慢行专用道形成贯通工业区的网状步行系统,联系工业用地与工业邻里中心,慢行网络密度不低于22km/km²	通勤时间必经路上应相应扩宽慢行通道,出于安全考虑,可设置步行专用通勤通道;慢行系统应与各类公交车站紧密联系,全封闭式工业区与最近的公交车站距离不宜大于500m,开放式业区与最近的公交车站距离不宜大于300m

续上表

分区类型	慢行交通特点	慢行网络形式及密度	慢行空间
生态休闲型	休闲健身类出行，慢行交通优先，对环境品质要求较高	发掘景观潜质，严格限制周边的开发建设，保证慢行空间的环境以及整体性和连续性	慢行通廊内严禁机动车交通，完善慢行交通配套设施，设置明晰的慢行交通标志系统
均衡发展型	兼有通勤、休闲类出行，对交通便捷性要求较高	依托城市道路和慢行专用道形成以轨道等公共交通站点为核心的“网状+放射状”慢行系统，位于城市核心区的慢行网络密度取16～24km/km^2，片区中心区取16～24km/km^2，其他区域达到14.3～16km/km^2	应结合轨道站点进行周边地区的整体地下空间开发，利用自动扶梯等联系主要的公共建筑物，实现立体空间综合开发

4.4.7.2　步行网络规划方案

1)网络构成

根据步行路径的空间分布特征、设施特点和功能需求，地面步行路径分为四类：步行通廊、片区主通道、街区步行路、地块连通径(表4-36、表4-37、图4-217)。

道路网络与步行网络对应关系　表4-36

地面步行路径分类	空间设置要求	主要功能
步行通廊(包括城市步行通廊和社区步行通廊)	城市和社区步行通廊主要沿公园绿地、街头绿地、防护绿地内的园区路、巡逻道、机耕道、登山路、水库堤岸、水边土路和干线性主干路两侧线形绿色开敞空间设置	其中，城市步行通廊是指主要承担城市与城市之间、城市内重要功能组团之间和城市重要自然景观资源之间连接的步行路径。社区步行通廊是指主要承担城市功能组团内片区与片区之间和区级自然景观资源之间连接的步行路径
片区主通道	主要沿城市一般主干路和次干路两侧道路用地空间和公共开放空间设置的步行路径	连接城市主要公共活动中心、步行出行密集地区、自然景观资源和居住密集区域，汇集各类步行交通，承担步行与公共交通系统的便捷接驳
街区步行街	主要沿城市生活性次干路和支路两侧道路用地空间和公共开放空间设置的步行路径	连接都市生活步行区域内各类建设用地，将行人导向片区主通道的步行路径
地块连通径	主要为贯穿各类地块内部或相邻地块之间，向公众开放的步行路径	具有公共开放性，专为行人设置用于避免行人绕行到达目的地的步行通道或捷径

步行路径分类、设置要求及功能 表 4-37

城市道路等级	步行路径类型			
	步行通廊	片区主通道	街区步行路	地块连通径
快速路	□			
干线性主干道	■	□		
主干道	□	■		
次干道	□	■	□	
支路			■	□
小区路(村道)			□	■
用地地块内/相邻地块间			□	■

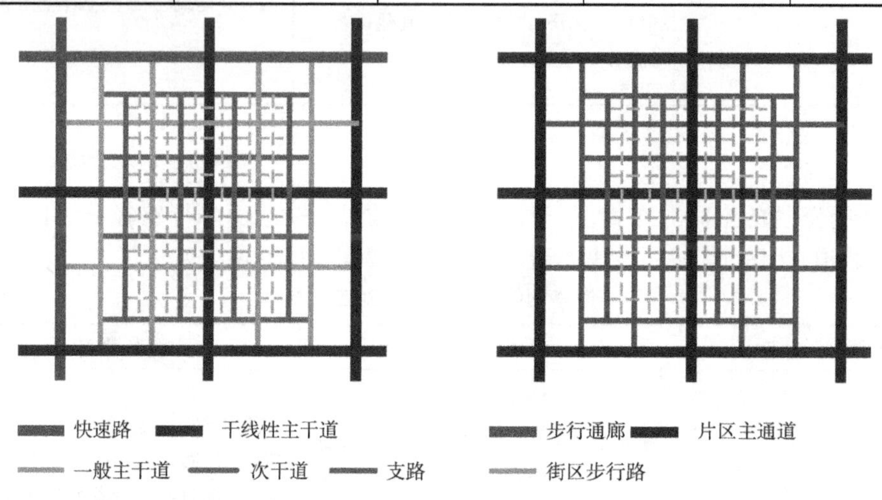

图 4-217

2)地面步行路径网络系统规划方案

(1)步行通廊。

步行通廊规划准则:城市步行通廊主要依托城市绿道 8 号线坪山河滨河休闲绿道和 23 号线葵涌—青龙山山海风光线,干线性主干路两侧道路用地空间和防护绿带设置步行路径,串联起坪山中心区半月环绿廊、马峦山登山道系统、聚龙山生态公园,沿向公众开放的自然景观资源、主要为绿道系统中的绿道游径。城市步行通廊合计长度为 98.7km。

(2)片区主通道。

片区主通道是主要沿城市一般主干路和次干路两侧道路用地空间和公共开放空间设置的步行路径。连接城市主要公共活动中心、步行出行密集地区、自然景观资源和居住密集区域,汇集各类步行交通,承担步行与公共交通系统的便捷接驳。

(3)街区步行街。

街区步行街是主要沿城市生活性次干路和支路两侧道路用地空间和公共开放空间设置的步行路径。

(4)地块连通径。

地块连通径主要为贯穿各类地块内部或相邻地块之间、向公众开放的步行路径。

地面步行路径网络系统规划如图 4-218 所示。

图 4-218　地面步行路径网络系统规划

3)坪山河流域慢行系统规划

通过分析河边自行车道的建设条件,结合现状城市桥梁的基础资料调研和改造条件,根据"资源共享、灵活设置""连接互动、能通则通"的原则,在确保对生态体系不造成影响的情况下,对坪山河沿线地区进行慢行系统规划。

坪山流域内的慢行系统主要依托优美的河域风光,以坪山河支流干流为骨架,形成良好的自然滨水空间。沿着现状坪山河生态廊道,串联各个自然山体、滨水公园,建设休闲观光性的滨水慢行道。在景色优美的河道上设置慢行景观桥,营造亲水氛围;并在水系周边城市道路建设的基础上建设公共生活慢行道,强化滨水休闲慢行道与周边地区的联系,形成连续、流畅的慢行系统,满足生态休闲和公共出行的需求,对流域内的地块价值有巨大的提升(图 4-219)。

图　4-219

4.4.7.3 人行过街设施规划

1)规划原则

(1)立体过街设施布局原则。

①在干道穿越居住区、商业区等行人过街交通需求较大的地段时,为避免行人过街等待时间过长,宜设置立体人行过街设施,保证行人过街的方便、安全。

②在干道穿越学校、医院、公交枢纽站、轨道站点等特殊要求的地段,由于人流量较大,考虑到行人过街安全问题,宜设置立体人行过街设施。

③在车流量较大、车速较快的路段,为保证行人交通的连续性,宜设置立体人行过街设施,解决行人过街问题。

(2)平面过街设施布局原则。

①在交叉口除设立人行过街设施外,均设置平面过街设施。

②主干路相邻交叉口间距大于500m或次干路、支路相信交叉口间距大于300m时,在交叉口间路段上,就根据道路两侧的行人过街需求规划设置平面过街设施。

③干路信号控制交叉口上,路段上较大规模的企事业单位、商场、旅游景点、文体娱乐场所、居住区、公交换乘点、学校等人流集散点附近,应设置信号控制人行横道。

④当双向车道大于或等于6时,应设置安全岛,实施二次过街。

步行过街设施设置间距见表4-38。

步行过街设施设置间距(单位:m)　　表4-38

用地功能路径等级	商业(包括大型商住综合体)、办公、公共管理与服务设施、大型交通设施、公园绿地、广场	居住(密度一、二区)、新型产业类用地	居住(密度三~五区)、普通工业类用地(M1)、其他
步行通廊	≤250	≤300	≤300
步行主通道	≤150	≤200	≤250
街区步行路	≤100	≤150	≤200

2)上层次规划反思

《深圳市步行和自行车交通系统规划》中规划的25座人行天桥已落实3座,10座可按规划落实。由于规划用地功能和轨道线路的布设,需要微调6座天桥的位置,取消6座。

3)立体过街设施方案

规划结合道路网络等级、用地类型和步行出行强度的分析,提出了主干路及以上等级城市道路的过街设施设置,结合已编立体人行过街设施规划,考虑现状立体人行设施情况,共规划人行过街设施48座,其中现状已建10座、规划新建38座,见表4-39。

规划立体过街设施一览表　　表4-39

所在道路	现状	落实上层次规划	规划调整	新增	合计
南坪快速	0	0	0	4座,C类	4
深汕路	5	5	2	4座,A类	16
东纵路	2	2	0	5座,C类	9
丹梓路	0	0	1	0	1

续上表

所在道路	现 状	落实上层次规划	规划调整	新 增	合 计
龙兴北路	0	0	1	0	1
老横坪公路	0	0	0	2座,C类	1
兰竹西路	0	0	0	1座,B类	1
龙坪大道	0	0	0	1座,A类	1
中山大道	1	0	0	6座,A类	7
宝汤路	0	0	0	1座,A类	1
创业路	1	1	0	3座B类, 2座A类	5
坪西路	1	0	0	0	1

4.4.8 自行车交通系统规划

4.4.8.1 自行车交通发展定位

从国内外城市的经验来看,自行车交通发展主要有以下三种模式。

(1)阿姆斯特丹模式——主要交通出行工具。

阿姆斯特丹城市规模仅219km^2,人口密度约4000人/km^2,短距离出行占70%以上。阿姆斯特丹实行自行车优先的交通政策,自行车交通功能定位为主要交通出行方式,城区内道路基本都设置了自行车专用通道。

(2)巴黎模式——短距离及与公交系统接驳的辅助交通工具。

巴黎城市规模约672km^2,人口密度约1万人/km^2,以中长距离出行为主。从2007年7月起,巴黎市政府启动了自行车自助出租服务,鼓励自行车的短距离出行并加强与公交系统的接驳。计划实施后,公交与自行车交通客流明显增加。巴黎自行车交通的功能定位为短距离出行及与公交系统接驳的辅助交通工具,并具有休闲、健身功能。巴黎城区内主要道路上基本都设置了自行车通道。

(3)香港模式——休闲、健身工具。

香港城市规模约1000km^2,人口密度高达2.5万人/km^2,以中长距离出行为主。香港城区内多为山丘地貌,只有27%的地区适合自行车骑行(坡度小于5%)。因此,在香港城区内的道路上基本没有设置自行车道,主要分布在新界区,自行车交通的功能定位不是交通出行工具,而是作为休闲、健身工具。

2020年,坪山新区规划常住人口70万,总人口120万,人口密度达到1.8万人/km^2。坪山区域的自然地形主要为浅丘陵和盆地,地势舒缓,建设条件良好。到2020年,坪山新区城市规划建设用地规模为65.51m^2。目前新区自行车出行比例达15%,居全市各区之首,是居民主要出行方式之一。

针对新区发展的不同阶段具备差异性,新区发展自行车交通无法套用同一种模式,需要结合自身的实际情况进行选择。

新区发展初期:自行车交通所依赖的道路交通体系(次干道及支路网结构)难以发生较

大的调整，应巩固现状自行车出行比例，在中短距离出行中发挥自行车交通的优势。自行车交通主要承担短距离出行的直接服务，重点改善自行车出行热点地区出行环境品质。

新区发展中远期：随着新区建设进程的推进，土地利用产业布局不断调整，道路基础设施建设，常规公交不断优化，轨道交通建设，随之带来居民出行距离增加，出行结构调整，应在长距离出行中发展自行车与公共交通的接驳系统，扩大公共交通的覆盖范围。不断挖掘自行车交通的潜力，拓展其功能，使其承担短距离出行的直接服务、公共交通的接驳以及健身休闲三种功能。

4.4.8.2 规划原则

为有效组织不同骑行单元内自行车道的规划布局，自行车交通网络构建宜遵循“单元发展、适度连通，功能明确、层次清晰，干道分流、条件适宜”的规划原则。

“单元发展、适度连通”原则：指各骑行单元内相对独立地规划建设自行车交通网络，鼓励自行车在单元内短距离出行或接驳公交；为充分发挥自行车和公共交通方式各自的优势，提高交通效率，骑行单元间长距离出行倡导以公共交通为主，但应布设一定数量的自行车通道相互连通。

“功能明确、层次清晰”原则：指自行车交通网络内，布设在不同城市用地布局周边的自行车道所承担的功能及自行车交通出行强度有所差异，应据此将自行车道划分为不同的功能层次及等级，以构建功能明确、层次清晰的自行车交通网络（图4-220、表4-40）。

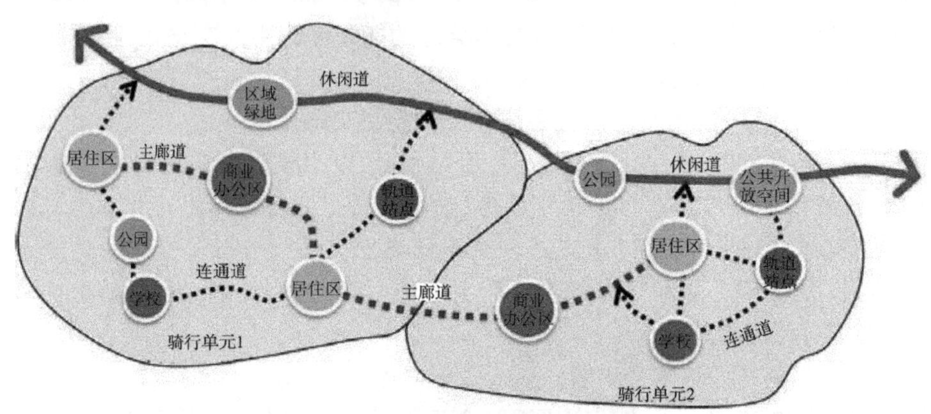

图4-220 自行车道功能分级示意图

自行车道功能分级 表4-40

自行车道功能分级	主要功能
主廊道	主要承担骑行单元内或相邻骑行单元间居住区与商业办公区之间的、高频率的自行车交通短距离出行，是构成自行车交通网络的主骨架
连通道	主要承担骑行单元内居住区与学校、轨道站点/公交枢纽间的自行车短途出行及接驳交通，以及向主廊道集散的自行车交通，是构成自行车交通网络的次级自行车道
休闲道	主要满足休闲健身和兼顾串联各骑行单元的功能，是连接全市区域绿地、主要公园、风景旅游区，同时兼顾串联各骑行单元的弱交通性自行车道

“干道分流、条件适宜”原则：指为保证以承担长距离机动化出行为主的交通性干道上交通畅顺、自行车干扰较少，原则上自行车道交通系统主要布设在满足自行车专用道建设条件的次干道上。

4.4.8.3　自行车道网络规划方案

1）骑行单元划分

为了因地制宜、区域差异化发展自行车交通，将受干线道路、铁路、自然山体、水系等分隔形成的自行车出行需求相对集中的片区划分为一个骑行单元。

根据自行车交通的出行特点以及坪山新区城市用地的布局特点，划分自行车出行的骑行单元。骑行单元以大型公共设施建设为核心，利用周边 5～8km 范围内的交通网络组织自行车出行，引导中短距离的出行主要利用自行车交通方式。规划自行车廊道串联各个慢行区，并且穿越河流、铁路、快速路等的阻隔，建立自行车快速和便捷通道。通过自行车廊道，将各类城市慢行区以及活力区相互连接，组成一个有机的、完整的魅力城区。

2）通道网络

按照所承担功能和自行车交通出行强度的不同，将自行车道划分为主廊道、连通道、休闲道三个等级。主廊道和连通道等自行车专用道原则上设置在主次干道上，支路原则上不设置自行车专用道，采用机非混行。

3）设置形式及宽度要求

路段自行车道设置形式应满足如下一般规定：

（1）对于新建道路，主廊道和连通道应尽量采用机非有分隔（绿化/护栏）的断面形式，以确保自行车行驶的连续性、顺畅性、舒适性；休闲道对交通便捷性的要求不高，但对环境品质要求较高，因此，原则上可设置为人非共板形式，但应注重无障碍设计及绿化遮阴。

（2）对于现状道路，改建条件及改建方式主要分三种情况：

①宽度原则上按 2.5m 设置，设置条件有限时可按 2.0m 设置，如研究表明自行车出行需求大于 3000 辆/h，可按照 3.0m 设置。

②宽度宜根据自行车道不同设置形式按 1.5m、2.0m 或 2.5m 设置。主次干道机非有条件设置物理分隔时宜采用 2.0m 宽度，主次干道机非无隔离时宜采用 1.5m 宽度，快速路或干线性主干道两侧设置的自行车道宽度宜采用 2.5m 宽度。

③可根据需要设置，但宽度不应低于 1.5m（图 4-221、表 4-41）。

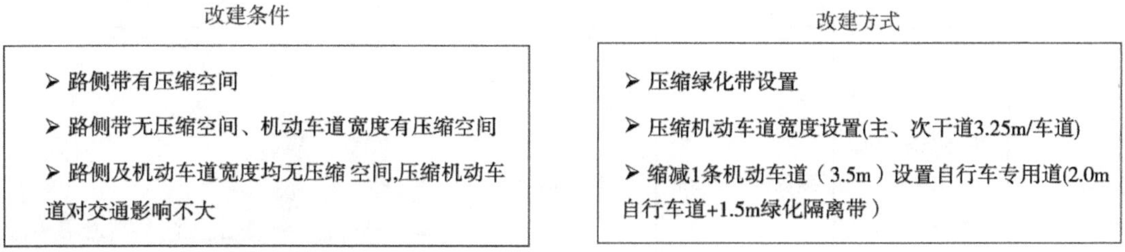

改建条件	改建方式
➤ 路侧带有压缩空间	➤ 压缩绿化带设置
➤ 路侧带无压缩空间、机动车道宽度有压缩空间	➤ 压缩机动车道宽度设置(主、次干道3.25m/车道)
➤ 路侧及机动车道宽度均无压缩空间,压缩机动车道对交通影响不大	➤ 缩减1条机动车道（3.5m）设置自行车专用道(2.0m自行车道+1.5m绿化隔离带）

图 4-221　改建条件及改建方式

新建道路自行车道设置指引 表 4-41

自行车道等级	设置建议	宽度(m)	设置形式	设置形式示意图
主廊道	主、次干道	2.5	机非绿化分隔	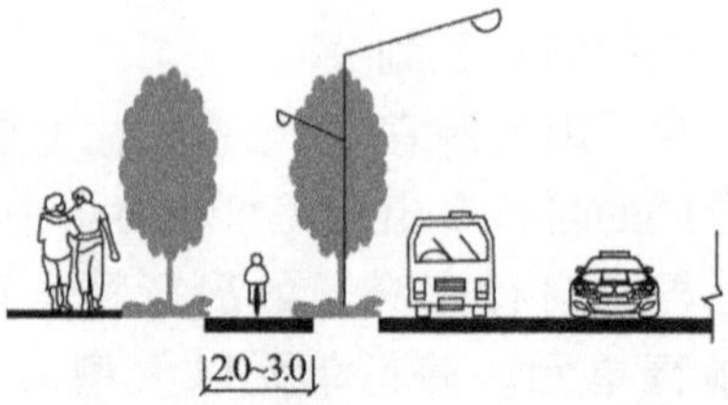
	主干道	2.0	机非绿化分隔	
		2.0	机非绿化分隔	
连通道	次干道	2.0	机非护栏分隔	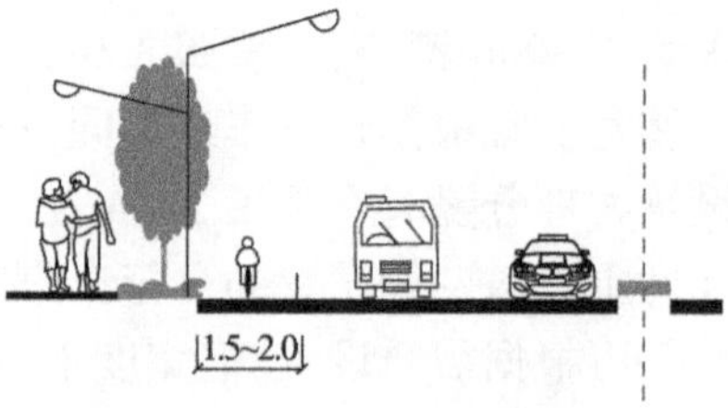
	主要交通干道（快速路、干线性主干道）	建议采用 2.5m	人非绿化分隔	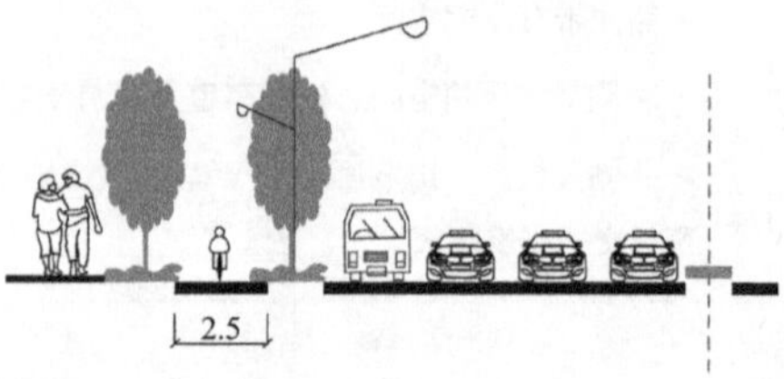

续上表

自行车道等级	设置建议	宽度(m)	设置形式	设置形式示意图
休闲道	公园绿地等自然景观区域内	不小于2.5m	人非绿化分隔	

4）旅游自行车网络规划（图4-222）

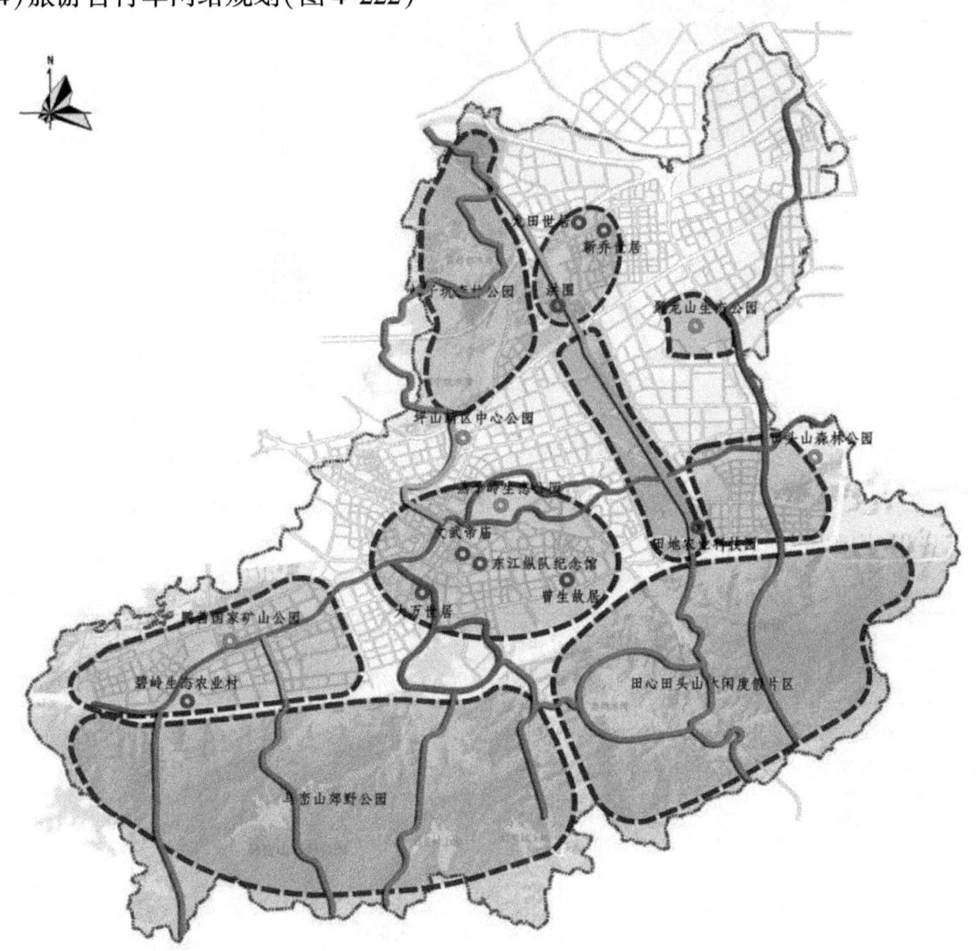

图4-222　旅游自行车网络规划

5）慢行与公共交通接驳

按慢行到公交车站约800m、500m两类范围识别新区内应重点发展慢行系统设施供应的区域，实施差异化的体系构建。重点考虑近期实施有轨电车线路。

500m范围内以站点为核心，重点完善步行体系，构筑连接各功能区的连续步行系统；

800m 范围内通过完善自行车道设施、换乘服务设施等手段，鼓励居民使用“自行车 + 公交”的出行模式(图 4-223)。

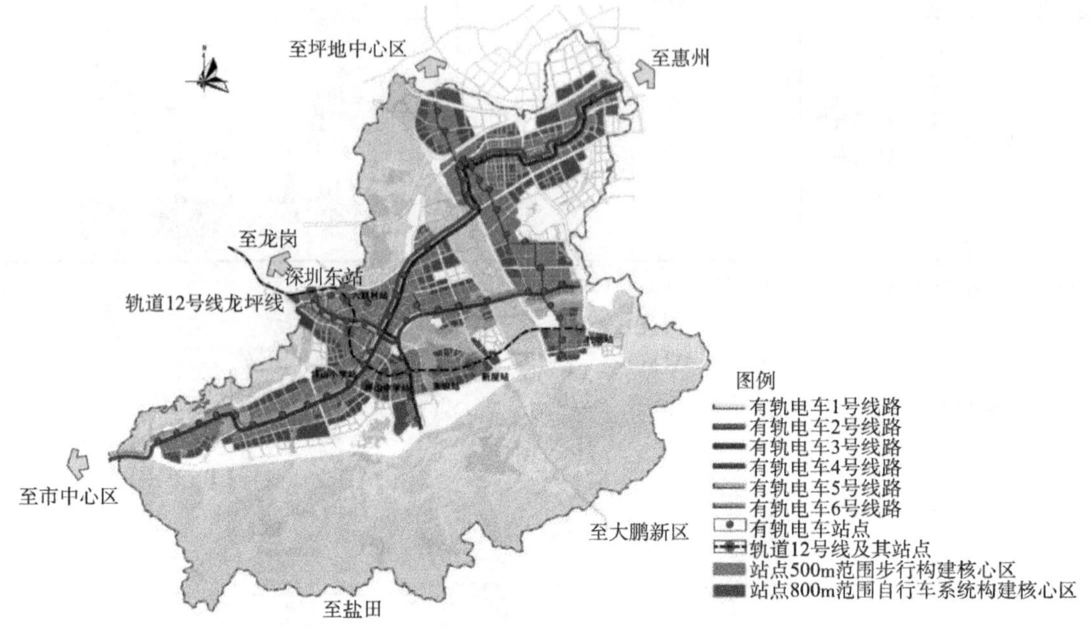

图 4-223　与公交接驳慢行网络差异化构建

4.4.8.4　自行车停放设施规划

1)设置规模

自行车停车配建指标参考《深圳市城市规划标准与准则》(2012 版)，主要建设项目自行车停车配建指标见表 4-42。

主要建设项目自行车停车配建指标　　表 4-42

建筑物分类		单　　位	指　　标
住宅	别墅、独立联立式住宅、S 建≥144m²	车位/户	0
	商品房(S 建 < 144m²)、安居房、经济适用房	车位/户	0.3
	公共租赁房、廉租房	车位/户	0.5
	集体宿舍	车位/100m² 建筑面积	2.0
办公	行政办公、其他办公、生产研发、科研设计等	车位/100m² 建筑面积	0.5
商业	商业区、购物中心、专业批发市场	车位/100m² 建筑面积	0.6
	酒店、餐厅	车位/100m² 建筑面积	0.5
工业	厂房、仓库等	车位/100m² 建筑面积	0.2
医院	门诊部	车位/100m² 建筑面积	0.7
	住院部	车位/床位	0.2

续上表

建筑物分类		单　　位	指　　标
学校	幼儿园	车位/100 师生	5
	小学	车位/100 师生	12
	中学	车位/100 师生	30
	大中专院校	车位/100 师生	40
文体设施	影剧院、会议中心、体育场馆等	车位/100 座	2.0
	博物馆、图书馆、科技馆、展览馆等	车位/100m^{2}建筑面积	0.6
游览场所	主题公园、一般性城市公园	车位/100m^{2}建筑面积	0.5
	文物古迹、风景区、旅游区	车位/100m^{2}建筑面积	专项研究确定
轨道站点	一般站	车位/100 远期高峰小时旅客	5.0
	换乘站、枢纽站	车位/100 远期高峰小时旅客	3.0 或专项研究确定
交通	汽车站、火车站、客运码头	车位/100 日均旅客	0.6
	公交首末站	车位/100 日均旅客	2.0 或专项研究确定

2）布设位置

自行车停放设施的布设位置宜遵循安全、便捷的原则，为鼓励自行车使用者到指定的自行车停放处规范停车，避免出现乱停车的情况，对于供短时间停放（3 小时以内）的自行车停车设施，一般宜布设在目的地出入口 30m 范围内；供长时间停放（3 小时以上）的自行车停车设施，自行车停放处距离目的地出入口不宜超过 70m。

区域绿道结合一级服务节点和二级服务节点，每隔 6～10km 设置一处，可包含设置自行车租赁与修理。在临近城市绿道的公交接驳点、重要兴趣点、公园、广场、公共设施处设置。

自行车停放设施可因地制宜，充分利用机非隔离带（图 4-224）、行道树之间的空间、路侧绿地、轨道站出入口后侧（图 4-225）、高架桥下等空间灵活设置。

图 4-224　利用机非分隔带设置

图 4-225　利用轨道出入口后侧空间设置

3）设置形式

平面停车场的自行车停放方式有垂直式和斜列式两种，平面布置可按场地条件采用单排或双排排列。不同停放方式对应的自行车单位停车面积及停车场的主要设计参数详见表4-43。

自行车停车场主要设计指标　　表4-43

停车方式		停车带宽(m)		车辆横向间距(m)	通道宽度(m)		停车位面积(m^2)			
		单排	双排	单/双排	单排	双排	单排一侧停车	单排两侧停车	双排一侧停车	双排两侧停车
斜列式	30°	1.00	1.60	0.50	1.20	2.00	2.20	2.00	2.00	1.80
	45°	1.40	2.26	0.50	1.20	2.00	1.84	1.70	1.65	1.51
	60°	1.70	2.77	0.50	1.50	2.60	1.85	1.73	1.67	1.55
垂直式		2.00	3.20	0.60	1.50	2.60	2.10	1.98	1.86	1.74

4.4.9 公共自行车系统

4.4.9.1 国内城市公共自行车系统发展概况

1)运营模式概况

国内公共自行车系统建设2010年开始进入高速增长阶段。

2012年末国内城市的公共自行车系统总量达到92个。现有公共自行车运营模式大致分为四种。

(1)政府建设及运营外包模式。

该模式以政府的部分资源,如广告、土地资源投资等换取外包企业全额负责公共自行车系统的建设及运营费用,典型案例是巴黎。

(2)政府建设,运营外包模式。

该模式政府负责投资公共自行车系统前期建设,运营管理外包给企业,同时给予外包企业一定政策支持,典型案例是株洲。

(3)政府建设及运营模式。

该模式政府负责投资公共自行车系统建设及运营,委托下属企业进行运营管理,收入支出纳入政府财政,典型案例是杭州。

(4)政府公益事业运营模式。

该模式政府将公共自行车作为政府公益事业,免费让市民使用,通过财政补贴方式建设及运营外包给企业,典型案例是武汉。

2)深圳实践

(1)盐田。

盐田区公共自行车交通系统2011年12月28日启用,由管理中心、客服站点及自行车自助租赁站点三大部分构成。该区政府坚持“政府主导、市场运作、公益优先”的模式,区财政投入5000多万元,购置5000辆公共自行车,设置145个自行车自助租赁站点、6500个锁柱,基本实现建城区内以任一点为圆心,300~500m半径范围内有公共自行车租、还车驿站站点,城区内公共自行车租赁服务达到全覆盖。日常运营管理实行服务外包、市场化运作模式,委托专业运营单位负责巡检、维修和调度工作。公益为先,一小时内免费骑行,一小时以上每小时收费2元，并实现了骑行卡与深圳公交一卡通“深圳通”的技术对接（图4-226）。

图4-226 盐田公共自行车管理中心及租赁点形式

（2）龙岗。

龙岗中心组团规划56个公共自行车服务站，投放3000～5000辆自行车。采取通借通还的形式，每个公共自行车服务站点将配置智能停车柱、网点设备、自行车停车棚、网点服务亭和视频监控等相关设备（图4-227）。

图4-227 龙岗公共自行车租赁点形式

龙岗自行车系统政府零投入，日常运营管理实行服务外包、市场化运作模式，由上海永久自行车公司投资运营。

4.4.9.2 坪山新区公共自行车系统发展定位

公共自行车交通可以兼备自行车交通功能的三个主要功能，即接驳公共交通解决公交末端“一公里”的问题、服务短距离出行和休闲健身功能。

相较于深圳市其他各区，坪山新区已经具备较高的自行车出行水平，公共自行车系统的作用并非提供给市民一个选择使用自行车的机会，从而开启自行车交通发展之路，而是通过更舒适便捷的全新的自行车交通系统鼓励人们保持自行车出行，并且能够通过公共自行车系统促进城市自行车友好环境的建设。根据新区的城市发展情况，公共自行车交通应用目标现状以组团内短距离出行为主；中远期规划以“公交＋自行车”形式为主，兼以组团内短距离出行和休闲健身功能（图4-228）。

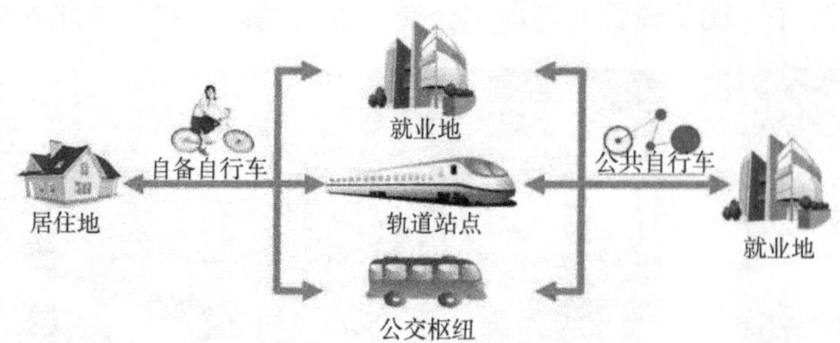

图 4-228　公共自行车功能示意图

4.4.9.3　公共自行车体系规划方案

1) 系统构架研究

公共自行车系统构架(图 4-229)如下：

(1)控制中心。控制中心是整个公共自行车系统的核心,包含信息中心和调度中心。信息中心主要承担数据交换、搜集及处理功能。调度中心则是通过信息中心传输的实时数据对各服务点、区域停车场的车辆进行调度。

(2)公共自行车服务点。以固定服务点为核心,移动服务点为主体,以一带多构筑服务点网络。

(3)区域调度中心。将服务点划分为不同的区域,设立区域调度中心,将存车与调度功能一体化设置,就近调度,提高效率,降低成本。

(4)信息发布系统。信息发布系统包含租车点位置信息和车辆数量信息,通过网络、手机(电话)、收音机、指示牌等媒介发布信息,近期主要实现服务点位置信息的发布。

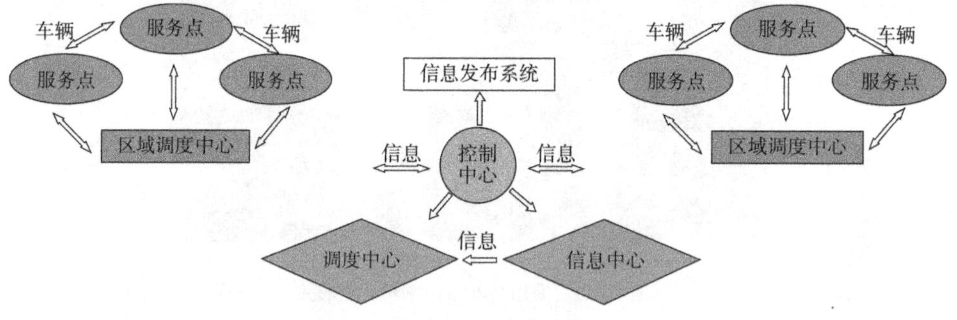

图 4-229　公共自行车系统构架

2) 租赁点类型

将公共自行车服务点位置划分为以下五类。

(1)公交点。

公交点设置在轨道交通车站和常规公交站,为换乘公交服务。通过两个系统的无缝连接,达到吸引市民采用“B + R”方式出行的目的。

(2)居住点。

居住点设于各居住区内部,主要为居民日常出行提供服务。

(3)公建点。

公建点在人流集中的公建区设置,主要有通勤和休闲两方面的功能。

(4)景观休闲点。

景观休闲点主要在风景区内设置,其目的是在各个旅游点之间形成公共自行车的有效衔接,提升休闲品质。

(5)大专院校点。

大专院校学生的出行有其特殊性,在学校内部设置公共自行车服务点不仅满足学生对外出行的需要,也为校园面积比较大的学校提供校内自行车出行服务。

3)租赁点设置原则

自行车租赁点布设应考虑公共自行车具有良好的适用性,并与城市景观、交通功能相协调。具体布设原则为:

(1)轨道站点每个出入口附近均应设置公共自行车停车场,选取其中条件最适合的作为自行车租赁点;大型公交场站原则上自行车租赁点应设置在场站内部,在场站空间不允许的情况下可以设置在场站主要出入口附近。

(2)居住点应尽量布设在社区或居住小区的主要进出口,居住区比较集中的地方可灵活选点,尽量照顾更多的居民。大型社区可考虑将点位布设在社区内部。

(3)大型公园等景观休闲区域,除可在每个景点的入口处布设外,还可在景观内部停车场等距离入口较近处布设。

(4)大型商场,文体中心等大型公共建筑处可考虑将已有配建自行车停车场改建为自行车租赁及自有自行车混合停车场,若公共建筑处未设置自行车停车场,则可考虑在周边设置租赁点。租赁点应尽量避免设置在广场上及公共建筑正门。

(5)大中专院校点应尽量设置在校区内部,若校区内空间不允许,则可考虑在校区主要出入口处设置租赁点。

(6)建议所有租赁点均设置为租赁及自有自行车混合停车场。

(7)若不同类别租赁点相距较近,可考虑将二者合并并适当增加规模。

4)租赁点设置方式

人行道、广场、公园或建筑后退等独立空间均可设置固定服务点和移动服务点。具体设置方式如下:

(1)人行道。设置服务点处的人行道宽度不得小于4m,以大于4.5m为宜。

(2)广场、公园或建筑后退等独立空间,适合场地空间较为充裕的情形。按设备尺寸计算,用于设置固定服务点的场地面积尺寸应满足2.2m×20m的要求,在此基础上还应留出出租车服务空间以及其他进入人员空间,据此估算整个场地面积不宜少于$100m^2$。如受场地尺寸限制,可将停车设备分为两处或多处设置。

(3)固定服务点。固定服务点规模大,设备多,功能较为复杂,宜利用广场、公园或建筑后退等独立空间设置,在设置过程中应充分利用已有自行车停车场地、划设的路边停车泊位,并开发信息无线传输技术,实现租还等手续的无线处理,尽量减少对其他空间的占用及对场地地面铺装、绿化的破坏。

(4)移动服务点。移动服务点规模小,设备简单,移动方便,可以利用人行道、划设的路边停车泊位以及居住小区、公共建筑自身配建的自行车停车位设置,以深入居住小区、公共建筑内部,可充分利用小区、公共建筑、公共停车的管理人员条件,降低管理成本。移动服务点应采用无线技术。

5)租赁点密度及配车规模建议

结合国内外开展自行车租赁比较成功的城市自行车租赁点规划密度情况,提出研究区域自行车租赁点密度建议。国内外部分城市自行车租赁点规划密度见表4-44。

国内外城市自行车租赁点规划密度一览表 表4-44

城市	租赁点规划密度	租赁点间距
巴黎	11个/km^2	租赁点间距按300m计
里昂	11个/km^2	固定租赁点及散布租赁点间距按300m计
杭州	10个/km^2左右(包括固定服务点及移动服务点)	固定服务点间距为800~1000m,移动服务点间距为300~400m
上海	11个/km^2	租赁点间距按300m计

200~500m是比较理想的步行出行距离。结合国内外已有经验,建议坪山新区规划自行车租赁点平均间距为300m。网点布置也要根据自行车交通需求、投资及回报等情况适当调整,在客流量大的地方增加网点密度,在客流量小的地方减少网点。

由于用地等方面的限制,近期租赁点布置及选址主要考虑租赁点建设的可实施性,首批自行车租赁点数量将低于规划目标,待条件成熟时逐步加强租赁点设置密度。

4.4.9.4 公共自行车换乘点布设方案

规划形成"7+7+28"的三级非机动车换乘枢纽。以轨道站点为基础形成7个轨道交通换乘枢纽,7个公交枢纽站形成一级公交换乘枢纽,28个常规公交首末站二级公交换乘枢纽(表4-45)。

非机动车换乘枢纽一览表 表4-45

类型	所在公交站点名称	公共自行车设置情况	备注
轨道交通换乘枢纽	深圳东站	结合设置公共自行车中心站	轨道交通—深圳东站
	六联村站	结合设置公共自行车中心站	轨道交通—六联村站
	坪山小学站	结合设置公共自行车中心站	轨道交通—坪山小学站
	坪山中学站	结合设置公共自行车中心站	轨道交通—坪山中学站
	东纵站	结合设置公共自行车中心站	轨道交通—东纵站
	新屋站	结合设置公共自行车中心站	轨道交通—新屋站
	竹坑站	结合设置公共自行车中心站	轨道交通—竹坑站
一级公交换乘枢纽	碧岭枢纽站	结合设置公共自行车中心站	公交枢纽站
	坪山公交枢纽站	结合设置公共自行车中心站	公交枢纽站
	坪山客运枢纽站	结合设置公共自行车中心站	客运枢纽站
	坪山南公交枢纽站	结合设置公共自行车中心站	公交枢纽站
	坑梓客运枢纽站	结合设置公共自行车中心站	客运枢纽站
	金山村枢纽站	结合设置公共自行车中心站	公交枢纽站
	金沙村北公交枢纽站	结合设置公共自行车中心站	公交枢纽站

续上表

类　型	所在公交站点名称	公共自行车设置情况	备　注
二级公交换乘枢纽	三洲田	结合设置公共自行车租赁点	公交首末站
	碧岭村东	结合设置公共自行车租赁点	公交首末站
	新屋村	结合设置公共自行车租赁点	公交首末站
	塘坑村	结合设置公共自行车租赁点	公交首末站
	黄沙坑	结合设置公共自行车租赁点	公交首末站
	坪环村	结合设置公共自行车租赁点	公交首末站
	六联村	结合设置公共自行车租赁点	公交首末站
	东纵路	结合设置公共自行车租赁点	公交首末站
	坪山街道办	结合设置公共自行车租赁点	公交首末站
	沙莹村	结合设置公共自行车租赁点	公交首末站
	金田东	结合设置公共自行车租赁点	公交首末站
	求水岭	结合设置公共自行车租赁点	公交首末站
	上南布村	结合设置公共自行车租赁点	公交首末站
	滨河南路	结合设置公共自行车租赁点	公交首末站
	竹坑	结合设置公共自行车租赁点	公交首末站
	行政路	结合设置公共自行车租赁点	公交首末站
	兰竹西路	结合设置公共自行车租赁点	公交首末站
	老坑村	结合设置公共自行车租赁点	公交首末站
	聚龙山	结合设置公共自行车租赁点	公交首末站
	聚龙中路	结合设置公共自行车租赁点	公交首末站
	龙田村	结合设置公共自行车租赁点	公交首末站
	新梓路	结合设置公共自行车租赁点	公交首末站
	宝梓中路	结合设置公共自行车租赁点	公交首末站
	金沙村	结合设置公共自行车租赁点	公交首末站
	兰竹西路	结合设置公共自行车租赁点	公交首末站
	沙田村	结合设置公共自行车租赁点	公交首末站
	金沙片区	结合设置公共自行车租赁点	公交首末站
	沙田村南	结合设置公共自行车租赁点	公交首末站

4.4.9.5　近期公共自行车布点规划方案

1)自行车出行吸引源分析

根据现状调查,现状自行车出行吸引源集中在大工业区、坪山老中心商业中心、深汕路沿线工业区等区域。自行车出行距离通常是以这些吸引源为出行半径(1.5~3km)范围的区域。自行车搭客及人力三轮车主要集中在繁华地段,如国惠康、民乐福公交站,高峰小时聚集几十辆搭客自行车(图4-230)。

图4-230 金牛路/荔景路节点自行车流公交站点非法营运自行车载客

2)近期实施公共自行车租赁点布局

综合考虑新区实际建设情况、土地利用规划及租赁点设置原则,提出近期公共自行车租赁点规划方案。公共自行车租赁点宜采用等级化的规模进行布设,以形成密度均好、层次清晰的租赁点网络,确保公共自行车系统高效运行。

因受当地对自行车的可能容纳能力和可用面积等因素的影响,结合国内外经验,规划根据不同类型租赁点采用不同的配车规模,一般取20~50辆为宜。每个公共自行车租赁点的停车桩数量应适当大于公共自行车数量,一般公共自行车数量宜为停车桩数量的60%~80%,以保证使用者顺利还车(表4-46、表4-47)。

分类型租赁点配车规模 表4-46

租赁点类型	配车规模
公交点	20辆/租赁点
大型公共建筑点	20辆/租赁点
风景点	10辆/千人客流
居住区、小型公共建筑点、院校	15~40辆/租赁点

4.4.10 规划设计指引

4.4.10.1 慢行环境设计指引

1)地面铺装及坡度要求

自行车道路面铺装宜采用平整、抗滑、耐磨、美观的彩色沥青路面。自行车道横坡根据路面类型宜采用1%~2%直线单面坡。自行车道纵坡度最大纵坡宜小于2.5%;大于或等于2.5%时,应限制坡长(表4-48)。

近期实施自行租赁点布局一览表

表 4-47

序号	网点名称	网点地址	网点类型	备注	序号	网点名称	网点地址	网点类型	备注
1	中心广场公交站台	深汕路	公交点		12	大工业区南门	金牛中路	公建点	
2	交警中队对面	深汕公路，坪山管委会公交站台	公交点		13	行政服务大厅门口	金牛中路	公建点	
3	海关路口	深汕路	公交点		14	坪山公安分局	金牛西路与金牛路交界	公建点	建议调整至图书馆门口
4	新献家具厂门口	丹梓大道与荔景北路交界	公建点		15	燕子岭公园北门	金牛路	景观休闲点	
5	出口加工区北门口	丹梓大道	公建点		16	燕子岭小区公交站台	豪方青园	公交点	站台位置小，调整至豪方青园门口
6	坪山新区办事处门口	丹梓大道与绿荫路交界	公建点		17	大工业区南门	林海山珍门口	公建点	
7	深宇科技园公司门口	兰景路	公建点	站点周边空间较少，调整到深宇科技园门口	18	望牛岗村路口	路口	居住点	
8	沃尔核材公交门口	兰景路	公建点	站点周边空间较少，调整到沃尔核材门口	19	大工业区广场	行政八路	景观休闲点	
9	保安公司公交站	兰竹路	公交点		20	正坑村门口	行政二路与行政五路交界	居住点	
10	加工区东门	荔景路	公建点		21	美宜佳门口（万科金域东郡）	行政二路	居住点	
11	连展科技公司公交站台	半景中路	公交点		22	坪山实验学校	行政二路	院校点	

续上表

序号	网点名称	网点地址	网点类型	备注	序号	网点名称	网点地址	网点类型	备注
23	六联酒店公交站	深汕路	公交点		35	三和广场	深汕公路	公建点	
24	坪山电子城	金山路	公建点		36	纪委对面	建设路	公建点	
25	坪山国惠康公交站	深汕路	公交点		37	民乐福购物广场对面	东门大街	公建点	
26	坪山电视大学门口	宝山路,深汕路	院校点		38	都市快餐旁	中兴路	公建点	
27	意发隆购物广场门口	深山路宝山派出所公交站台	公交点		39	民乐福商场公交站台后	中兴路	公交点	
28	坪山汽车站旁	深汕路	公建点		40	坪环办公楼	东纵路	公建点	
29	宝龙路口	深汕路	公交点	建议调整至顺德家具城门口	41	爱丁堡公交站台	东纵路	公交点	考虑坪山中学骑车人流多,调整至坪山中学门口
30	天马公交站台	宝龙大道与锦龙二路	公交点		42	三洋湖村公交站台	东纵路	公交点	
31	盛亚购物门口	锦龙二路	公建点		43	谷仓吓公交站台	东纵路	公交点	站台周边空间较少,调整至深孚酒店门口
32	交通运输局公交站	深汕公路	公交点		44	龙翔学校	东纵路	院校点	龙翔学校周边旧村较多,调整龙新路口处
33	宝龙工业区公交站台旁	深汕公路	公交点		45	坪山新天地商业广场	同富裕一路与东纵路交界	公建点	
34	珠洋坑	深汕公路	居住点		46	消防大队门口	同富裕一路	公建点	

续上表

序号	网点名称	网点地址	网点类型	备注	序号	网点名称	网点地址	网点类型	备注
47	坪山人民医院	人民路	公建点	新增，人民医院附近，骑行需求大	57	坪山公园门口	东纵路	景观休闲点	
48	坪山二小公交站	东纵路	公交点	调整至坪山二小门口	58	东方威尼斯花园门口	中山路	居住点	
49	梦甜甜家具厂旁	比亚迪路	公建点		59	东城国际	中山路	居住点	
50	众客隆门口	比亚迪路	公建点		60	坪山高级中学	锦龙大道	院校点	
51	利和百货	同富裕二路	公建点	新增，利和百货附近骑行需求大	61	松子坑公园	深汕路	景观休闲点	新增，为公园休闲人群提供方便
52	石井市场公交站	康泰门诊部，坪葵路	公交点		62	聚龙山公园	青松路	景观休闲点	新增，为公园休闲人群提供方便
53	嘉洲百货公交站台	金田路	公交点		63	坪山新区中心公园门口	公园六路	景观休闲点	新增
54	石井村公交站	金田路	公交点		64	万科金域缇香花园门口	行政一路	居住点	新增
55	田头市场	金田路	公建点		65	龙山学校	深汕路	院校点	
56	坪山中心小学	东纵路	院校点		66	供电局门口	和平路	公建点	

非机动车车行道纵坡限制坡长　　表4-48

纵坡(%)	限制坡长(m)	纵坡(%)	限制坡长(m)
3.5	150	2.5	300
3.0	200		

2)无障碍设计指引

为了保证自行车行驶的舒适性、安全性,路段及路口设计中均应考虑设置自行车变坡道、变坡道正面宽度不应小于1.2m,正面和侧面的坡度应小于1∶12(图4-231)。

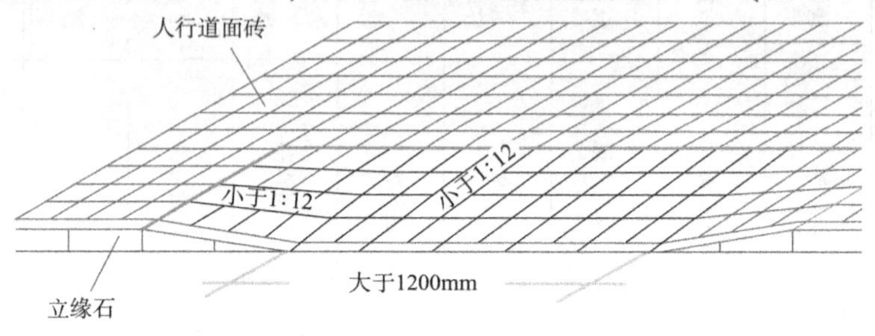

图4-231　无障碍变坡道设计示意图

3)绿化及照明

自行车道绿化设计应符合自行车行车视线和净空要求。在距交通信号灯及标志牌等交通安全设施的停车视距范围内,不应有树木枝叶遮挡。

为保障自行车交通安全,应结合机动车道在自行车道沿线设置足够的照明设施。曲线路段、交叉口、广场、停车场、坡道、路段转弯处、人行天桥及地道、出入口等特殊地点的照明设施,应比平直路段连续照明的亮度高、眩光控制严、诱导性好。

4)标志标线

自行车交通标志标线的名称、图形、颜色、尺寸、设置地点等,应遵循《道路交通标志和标线》(GB 5768—2009)的相关规定(表4-49、表4-50)。

自行车交通标志牌　　表4-49

分类	名　　称	图　　标	含　　义	设置地点
指示标志	自行车路标志	或	表示该道路只供自行车行驶	设在自行车行驶道路的起点及各交叉口入口前适当位置
	自行车道标志		表示该车道只供自行车行驶	设在自行车行驶车道的起点及各交叉出入口前适当位置。版面上的箭头应指向自行车车道
	自行车专用停车位标志	或	表示此处仅允许自行车停放	需配合自行车专用停车泊位标线使用
警告标志	注意自行车标志		用于警告机动车驾驶人减速慢行,注意自行车	设在交叉口、转弯路段等经常有自行车横穿、出入地点前适当位置
禁令标志	禁止自行车进入标志		表示禁止各类自行车进入	设在禁止自行车进入路段的入口处

自行车交通标线 表4-50

分类	名称	图标	含义	设置地点
路段自行车交通标线	自行车道标线	双白色实线+自行车标记图案	表示该车道只供自行车行驶	适用于骑行方向与机动车行驶方向相同的、机非/人非分隔的各类自行车道
		黄色单实线+白色单实线+自行车标记图案		适用于机动车单向行驶、自行车双向行驶的道路,用黄色单实线分隔与机动车行驶方向相反的自行车道
	自行车专用路标线	蓝色实线+自行车标记图案+骑行方向箭头	表示该道路只供自行车行驶,行人及其他车辆不得进入	适用于自行车专用道路
交叉口自行车交通标线	自行车横道线标线	双白色实线+自行车标记图案,边缘线平行于人行横道,且与其间距5cm	表示一定条件下该路径只准许自行车交通横穿马路,同时警示机动车驾驶人注意自行车过街	适用于自行车过街需求较大的交叉口
	自行车禁驶区标线	以机动车道外侧边缘为界,用黄色虚线+黄色停车线围合而成的区域	表示该区域内不允许自行车进入,自行车需在禁驶区范围外绕行	适用于无专用自行车左转弯相位信号控制的较大路口或其他需要规范自行车行驶轨迹的路口

续上表

分类	名称	图　标	含　义	设置地点
自行车停车泊位标线	自行车专用停车泊位标线	蓝色自行车停车泊位区 + 自行车标记图案	表示该区域只能用于停放自行车	根据需要和场地实际情况施划;已设置自行车停车标志的,可不施划自行车路面图形标记

4.4.10.2　慢行衔接设计指引

1)与学校衔接慢行系统指引

到达学校的慢行路径设计,包括:学生上下课的慢行路径设计应给予最为优先的级别,周边道路应设置人行道和明显标志的人行横道线;应在学校安全疏散范围设置交通安宁设施措施,以使汽车速度维持在较低的水平;在学校的周边所有地区应通过人行道和步道清楚指示到学校的路线等。

改善学校周边地区慢行安全的程序,包括:为学校设计慢行安全路线图,逐步建立于强调该慢行安全路线;实施路径改善措施;经常性地评估路线等。

2)慢行与公共交通衔接指引

(1)应改善慢行与公交站点的衔接,从而鼓励人们采取慢行与公交出行。

(2)提供人行道、慢行道或者非正规的路径通向公交站点。

(3)确保与公交站点相连的人行道的宽度。

(4)通过提供更为方便的捷径以减少去公交站点的慢行距离,如居住区或者公园内的慢行道,或者在尽端路头设置连续的行人路径。

(5)设置行人信号或其他交通控制措施,并辅助以时间提示,以方便使用者可以较舒适地到达公共交通站点。

(6)在公交站点附近以及通向公交站点的路径上提供具有遮阳功能的场所。

3)慢行与活跃商业设施衔接设计指引

(1)提高商业片区的人车分流水平。

(2)通过连廊、架空平台促进商业区内部的衔接。

(3)保障慢行通道与商业设施的无障碍通行。

(4)鼓励商业设施将街道网络和慢行系统有机地联系起来。为过长的线形行走增添乐趣,最终成为吸引行人的目的地,成为街道空间的辅助空间。

4)增强公共空间的可达性

(1)保障慢行通道与公共空间的无障碍衔接。

(2)设置清晰的标志指引公共空间。

(3)促进公共空间的慢行可穿越性,提升慢行使用率。

5)平面/立体过街设计指引

主次干道交叉口或路段自行车平面过街适宜在人行横道靠交叉口侧设置自行车专用过街通道,宽度结合过街需求按 1.5～2.0m 设置。支路以及自行车过街需求较小的主次干道路口、路段处可不设置自行车专用过街通道,自行车交通共用人行横道过街(图 4-232)。

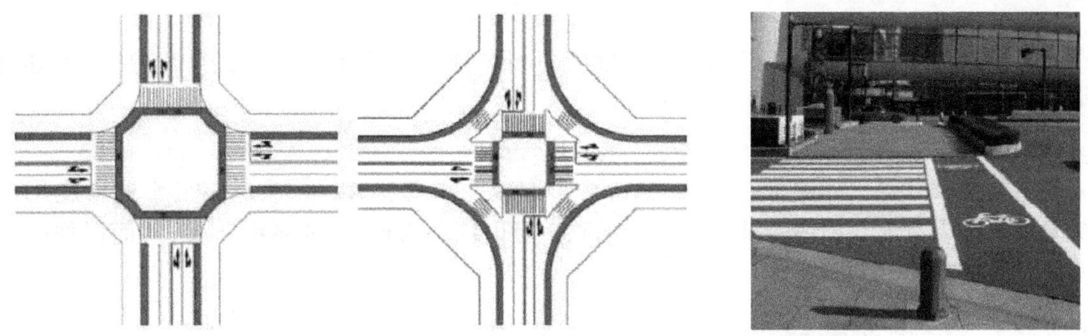

图4-232 平面过街交叉口自行车道设计指引

规划自行车主廊道经过的立交节点、隧道或人行天桥处宜设置保障自行车连续通行的自行车道,自行车道坡度不宜超过3%,最大不应超过5%。其他有自行车通行需求的人行天桥与地道应设置自行车推行坡道,坡道宽度不宜小于0.4m,坡道坡度不宜大于1∶4。

4.4.10.3 交通稳静化设施

1)设置减速带

减速带是使用最早也是目前国内使用较为广泛的一种减速设施。它由橡胶组成,一般宽20~30cm,高度为5~10cm,长度通常可以是整个路面的宽度或者部分路面的宽度。它的特点是成本低,安装、维护和拆除都很方便;缺点是使用寿命短,而且产生的噪声和对车辆的冲击较大。

2)设置减速块

减速块是由减速带发展而来的,它的宽度比减速带大,坡度比较小,成方形平行排列于路面。减速块的材料可以是橡胶或者直接由路面材料建成。它的特点是成本相对较低,而且它比大型车辆的轮距小,因此警车、消防车、救护车、工程抢险车等应急车辆可以以较快的速度通过。

3)设置减速枕

减速枕又被称作路拱或者路面突起。它类似于减速带,但是宽度比较大,可以达到一辆车的长度。减速枕可以由路面材料建筑,或者由砖石等铺设,它的顶端可以为拱形或者为平坦。它的特点是成本较高,维护也比较高,但是比较美观,对车辆冲击较小,相对于减速带,车辆经过时产生的噪声较小。目前减速枕被国外很多交通宁静化设施使用。

4)设置锯齿路面

锯齿路面是由条状的突起构成,通常使用在等级较高的道路。它的成本比较低,寿命也较长,但是减速效果相对比较低。

5)设置人工弯道

人工弯道是由路两边不对称向路中间突出而形成的弯道,一般使用在较长的直路上。人工弯道的概念来自赛道,由于车辆的转弯,它能够有效地降低车速并增加安全性。预期的行车速度可以通过设定转弯半径和转弯角度来控制。

6)设置中央隔离带

中央隔离带是在道路中心线上建造的,用来分隔对向车流。它可以是树木,草皮绿化带或者水泥石板路面。它的目的是通过道路变窄和阻挡驾驶人的部分视线,起到降低车速的作用。中央隔离带还能够作为安全岛,提高非机动车和行人穿越道路时的安全性。

7)设置环岛

环岛可视为在交叉口中心的重要隔离带。对于交通宁静化,因环岛阻碍了驾驶人部分视线,也能够降低车速。

8)道路变窄

道路变窄是路边向路中心突出,使得行车道减少或者变窄。一般道路变窄通常应用于交叉路口或者有人行横道的地方。突出的路边可以用作人行道,或者绿化带,从而增加行人安全,并且改善环境。

4.4.11 试点实施方案

4.4.11.1 坪山中心区慢行系统构建

1)基础认识

坪山中心区:是坪山主中心、城市副中心、区域高端综合服务中心、对外交通枢纽和坪山主要的生活区。重点发展总部金融、商务会展、文教体育等高端综合服务功能。生活方面为坪山、龙岗、惠阳、大亚湾等地配套中高档居住。

2)慢行系统构建

(1)步行网络控制。

坪山中心区作为重点步行片区,片区内大型商业、办公、公共设施集中区域必须建立高效连通和多功能化的空中步行连廊与地下步行廊道,将地面步行路径、行人过街设施与公共交通和私人机动交通、公共开放空间、建筑公共活动功能空间等元素和设施连接和叠加,形成系统化的立体步行网络。

对于空中步行连廊和地下步行廊道有如下控制要求:

①空中步行连廊和地下步行廊道须通过步行辅助机动设施,结合人行天桥/人行地道等过街设施,与各层平面的公共活动空间相联系(包括建筑出入口、建筑地下商业/停车空间、高层建筑中的二层/三层走廊和门厅、屋顶花园、公交站点和地铁站口等),形成“安全、短距离、最小体耗量和最高使用率”的全天候步行网络。

②空中步行连廊和地下步行廊道须与建筑的商业娱乐、景观休憩、入口广场和共享平台等功能空间结合设置。

③空中步行连廊和地下步行廊道须进行专项景观设计,形成与周边重要自然景观资源联系的主要景观通道。

a. 步行系统——地面步行路径。

通过步行路径连接绿色生态、都市生活形成的主要人流节点(图4-233、图4-234)。

兰竹西路为城市主干道,东西向贯穿中心区,两侧用地以居住为主,是中心区的生活主轴。配合生活主轴,规划延伸生活次轴,由新和路、荷康路、和兴路、和富路共同组成城市生活内容。荷康路作为城市支路更有利于组织生活与半月环公共空间功能形成互补。荷康路道路交通组织以人行为主(图4-235)。

b. 步行系统——空中步行连廊。

Ⅰ以轨道站点为核心形成的商业节点为主要步行骨架,连接以商务区为主的二层步行空间,建立完善统一的二层步行系统。

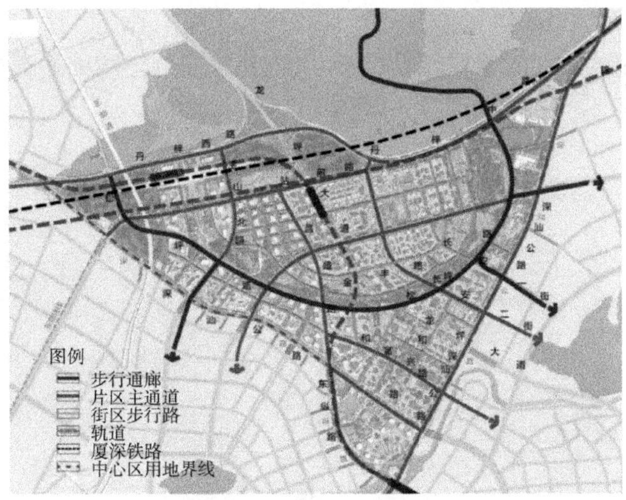

图 4-233　地面步行路径规划

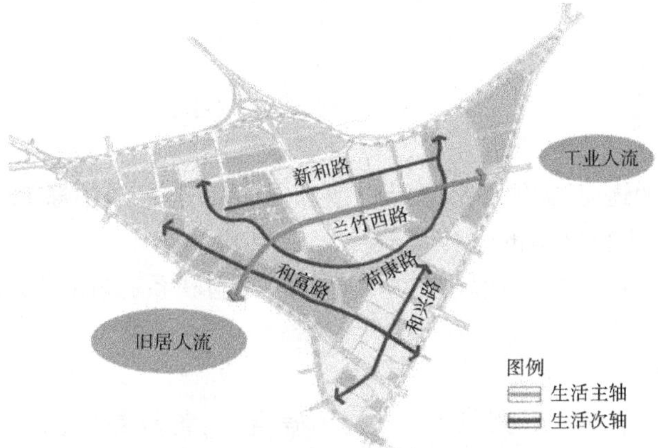

图 4-234　中心区生活轴线分析

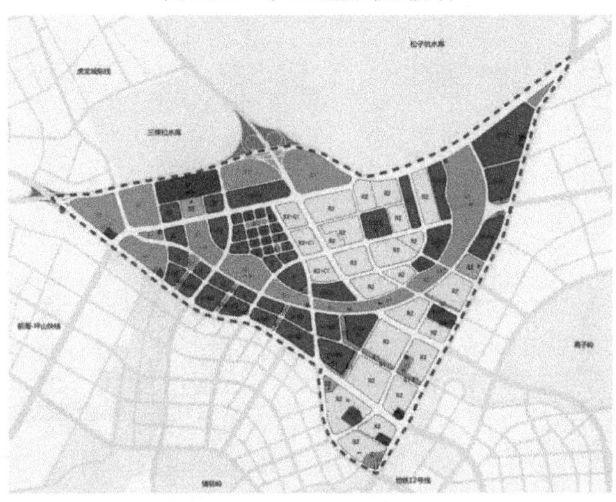

图 4-235　坪山中心区土地利用规划

Ⅱ以二层连廊连接商业设施，减少地面人流与车流的交叉，缓解地面交通压力，提供多种交通选择。

Ⅲ在地形高差相差较大的地块，铺设地面层至建筑二层连廊的通道（图 4-236）。

图 4-236　二层步行连廊规划

c. 步行系统——地下步行通道。

Ⅰ地下主要步行通道是地下人流主要吸引点及发散点之间的联系通廊，使人流能够方便转换不传输，是地下步行网络的主体骨架。

Ⅱ地下次要步行通道是建立地块与主要通道之间的联系，同时形成网络，使地块的人流能够方便地到达主要通道。

(2) 自行车交通系统。

与轨道站点衔接。轨道 12 号线建设具有不确定性：若是高架，通过室外二层连廊与站点衔接；若是地埋，通过地下通道进行连接。轨道站点、公交站点与公共自行车租赁点实现零换乘（图 4-237）。

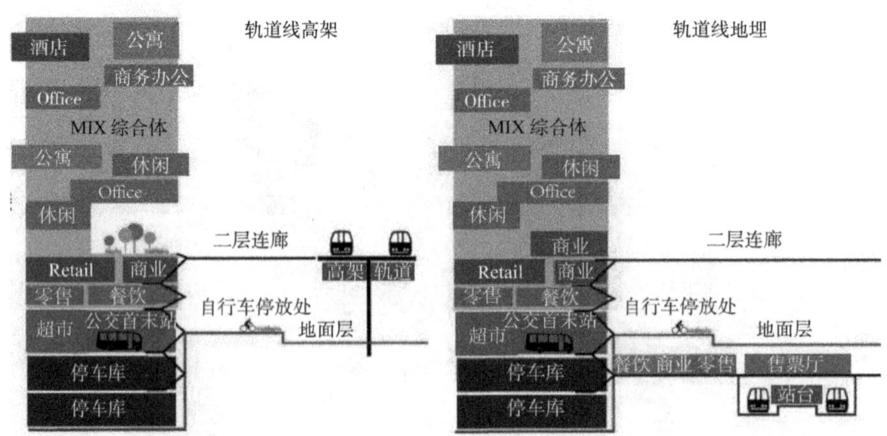

图　4-237

4.4.11.2　近期试点片区

试点选取原则如下：

(1)以现有绿道为基础。

(2)具备近期可实施性。

(3)串联自然人文景观节点,通山通水通历史。

新区现状已建设部分古村落风貌绿道、聚龙山生态绿道、城市中心公园绿道、部分坪山河沿河景观绿道、部分森林公园风光绿道,尚未形成系统性网络,利用已有绿道网络,通过续建绿道、打通近期在建设计划内的道路慢行通道,串联新区自然人文景观。在试点通道附近的人文景观处、休闲处设置自行车租赁点,使各旅游景点之间形成公共自行车的有效衔接。重点建设起讫点为深圳新城站至马峦山郊野公园的慢行通道作为近期试点旅游线路。

试点旅游线路见表4-51。

试点旅游线路一览表　　表4-51

<table>
<tr><td colspan="2">起讫点</td><td>深圳新城站—马峦山郊野公园</td></tr>
<tr><td colspan="2">长度</td><td>21.7km</td></tr>
<tr><td colspan="2">线路走向</td><td>松坪路—昌盛路—东纵路—马峦北路—马峦山郊野公园绿道</td></tr>
<tr><td colspan="2">沿线主要兴趣点</td><td>坪山公园、坪山河、大万世居、文武帝庙、东江纵队纪念馆、大山陂水库、马峦山郊野公园</td></tr>
<tr><td rowspan="2">设计要求及沿线服务设施</td><td>城市道路</td><td>①自行车道路面铺装宜采用平整、抗滑、耐磨、美观的彩色沥青路面。自行车道横坡根据路面类型宜采用1%～2%直线单面坡;
②路段及路口设计中均应考虑设置自行车变坡道、变坡道正面宽度不应小于1.2m,正面和侧面的坡度应小于1:12;
③照明系统:曲线路段、交叉口、广场、停车场、坡道、路段转弯处、人行天桥及地道、出入口等特殊地点的照明设施,应比平直路段连续照明的亮度高、眩光控制严、诱导性好;
④公共卫生间结合商业公共建筑设计,可以采用移动式环保厕所;垃圾箱沿人行道设置,间隔50～80m一处</td></tr>
<tr><td>郊野公园绿道</td><td>①公共厕所:尽量利用绿道周边现有公厕,距离大于1500m时,可考虑增设一处,以2～3个蹲位为宜;
②垃圾箱:尽量利用沿街道现有垃圾箱,每隔300～500m设置一处;
③照明系统:尽量利用绿道现有照明设施,每隔80～100m设置一处</td></tr>
<tr><td colspan="2">自行车停车设施</td><td>结合居住区、商业区、产业区设置自行车租赁点3处,与自行车停靠站结合设置,自行车停靠点充分利用沿街绿地</td></tr>
<tr><td colspan="2">标志系统</td><td>主要在绿道入口、交叉口、停车场和公众聚集的地方设置信息标志,在绿道邻近的公交站点、入口、主要交叉口处设置指向标志,另在必要路段设置规章标志、警示标志、活动标志、安全标志、教育标志</td></tr>
<tr><td colspan="2">责任部门</td><td>①通道建设:连通道松坪路、昌盛路——新区发展和财政局。
主廊道东纵路改造(深汕路至马峦北路段)、连通道马峦北路——市交通运输委;
大山陂水库、马峦山郊野公园绿道——新区城管局。
②标志标线:市交通运输委。
③公共自行车布点:纳入近期公共自行车投放计划,责任部门为市交通运输委。
④大山陂水库、马峦山郊野公园绿道沿线服务设施:新区城管局</td></tr>
</table>

4.4.12　实施计划建议与保障体系

4.4.12.1　近期实施计划

1)慢行通道建设

坪山新区规划慢行通道实施方案指引见表4-52。近期建设和改造主廊道48.51km,连通道73.62km,总长度122.13km。规划自行车道实施指引见表4-52。

规划自行车道实施指引

表 4-52

序号	项目名称	道路等级	进度	责任单位	备　注	自行车道等级
1. 坪山河流域						
1	同富路	次干道		城市建设局	坪山河流域启动区，牛角龙城市更新片区配套市政道路	主廊道
2	复兴路	次干道		发展和财政局	坪山河流域	连通道
3	龙勤路	次干道		发展和财政局	坪山河流域	连通道
4	宝山路	次干道		发展和财政局	坪山河流域	连通道
5	科环路	次干道		发展和财政局	坪山河流域	连通道
6	汤坑二路	次干道		发展和财政局	坪山河流域，南方中集三期配套市政道路	连通道
7	振碧路	次干道		发展和财政局	坪山河流域	连通道
8	富园路	次干道		发展和财政局	坪山河流域，华谊兄弟项目配套	连通道
9	绿景路	次干道		发展和财政局	坪山河流域，聚龙医院项目配套	连通道
10	金牛西路延长段(坪山中心街、大万路)	次干道		市交通运输委员会	坪山河流域市政配套	连通道
2. 生物医药基地						
11	荣田路	次干道		建管中心	生物医药基地	连通道
12	临惠路	次干道		发展和财政局	国家生物医药基地内	连通道
13	金康路	次干道		市交通运输委员会	生物医药园市政配套	连通道
14	金联路	次干道		市交通运输委员会	生物医药园市政配套	连通道
3. 新能源汽车产业基地						
15	丹景路	次干道		经济服务局	新能源汽车产业基地配套项目	主廊道
16	秋宝路	次干道		经济服务局	《新能源汽车产业基地实施方案》	主廊道
17	聚龙路	主干道	工可报待批	市交通运输委	《新能源汽车产业基地实施方案》	连通道
18	龙湾路改扩建工程	次干道		建管中心	新能源基地	连通道
19	金辉北路	次干道		经济服务局	新能源示范启动区	连通道
20	绣湾路	次干道		经济服务局	新能源汽车产业基地配套项目	连通道
21	锐康路	次干道		经济服务局	新能源汽车产业基地配套项目	连通道

续上表

序号	项目名称	道路等级	进度	责任单位	备注	自行车道等级
3. 新能源汽车产业基地						
22	宝龙路	次干道		经济服务局	新能源汽车产业基地配套项目	连通道
23	岭古路	次干道		经济服务局	新能源汽车产业基地配套项目	连通道
24	惠北路	次干道		经济服务局	新能源汽车产业基地片区	连通道
25	新沙路	次干道		经济服务局	新能源汽车产业基地片区	连通道
26	龙梓路	次干道		经济服务局	新能源汽车产业基地片区	连通道
27	龙惠路	次干道		经济服务局	新能源汽车产业基地片区	连通道
4. 中心片区						
28	兰竹西路	主干道	未开展前期	市交通运输委	中心区重要道路	主廊道
29	昌盛路	次干道		发展和财政局	中心片区	连通道
30	金丰路	次干道		发展和财政局	中心片区	连通道
31	长安二街	次干道		发展和财政局	中心片区	连通道
32	和兴路	次干道		发展和财政局	中心片区	连通道
33	和富路	次干道		发展和财政局	中心片区	连通道
34	松坪路	次干道		发展和财政局	中心片区	连通道
35	迎吉路	次干道		中心区办	中心区六和商业广场配套项目	连通道
36	新和二路	次干道		发展和财政局	中心区文化综合体配套道路，根据新区有关文化综合体相关会议纪要要求启动该项目建设	连通道
37	长安二街延长段（新和四路）	次干道		发展和财政局	中心区文化综合体配套道路，根据新区有关文化综合体相关会议纪要要求启动该项目建设	连通道
5. 其他						
38	龙坪路	主干道	设计	发展和财政局		主廊道
39	坪联路（创业路北段）	主干道	工可重新报	市交通运输委		主廊道
40	兰田路	次干道		建管中心	今年可以施工约1000万	主廊道

续上表

序号	项目名称	道路等级	进度	责任单位	备注	自行车道等级
5. 其他						
41	西宝线坪山段改造工程	主干道	工可 重新报	市交通运输委员会		主廊道
42	碧沙东路	次干道		市交通运输委员会	碧岭沙湖片区	主廊道
43	丹梓北路南段	次干道		市交通运输委员会		主廊道
44	沙陂东路	次干道		市交通运输委员会	碧岭沙湖片区	主廊道
45	坪兰路(深汕路至锦龙大道段)	次干道		中心区办		主廊道
46	龙兴路	主干道	前期	市交通运输委员会		连通道
47	坪山马峦北路(近期)	主干道	工可编制	市交通运输委员会		连通道
48	碧沙北路	主干道	工可 重新报	市交通运输委员会		连通道
49	金田西路	次干道		建管中心	预计明年拆迁可以解决,所以保证资金供给	连通道
50	江岭路	次干道		建管中心		连通道
51	丹梓西路(含龙坪立交)工程	主干道	初步设计	市交通运输委员会		连通道
52	创景路南段	次干道		经济服务局	全市打通断头路计划	连通道
53	光祖路	次干道		市交通运输委员会		连通道
54	马峦北路南段	主干道		市交通运输委员会	全市打通断头路计划	连通道
55	沙陂西路	次干道		市交通运输委员会	碧岭沙湖片区	连通道
56	立新路	次干道		坪山新区发展和财政局		连通道
57	兰景南路	主干道		坪山新区发展和财政局		连通道
58	沙岭路(坪山八号路)	次干道		坪山新区发展和财政局		连通道
59	坪河西路	次干道		坪山新区发展和财政局	深业东晟保障房配套	连通道

2）立体人行过街设施

（1）现状立体人行过街设施改造。

将现状6座立体人行天桥实施遮盖化改造和城市景观化改造，8座无斜坡立体人行天桥实施改造。

（2）新建立体人行过街设施。

以解决现状需求为导向，结合城市更新计划实施、新建居住工商业用地开发和近期道路建设计划，规划提出近期新建立体人行过街设施25座，占规划新建立体人行过街设施总数的47%（图4-238、表4-53）。

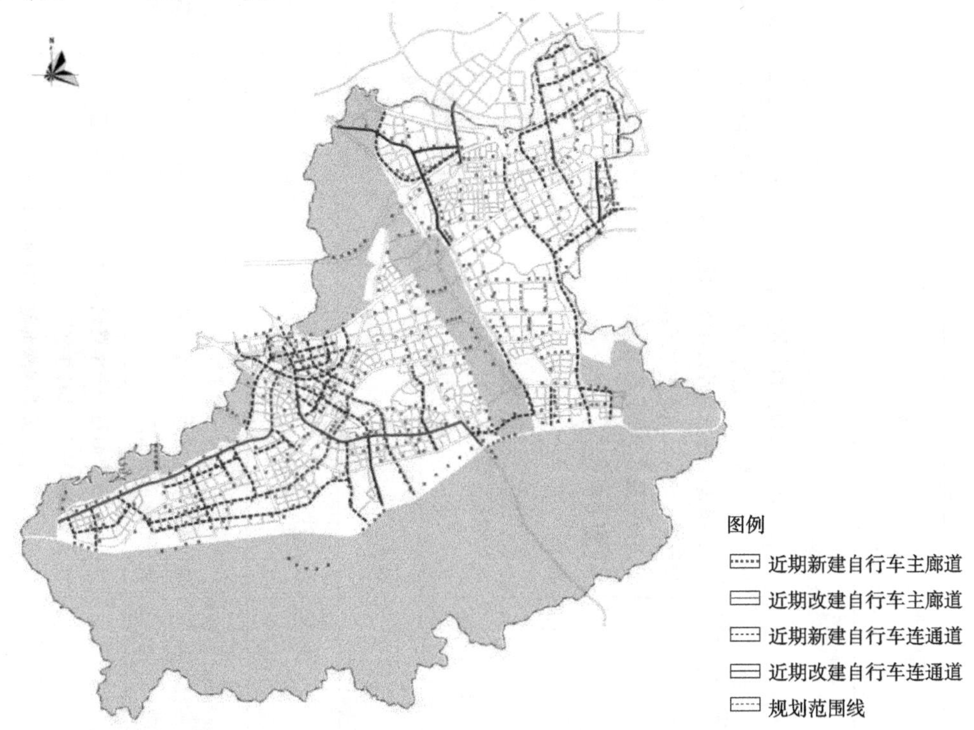

图4-238 坪山新区立体人行过街设施分期建设示意图

3）公共自行车系统

近期实施公共自行车租赁点布局如表4-54及图4-239所示。

4）慢行片区塑造

（1）整治改善片区。

需整治改善的片区主要包括坪山老中心片区、坑梓中心片区两个核心步行片区，应结合具体的城市更新、环境提升和道路交通改善等工程增加步行网络密度，增设立体人行过街设施，改善街区步行路和地块连通径等类型步行路径的沿线人行道、照明和绿化环境等设施。

（2）新建开发片区

坪山新中心区对新区整体步行交通系统规划建设具有示范意义，应全面地贯彻“以人为本、慢行优先”规划建设理念，依托道路新建、用地开发和景观营造等规划建设活动，应用最先进的技术和设施，通过整体的系统规划，将慢行交通系统融合公共/轨道、道路交通和公共建筑等设施进行一体化设计，建设具有国际水平的友好慢行交通系统。

立体人行过街设施近期实施计划一览表

表 4-53

序号	天桥名称	概述	必要性	备注
1	横坪公路宝汤路人行天桥	位于横坪公路与宝汤路交叉口	结合有轨电车坪山线站点设置	结合有轨电车坪山线站点设置
2	沙湖人行天桥	横跨新横坪公路，主干道，双向6车道	项目位于横坪公路与沙湖路交会处，临近沙湖市场。目前该路口为灯控路口。该段车流量较大，由于缺乏二次过街安全岛，人行通行时间短，导致大量行人滞留，存在安全隐患。根据统计，自横坪公路开通至今，该项目路口已发生多起交通事故，为确保行人过路安全，该人行天桥的建设是必要的。同时，有轨电车坪山线在该交叉口处设置有站点	结合有轨电车坪山线站点设置
3	深汕路建设路路口天桥	横跨深汕公路与建设路，将与现状天桥组成环形	天桥位于深汕路—建设路口，深汕公路改造工程施工时只实施了路口北、西向天桥。路口建设路东向采用斑马线过街，路口南向中山大道两侧护栏封闭。因该路口较大，人流量密集，大部分行人横穿路口过街，安全隐患极大	结合有轨电车坪山线站点设置。原天桥设计因现状中山大道南侧人行道宽度较窄，梯道无法布置，可考虑该处单侧布置梯道，满足行人过街要求
4	深汕路六联酒店门口	横跨深汕公路，主干道，双向8车道	住宅区、商业区人流量大，车流量多，安全隐患突出	结合有轨电车坪山线站点设置
5	中山大道体育二路人行天桥	横跨中山大道，主干道，双向6车道	天桥位于深汕公路—体育二路路口附近。中山大道该路段附近有东城国际小区、天虹商场，另将修建一所小学正在开展前期工作	结合有轨电车坪山线站点设置
6	沙田人行天桥	横跨深汕公路，主干道，双向8车道	项目位于深汕路—金康路路口，两侧为沙田社区与金沙社区，人口密集，每日往金田小学上下学学生较多。由于原有地下行人通道因深汕路改造而封闭，同时距两侧人行过街间距较大，导致行人横穿马路，该段深汕路车速较快，存在极大安全隐患	

续上表

序号	天桥名称	概述	必要性	备注
7	龙兴路口人行天桥	横跨深汕公路，主干道，双向8车道	项目位于坑梓中心区深汕路—龙兴路口，临近坑梓办事处，两侧商业林立，过街人行量大，车流量多、安全隐患突出	
8	中山大道—洋岭路人行天桥	横跨中山大道，主干道，双向6车道	天桥位于中山大道—洋岭路路口，周边有深业东城邸花园住宅区、乐安居酒店等，行人密集，人车抢道，交通事故频发，现状该路口为无信号灯控制，行人随意穿行，存在安全隐患	
9	马峦山郊野公园人行天桥	横跨新横坪公路，主干道，双向6车道	项目位于新横坪公路—沙坑二路路口，该路口为进入马峦山郊野公园的主要出入口，周边有较多居民往马峦山休憩游玩。目前横坪公路车流量大，车速快，2012年发生过3起以上交通事故，有必要建设人行天桥，确保行人过街安全	
10	金牛路燕子岭公园人行天桥	横跨金牛路，主干道，双向6车道	项目位于燕子岭公园门口处，存在较大往燕子岭公园休憩游玩人流，两侧过街设施间距较大，造成行人穿行金牛路，存在较大安全隐患	
11	秀沙路口人行天桥	横跨深汕公路，主干道，双向8车道	项目具体位于人民东路与深汕公路相交的十字路口，天桥跨越东西走向的现状深汕公路，东侧为与深汕公路垂直相交的现状人民东路，两侧现状主要为工业用地和居住用地区。项目建设主要是解决南北侧人流横过深汕公路的需求	
12	宝梓北路—深汕公路路口人行天桥	横跨深汕公路，主干道，双向8车道	项目位于宝梓北路与深汕公路相交的T字路口，天桥跨越东西走向的现状深汕公路，南侧为与深汕公路垂直相交的现状宝梓北路，两侧现状主要为密集工业用地和居住用地区。项目建设主要是解决南北侧人流横过深汕公路的需求。宝梓路—深汕路两侧用地功能互补性强，工业用地与居住、商业用地之间有较为直接的需求，人流需求明显，应建设人行天桥	

续上表

序号	天桥名称	概述	必要性	备注
13	老坑盘古石公交站与永高公司人行天桥	横跨深汕公路，主干道，双向8车道	盘古石公交站与永高公司的路段是老坑社区人流最密集的路段，人行过街等待时间较长，且影响车辆快速通行，常有行人横穿，存在较大安全隐患	
14	禾寮人行天桥	横跨新横坪公路，主干道，双向6车道	天桥位于沙湖社区禾寮地段，周边规划为1万~2万人安置小区，临近过街节点为新横坪公路—锦龙大道，相距200m左右，小区居民出行需绕行较远距离，导致居民穿越横坪公路。目前新横车辆流量大，车速快，穿行横坪公路存在较大安全隐患	
15	秋宝路口人行天桥	横跨深汕公路，主干道，双向8车道	西边为住宅区、工业区、商业区人流、车流量大，安全隐患突出	
16	新村人行天桥	横跨深汕公路，主干道，双向6车道	新村片区存在较大人流往墟镇中心，两侧平面过街绕行较远，存在不便	
17	金沙市场人行天桥	横跨深汕公路，主干道，双向8车道	天桥位于深汕路—金沙路口，周边大量居民往来金沙市场，人车争道，造成深汕路堵塞，并存在较大安全隐患	
18	坪山成人学校人行天桥	横跨深汕公路，主干道，双向8车道	人行量大，车流量多、安全隐患突出	
19	石井市场人行天桥	横跨坪葵公路，主干道，双向4车道	项目位于东纵路、坪葵路、金田路交叉口。目前主要过街人流为周边区域往石井市场购物人流。由于过街间距较大，致使人车抢道，自2010年以来，先后发生53起交通事故，存在较大的安全隐患及不便	
20	比亚迪人行天桥	横跨比亚迪路，主干道，双向6车道	项目位于比亚迪路比亚迪1号门口，该段车流量较大，机动车行驶速度快，由于临近过街节点距离较远，导致上下班有大量行人和非机动车穿越比亚迪路，存在较大安全隐患	为比亚迪路市政化改造设计内容

续上表

序号	天桥名称	概　述	必要性	备　注
21	东纵路—金碧路人行天桥	横跨东纵路，主干道，现状为双向4车道，改造方案为双向6车道	天桥位于东纵路—金碧路交叉口附近，周边建有坪山综合市场，六联小学，向阳小学，人流、车流通行密集，设立人行天桥，以便于广大居民安全出行和车辆通行，减少交通安全事故	需与东纵路改造工程协调
22	三洋湖灯控路口人行天桥	横跨东纵路，主干道，现状为双向4车道，改造方案为双向6车道	该项目位于东纵路三洋湖门楼灯控路口，现状东纵路该段宽约40m，中央无分隔带，路口人流量较大，并发生多起交通事故	需与东纵路改造工程协调
23	新天地人行天桥	横跨东纵路，主干道，现状为双向4车道，改造方案为双向6车道	天桥位于新天地商业广场，未来将打造成商业示范街，工改工示范点，周边人群密集。现状为平面过街设施，且无信号灯控制与黄闪警示灯，存在安全隐患	需与东纵路改造工程协调
24	龙田小学人行天桥	横跨龙兴北路，主干道，双向2车道	项目具体位于呈大致南北走向的龙兴北路，龙田小学位于道路的南侧，龙兴路为城市次干道，双向两车道布置，天桥跨越龙兴北路，主要是解决南北侧人流横过马路的需求，减少人车混行带来的安全隐患。本天桥的实施将是对该路口现状人行交通的完善，也是对该路口人车混行现状压力的一种缓解	
25	比亚迪路新合路口人行天桥	横跨比亚迪路，主干道，双向6车道	天桥位于比亚迪路—新合路路口，路口对面为大万世居，该路段人流过街需求大，现状无信号灯控制，安全隐患极大	

表 4-54

近期坪山慢行系统规划实施任务分解表

实施起始年份	任务			建议责任部门
2013 年	通道建设	主廊道	中山大道、锦龙大道、兰竹路、秋宝路、金牛西路	市交通运输委员会
			沙陂东路、兰田路、翠景路、丹梓北路	新区发展和财政局
		连通道	丹梓路、聚龙路、龙兴北路、龙兴南路、光祖北路、光祖南路、兰景中路、金田西路	市交通运输委员会
			振碧路、科环路、汤坑二路、龙勤路、复兴路、宝山北路、宝山南路、和富路、江岭路、昌盛路、金丰路、长安二街、创景南路、宝龙路、临惠路、金辉北路、绣湾路、锐康路、岭古路、丹景路、松坪路	新区发展和财政局
	人行天桥		沙田人行天桥、龙兴路口人行天桥、中山大道—洋岭路人行天桥、深汕路建设路路口天桥、马峦山郊野公园人行天桥、金牛路燕子岭公园人行天桥、深汕路六联酒店门口、沙湖人行天桥、秀沙路口人行天桥、宝梓北路—深汕公路路口人行天桥、老坑盘古石公交站与永高公司人行天桥	市交通运输委员会
	公共自行车		66 个网点，1500 辆公共自行车投放	市交通运输委员会
2014 年	通道建设	主廊道	深汕公路	市交通运输委员会
		连通道	新沙路、沙岭路、坪河西路、洋岭路(北段)、洋岭路(南段)	新区发展和财政局
	人行天桥		汤坑人行天桥、寮人行天桥、秋宝路口人行天桥、新村人行天桥、金沙市场人行天桥、坪山成人学校人行天桥、石井市场人行天桥、比亚迪人行天桥	市交通运输委员会
2015 年	人行天桥		东纵路—金碧路人行天桥、三洋湖灯控路口人行天桥、新天地人行天桥、龙田小学人行天桥、中山大道体育二路人行天桥、比亚迪路新合路口人行天桥	市交通运输委员会

图4-239 公共自行车租赁点接驳公交布局图

4.4.12.2 友好步行文化营造

结合坪山新区发展历史、人群结构特点和文化特色,将步行文化上升为城市文化事件的一个组成部分,在建筑、展览、剧院、文学读物、摄影或街道展示动画等媒介中,颂扬和塑造具有坪山特色的城市慢行文化形象。通过公众咨询、实地和文献调研,结合步行相关研究成果,制作突显坪山新区的重要自然景观资源、公共文化娱乐目的地、历史文化风貌、现代商业商务服务等特点的系列步行路线图,以鼓励居民和游客通过慢行方式游览各项城市功能。

4.4.13 附件

规划自行车道

灰色栏——建设时序 2013 年

编号	道路名称	道路等级	起讫点	长度(km)	道路建设状况	规划自行车道等级	自行车道	
							设置形式	设置宽度(m)
1	中山大道	干线性主干道	南坪快速路—深汕公路	6.62	规划改建	主廊道	机非绿化分隔	2.5
2	深汕公路 1	干线性主干道	龙岗坪山区界—东纵路	2.54	规划改建	主廊道	机非绿化分隔	2.5
3	深汕公路 2	干线性主干道	中山大道—丹梓中路	3.15	规划改建	主廊道	机非绿化分隔	2.5
		干线性主干道	绿梓大道—金辉路	6.8	规划改建	主廊道	人非绿化分隔	2.5
		干线性主干道	金辉路—区界	3.46	规划改建	主廊道	机非绿化分隔	2.5

实施指引一览表

,蓝色栏——建设时序 2014 年

原综合发展规划断面	现状(原规划)道路断面	改造(规划)道路断面	规划自行车道设置建议
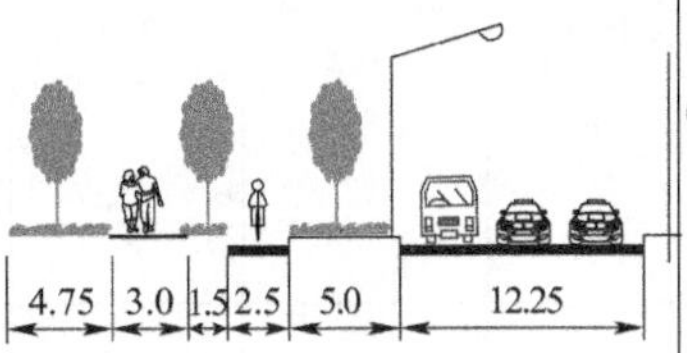 4.75 3.0 1.5 2.5 5.0 12.25	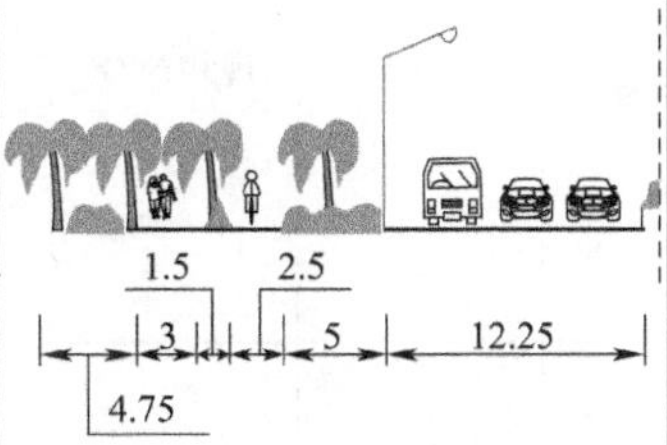 1.5 2.5 3 5 12.25 4.75	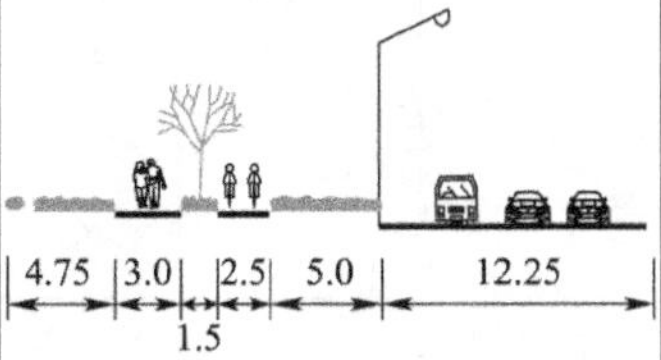 4.75 3.0 2.5 5.0 12.25 1.5	规划保留
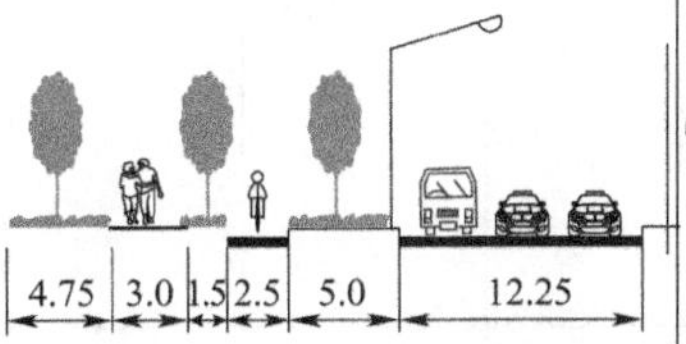 4.75 3.0 1.5 2.5 5.0 12.25	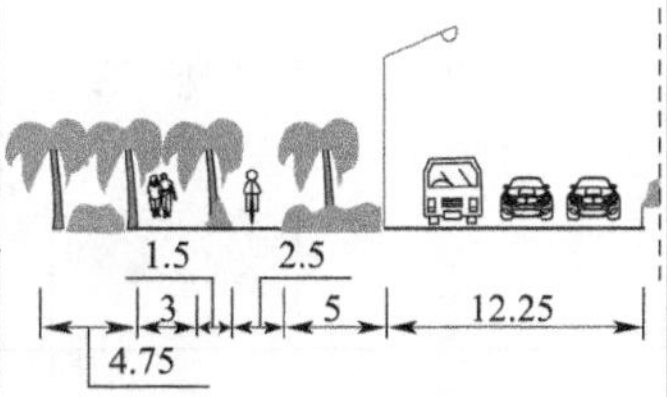 1.5 2.5 3 5 12.25 4.75	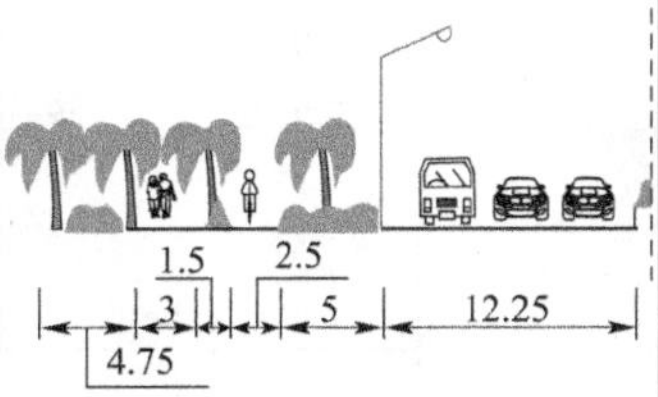 1.5 2.5 3 5 12.25 4.75	规划保留
	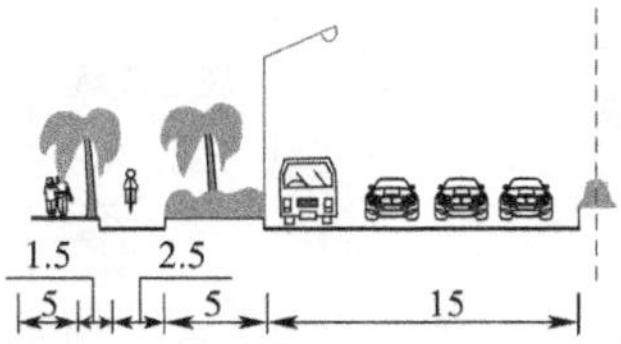 1.5 2.5 5 5 15	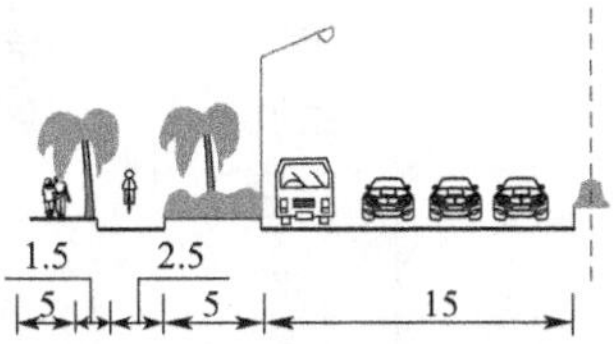 1.5 2.5 5 5 15	规划保留
4.75 3.0 1.5 2.5 5.0 12.25	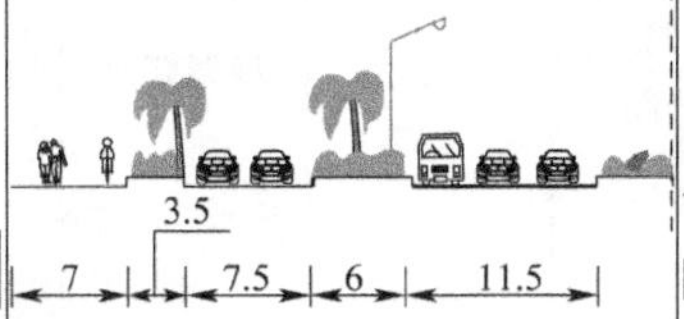 3.5 7 7.5 6 11.5	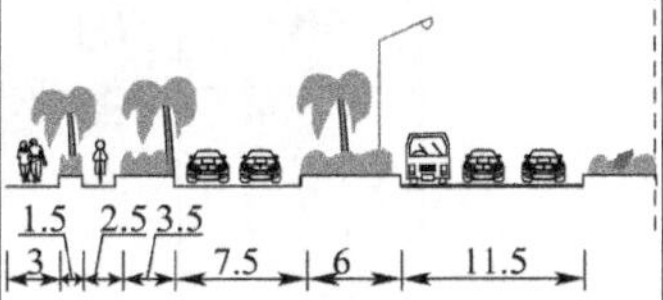 1.5 2.5 3.5 3 7.5 6 11.5	压缩人行道设置
	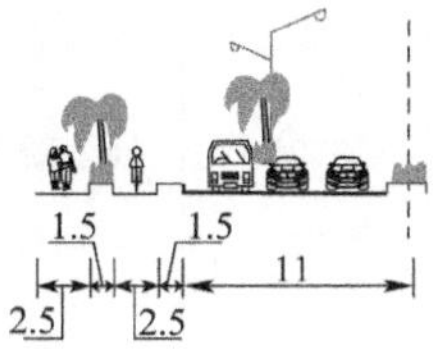 1.5 1.5 11 2.5 2.5	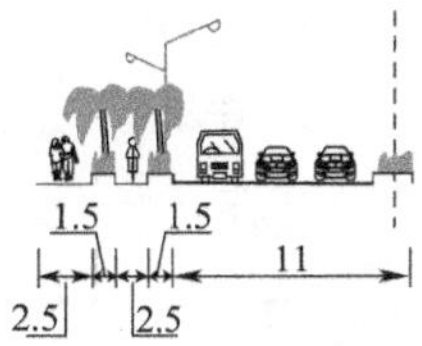 1.5 1.5 11 2.5 2.5	规划保留

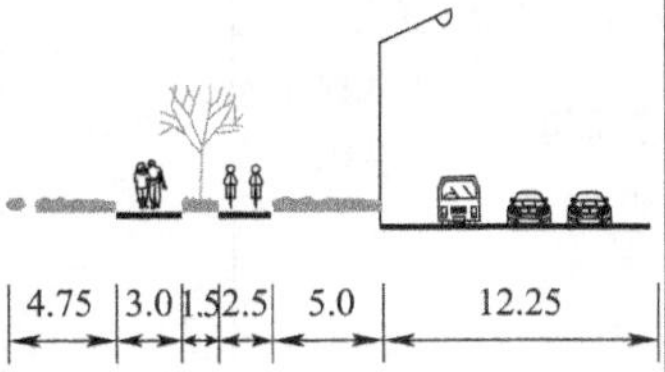

灰色栏——建设时序 2013 年

编号	道路名称	道路等级	起讫点	长度（km）	道路建设状况	规划自行车道等级	自行车道	
							设置形式	设置宽度（m）
4	东纵路	干线性主干道	昌盛路—中山大道	1.05	规划改建	主廊道	机非绿化分隔	2.5
		干线性主干道	中山大道—沙新路	2.49	规划改建	主廊道	机非绿化分隔	2.5
		干线性主干道	沙新路—荔景南路	1.46	规划改建	主廊道	人非绿化分隔	2.5
5	龙坪大道	干线性主干道	丹梓西路—深汕公路	2	规划新建	主廊道	人非绿化分隔	2.0
		干线性主干道	深汕公路—南坪快速路	3.25	规划新建	主廊道	机非绿化分隔	2.5

续上表

,蓝色栏——建设时序 2014 年			
原综合发展规划断面	现状(原规划)道路断面	改造(规划)道路断面	规划自行车道设置建议
	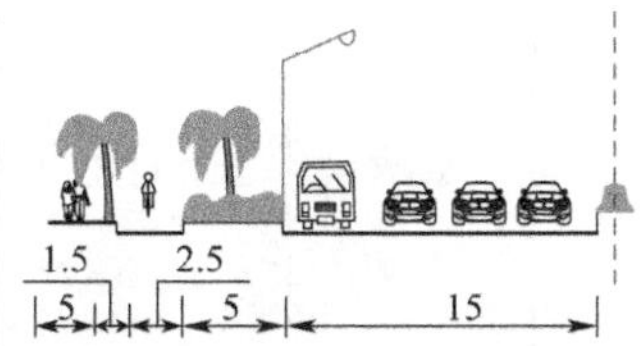 1.5 2.5 5 5 15	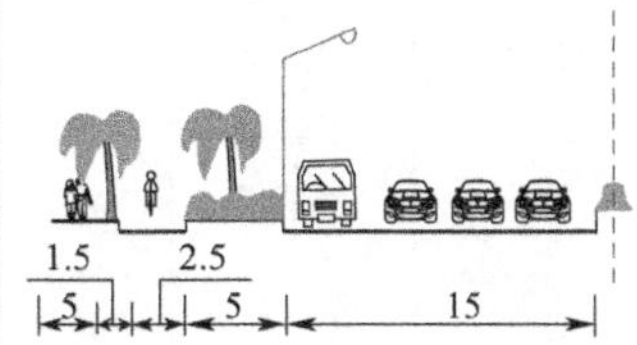 1.5 2.5 5 5 15	规划保留
2号线 3.75 5 12.25 10.00 1.5 2.5 60.00	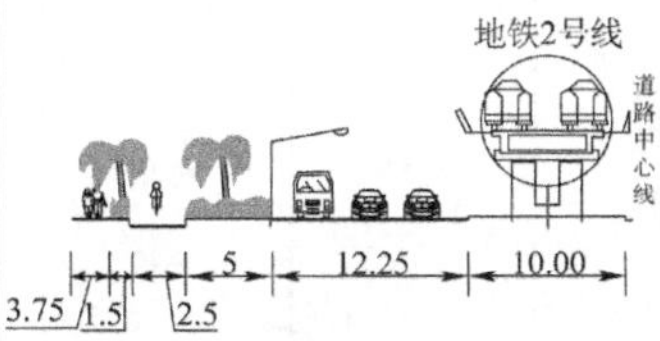 地铁2号线 道路中心线 5 12.25 10.00 3.75 1.5 2.5	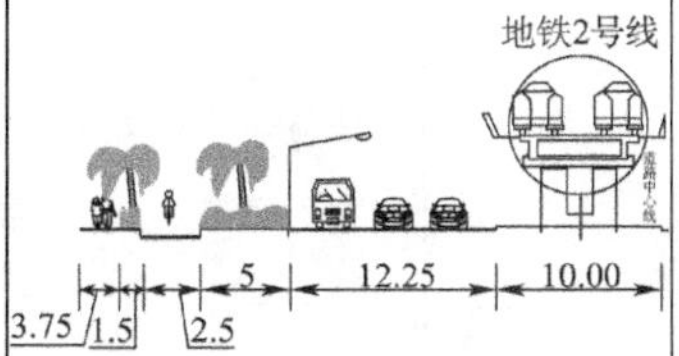 地铁2号线 道路中心线 5 12.25 10.00 3.75 1.5 2.5	规划保留
	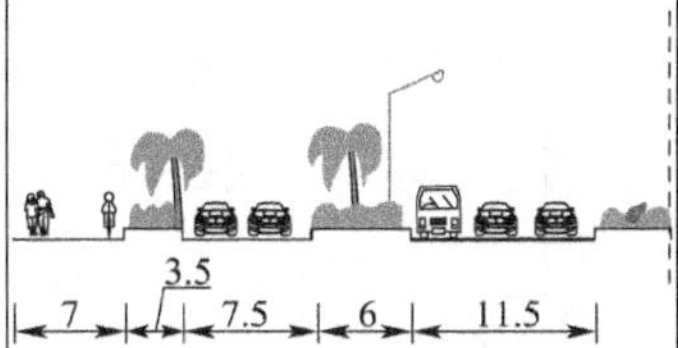 3.5 7 7.5 6 11.5	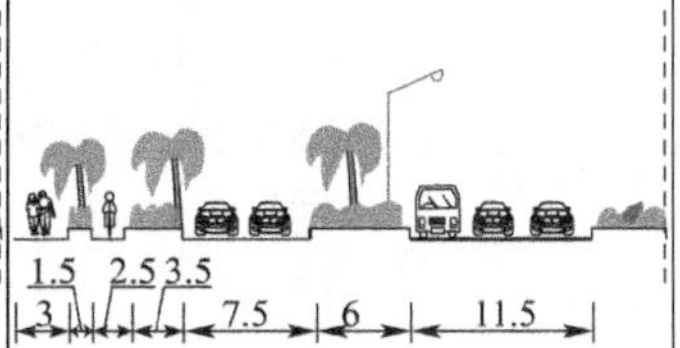 1.5 2.5 3.5 3 7.5 6 11.5	压缩规划人行道设置
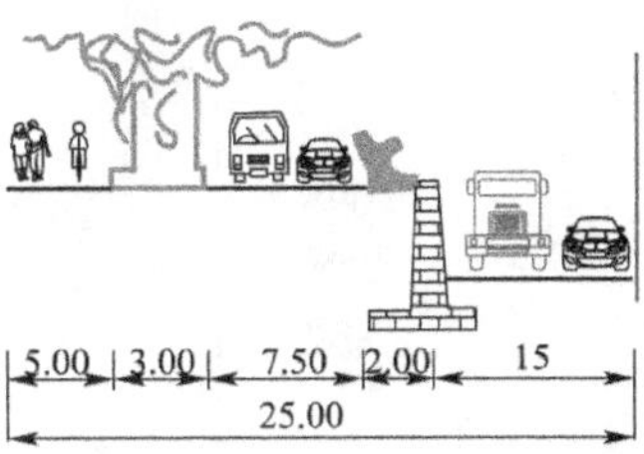 5.00 3.00 7.50 2.00 15 25.00	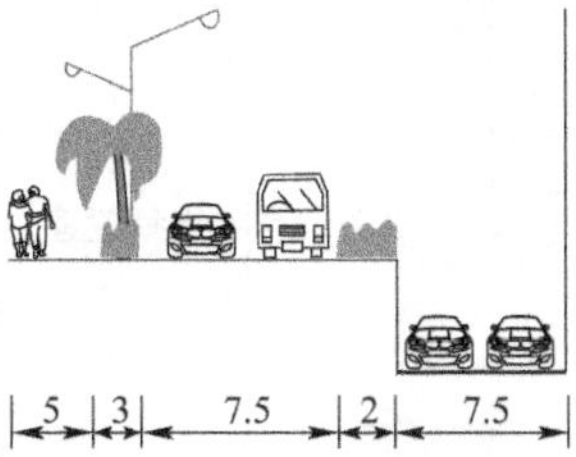 5 3 7.5 2 7.5	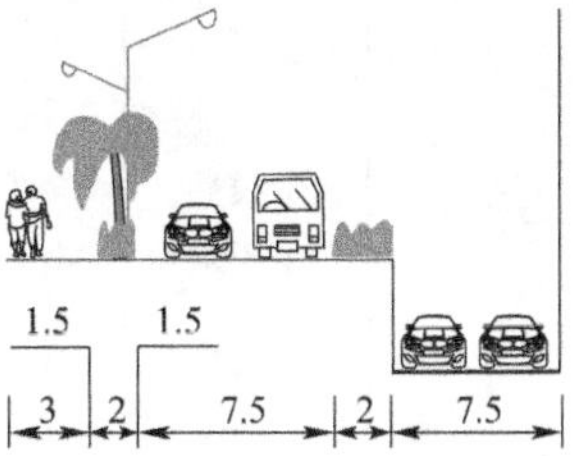 1.5 1.5 3 2 7.5 2 7.5	压缩规划人行道设置
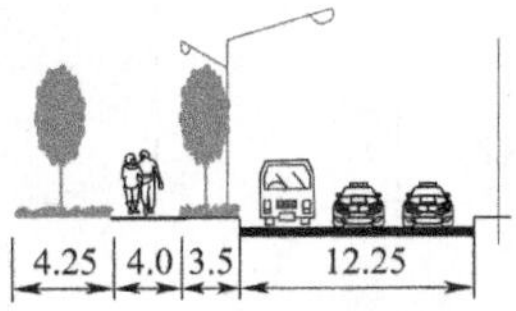 4.25 4.0 3.5 12.25	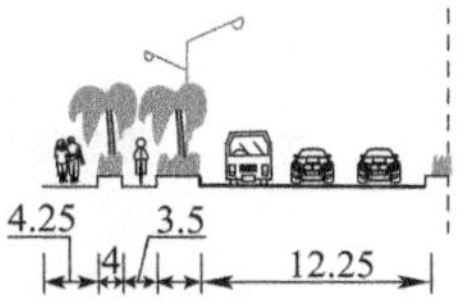 4.25 3.5 4 12.25	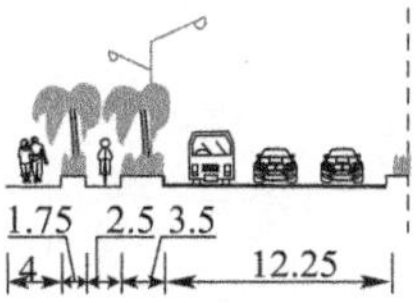 1.75 2.5 3.5 4 12.25	压缩规划绿化带设置

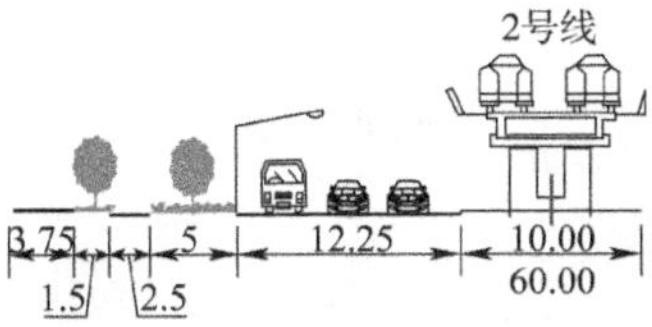

灰色栏——建设时序 2013 年

编号	道路名称	道路等级	起讫点	长度（km）	道路建设状况	规划自行车道等级	自行车道	
							设置形式	设置宽度（m）
6	丹梓路	干线性主干道	站前路—深汕公路	1.87	规划已建	连通道	人非绿化分隔	2.5
		干线性主干道	深汕公路—区界	7.68	规划新建	连通道	机非绿化分隔	2.5
7	荔景北路	干线性主干道	丹梓路—金牛中路	2.14	规划改建	主廊道	机非绿化分隔	2.5
	荔景南路	干线性主干道	金牛中路—南坪快速路	2.6	规划改建	主廊道	机非绿化分隔	2.5
8	聚龙路	干线性主干道	深汕公路—南坪快速路	7.72	规划新建	连通道		

续上表

,蓝色栏——建设时序 2014 年

原综合发展规划断面	现状(原规划)道路断面	改造(规划)道路断面	规划自行车道设置建议
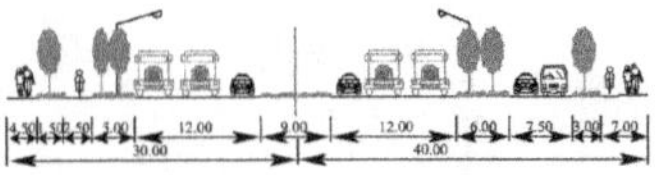	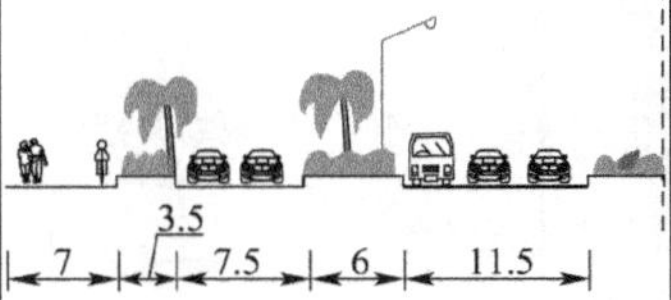 3.5 7　7.5　6　11.5	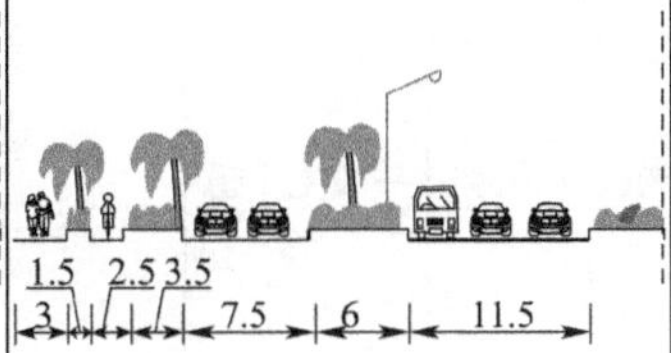 1.5　2.5　3.5 3　7.5　6　11.5	压缩规划人行道设置
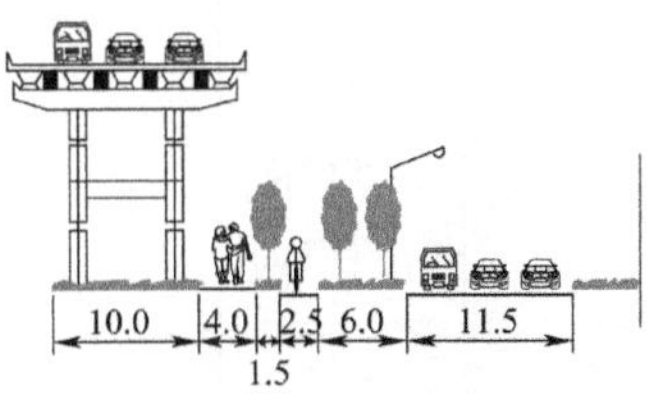 10.0　4.0　2.5　6.0　11.5 1.5	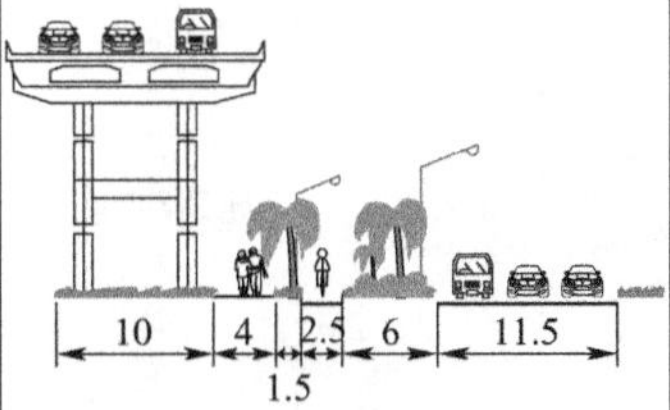 10　4　2.5　6　11.5 1.5	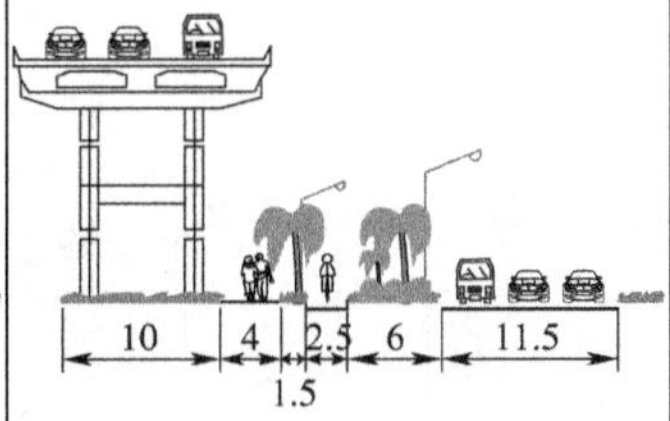 10　4　2.5　6　11.5 1.5	规划保留
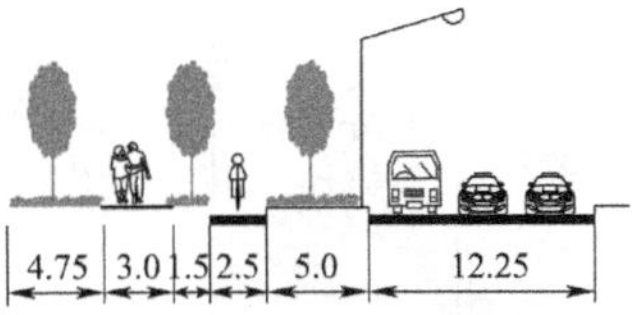 4.75　3.0　1.5　2.5　5.0　12.25	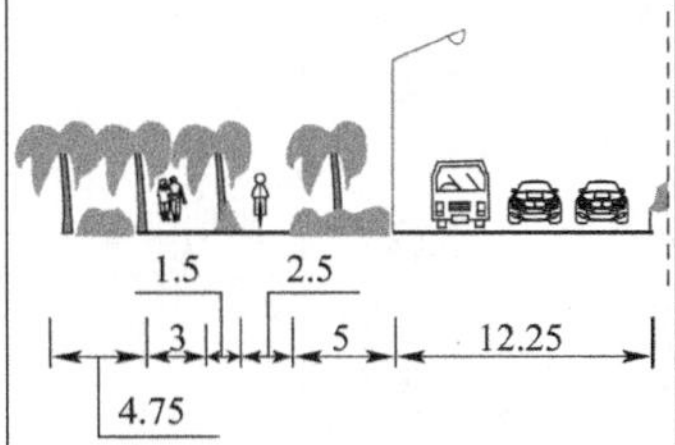 1.5　2.5 3　5　12.25 4.75	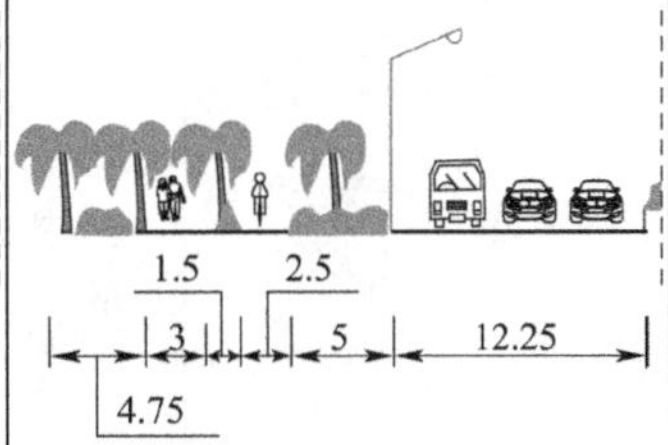 1.5　2.5 3　5　12.25 4.75	规划保留
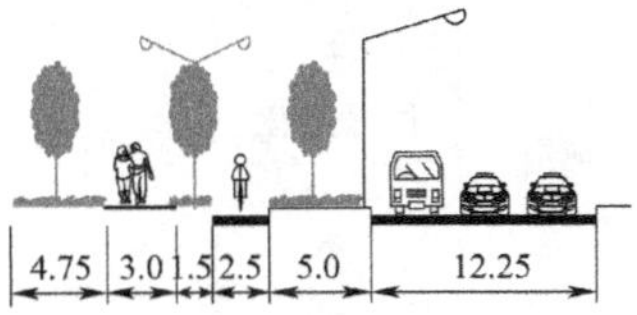 4.75　3.0　1.5　2.5　5.0　12.25	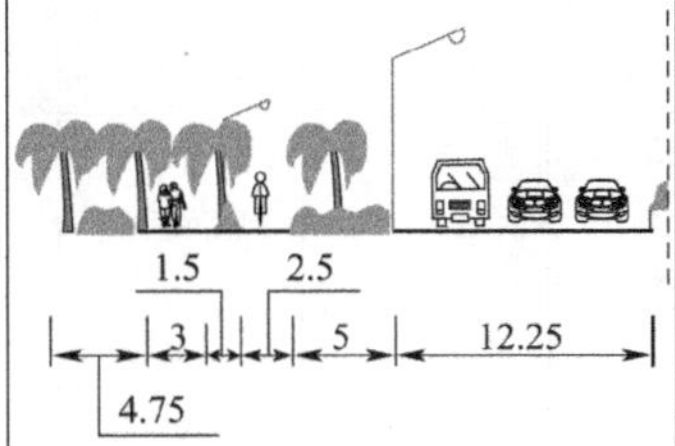 1.5　2.5 3　5　12.25 4.75	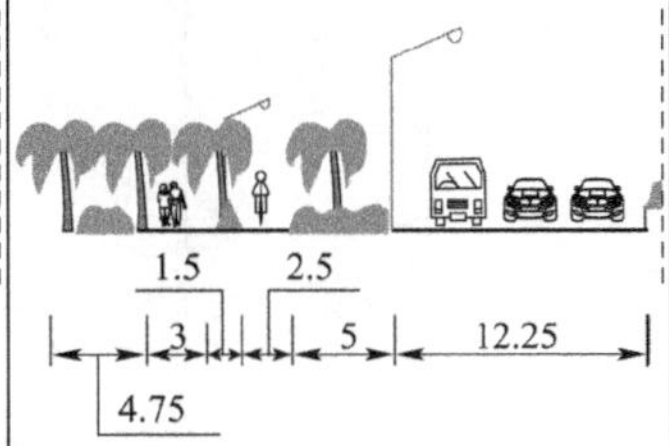 1.5　2.5 3　5　12.25 4.75	规划保留
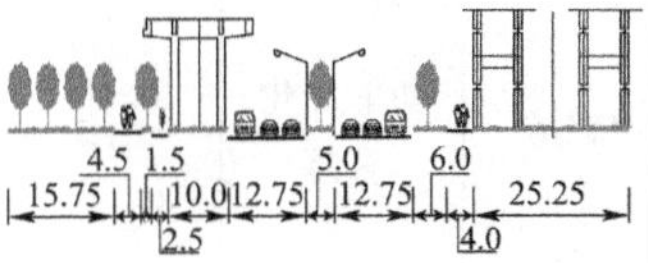 4.5　1.5　5.0　6.0 15.75　10.0　12.75　12.75　25.25 2.5　4.0	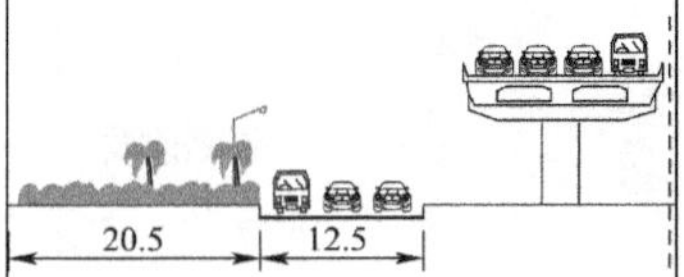 20.5　12.5		

灰色栏——建设时序 2013 年

编号	道路名称	道路等级	起讫点	长度（km）	道路建设状况	规划自行车道等级	自行车道	
							设置形式	设置宽度（m）
9	老横坪公路	一般主干道	宝坪路—深汕路	9.41	规划改建	主廊道	机非绿化分隔	2.5
10	碧沙北路	一般主干道	南坪快速路—老横坪公路	1.67	规划新建	连通道	机非绿化分隔	2.5
11	锦龙大道	一般主干道（快速路）	科环路—区界（南坪快速路—区界）	3.68	规划已建	主廊道	机非绿化分隔	2.5
12	新合路	一般主干道	锦龙大道—坪兰路（创业路）	1.54	规划新建	主廊道	机非绿化分隔	2.5
13	创业路	一般主干道	锦龙大道—荔景南路	6.4	规划改建	主廊道	机非绿化分隔	2.5

续上表

,蓝色栏——建设时序2014年

原综合发展规划断面	现状(原规划)道路断面	改造(规划)道路断面	规划自行车道设置建议
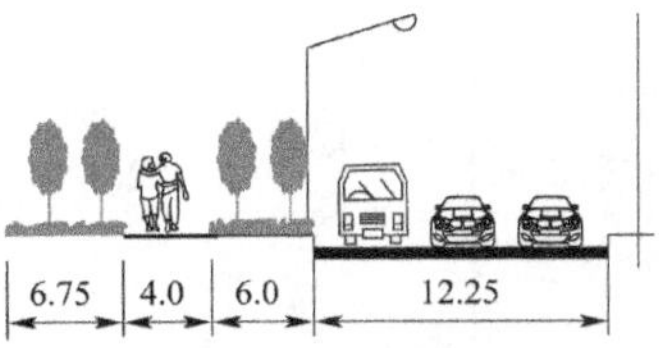 6.75 | 4.0 | 6.0 | 12.25	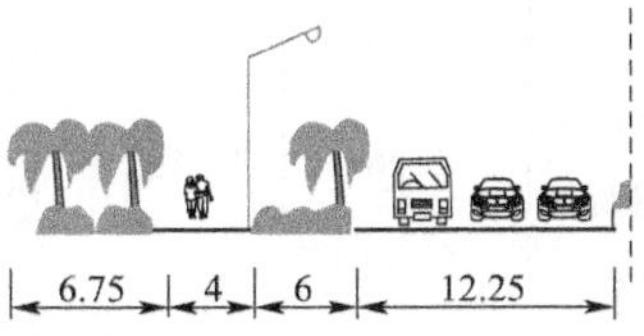 6.75 | 4 | 6 | 12.25	 6.75 | 4 | 1.5 | 2.5 | 2 | 12.25	压缩规划绿化带设置
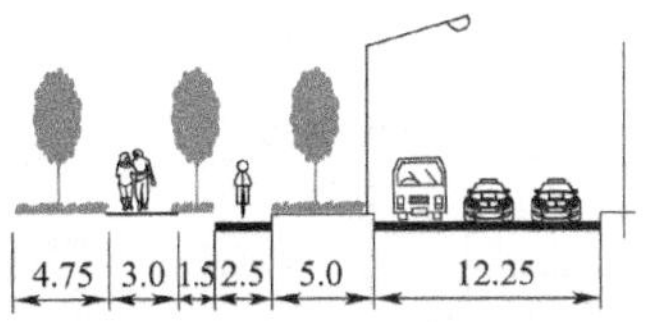 4.75 | 3.0 | 1.5 | 2.5 | 5.0 | 12.25	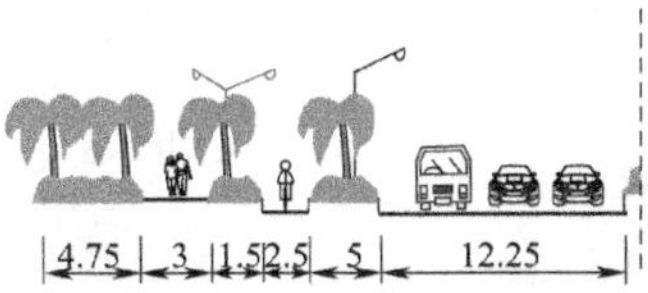 4.75 | 3 | 1.5 | 2.5 | 5 | 12.25	 4.75 | 3 | 1.5 | 2.5 | 5 | 12.25	规划保留
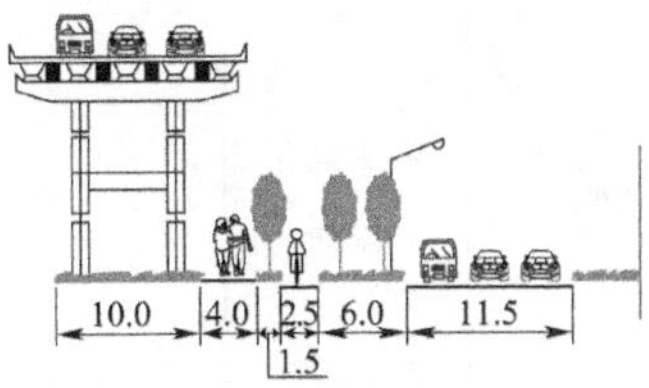 10.0 | 4.0 | 2.5 | 6.0 | 11.5 | 1.5	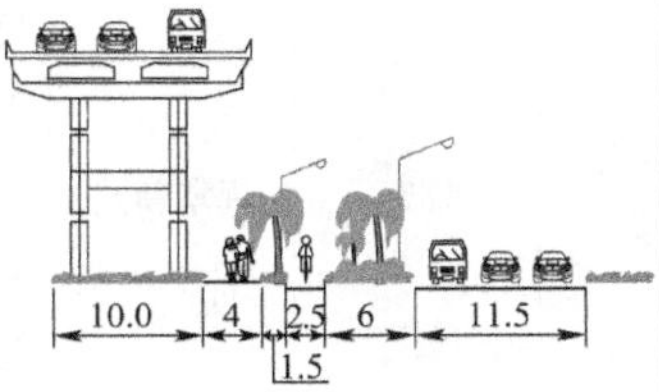 10.0 | 4 | 2.5 | 6 | 11.5 | 1.5	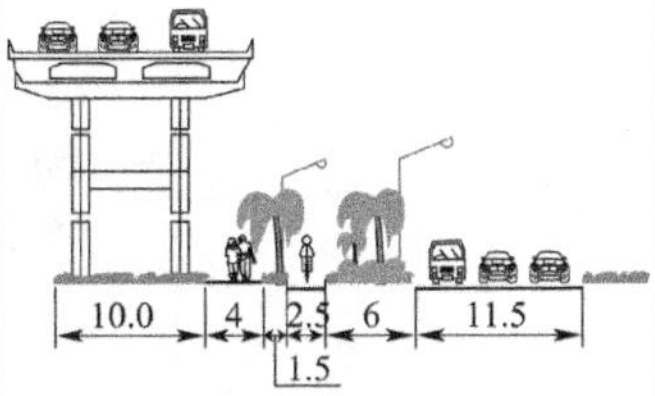 10.0 | 4 | 2.5 | 6 | 11.5 | 1.5	现状保留
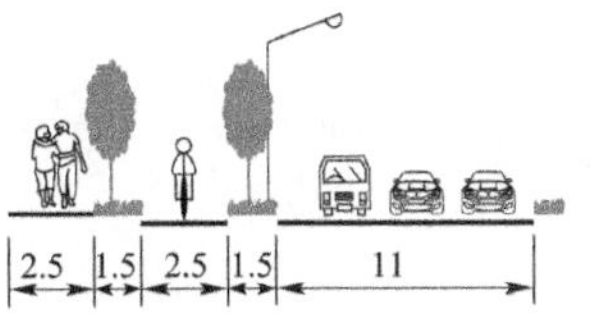 2.5 | 1.5 | 2.5 | 1.5 | 11	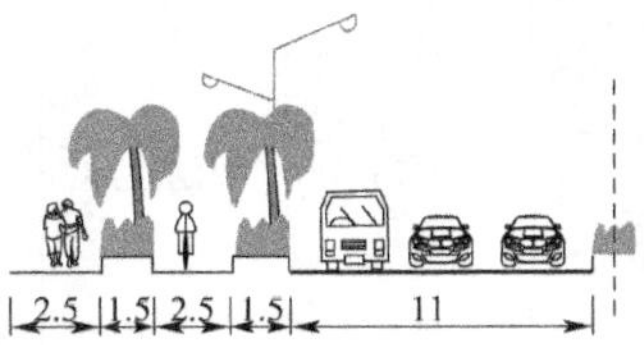 2.5 | 1.5 | 2.5 | 1.5 | 11	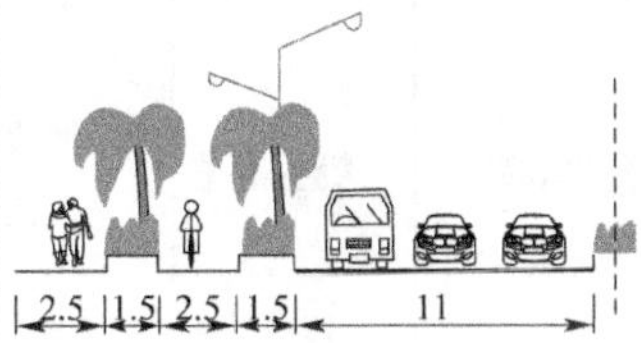 2.5 | 1.5 | 2.5 | 1.5 | 11	规划保留
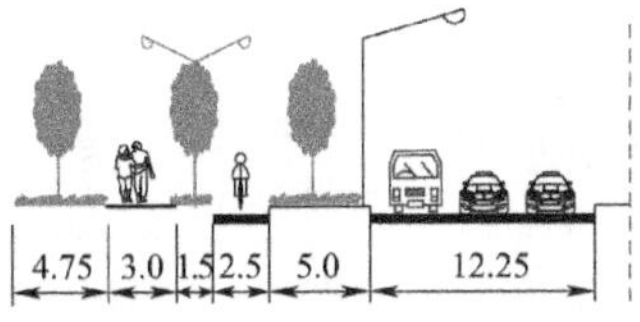 4.75 | 3.0 | 1.5 | 2.5 | 5.0 | 12.25	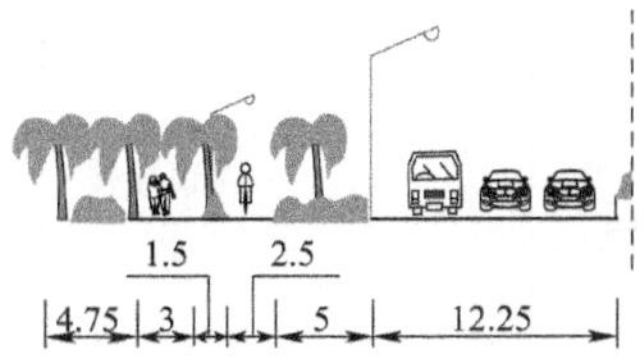 1.5 | 2.5 | 4.75 | 3 | 5 | 12.25	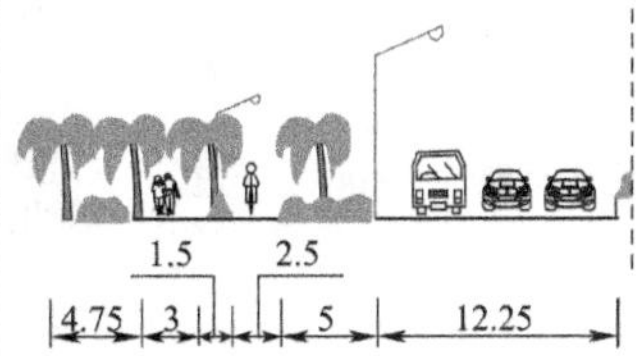 1.5 | 2.5 | 4.75 | 3 | 5 | 12.25	规划保留

灰色栏——建设时序2013年

编号	道路名称	道路等级	起讫点	长度（km）	道路建设状况	规划自行车道等级	自行车道	
							设置形式	设置宽度（m）
14	马峦北路	一般主干道	东纵路—南坪快速路	2.26	规划新建	连通道	机非绿化分隔	2.5
15	兰竹路	一般主干道	深汕公路—聚龙路	5.83	规划改建	主廊道	机非绿化分隔	2.5
16	秋宝路	一般主干道	坪山惠阳区界—深汕公路	1.74	规划新建	主廊道	机非绿化分隔	2.5
17	龙兴北路	一般主干道	区界—龙湾路	2.15	规划改建	连通道	机非绿化分隔	2.5
18	龙兴南路	一般主干道	龙湾路—深汕公路	0.99	规划改建	连通道	机非绿化分隔	2.5

续上表

,蓝色栏——建设时序 2014 年			
原综合发展规划断面	现状(原规划)道路断面	改造(规划)道路断面	规划自行车道设置建议
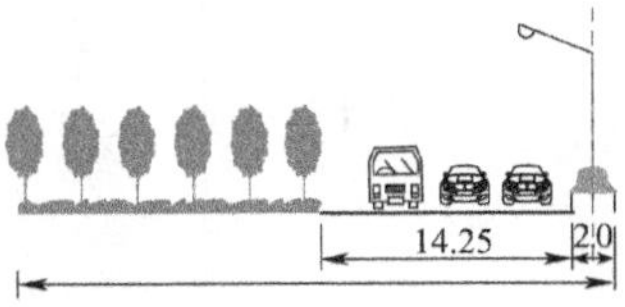 14.25　2.0	 15	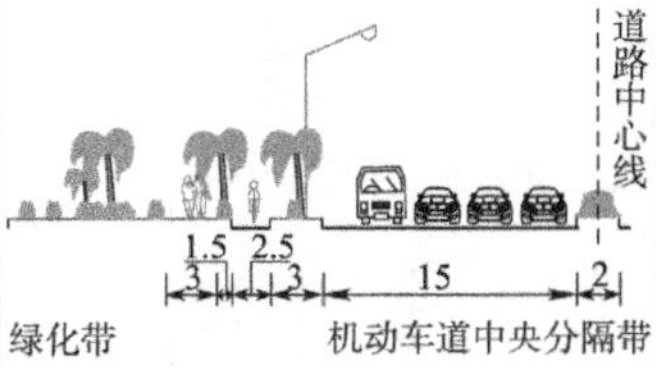 道路中心线　1.5　2.5　3　3　15　2　绿化带　机动车道中央分隔带	在路侧绿化带设置
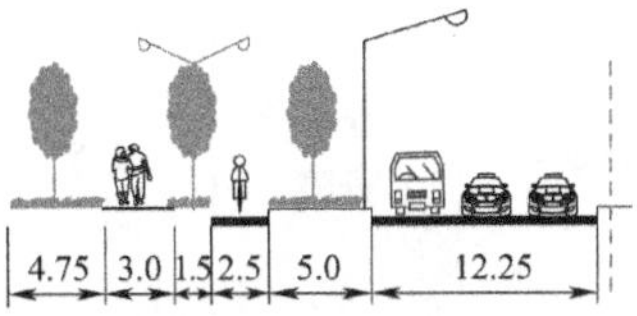 4.75　3.0　1.5　2.5　5.0　12.25	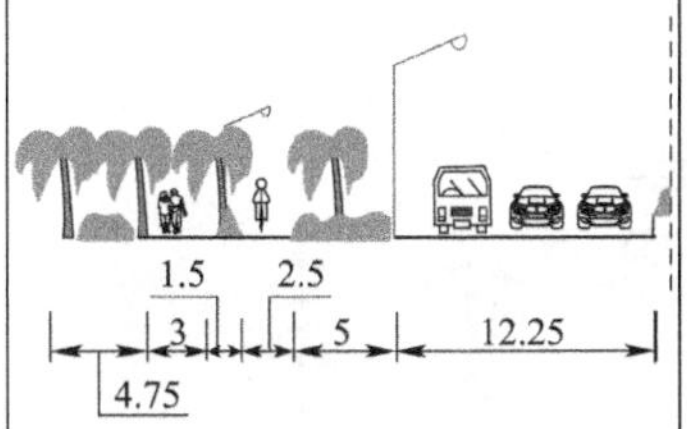 1.5　2.5　3　5　12.25　4.75	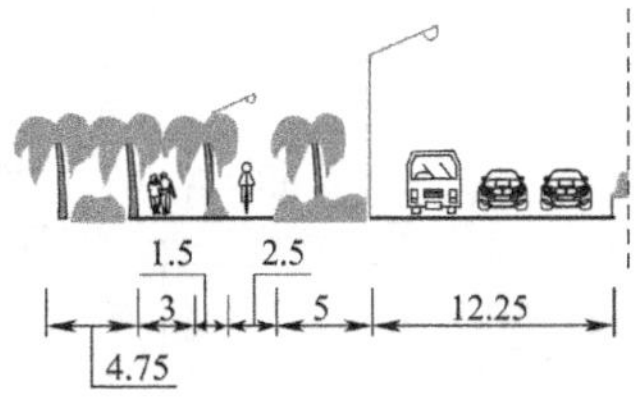 1.5　2.5　3　5　12.25　4.75	规划保留
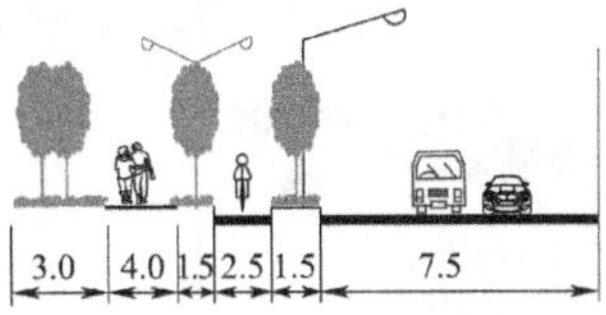 3.0　4.0　1.5　2.5　1.5　7.5	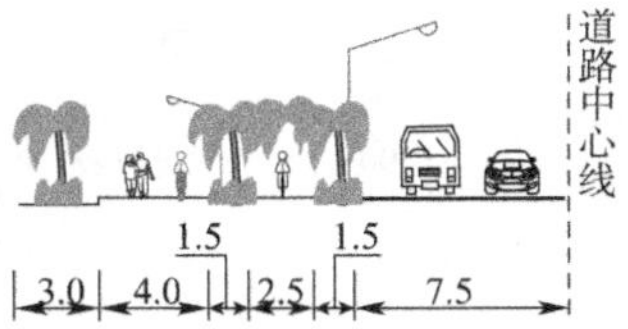 道路中心线　1.5　1.5　3.0　4.0　2.5　7.5	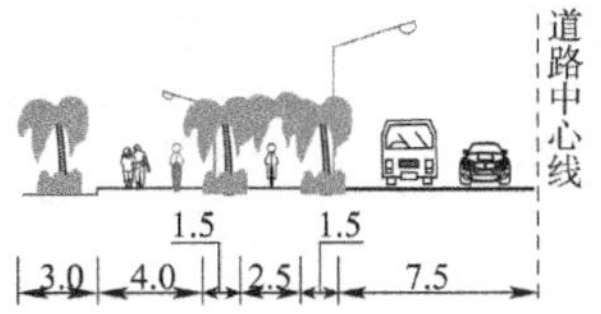 道路中心线　1.5　1.5　3.0　4.0　2.5　7.5	规划保留
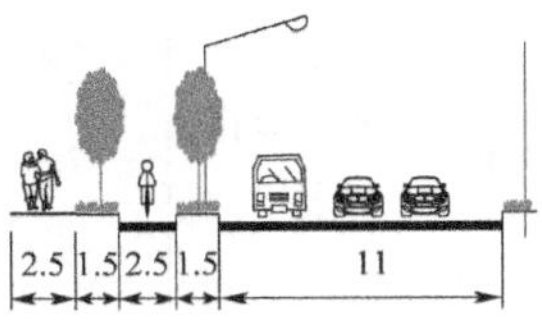 2.5　1.5　2.5　1.5　11	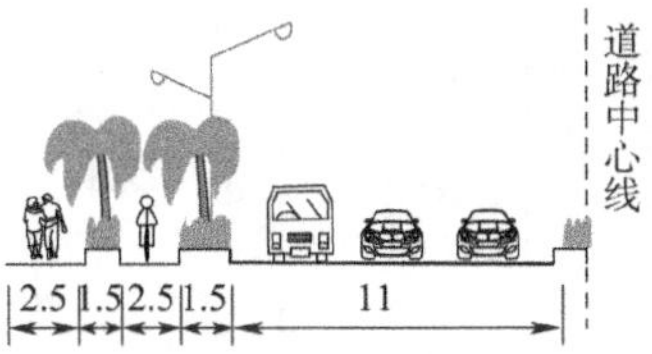 道路中心线　2.5　1.5　2.5　1.5　11	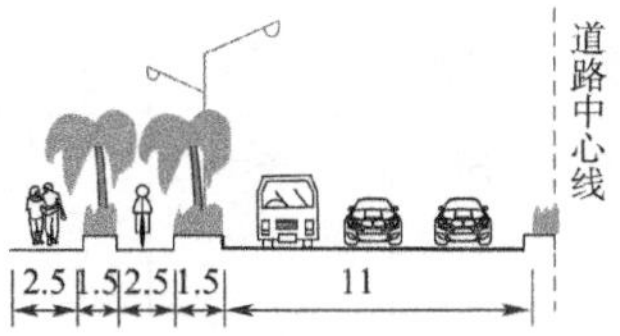 道路中心线　2.5　1.5　2.5　1.5　11	规划保留
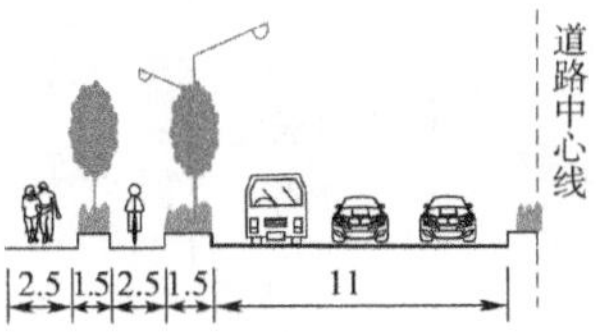 道路中心线　2.5　1.5　2.5　1.5　11	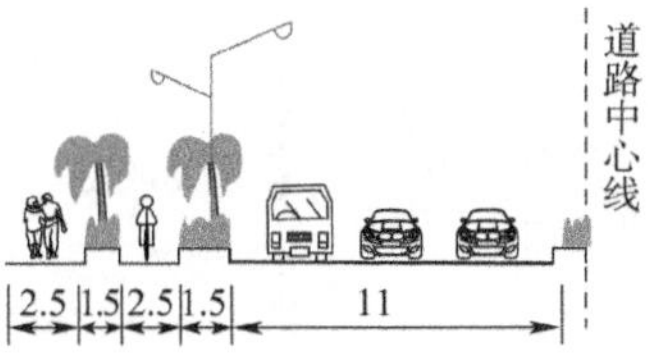 道路中心线　2.5　1.5　2.5　1.5　11	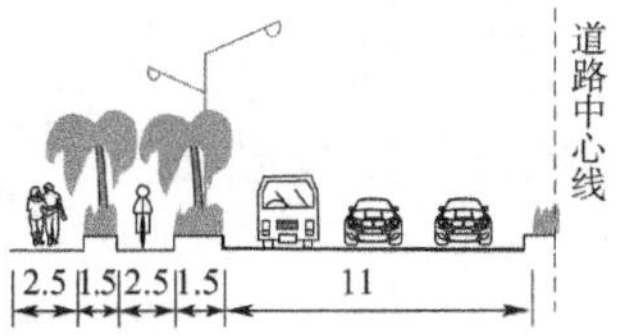 道路中心线　2.5　1.5　2.5　1.5　11	规划保留

灰色栏——建设时序 2013 年

编号	道路名称	道路等级	起讫点	长度（km）	道路建设状况	规划自行车道等级	自行车道	
							设置形式	设置宽度（m）
19	光祖北路	一般主干道	深汕公路—吉康路	1.1	规划改建	连通道	机非绿化分隔	2.5
20	光祖南路	一般主干道	吉康路—丹梓中路	0.56	规划改建	连通道	机非绿化分隔	2.5
21	兰景北路	一般主干道	兰竹中路—丹梓中路	1.94	规划改建	连通道	机非绿化分隔	2.5
22	兰景中路	一般主干道	兰竹中路—银田路	2.25	规划改建	连通道	机非绿化分隔	2.5
23	兰景南路	一般主干道	银田路—金田路	0.74	规划改建	连通道	机非绿化分隔	2.5

续上表

，蓝色栏——建设时序 2014 年			
原综合发展规划断面	现状（原规划）道路断面	改造（规划）道路断面	规划自行车道设置建议
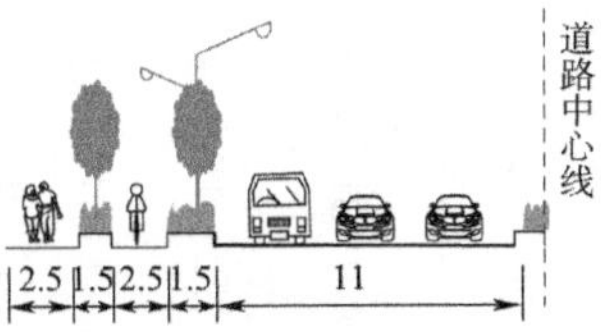 道路中心线 2.5 1.5 2.5 1.5 11	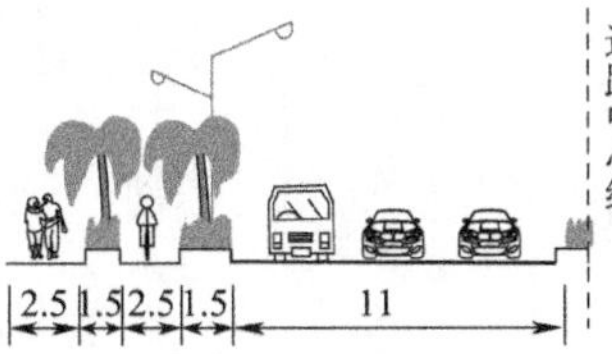 道路中心线 2.5 1.5 2.5 1.5 11	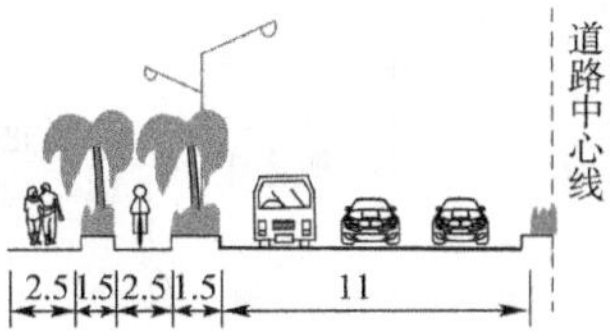 道路中心线 2.5 1.5 2.5 1.5 11	规划保留
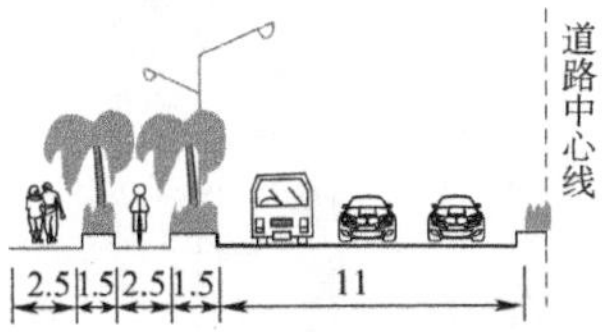 道路中心线 2.5 1.5 2.5 1.5 11	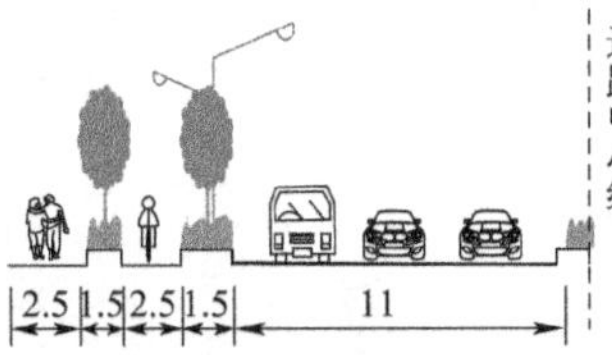 道路中心线 2.5 1.5 2.5 1.5 11	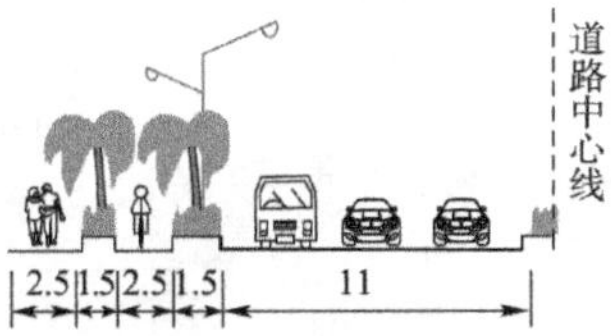 道路中心线 2.5 1.5 2.5 1.5 11	规划保留
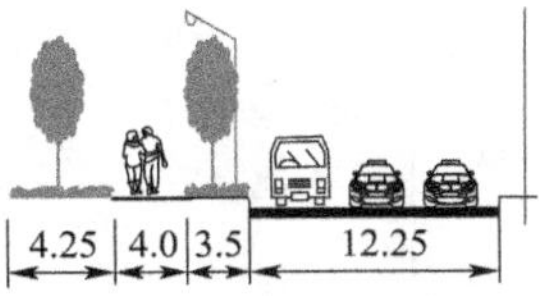 4.25 4.0 3.5 12.25	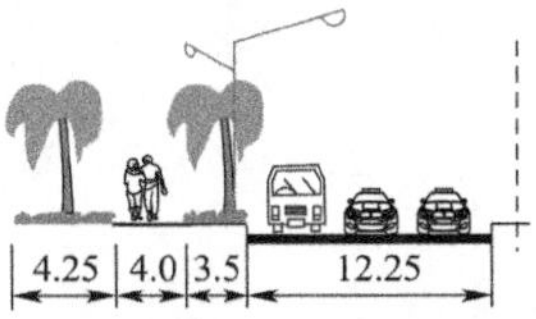 4.25 4.0 3.5 12.25	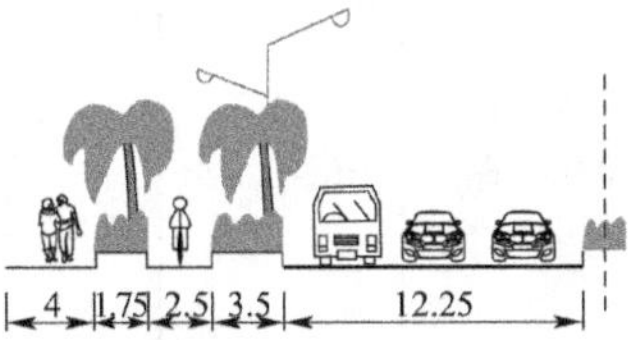 4 1.75 2.5 3.5 12.25	压缩规划绿化带设置
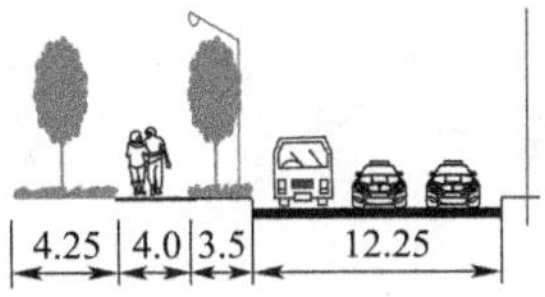 4.25 4.0 3.5 12.25	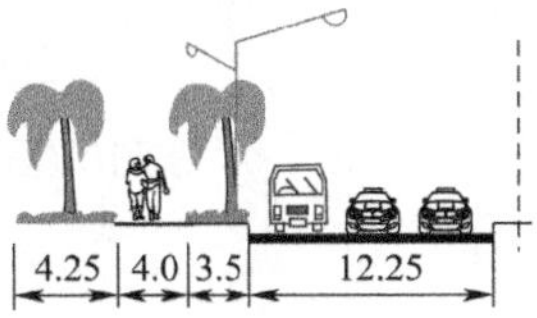 4.25 4.0 3.5 12.25	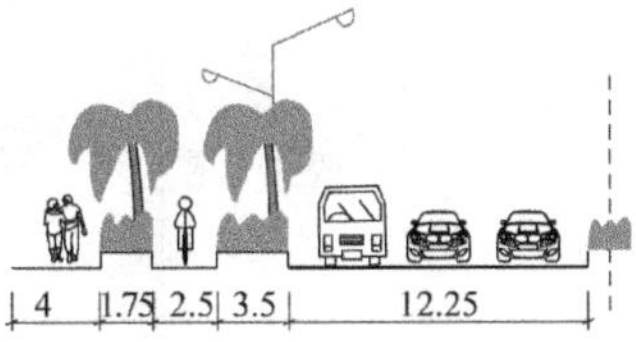 4 1.75 2.5 3.5 12.25	压缩规划绿化带设置
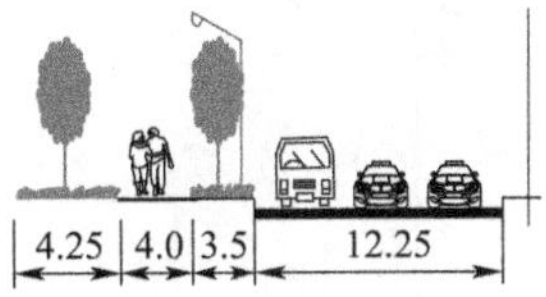 4.25 4.0 3.5 12.25	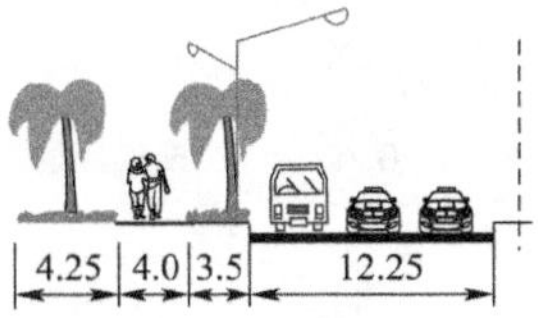 4.25 4.0 3.5 12.25	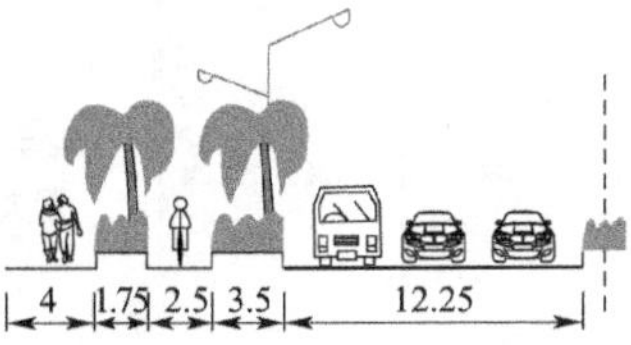 4 1.75 2.5 3.5 12.25	压缩规划绿化带设置

灰色栏——建设时序2013年

编号	道路名称	道路等级	起讫点	长度(km)	道路建设状况	规划自行车道等级	自行车道	
							设置形式	设置宽度(m)
24	中兴路	一般主干道	创业路—龙坪大道	1.94	规划新建	主廊道	机非绿化分隔	2.5
25	金牛西路	一般主干道	龙坪大道—荔景北路	2.45	规划已建	主廊道	机非绿化分隔	2.5
26	金牛中路	一般主干道	荔景北路—翠景路	2.2	规划已建	主廊道	机非绿化分隔	2.5
27	金牛东路	一般主干道	翠景路—金兰路	1.05	规划已建	主廊道	机非绿化分隔	2.5
		一般主干道	金兰路—聚龙路	0.68	规划新建	主廊道		2.5

续上表

,蓝色栏——建设时序 2014 年			
原综合发展规划断面	现状(原规划)道路断面	改造(规划)道路断面	规划自行车道设置建议
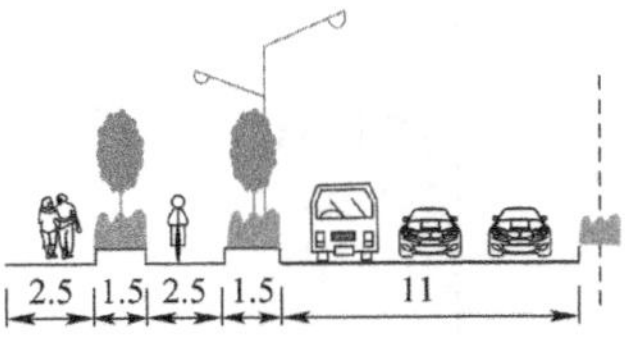 2.5 1.5 2.5 1.5 11	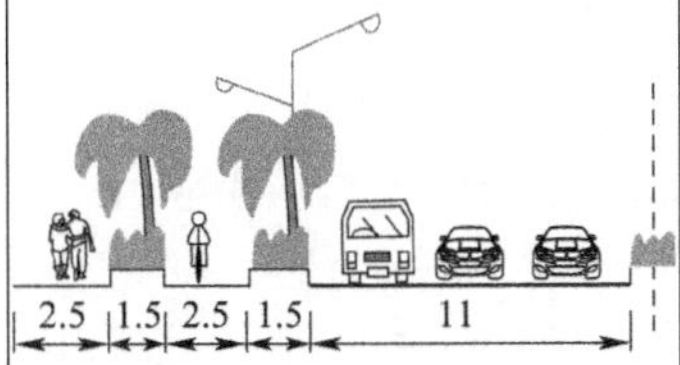 2.5 1.5 2.5 1.5 11	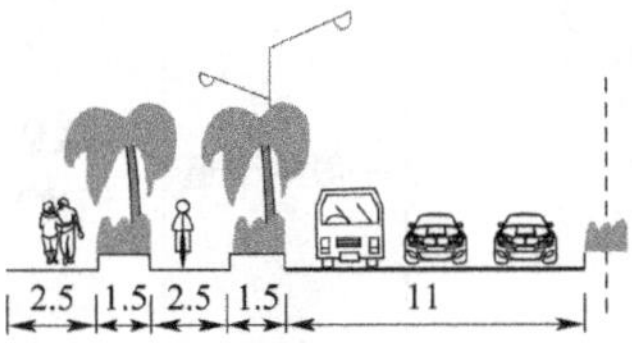 2.5 1.5 2.5 1.5 11	规划保留
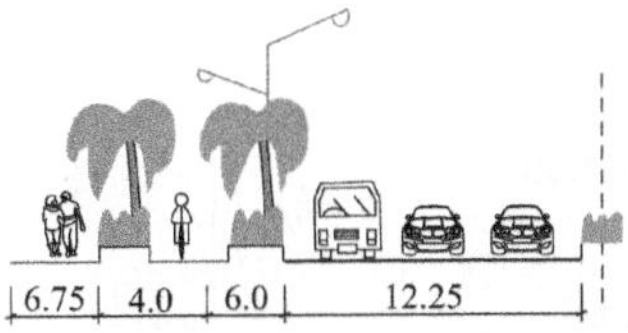 6.75 4.0 6.0 12.25	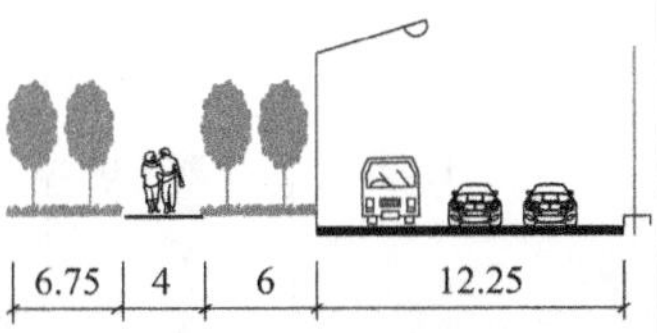 6.75 4 6 12.25	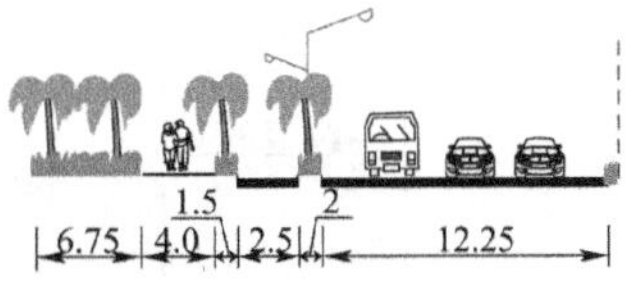 1.5 2 6.75 4.0 2.5 12.25	压缩规划绿化带设置
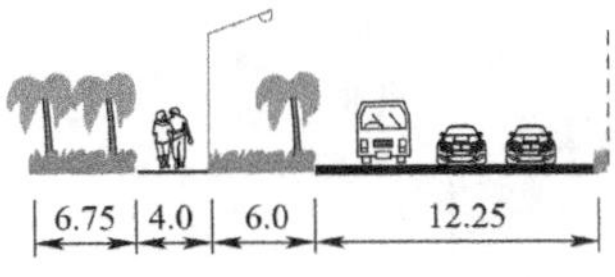 6.75 4.0 6.0 12.25	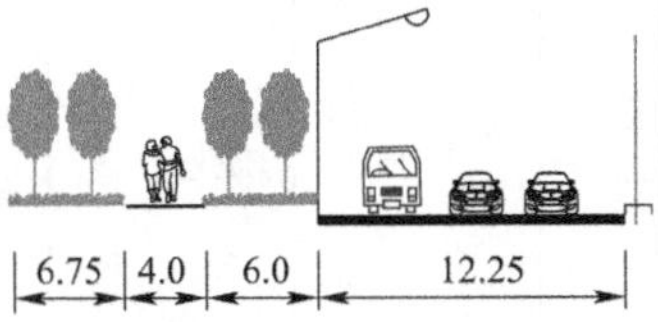 6.75 4.0 6.0 12.25	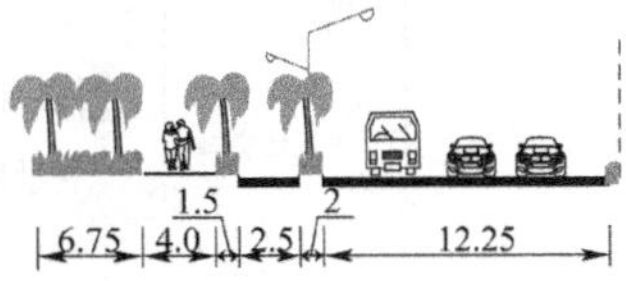 1.5 2 6.75 4.0 2.5 12.25	压缩规划绿化带设置
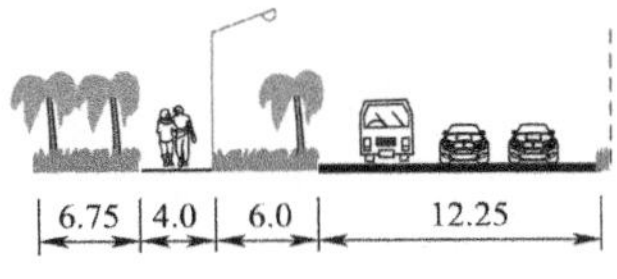 6.75 4.0 6.0 12.25	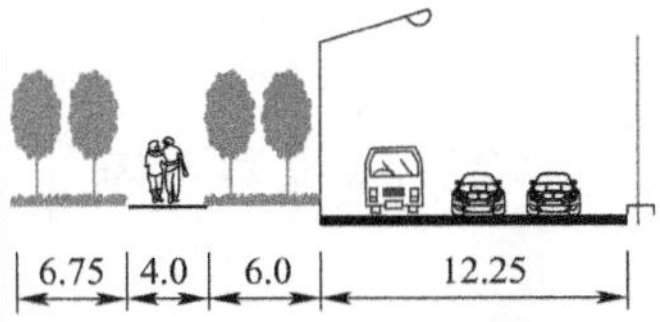 6.75 4.0 6.0 12.25	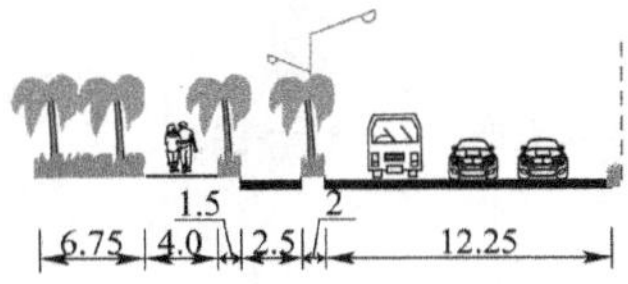 1.5 2 6.75 4.0 2.5 12.25	压缩规划绿化带设置
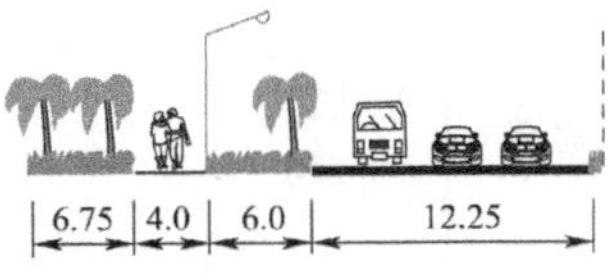 6.75 4.0 6.0 12.25	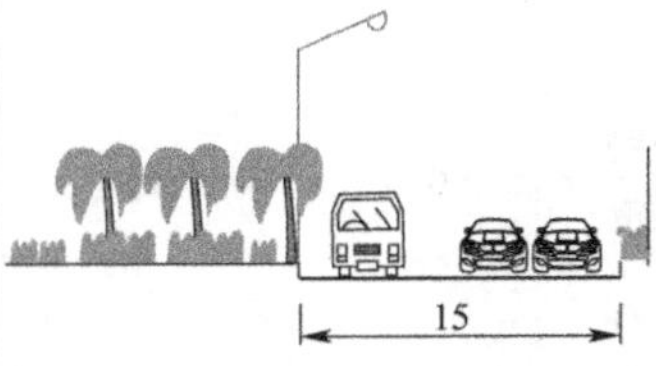 15		

灰色栏——建设时序 2013 年

编号	道路名称	道路等级	起讫点	长度（km）	道路建设状况	规划自行车道等级	自行车道	
							设置形式	设置宽度（m）
28	银田路	一般主干道	荔景路—绿梓大道路	1.59	规划新建	主廊道	机非绿化分隔	2.5
		一般主干道	绿梓大道路—聚龙路	1.77	规划新建	主廊道	机非绿化分隔	2.5
29	金田西路	一般主干道	荔景南路—兰景南路	1.76	规划改建	连通道	机非绿化分隔	2.5
30	金田东路	一般主干道	兰景南路—聚龙路	1.38	规划改建	连通道	机非绿化分隔	2.5
31	新沙路	次干道	老横坪公路—中山大道	0.6	规划新建	连通道	机非护栏分隔	2

续上表

,蓝色栏——建设时序 2014 年

原综合发展规划断面	现状(原规划)道路断面	改造(规划)道路断面	规划自行车道设置建议
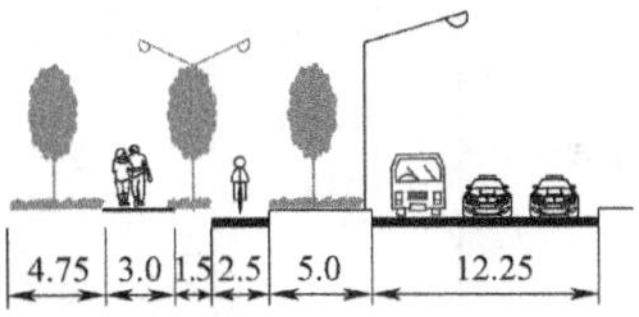 4.75 3.0 1.5 2.5 5.0 12.25	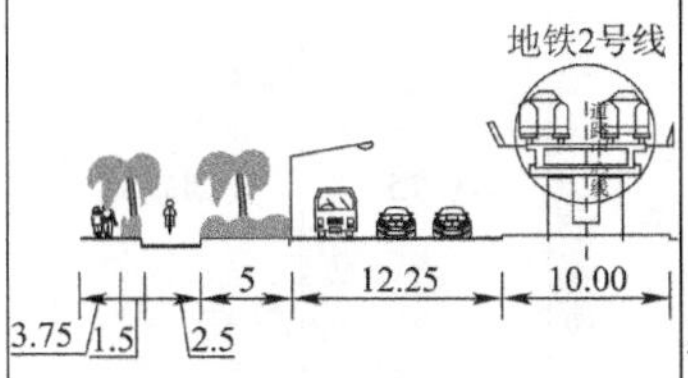 地铁2号线 3.75 1.5 2.5 5 12.25 10.00	地铁2号线 3.75 1.5 2.5 5 12.25 10.00	规划保留
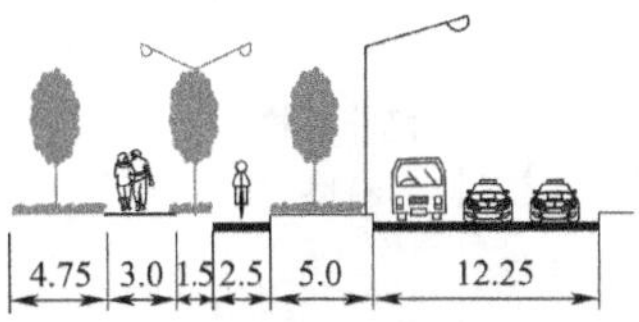 4.75 3.0 1.5 2.5 5.0 12.25	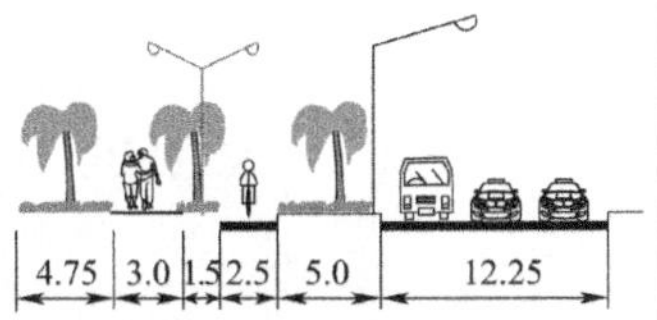 4.75 3.0 1.5 2.5 5.0 12.25	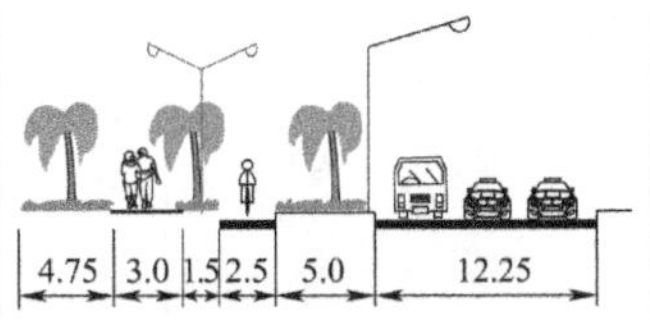 4.75 3.0 1.5 2.5 5.0 12.25	规划保留
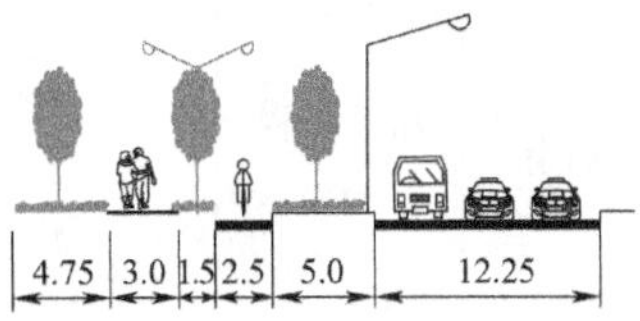 4.75 3.0 1.5 2.5 5.0 12.25	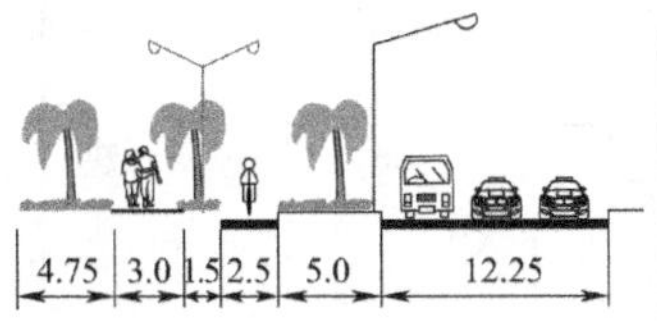 4.75 3.0 1.5 2.5 5.0 12.25	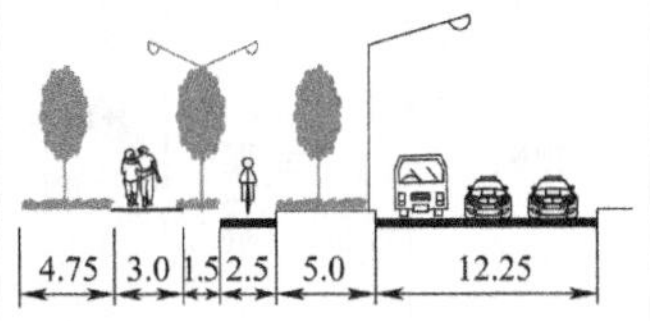 4.75 3.0 1.5 2.5 5.0 12.25	规划保留
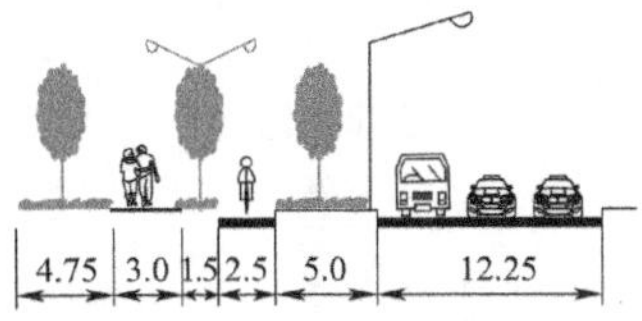 4.75 3.0 1.5 2.5 5.0 12.25	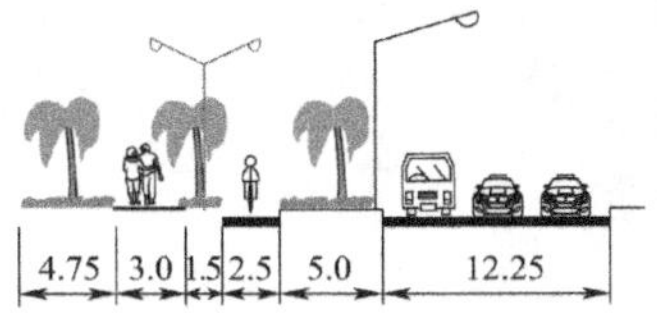 4.75 3.0 1.5 2.5 5.0 12.25	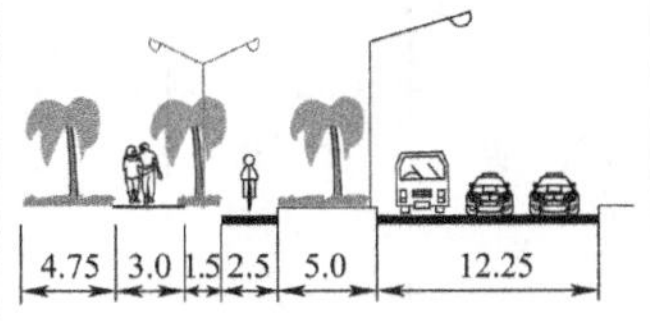 4.75 3.0 1.5 2.5 5.0 12.25	规划保留
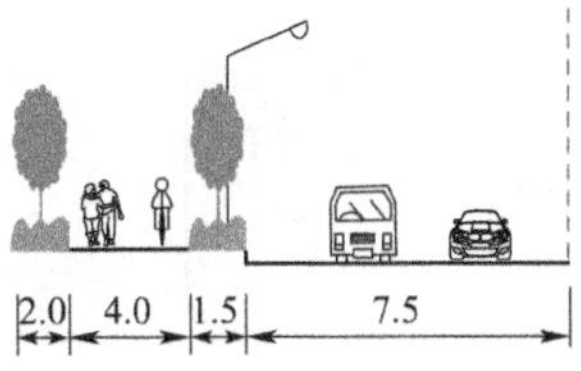 2.0 4.0 1.5 7.5	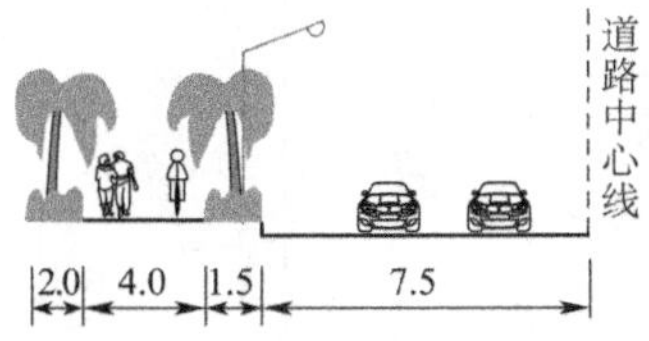 道路中心线 2.0 4.0 1.5 7.5	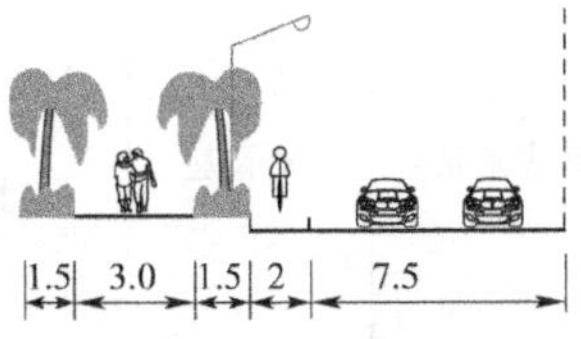 1.5 3.0 1.5 2 7.5	压缩规划机动车道设置

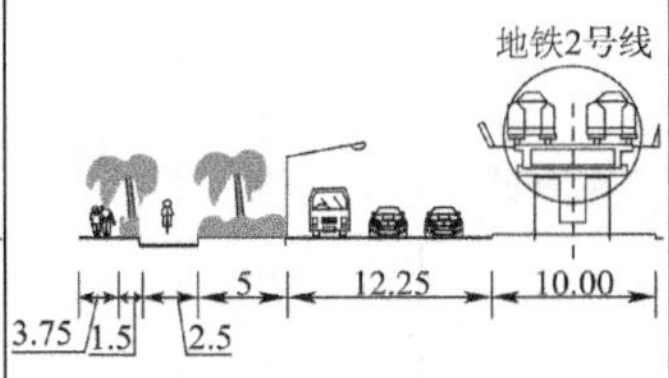

灰色栏——建设时序2013年

编号	道路名称	道路等级	起讫点	长度(km)	道路建设状况	规划自行车道等级	自行车道	
							设置形式	设置宽度(m)
32	沙陂西路	次干道	新沙路—振碧路	1.75	规划新建	连通道	机非绿化分隔	2.5
33	园山路	次干道	老横坪公路—南坪快速路	1.02	规划新建	连通道	机非护栏分隔	2
34	振碧路	次干道	老横坪公路—科环路	1.96	规划新建	连通道	机非护栏分隔	2
35	沙陂东路	次干道	振碧路—碧沙北路	1.55	规划改建	主廊道	机非绿化分隔	2.5
36	碧沙东路	次干道	碧沙北路—锦龙大道	1.73	规划新建	主廊道	机非绿化分隔	2.5

续上表

,蓝色栏——建设时序 2014 年			
原综合发展规划断面	现状(原规划)道路断面	改造(规划)道路断面	规划自行车道设置建议
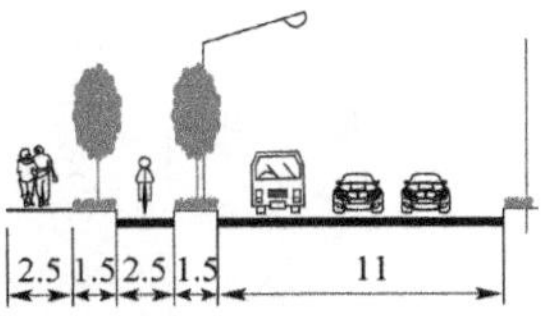 2.5 1.5 2.5 1.5 11	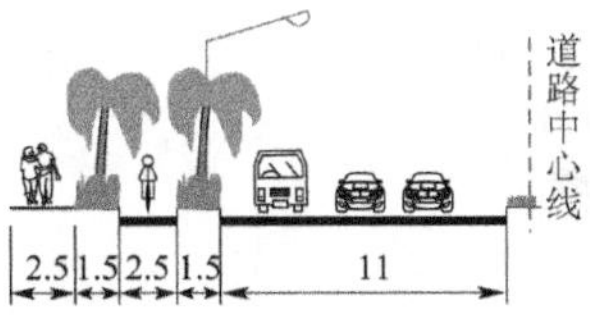 道路中心线 2.5 1.5 2.5 1.5 11	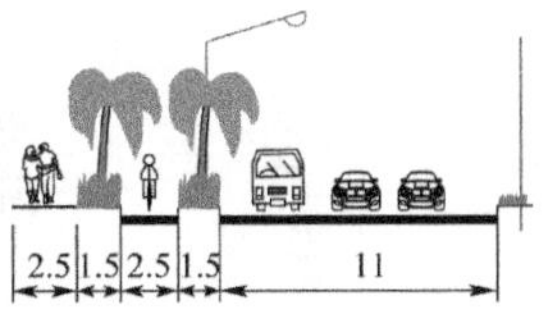 2.5 1.5 2.5 1.5 11	规划保留
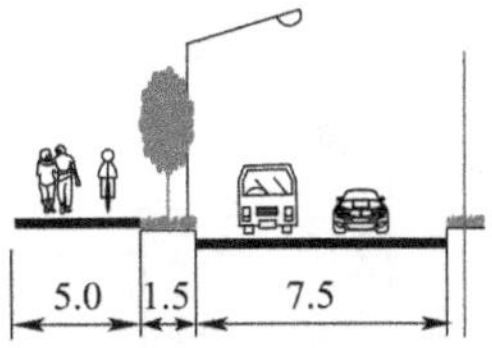 5.0 1.5 7.5	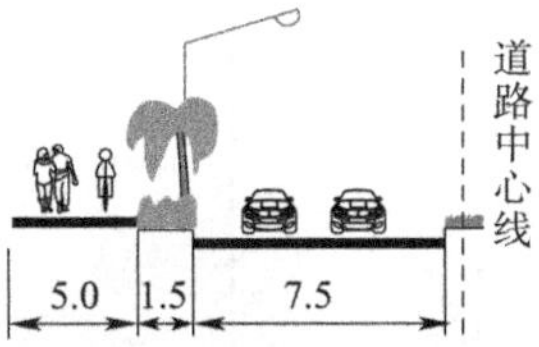 道路中心线 5.0 1.5 7.5	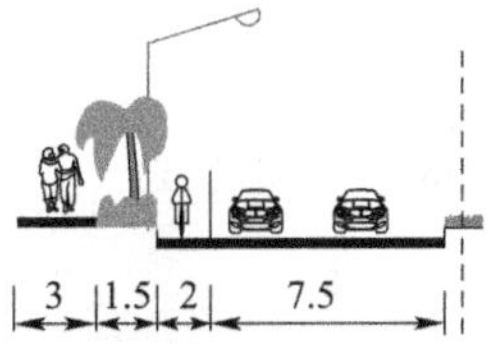 3 1.5 2 7.5	压缩规划人行道
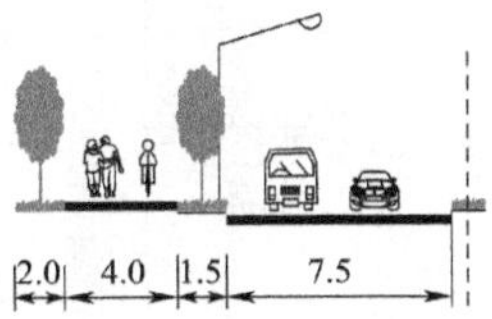 2.0 4.0 1.5 7.5	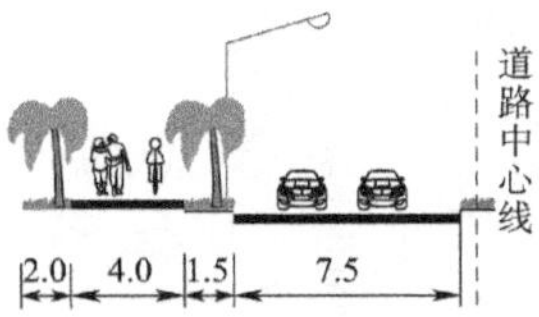 道路中心线 2.0 4.0 1.5 7.5	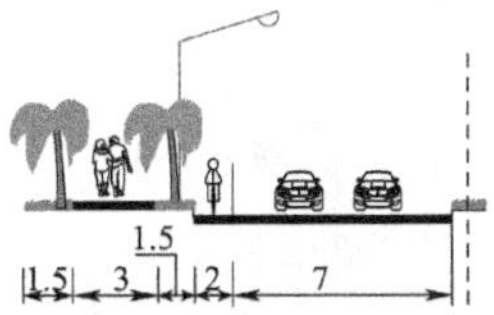 1.5 3 1.5 2 7	压缩规划机动车道设置
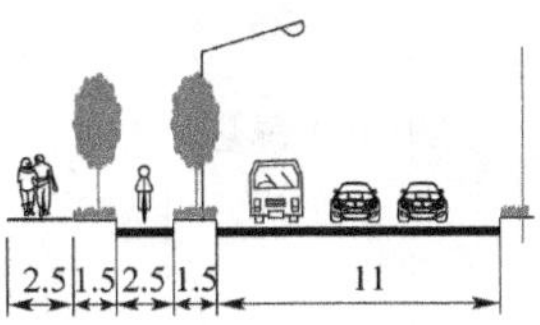 2.5 1.5 2.5 1.5 11	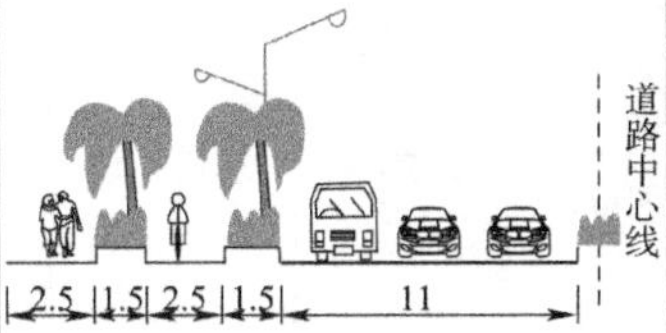 道路中心线 2.5 1.5 2.5 1.5 11	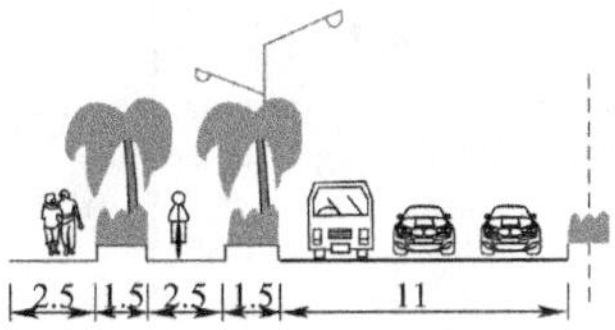 2.5 1.5 2.5 1.5 11	规划保留
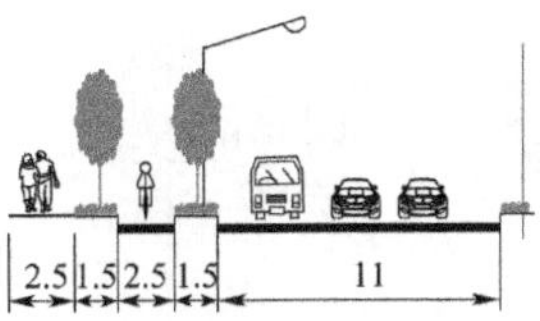 2.5 1.5 2.5 1.5 11	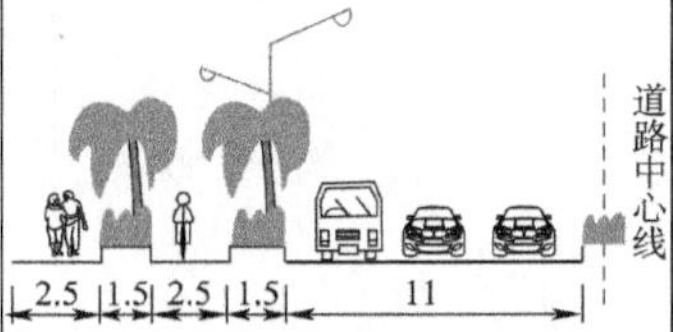 道路中心线 2.5 1.5 2.5 1.5 11	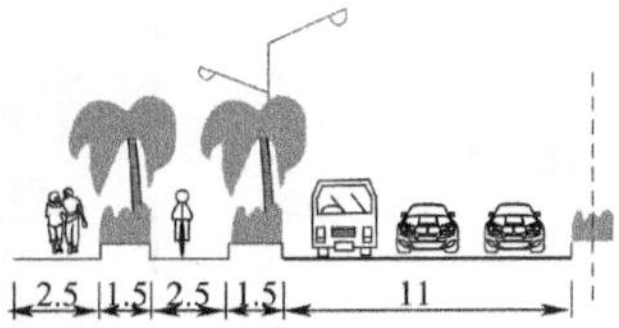 2.5 1.5 2.5 1.5 11	规划保留

灰色栏——建设时序2013年

编号	道路名称	道路等级	起讫点	长度（km）	道路建设状况	规划自行车道等级	自行车道	
							设置形式	设置宽度（m）
37	汤坑二路	次干道	老横坪公路—南坪快速路	1.74	规划新建	连通道	机非绿化分隔	2.5
38	科环路	次干道	振碧路—锦龙大道	2.67	规划新建	连通道	机非护栏分隔	2
39	沙岭路	次干道	锦龙大道—马峦北路	2.13	规划新建	连通道	机非护栏分隔	2
40	黄竹坑路	次干道	老横坪公路—南坪快速路	2.23	规划新建	连通道	机非绿化分隔	2.5
41	汤坑二路	次干道	老横坪公路—沙竹路	0.97	规划新建	连通道	机非绿化分隔	2.5

续上表

,蓝色栏——建设时序 2014 年			
原综合发展规划断面	现状(原规划)道路断面	改造(规划)道路断面	规划自行车道设置建议
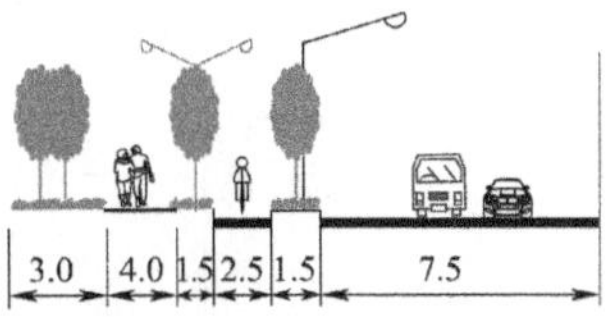 3.0 4.0 1.5 2.5 1.5 7.5	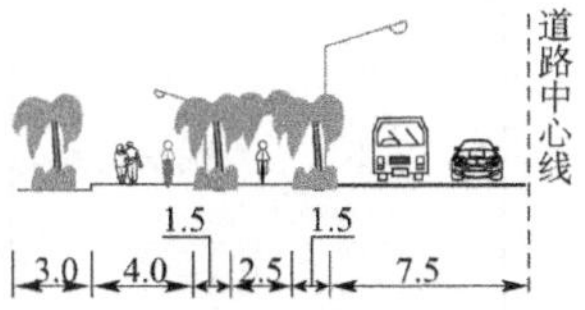 道路中心线 1.5 1.5 3.0 4.0 2.5 7.5	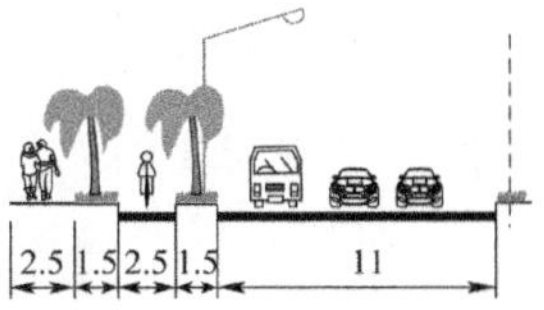 2.5 1.5 2.5 1.5 11	规划保留
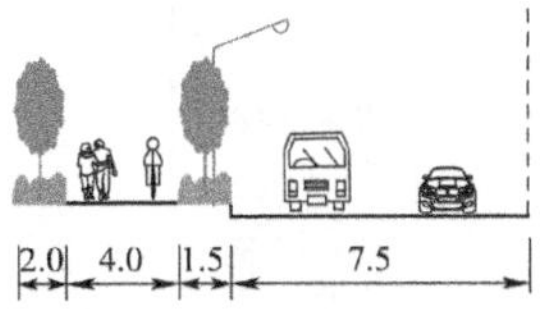 2.0 4.0 1.5 7.5	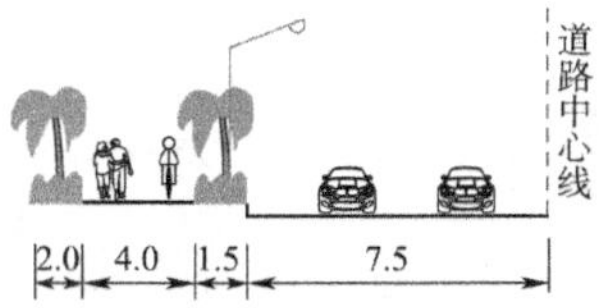 道路中心线 2.0 4.0 1.5 7.5	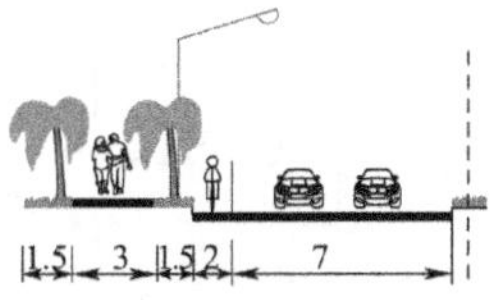 1.5 3 1.5 2 7	压缩规划机动车道设置
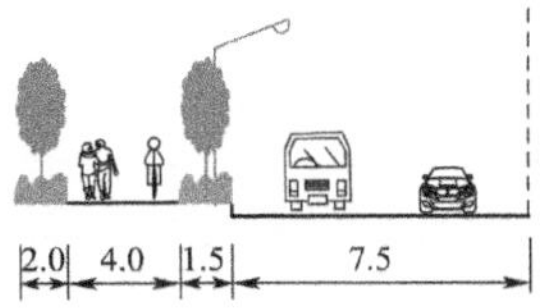 2.0 4.0 1.5 7.5	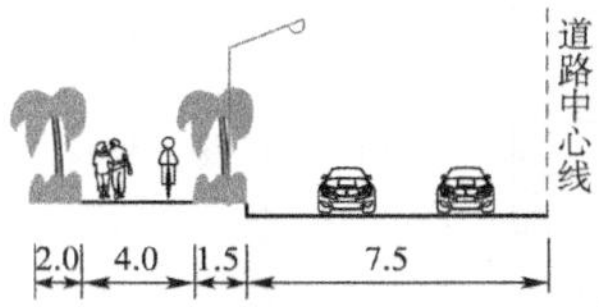 道路中心线 2.0 4.0 1.5 7.5	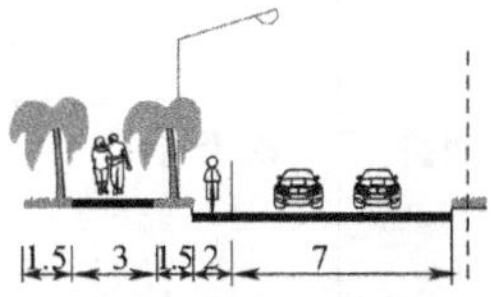 1.5 3 1.5 2 7	压缩规划机动车道设置
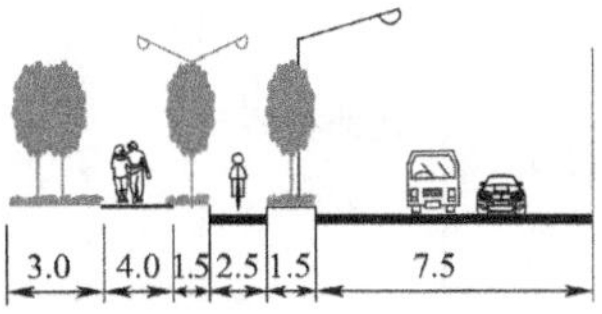 3.0 4.0 1.5 2.5 1.5 7.5	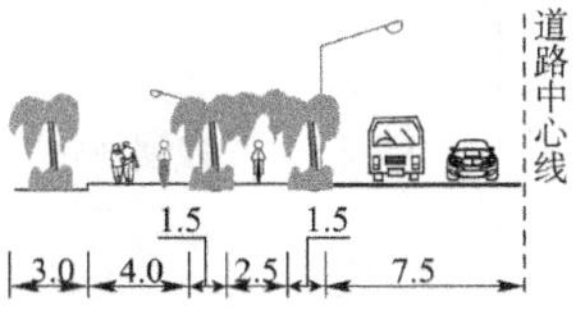 道路中心线 1.5 1.5 3.0 4.0 2.5 7.5	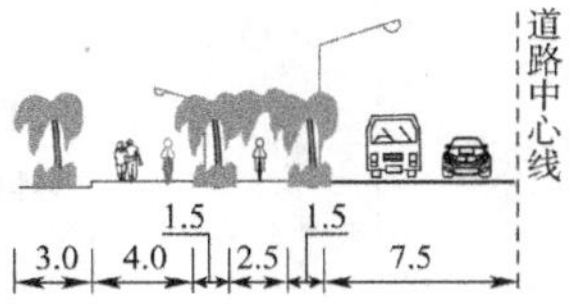 道路中心线 1.5 1.5 3.0 4.0 2.5 7.5	规划保留
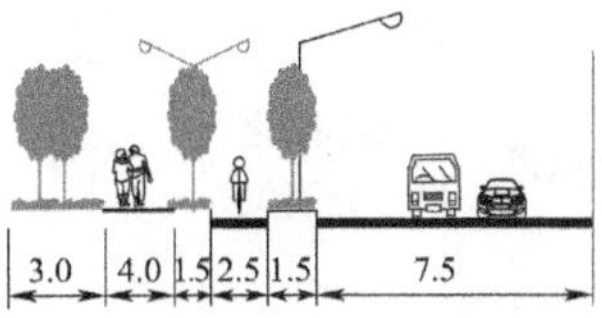 3.0 4.0 1.5 2.5 1.5 7.5	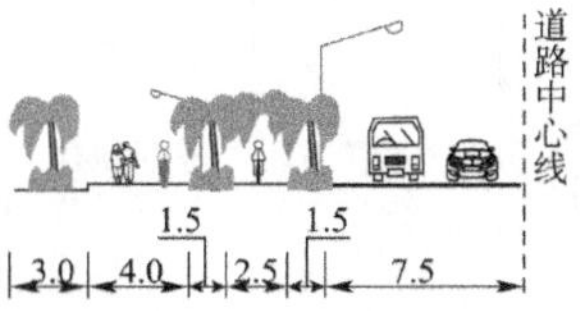 道路中心线 1.5 1.5 3.0 4.0 2.5 7.5	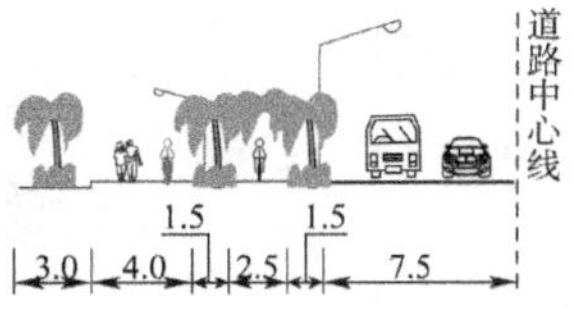 道路中心线 1.5 1.5 3.0 4.0 2.5 7.5	规划保留

灰色栏——建设时序2013年

编号	道路名称	道路等级	起讫点	长度(km)	道路建设状况	规划自行车道等级	自行车道	
							设置形式	设置宽度(m)
42	龙勤路	次干道	宝汤路—复兴路	2.1	规划新建	连通道	机非护栏分隔	2
43	复兴路	次干道	老横坪公路—碧沙东路	1.45	规划新建	连通道	机非护栏分隔	2
44	坪河西路	次干道	锦龙大道—创业路	0.91	规划新建	连通道		
45	荣昌路	次干道	坪河西路—沙岭路	1.74	规划新建	连通道	机非护栏分隔	2
46	宝山北路	次干道	丹梓中路—深汕公路	1.2	规划新建	连通道	机非绿化分隔	2.5

续上表

,蓝色栏——建设时序2014年

原综合发展规划断面	现状(原规划)道路断面	改造(规划)道路断面	规划自行车道设置建议
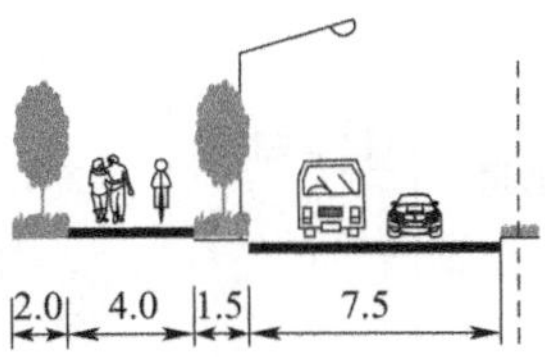 2.0 4.0 1.5 7.5	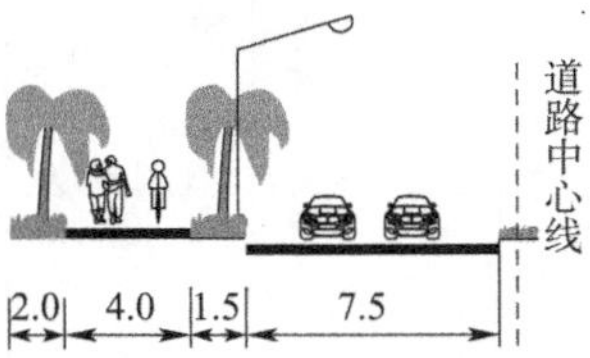 道路中心线 2.0 4.0 1.5 7.5	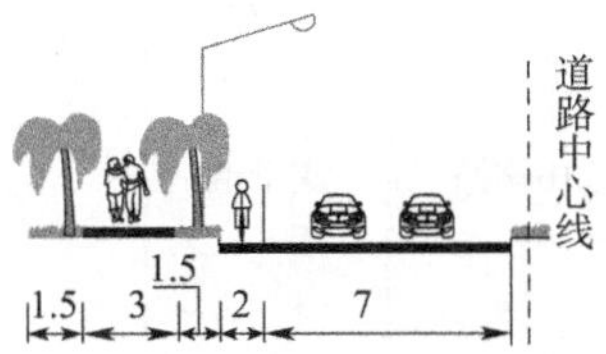 道路中心线 1.5 3 1.5 2 7	压缩规划机动车道设置
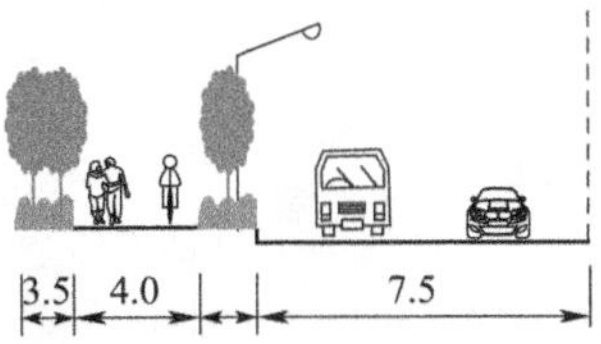 3.5 4.0 7.5	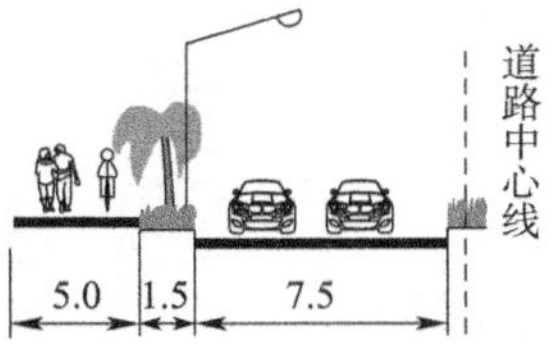 道路中心线 5.0 1.5 7.5	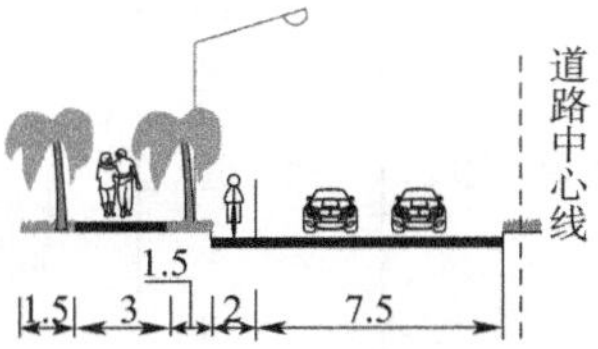 道路中心线 1.5 3 1.5 2 7.5	压缩规划人行道
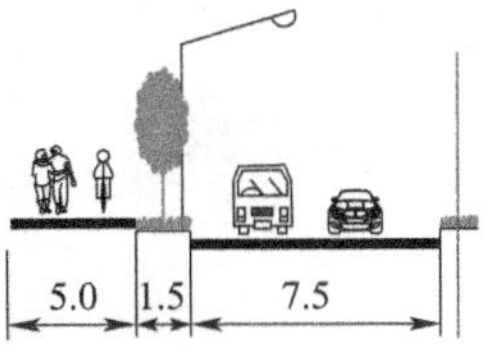 5.0 1.5 7.5	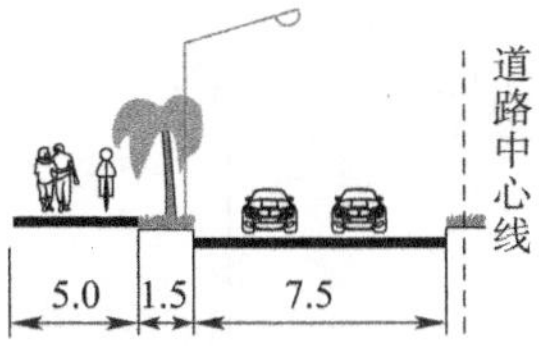 道路中心线 5.0 1.5 7.5	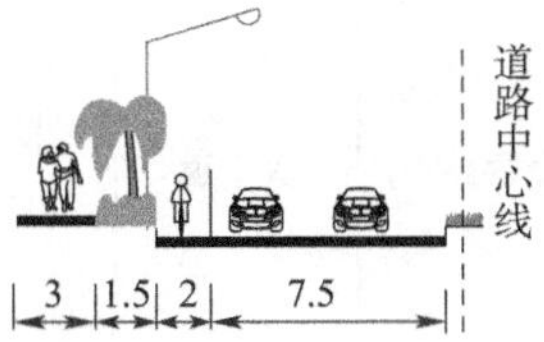 道路中心线 3 1.5 2 7.5	压缩规划人行道
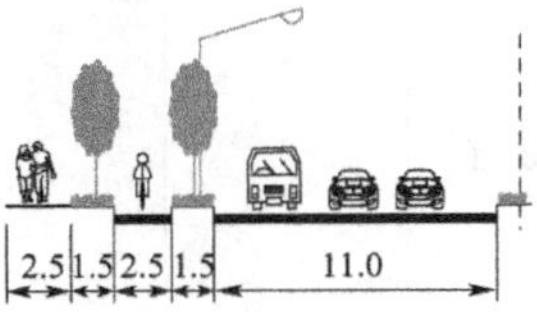 2.5 1.5 2.5 1.5 11.0	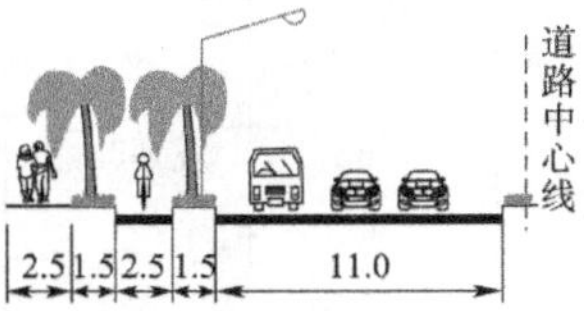 道路中心线 2.5 1.5 2.5 1.5 11.0	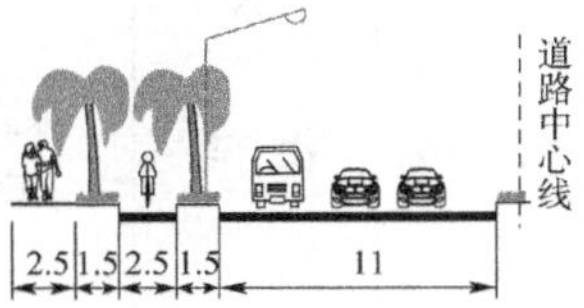 道路中心线 2.5 1.5 2.5 1.5 11	规划保留

灰色栏——建设时序2013年

编号	道路名称	道路等级	起讫点	长度(km)	道路建设状况	规划自行车道等级	自行车道	
							设置形式	设置宽度(m)
47	宝山南路	次干道	深汕公路—锦龙大道	1.34	规划新建	连通道	机非绿化分隔	2.5
48	洋岭路(北段)	次干道	龙岗坪山区界—中山大道	2.54	规划新建	连通道	机非护栏分隔	2
49	洋岭路(南段)	次干道	马峦北路—无名4	2.66	规划新建	连通道	机非护栏分隔	2
50	金碧路	次干道	老横坪公路—东纵路	1.23	规划新建	连通道	机非绿化分隔	2.5
51	无名5	次干道	深汕路—东纵路	1.85	规划改建	连通道		

续上表

,蓝色栏——建设时序 2014 年			
原综合发展规划断面	现状(原规划)道路断面	改造(规划)道路断面	规划自行车道设置建议
2.5 1.5 2.5 1.5 11.0	道路中心线 2.5 1.5 2.5 1.5 11	2.5 1.5 2.5 1.5 11	规划保留
2.0 4.0 1.5 7.5	道路中心线 2.0 4.0 1.5 7.5	1.5 1.5 3 2 7	压缩规划机动车道置
2.0 4.0 1.5 7.5	道路中心线 2.0 4.0 1.5 7.5	1.5 1.5 3 2 7	压缩规划机动车道设置
4.75 3.0 1.5 2.5 5.0 12.25	4.75 3.0 1.5 2.5 5.0 12.25	4.75 3.0 1.5 2.5 5.0 12.25	规划保留
14.25 2.0	15		

灰色栏——建设时序 2013 年

编号	道路名称	道路等级	起讫点	长度（km）	道路建设状况	规划自行车道等级	自行车道	
							设置形式	设置宽度（m）
52	和富路	次干道	昌盛路—东纵路	2.81	规划新建	连通道	机非护栏分隔	2
53	江岭路	次干道	东纵路—南坪快速路	1.9	规划改建	连通道	机非护栏分隔	2
54	沙新东路	次干道	和富路—沙新路	1.1	规划新建	连通道	机非护栏分隔	2
		次干道	沙新路—绿荫南路	2.58	规划新建	连通道	机非护栏分隔	2
55	沙新路	次干道	沙新东—创业路	1.3	规划新建	连通道	机非护栏分隔	2

续上表

,蓝色栏——建设时序 2014 年

原综合发展规划断面	现状(原规划)道路断面	改造(规划)道路断面	规划自行车道设置建议
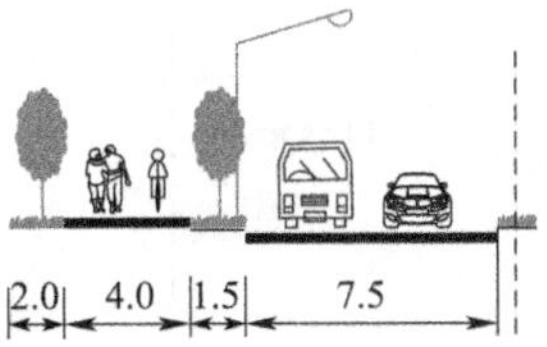 2.0 4.0 1.5 7.5	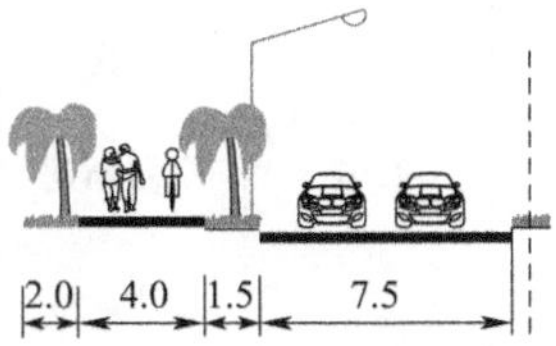 2.0 4.0 1.5 7.5	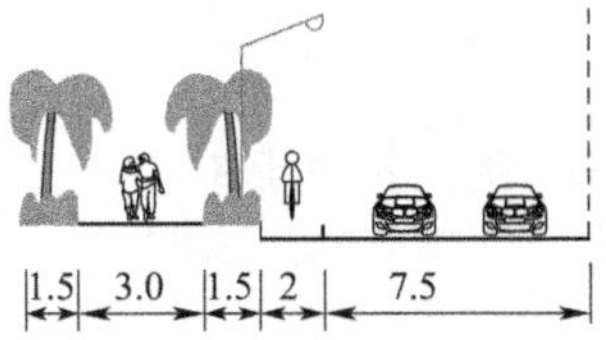 1.5 3.0 1.5 2 7.5	压缩规划机动车道设置
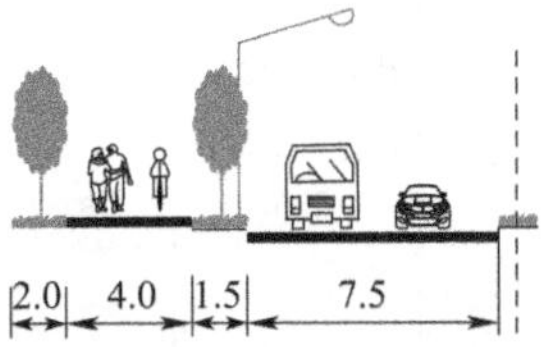 2.0 4.0 1.5 7.5	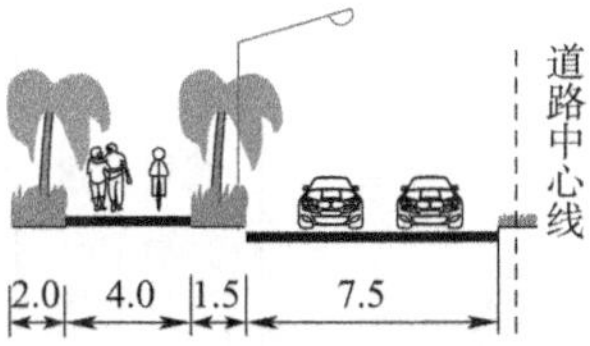 道路中心线 2.0 4.0 1.5 7.5	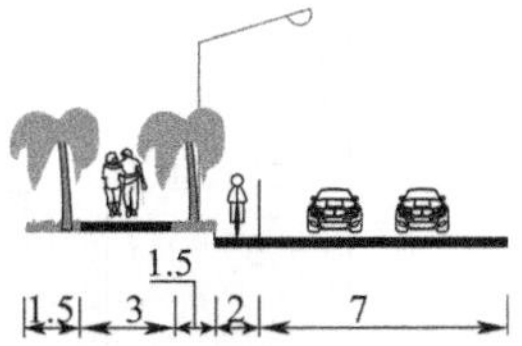 1.5 1.5 3 2 7	压缩规划机动车道设置
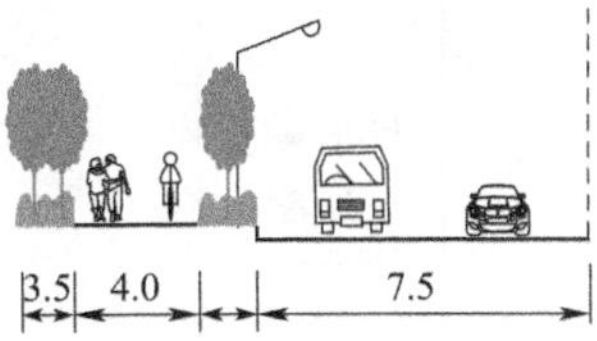 3.5 4.0 7.5	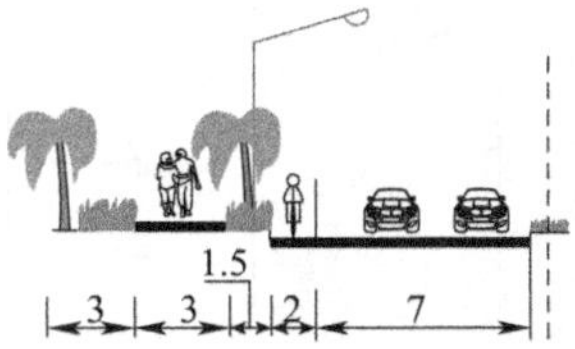 1.5 3 3 2 7	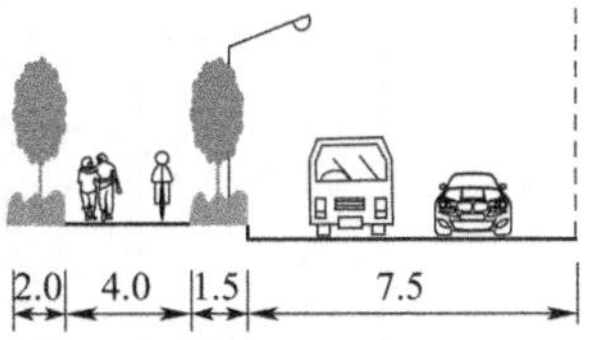 2.0 4.0 1.5 7.5	压缩规划机动车道设置
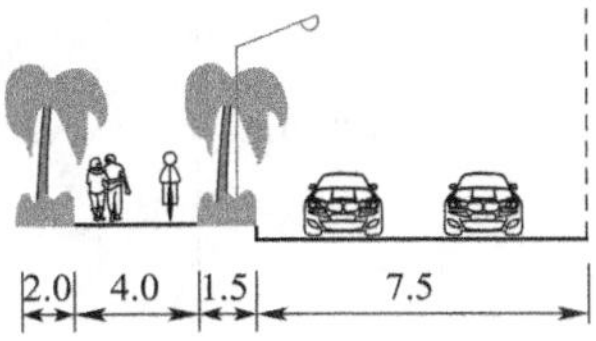 2.0 4.0 1.5 7.5	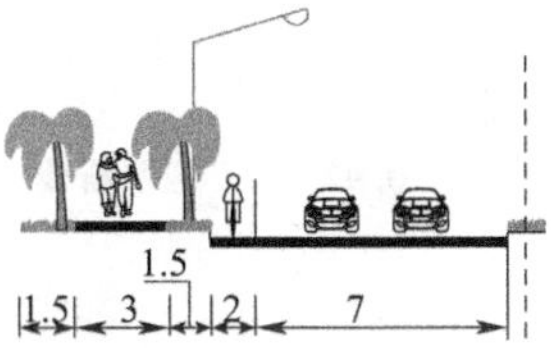 1.5 1.5 3 2 7	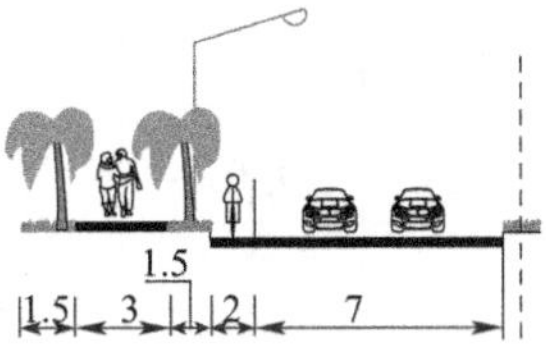 1.5 1.5 3 2 7	压缩规划机动车道设置
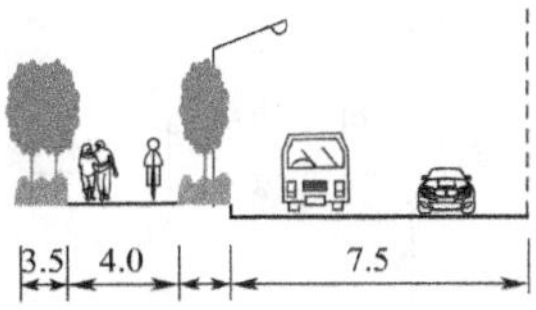 3.5 4.0 7.5	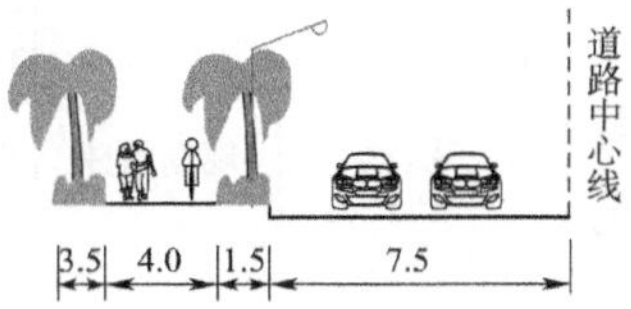 道路中心线 3.5 4.0 1.5 7.5	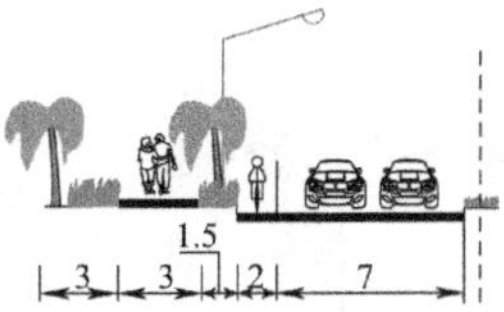 1.5 3 3 2 7	压缩规划机动车道设置

灰色栏——建设时序2013年

编号	道路名称	道路等级	起讫点	长度(km)	道路建设状况	规划自行车道等级	自行车道	
							设置形式	设置宽度(m)
56	银岭路	次干道	沙新路—绿荫南路	2.47	规划新建	连通道	机非护栏分隔	2
57	站前路	次干道	深汕公路—丹梓中路	1.95	规划新建	连通道	机非绿化分(右)/人非彩色铺装(左)	2.5(右)/1.5(左)
58	昌盛路	次干道	站前路—深汕公路	1.36	规划新建	连通道	机非绿化分隔	2.5
59	金丰路	次干道	昌盛路—长安一街	0.92	规划新建	连通道	机非护栏分隔	2.5
60	长安二街	次干道	老横坪公路—金牛西路	1.42	规划新建	连通道	机非护栏分隔	2.5

续上表

,蓝色栏——建设时序 2014 年			
原综合发展规划断面	现状(原规划)道路断面	改造(规划)道路断面	规划自行车道设置建议
			压缩规划机动车道设置
			右侧规划保留/左侧压缩人行道设置
			规划保留
			压缩规划人行道
			压缩规划人行道

灰色栏——建设时序 2013 年

编号	道路名称	道路等级	起讫点	长度(km)	道路建设状况	规划自行车道等级	自行车道	
							设置形式	设置宽度(m)
61	长安一街	次干道	金牛西路—金丰路	0.94	规划新建	连通道	机非绿化分隔	2.5
62	悦景路	次干道	兰竹西路—沙新东路	2.01	规划新建	连通道	机非护栏分隔	2
63	瑞景路	次干道	沙新东路—创业路	1.2	规划新建	连通道	机非护栏分隔	2
64	锦兰十路	次干道	锦秀西路—兰竹西路	0.83	规划新建	连通道	机非护栏分隔	2
65	锦兰三路	次干道	锦绣西路—兰竹东路	0.75	规划新建	连通道		

续上表

,蓝色栏——建设时序 2014 年			
原综合发展规划断面	现状(原规划)道路断面	改造(规划)道路断面	规划自行车道设置建议
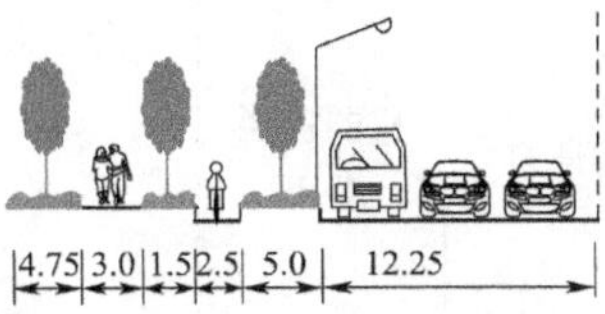 4.75 3.0 1.5 2.5 5.0 12.25	 4.75 3.0 1.5 2.5 5.0 12.25	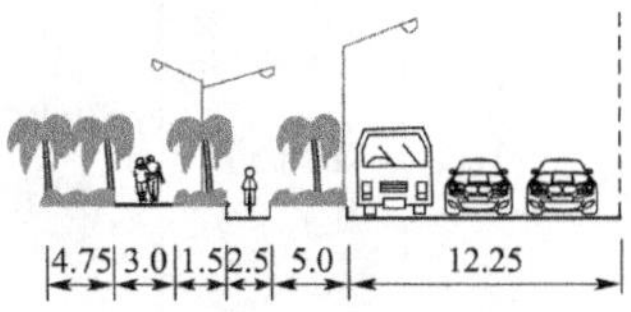 4.75 3.0 1.5 2.5 5.0 12.25	规划保留
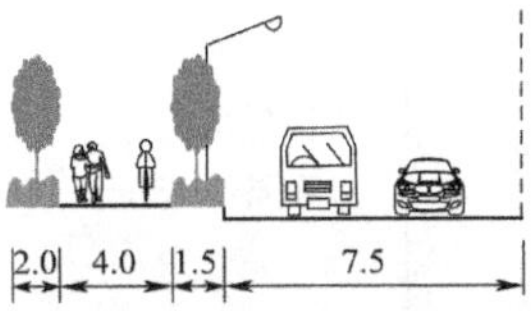 2.0 4.0 1.5 7.5	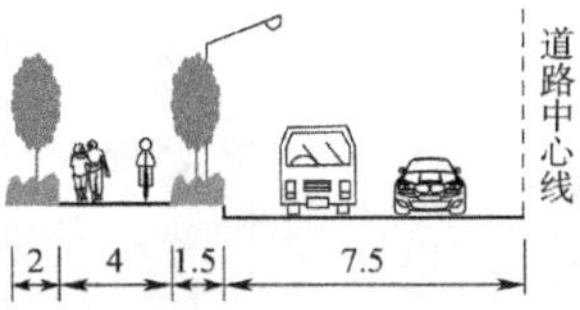 2 4 1.5 7.5 道路中心线	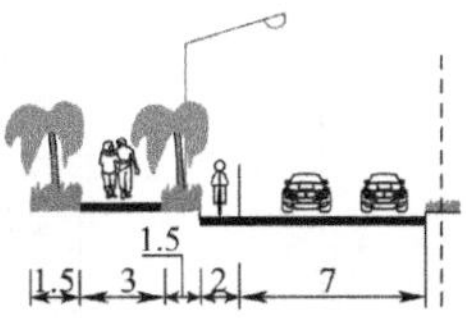 1.5 3 1.5 2 7	压缩规划机动车道设置
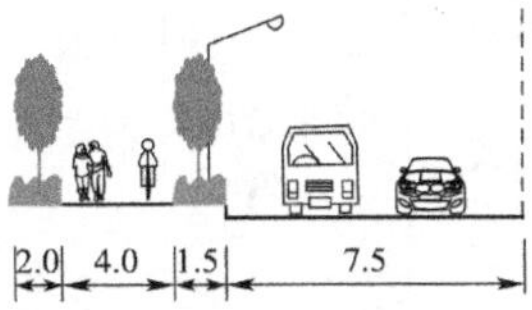 2.0 4.0 1.5 7.5	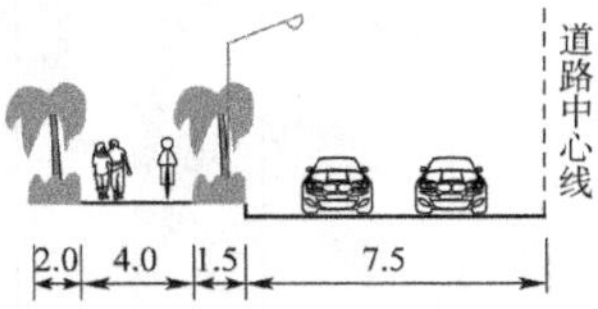 2.0 4.0 1.5 7.5 道路中心线	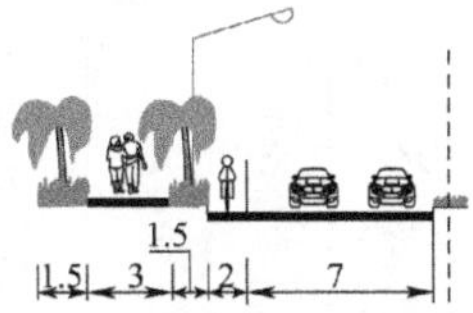 1.5 3 1.5 2 7	压缩规划机动车道设置
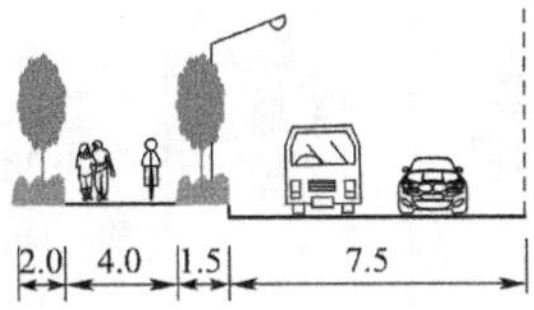 2.0 4.0 1.5 7.5	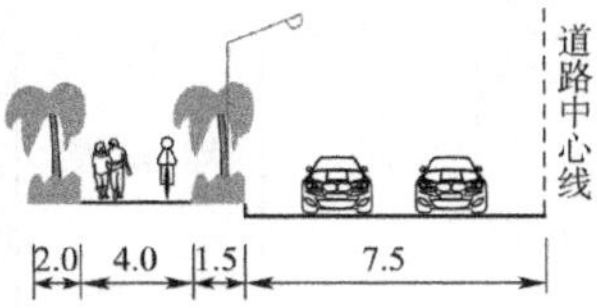 2.0 4.0 1.5 7.5 道路中心线	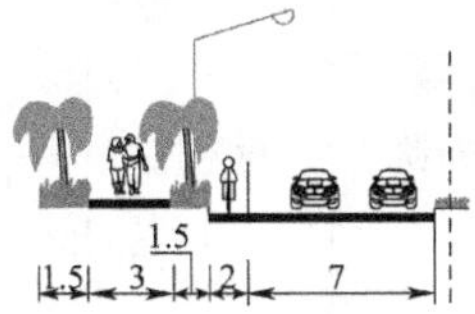 1.5 3 1.5 2 7	压缩规划机动车道设置

灰色栏——建设时序 2013 年

编号	道路名称	道路等级	起讫点	长度（km）	道路建设状况	规划自行车道等级	自行车道	
							设置形式	设置宽度（m）
66	锦绣西路	次干道	深汕公路—绿荫北路	1.66	规划改建	连通道	机非护栏分隔	2
		次干道	绿荫北路—绿梓大道	0.71	规划改建	连通道	机非绿化分隔	2.5
67	锦绣中路	次干道	聚龙路—绿梓大道	2.67	规划改建	连通道	机非绿化分隔	2.5
68	锦绣东路	次干道	聚龙路—丹梓北路	2.47	规划新建	连通道	机非绿化分隔	2.5
69	绿荫北路	次干道	丹梓中路—金牛中路	2.44	规划改建	连通道	机非护栏分隔	2

续上表

,蓝色栏——建设时序 2014 年

原综合发展规划断面	现状(原规划)道路断面	改造(规划)道路断面	规划自行车道设置建议
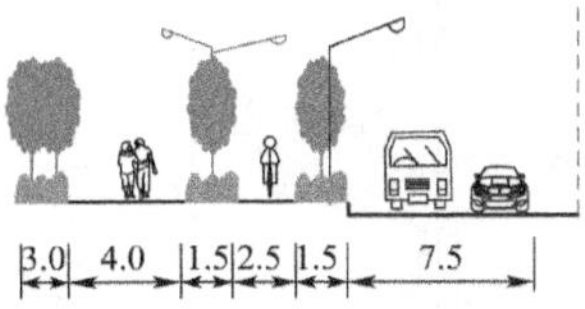 3.0 4.0 1.5 2.5 1.5 7.5	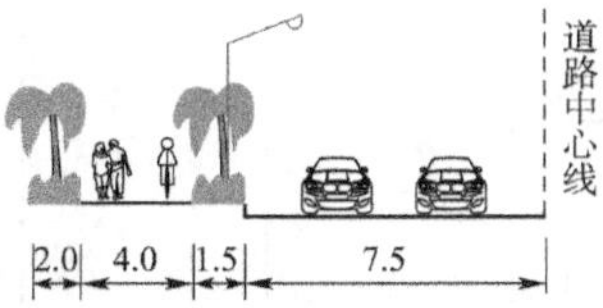 道路中心线 2.0 4.0 1.5 7.5	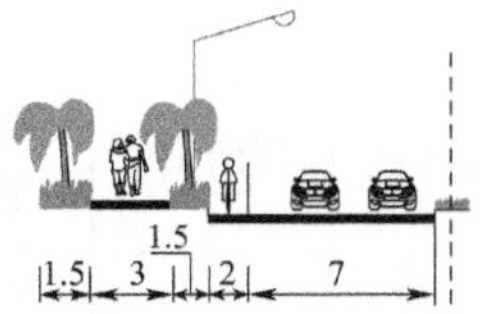 1.5 1.5 3 2 7	压缩规划机动车通道
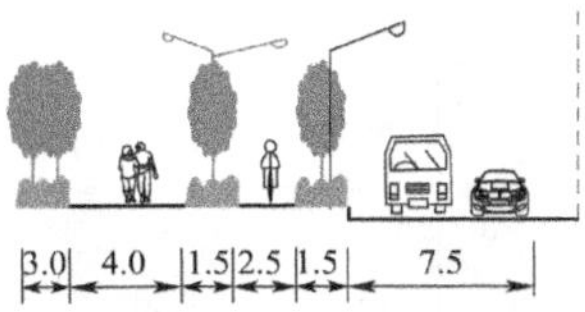 3.0 4.0 1.5 2.5 1.5 7.5	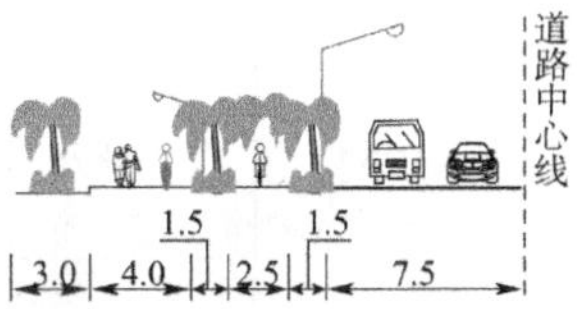 道路中心线 1.5 1.5 3.0 4.0 2.5 7.5	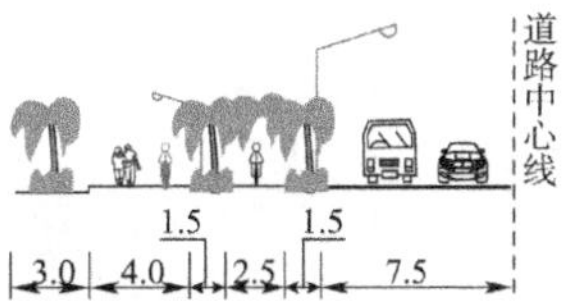 道路中心线 1.5 1.5 3.0 4.0 2.5 7.5	规划保留
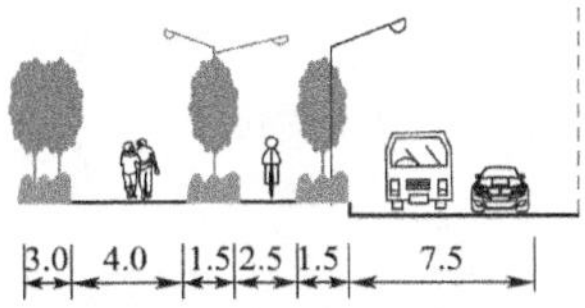 3.0 4.0 1.5 2.5 1.5 7.5	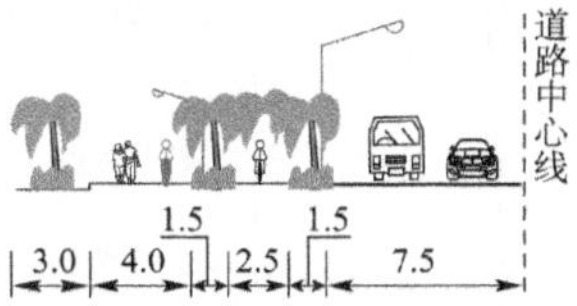 道路中心线 1.5 1.5 3.0 4.0 2.5 7.5	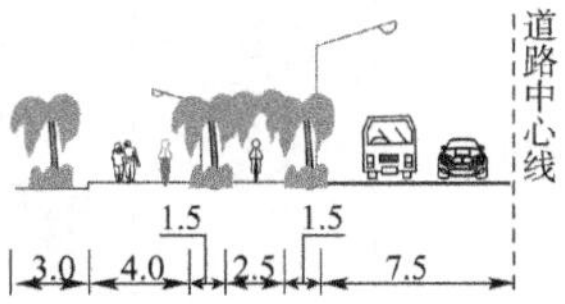 道路中心线 1.5 1.5 3.0 4.0 2.5 7.5	规划保留
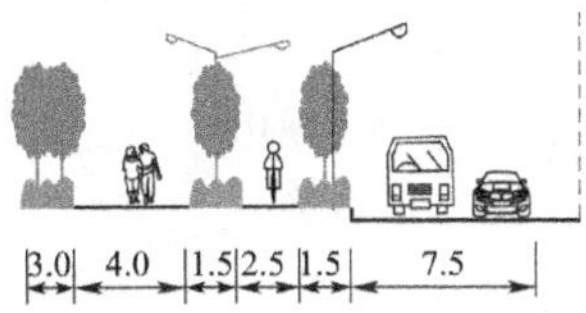 3.0 4.0 1.5 2.5 1.5 7.5	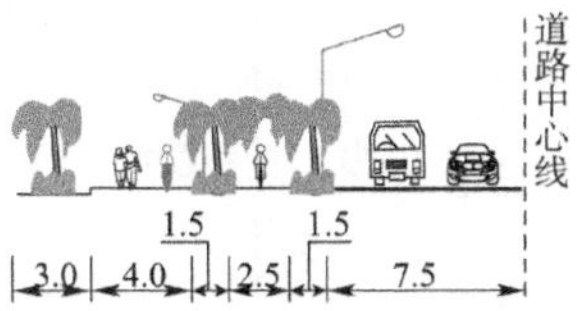 道路中心线 1.5 1.5 3.0 4.0 2.5 7.5	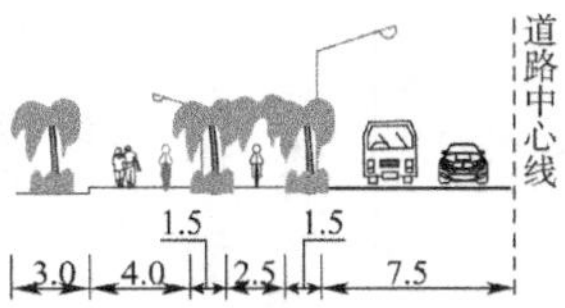 道路中心线 1.5 1.5 3.0 4.0 2.5 7.5	规划保留
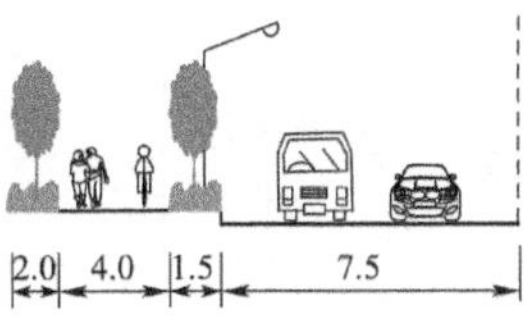 2.0 4.0 1.5 7.5	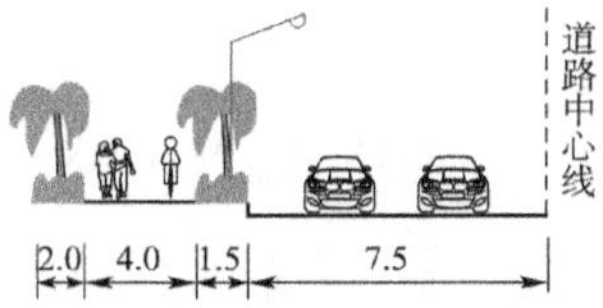 道路中心线 2.0 4.0 1.5 7.5	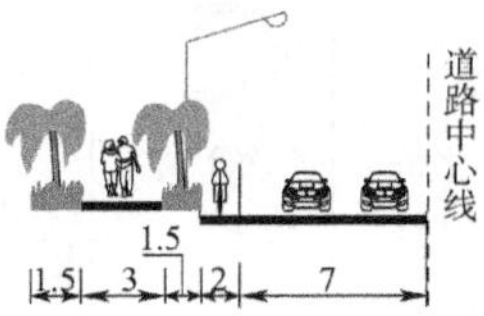 道路中心线 1.5 1.5 3 2 7	压缩规划机动车道设置

灰色栏——建设时序2013年

编号	道路名称	道路等级	起讫点	长度（km）	道路建设状况	规划自行车道等级	自行车道	
							设置形式	设置宽度（m）
70	绿荫南路	次干道	金牛中路—南坪快速	2.37	规划新建	连通道	机非护栏分隔	2
71	兰田路	次干道	银田路—上田路	0.83	规划新建	主廊道	机非绿化分隔	2
72	兴田路	次干道	金田路—上田路	0.52	规划新建	连通道	机非绿化分隔	2
73	上田路	次干道	南坪快速路—兰天路	0.73	规划新建	连通道	机非绿化分隔	2
74	创景北路	次干道	兰竹东路—金牛东路	0.71	规划已建	连通道	机非绿化分隔	2

续上表

,蓝色栏——建设时序 2014 年			
原综合发展规划断面	现状(原规划)道路断面	改造(规划)道路断面	规划自行车道设置建议
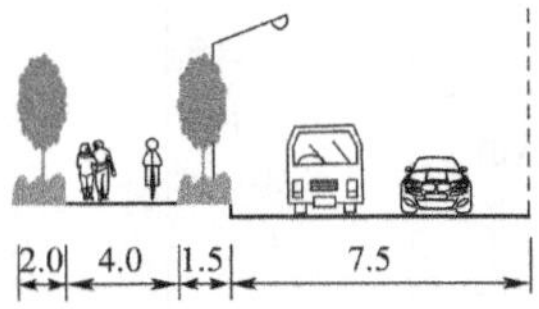 2.0 4.0 1.5 7.5	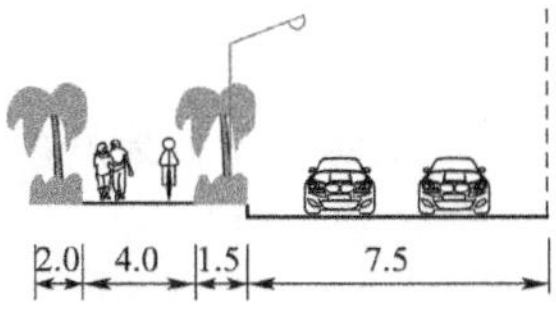 2.0 4.0 1.5 7.5	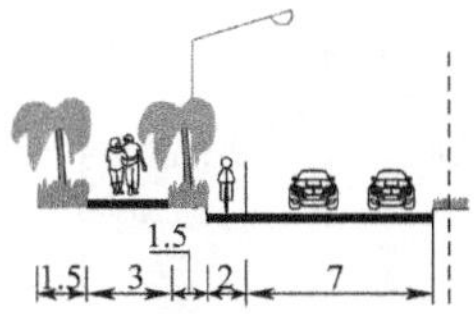 1.5 3 1.5 2 7	压缩规划机动车设置
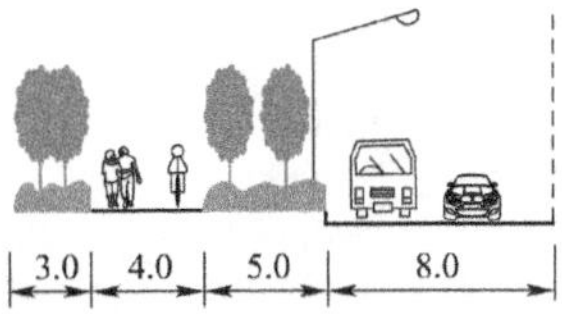 3.0 4.0 5.0 8.0	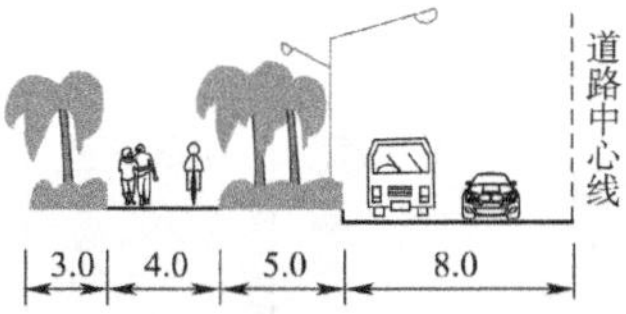 3.0 4.0 5.0 8.0 道路中心线	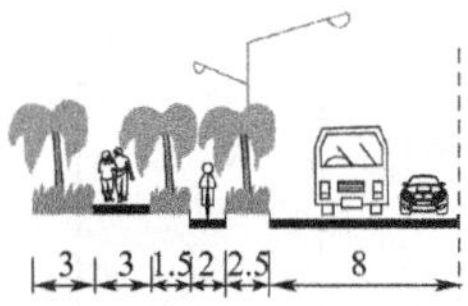 3 3 1.5 2 2.5 8	压缩规划人行道设置
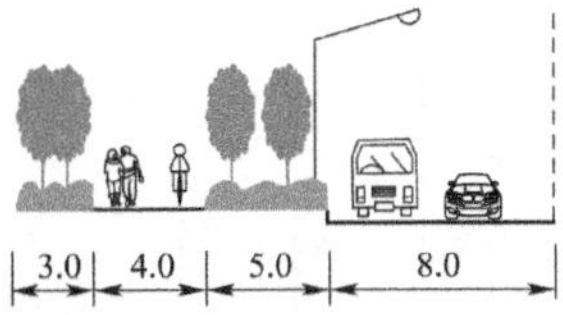 3.0 4.0 5.0 8.0	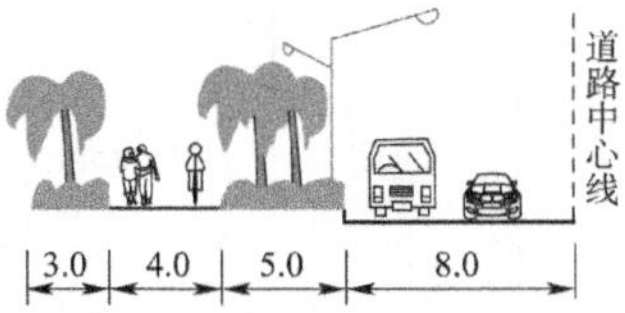 3.0 4.0 5.0 8.0 道路中心线	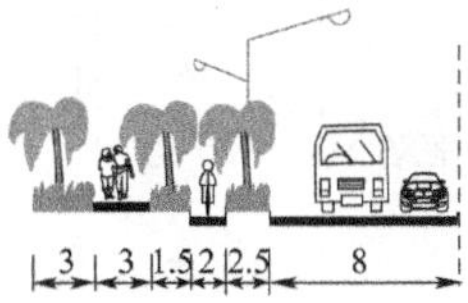 3 3 1.5 2 2.5 8	压缩规划人行道设置
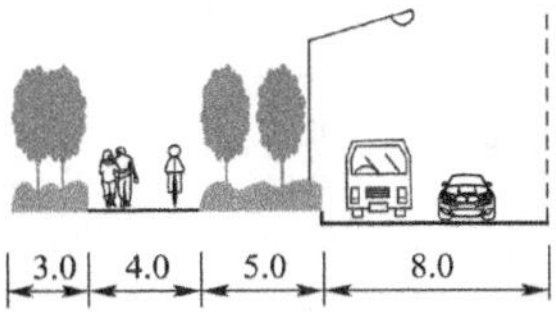 3.0 4.0 5.0 8.0	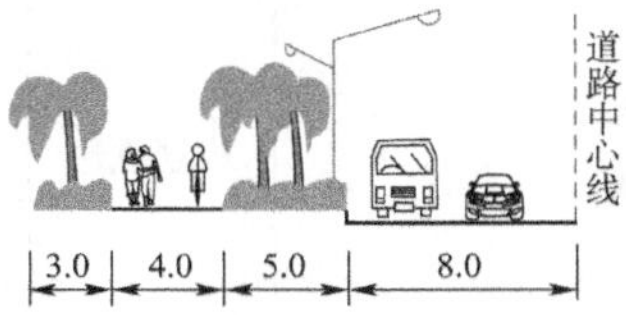 3.0 4.0 5.0 8.0 道路中心线	 3 3 1.5 2 2.5 8	压缩规划人行道设置
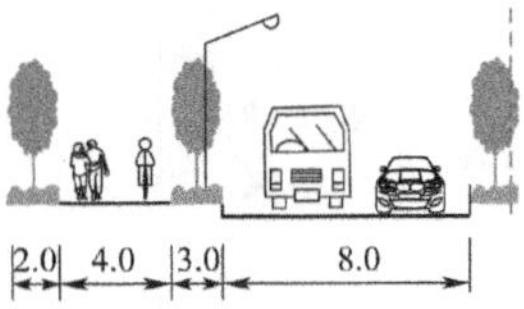 2.0 4.0 3.0 8.0	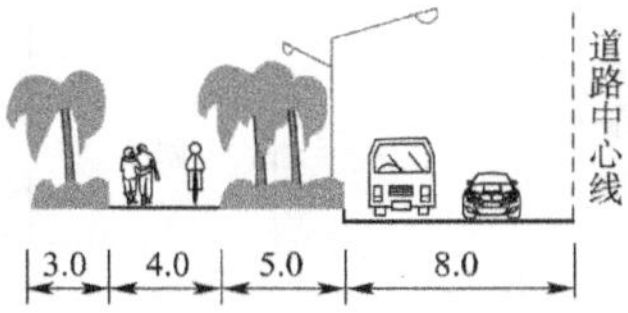 3.0 4.0 5.0 8.0 道路中心线	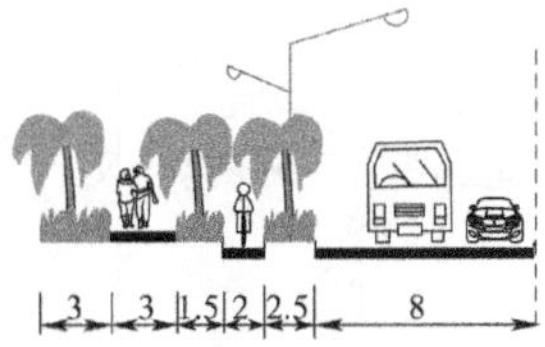 3 3 1.5 2 2.5 8	压缩规划人行道设置

灰色栏——建设时序2013年

编号	道路名称	道路等级	起讫点	长度（km）	道路建设状况	规划自行车道等级	自行车道	
							设置形式	设置宽度（m）
75	创景路	次干道	金牛东路—银田路	1.36	规划新建	连通道	机非绿化分隔	2
76	创景南路	次干道	银田路—南坪快速路	0.99	规划新建	连通道	机非绿化分隔	2
77	坪河南路	次干道	创景路—聚龙路	1.02	规划新建	连通道		
78	金兰北一路	次干道	青松东路—兰竹东路	0.8	规划改建	连通道	机非护栏分隔	2
79	金兰北二路	次干道	青松东路—兰竹东路	0.8	规划改建	连通道	机非护栏分隔	2

续上表

,蓝色栏——建设时序 2014 年

原综合发展规划断面	现状(原规划)道路断面	改造(规划)道路断面	规划自行车道设置建议
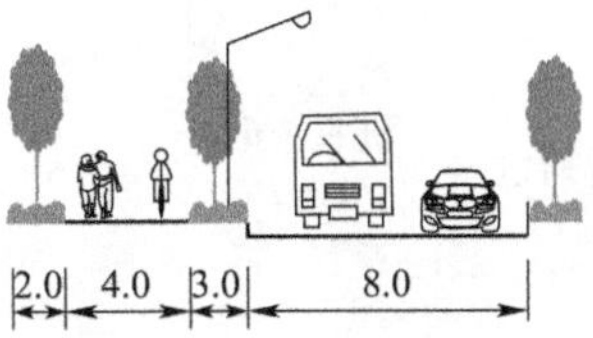 2.0 4.0 3.0 8.0	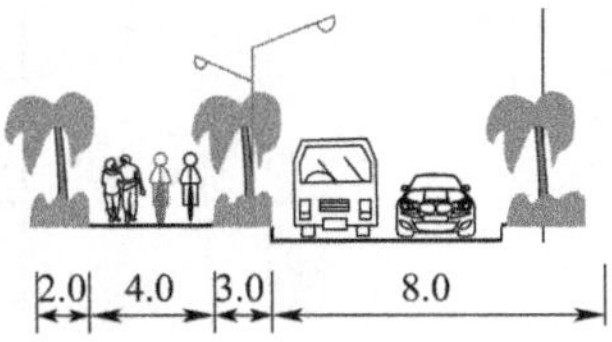 2.0 4.0 3.0 8.0	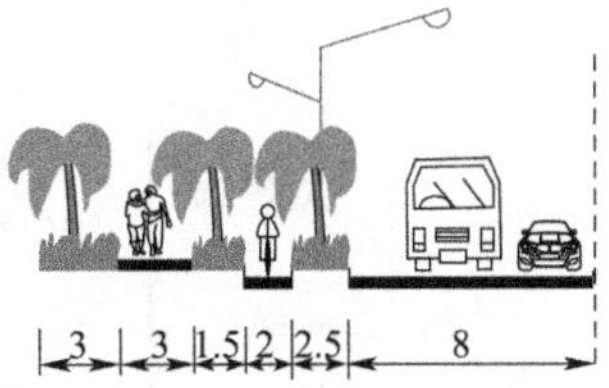 3 3 1.5 2 2.5 8	压缩规划人行道设置
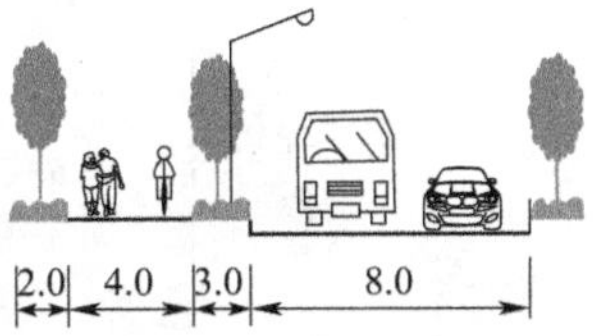 2.0 4.0 3.0 8.0	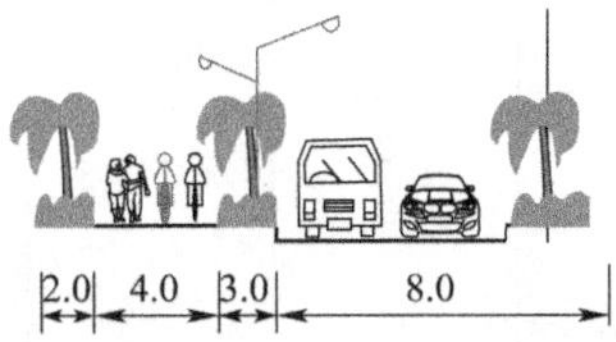 2.0 4.0 3.0 8.0	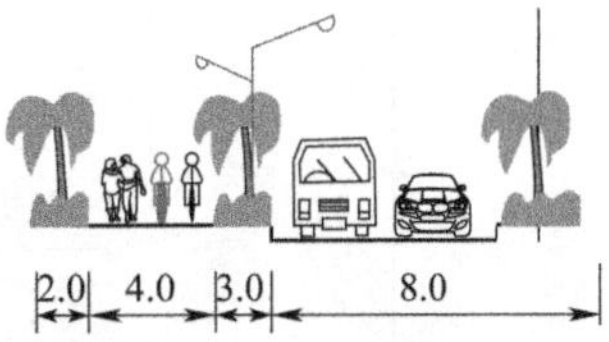 2.0 4.0 3.0 8.0	压缩规划人行道设置
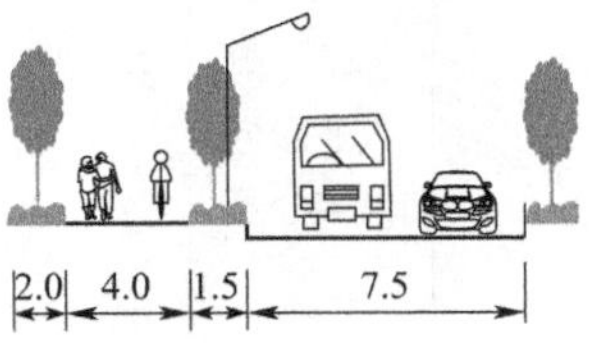 2.0 4.0 1.5 7.5	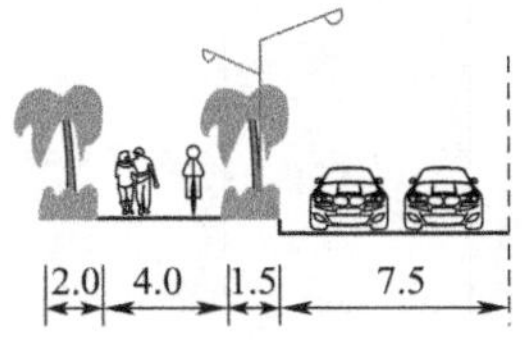 2.0 4.0 1.5 7.5	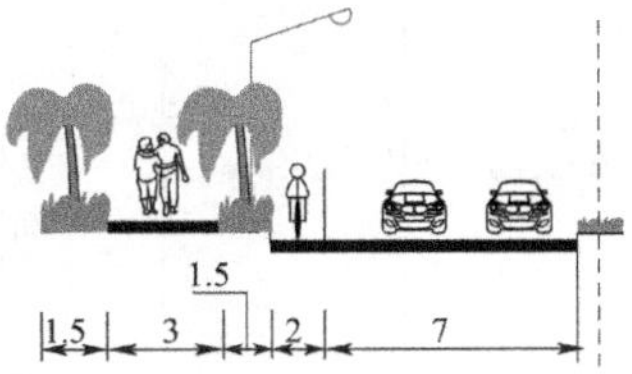 1.5 1.5 3 2 7	压缩规划机动车道设置
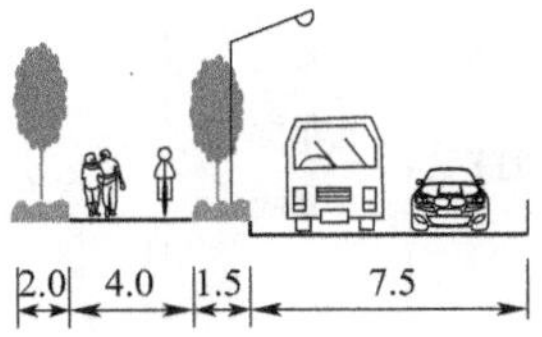 2.0 4.0 1.5 7.5	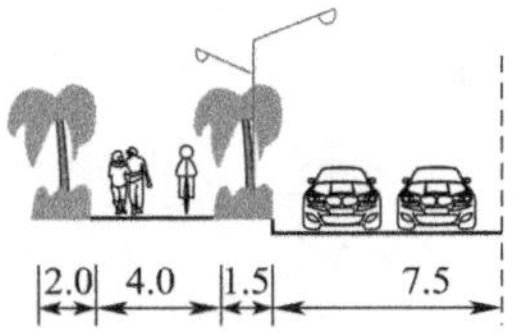 2.0 4.0 1.5 7.5	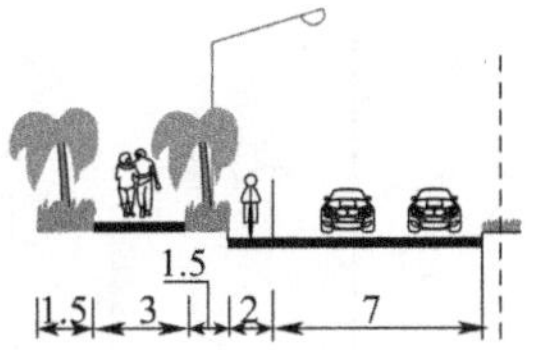 1.5 1.5 3 2 7	压缩规划机动车道设置

灰色栏——建设时序 2013 年

编号	道路名称	道路等级	起讫点	长度（km）	道路建设状况	规划自行车道等级	自行车道	
							设置形式	设置宽度（m）
80	青松东、西路	次干道	兰景北路—翠景路	0.52	规划已建	连通道	机非绿化分隔	2.5
		次干道	翠景路—聚龙路	1.79	规划新建	连通道	机非绿化分隔	2.5
81	青松路	次干道	聚龙路—金联路	1.66	规划新建	连通道	人非绿化分隔	2
82	吉康路	次干道	宝梓路—深汕公路	2.66	规划改建	连通道	人非彩色铺装分隔	1.5
83	梓兴路	次干道	深汕公路—吉康路	1.16	规划新建	连通道	机非绿化分隔	2.5

续上表

,蓝色栏——建设时序 2014 年			
原综合发展规划断面	现状(原规划)道路断面	改造(规划)道路断面	规划自行车道设置建议
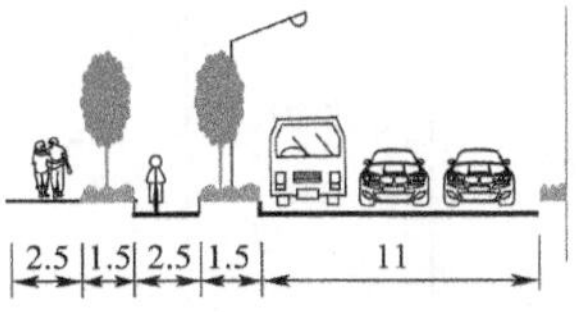 2.5 1.5 2.5 1.5 11	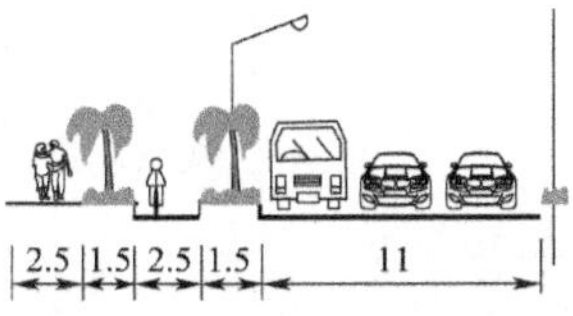 2.5 1.5 2.5 1.5 11	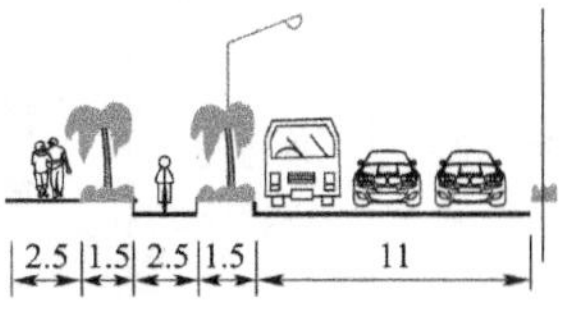 2.5 1.5 2.5 1.5 11	现状保留
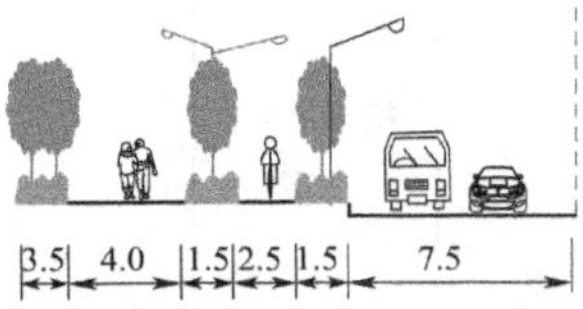 3.5 4.0 1.5 2.5 1.5 7.5	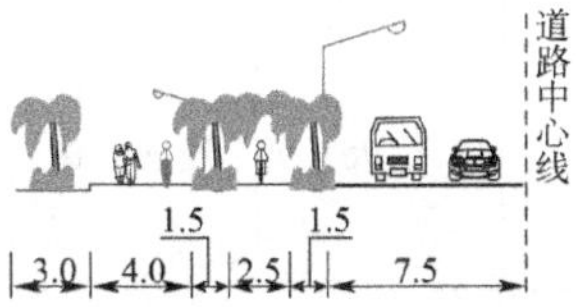 道路中心线 1.5 1.5 3.0 4.0 2.5 7.5	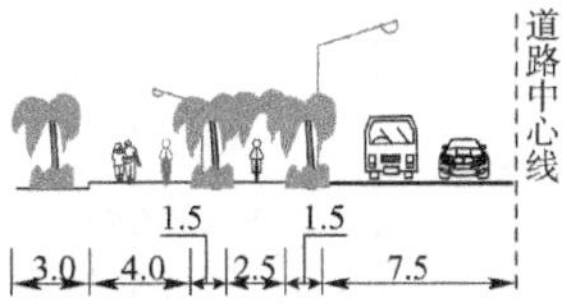 道路中心线 1.5 1.5 3.0 4.0 2.5 7.5	规划保留
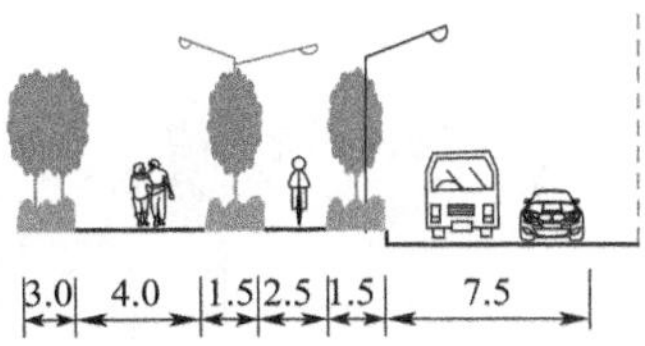 3.0 4.0 1.5 2.5 1.5 7.5	 4.0 3.5 8.5	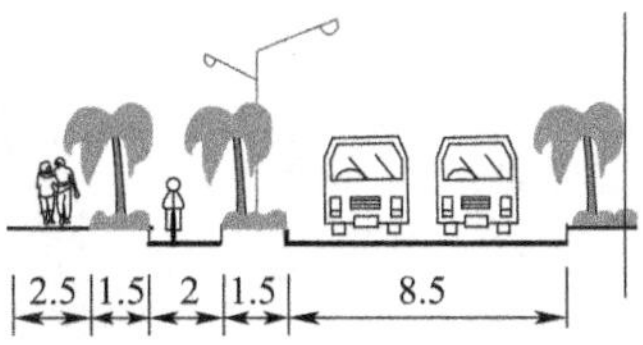 2.5 1.5 2 1.5 8.5	压缩规划机动车道设置
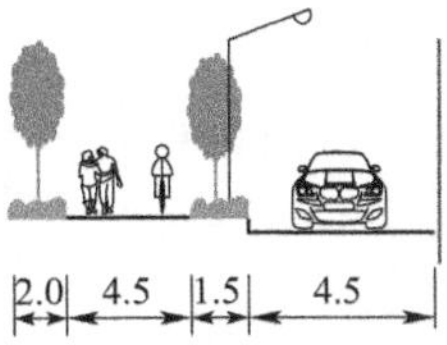 2.0 4.5 1.5 4.5	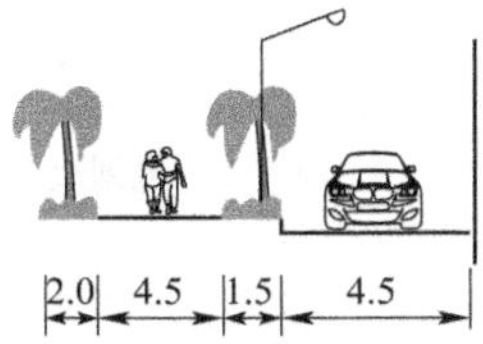 2.0 4.5 1.5 4.5	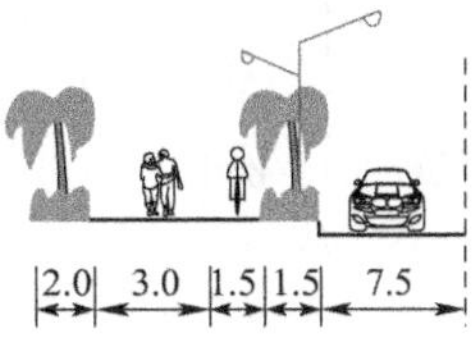 2.0 3.0 1.5 1.5 7.5	压缩人行道设置
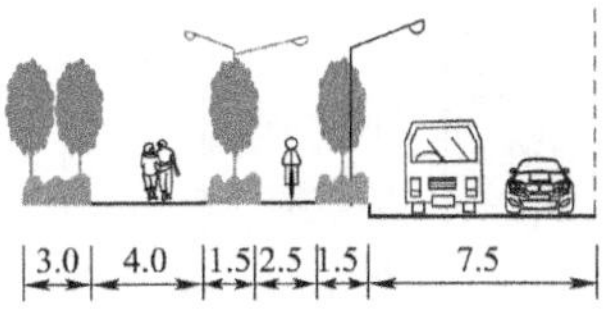 3.0 4.0 1.5 2.5 1.5 7.5	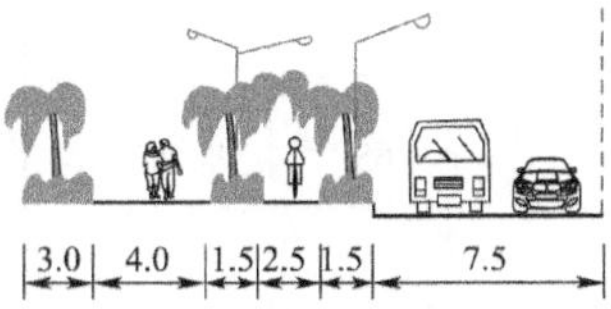 3.0 4.0 1.5 2.5 1.5 7.5	 3.0 4.0 1.5 2.5 1.5 7.5	规划保留

灰色栏——建设时序 2013 年

编号	道路名称	道路等级	起讫点	长度(km)	道路建设状况	规划自行车道等级	自行车道	
							设置形式	设置宽度(m)
84	人民西路	次干道	光祖北路—金康路	3.38	规划改建	连通道	机非护栏分隔	2
85	人民东路	次干道	金康路—深汕公路	0.96	规划改建	连通道	机非护栏分隔	2
86	翠景路	次干道	深汕公路—金牛东路	4.89	规划改建	主廊道	机非绿化分隔	2.5
87	梓横路	次干道	光祖北路—金辉路	3.24	规划改建	连通道	机非护栏分隔	2
88	宝梓路	次干道	深汕公路—丹梓中路	1.65	规划改建	连通道	机非绿化分隔	2.5

续上表

,蓝色栏——建设时序 2014 年

原综合发展规划断面	现状(原规划)道路断面	改造(规划)道路断面	规划自行车道设置建议
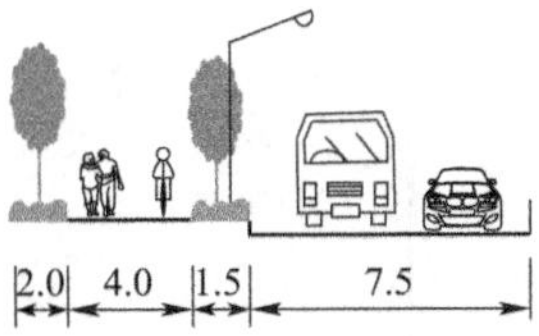 2.0 4.0 1.5 7.5	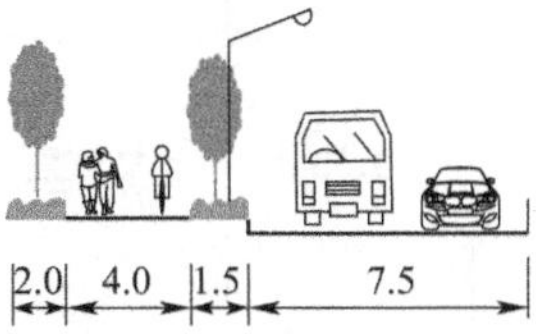 2.0 4.0 1.5 7.5	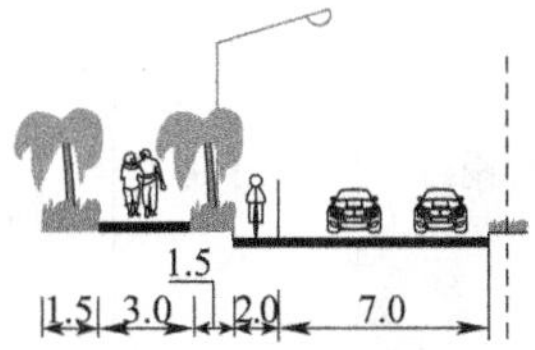 1.5 3.0 1.5 2.0 7.0	压缩现状人行道设置
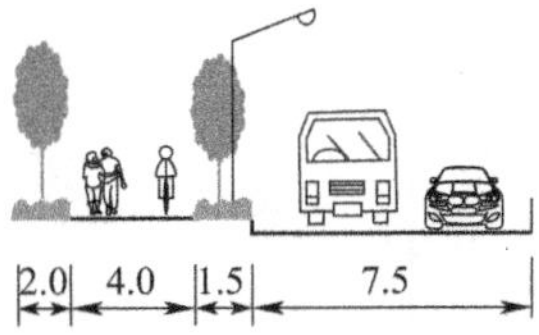 2.0 4.0 1.5 7.5	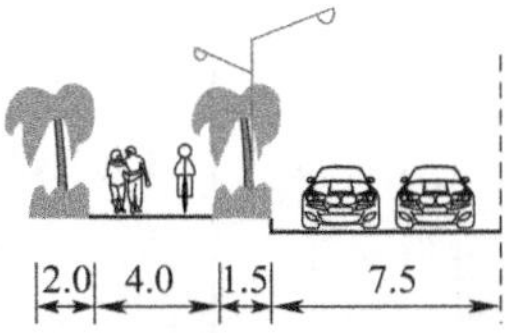 2.0 4.0 1.5 7.5	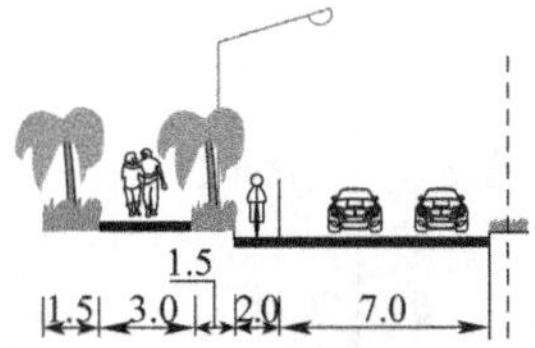 1.5 3.0 1.5 2.0 7.0	压缩现状人行道设置
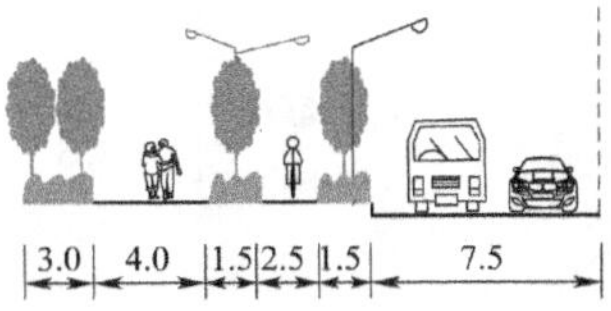 3.0 4.0 1.5 2.5 1.5 7.5	 3.0 4.0 1.5 2.5 1.5 7.5	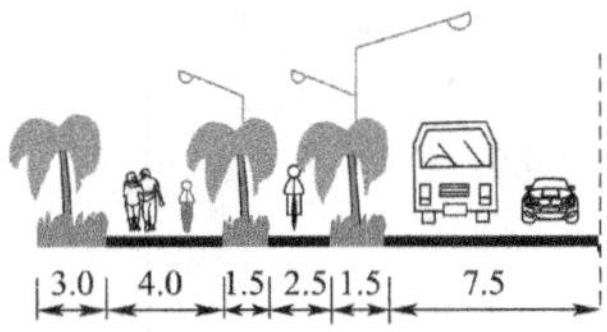 3.0 4.0 1.5 2.5 1.5 7.5	规划保留
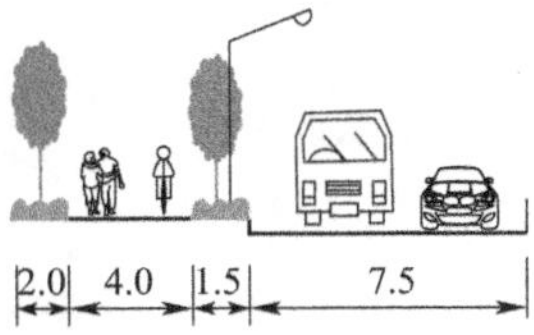 2.0 4.0 1.5 7.5	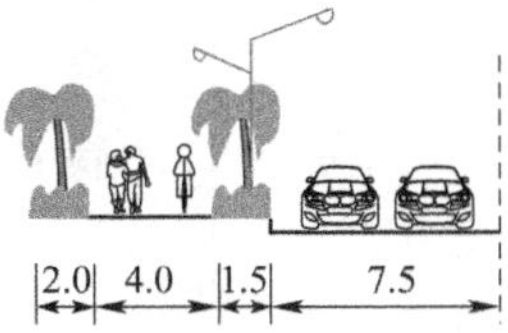 2.0 4.0 1.5 7.5	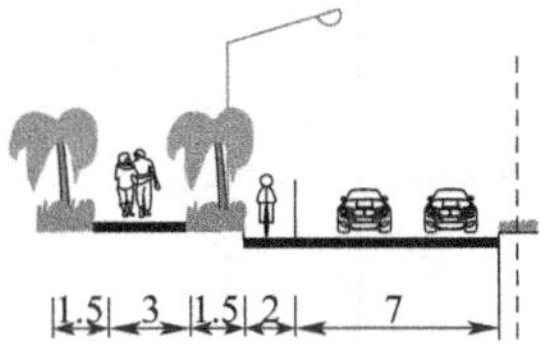 1.5 3 1.5 2 7	压缩规划机动车道设置
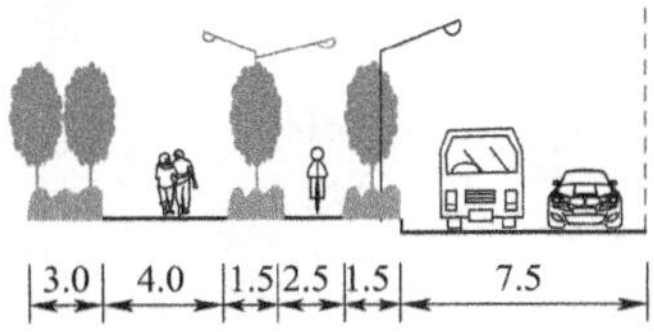 3.0 4.0 1.5 2.5 1.5 7.5	 3.0 4.0 1.5 2.5 1.5 7.5	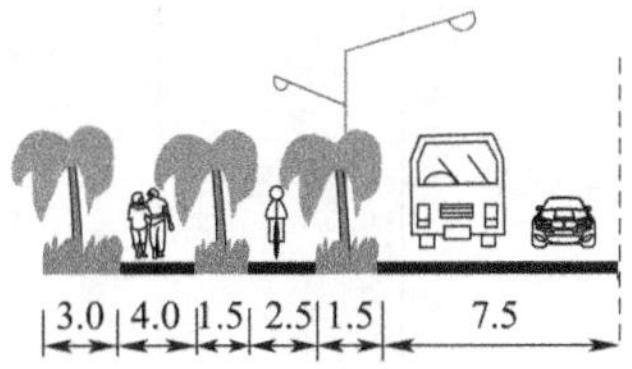 3.0 4.0 1.5 2.5 1.5 7.5	规划保留

灰色栏——建设时序 2013 年

编号	道路名称	道路等级	起讫点	长度（km）	道路建设状况	规划自行车道等级	自行车道	
							设置形式	设置宽度（m）
89	宝梓南路	次干道	丹梓中路—锦绣中路	0.53	规划改建	连通道	机非绿化分隔	2.5
90	龙湾路	次干道	宝龙路—秋宝路	1.96	规划改建	连通道	机非绿化分隔	2.5
91	宝龙路	次干道	秋宝路—秋宝路	0.73	规划新建	连通道	机非绿化分隔	2.5
92	临惠路	次干道	聚龙路—丹梓北路	1.93	规划新建	连通道	人非绿化分隔	2
93	金辉路	次干道	金辉北路—青松路	3.46	规划新建	连通道	机非绿化分隔	2.5

续上表

,蓝色栏——建设时序2014年			
原综合发展规划断面	现状(原规划)道路断面	改造(规划)道路断面	规划自行车道设置建议
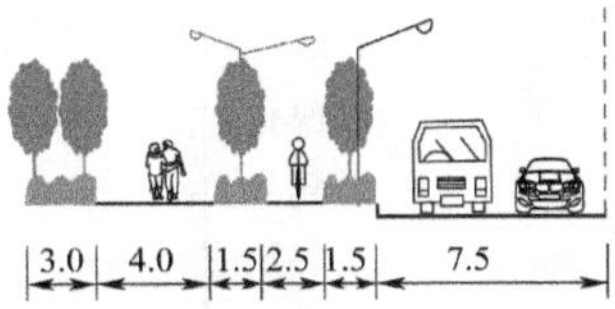 3.0 4.0 1.5 2.5 1.5 7.5	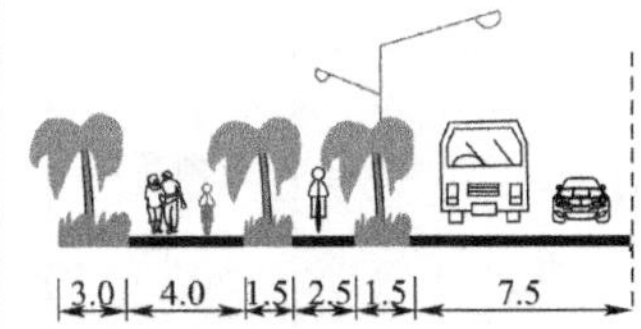 3.0 4.0 1.5 2.5 1.5 7.5	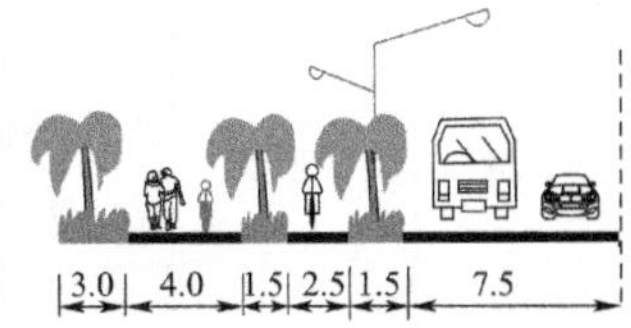 3.0 4.0 1.5 2.5 1.5 7.5	规划保留
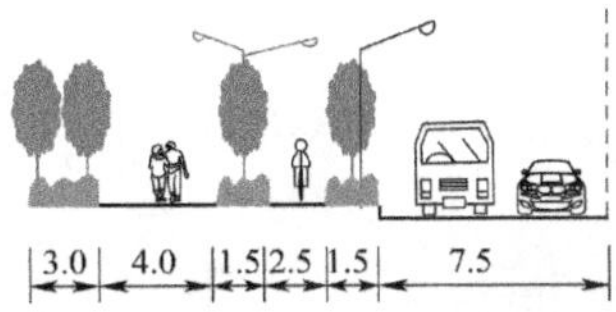 3.0 4.0 1.5 2.5 1.5 7.5	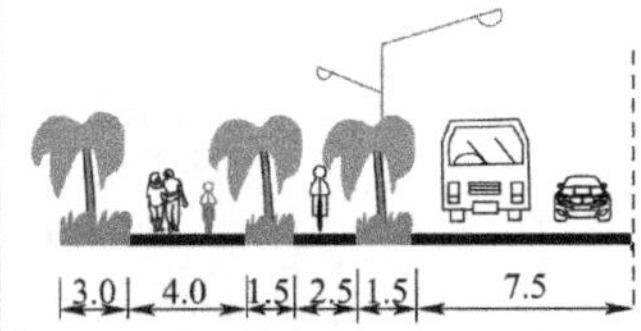 3.0 4.0 1.5 2.5 1.5 7.5	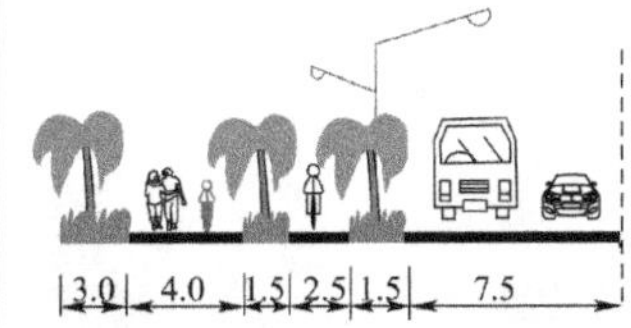 3.0 4.0 1.5 2.5 1.5 7.5	规划保留
 3.0 4.0 1.5 2.5 1.5 7.5	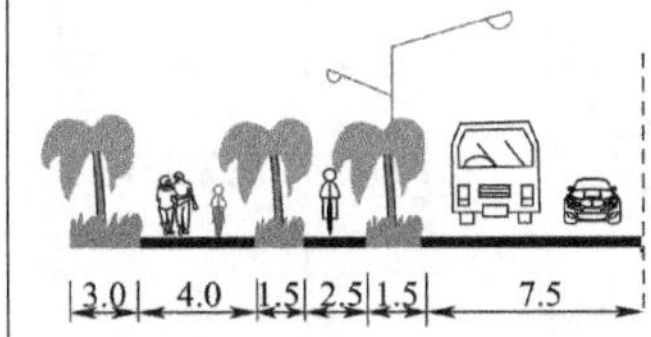 3.0 4.0 1.5 2.5 1.5 7.5	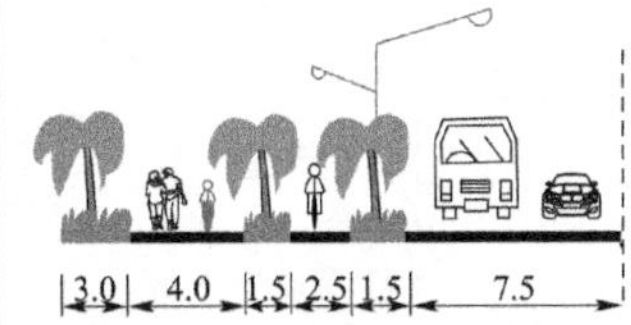 3.0 4.0 1.5 2.5 1.5 7.5	规划保留
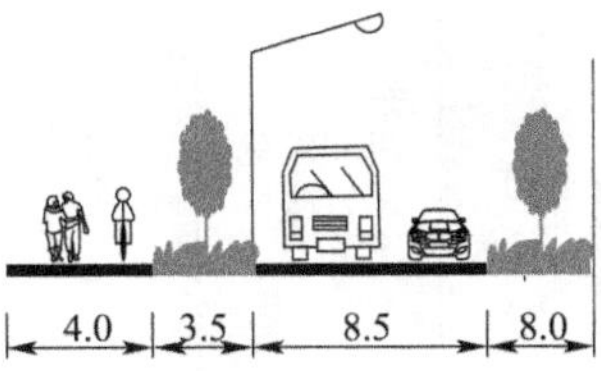 4.0 3.5 8.5 8.0	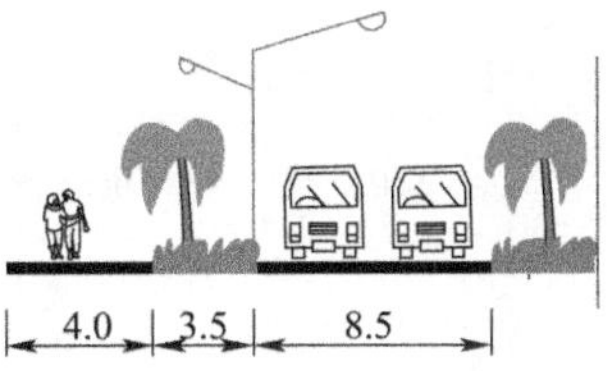 4.0 3.5 8.5	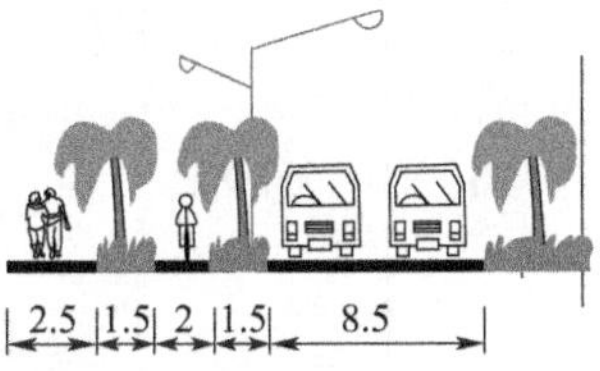 2.5 1.5 2 1.5 8.5	压缩规划人行道设置
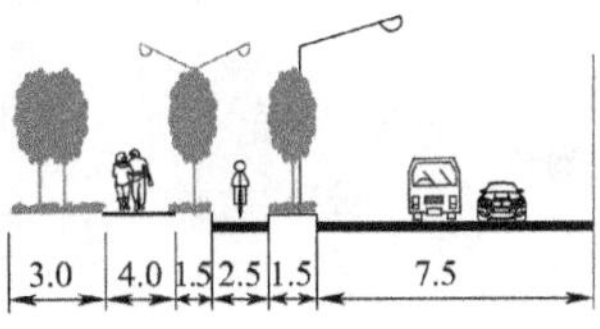 3.0 4.0 1.5 2.5 1.5 7.5	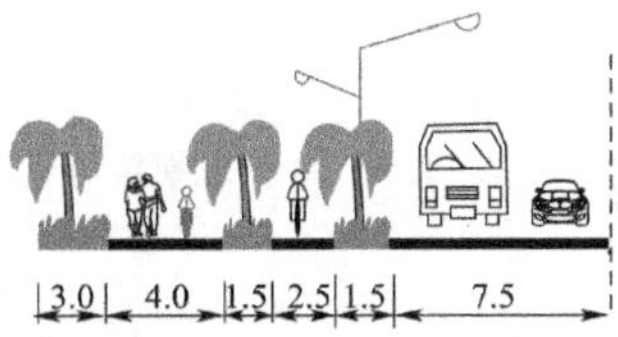 3.0 4.0 1.5 2.5 1.5 7.5	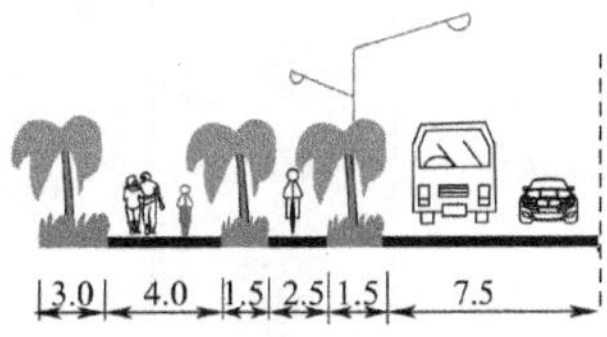 3.0 4.0 1.5 2.5 1.5 7.5	规划保留

灰色栏——建设时序 2013 年

编号	道路名称	道路等级	起讫点	长度（km）	道路建设状况	规划自行车道等级	自行车道	
							设置形式	设置宽度（m）
94	金辉北路	次干道	金辉路—丹梓北路	2.21	规划新建	连通道	机非绿化分隔	2.5
95	绣湾路	次干道	金辉北路—深汕公路	1.08	规划新建	连通道	机非绿化分隔	2.5
		次干道	深汕公路—丹梓路	0.96	规划新建	连通道	机非绿化分隔	2.5
96	金康路	次干道	深汕公路—丹梓路	1.05	规划新建	连通道	机非绿化分隔	2.5
97	金联路	次干道	丹梓路—青松路	1.91	规划新建	连通道	机非绿化分隔	2.5

续上表

,蓝色栏——建设时序 2014 年			
原综合发展规划断面	现状(原规划)道路断面	改造(规划)道路断面	规划自行车道设置建议
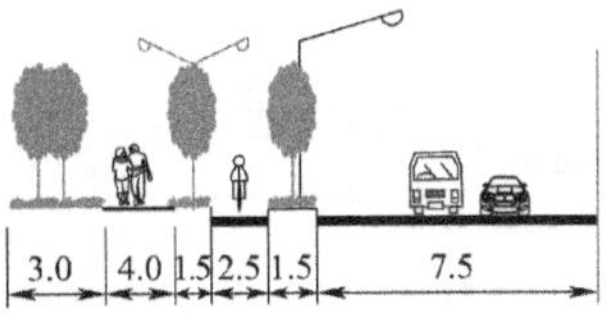 3.0 4.0 1.5 2.5 1.5 7.5	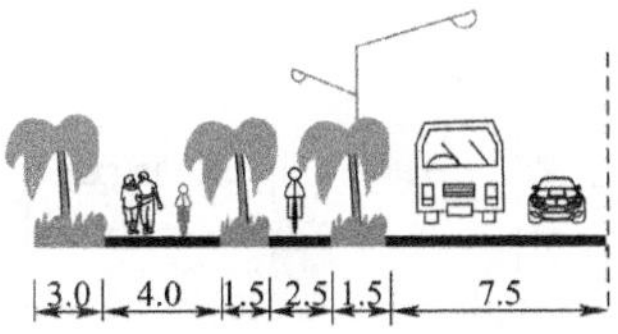 3.0 4.0 1.5 2.5 1.5 7.5	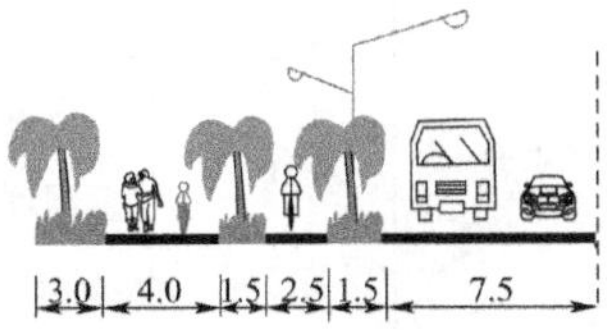 3.0 4.0 1.5 2.5 1.5 7.5	规划保留
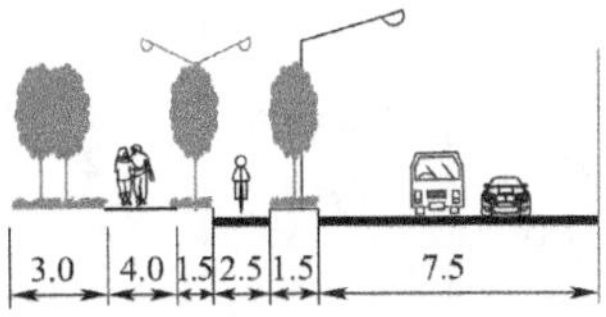 3.0 4.0 1.5 2.5 1.5 7.5	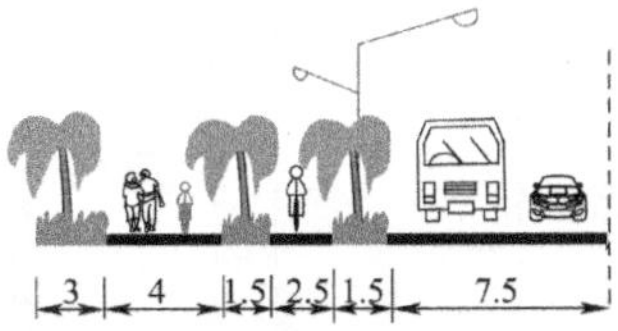 3 4 1.5 2.5 1.5 7.5	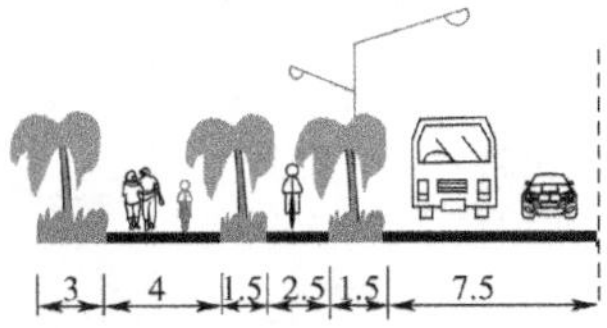 3 4 1.5 2.5 1.5 7.5	规划保留
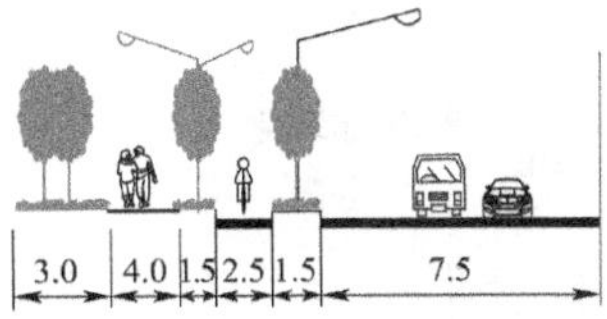 3.0 4.0 1.5 2.5 1.5 7.5	 3 4 1.5 2.5 1.5 7.5	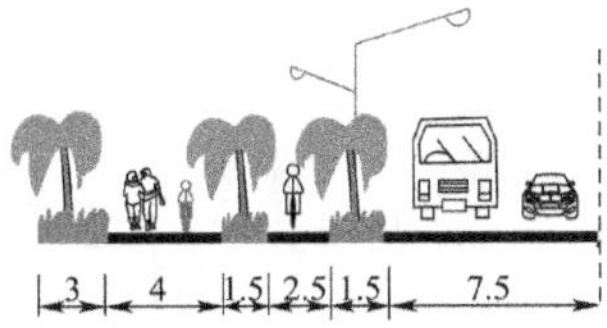 3 4 1.5 2.5 1.5 7.5	规划保留
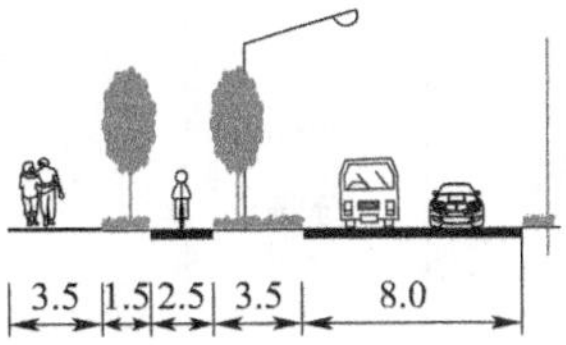 3.5 1.5 2.5 3.5 8.0	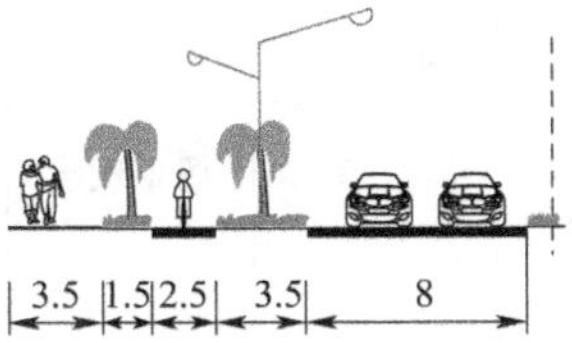 3.5 1.5 2.5 3.5 8	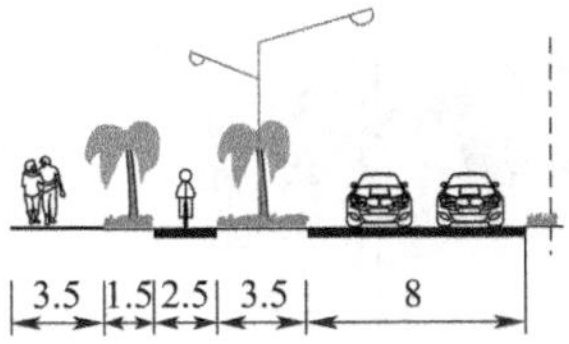 3.5 1.5 2.5 3.5 8	规划保留
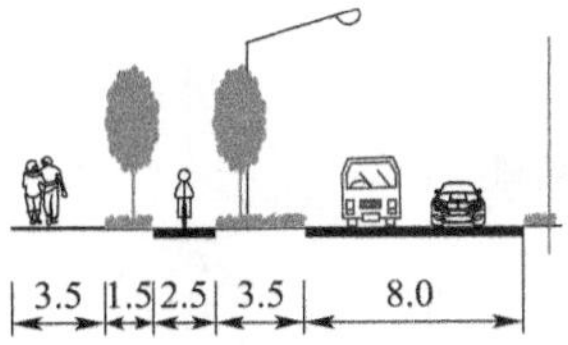 3.5 1.5 2.5 3.5 8.0	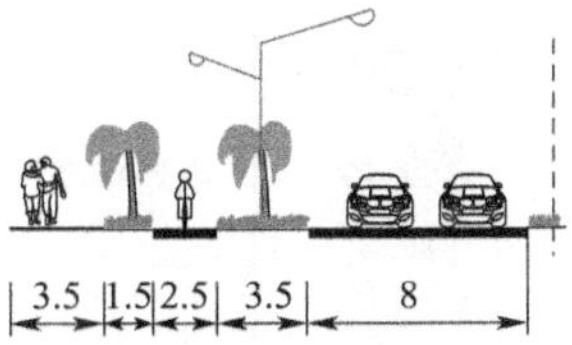 3.5 1.5 2.5 3.5 8	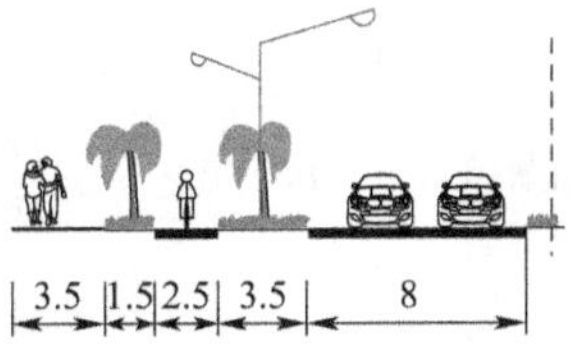 3.5 1.5 2.5 3.5 8	规划保留

灰色栏——建设时序 2013 年

编号	道路名称	道路等级	起讫点	长度(km)	道路建设状况	规划自行车道等级	自行车道	
							设置形式	设置宽度(m)
98	锐康路	次干道	丹景路—惠阳坪山区界	1.74	规划新建	连通道	机非护栏分隔	2
99	景民路	次干道	岭古路—金辉北路	1.41	规划新建	连通道	机非护栏分隔	2
100	丹梓北路	次干道	惠阳坪山区界—临惠路	4.97	规划新建	主廊道	机非绿化分隔	2.5
111	岭古路	次干道	丹景路—丹梓北路	1.13	规划新建	连通道	机非护栏分隔	2
112	丹景路	次干道	丹景路—岭古路	2.27	规划新建	连通道	机非护栏分隔	2

续上表

,蓝色栏——建设时序 2014 年

原综合发展规划断面	现状(原规划)道路断面	改造(规划)道路断面	规划自行车道设置建议
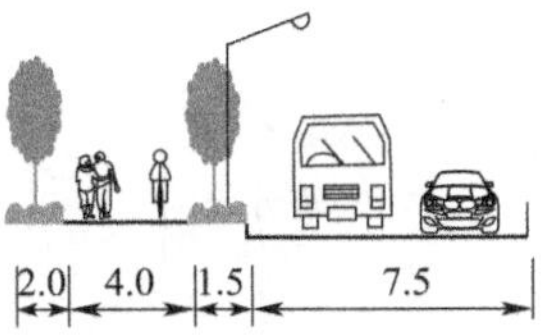 2.0 4.0 1.5 7.5	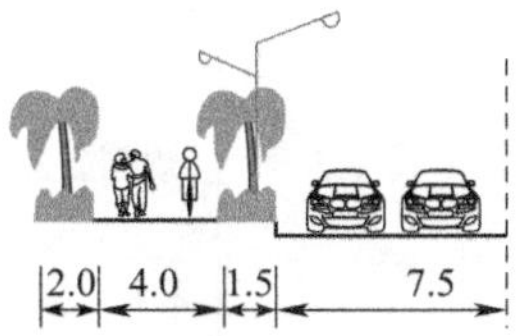 2.0 4.0 1.5 7.5	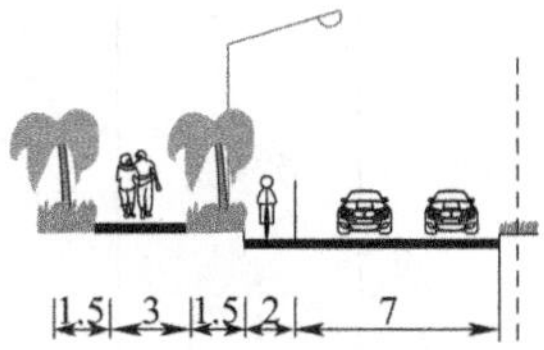 1.5 3 1.5 2 7	压缩规划机动车道设置
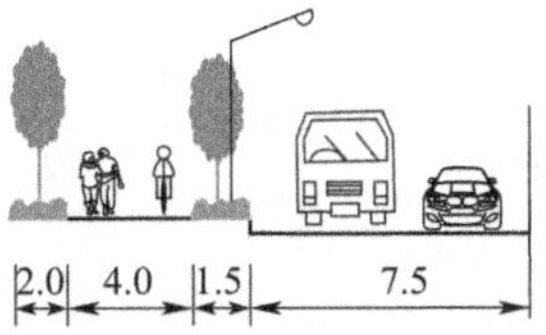 2.0 4.0 1.5 7.5	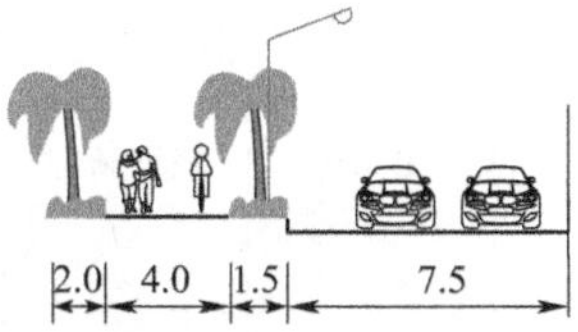 2.0 4.0 1.5 7.5	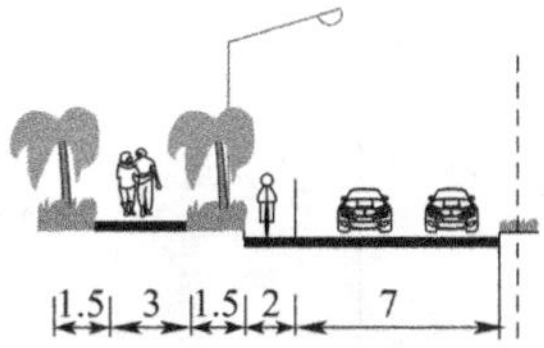 1.5 3 1.5 2 7	压缩规划机动车道设置
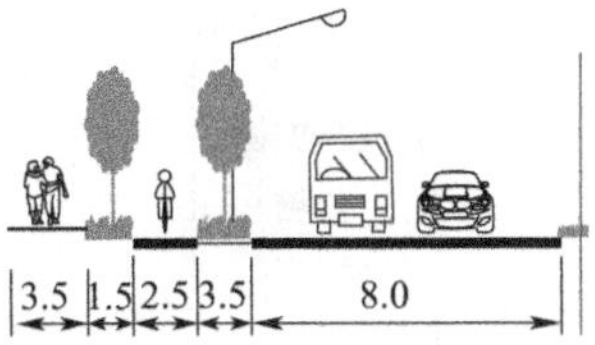 3.5 1.5 2.5 3.5 8.0	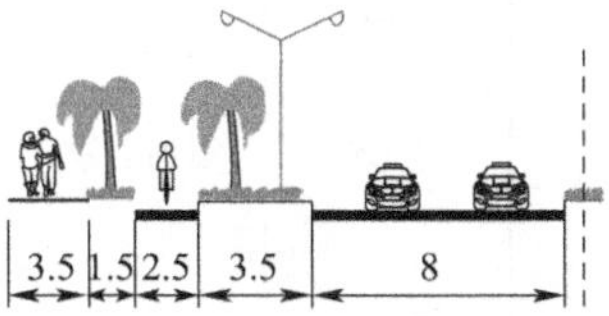 3.5 1.5 2.5 3.5 8	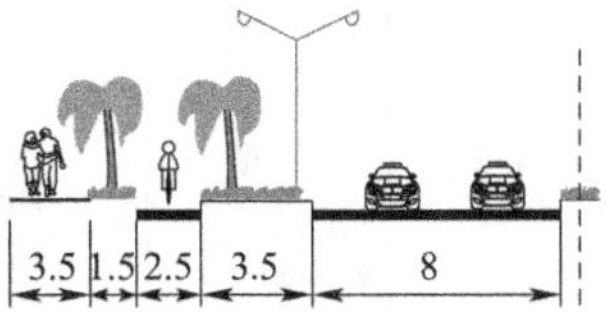 3.5 1.5 2.5 3.5 8	规划保留
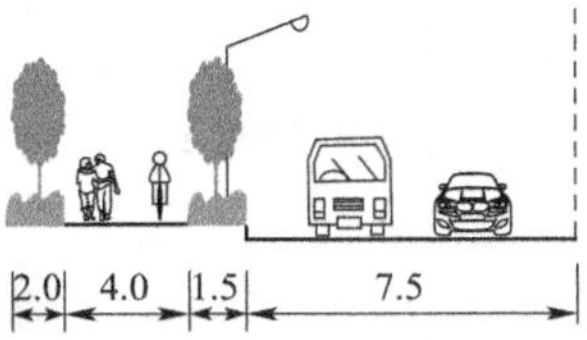 2.0 4.0 1.5 7.5	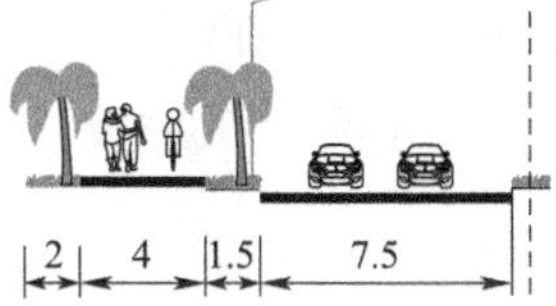 2 4 1.5 7.5	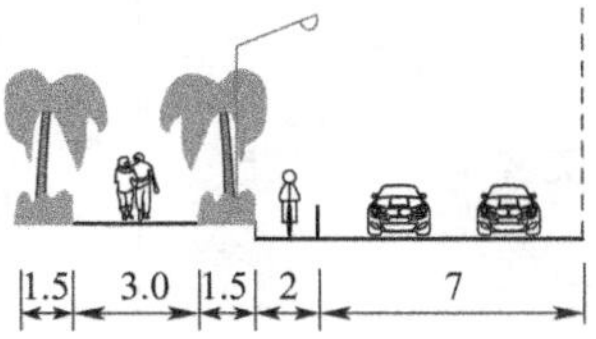 1.5 3.0 1.5 2 7	压缩规划机动车道设置
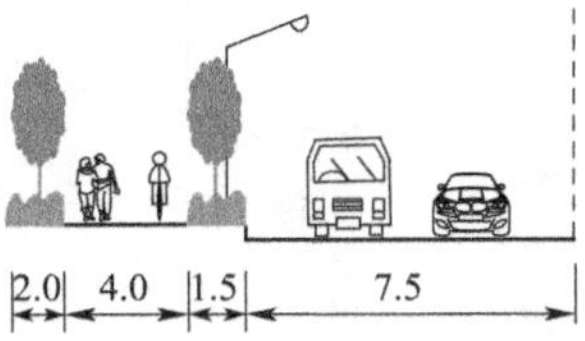 2.0 4.0 1.5 7.5	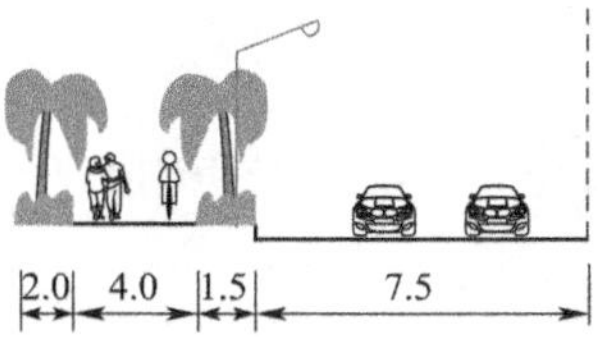 2.0 4.0 1.5 7.5	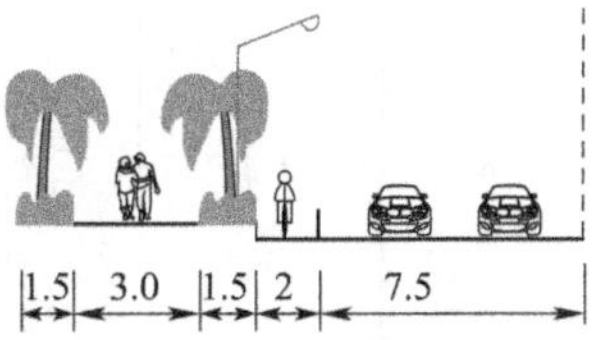 1.5 3.0 1.5 2 7.5	压缩规划机动车道设置

灰色栏——建设时序2013年

编号	道路名称	道路等级	起讫点	长度（km）	道路建设状况	规划自行车道等级	自行车道	
							设置形式	设置宽度（m）
113	松坪路	次干道	丹梓西路—丹梓东路	4.5	规划新建	连通道	人非彩色铺装分隔	1.5
114	秀沙路	次干道	金辉北—深汕公路	0.61	规划新建	连通道	机非护栏分隔	2
115	荣田路	支路	丹梓路—临惠路	1.55	规划新建	连通道	机非护栏分隔	2
116	无名1	支路	老横坪公路—中山大道	1.08	规划新建	连通道	人非绿化分隔	2
117	SS路	支路	宝龙路—龙兴北路	1.1	规划新建	连通道	机非无护栏分隔	2

续上表

,蓝色栏——建设时序2014年

原综合发展规划断面	现状(原规划)道路断面	改造(规划)道路断面	规划自行车道设置建议
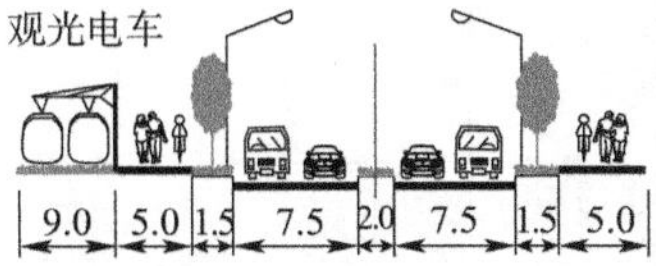 观光电车 9.0 5.0 1.5 7.5 2.0 7.5 1.5 5.0	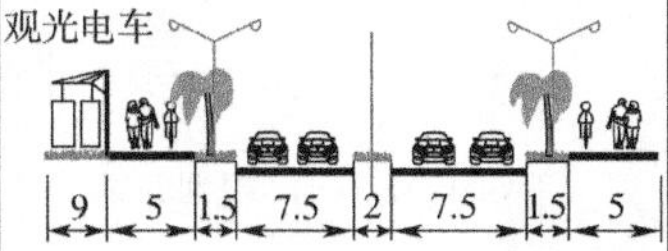 观光电车 9 5 1.5 7.5 2 7.5 1.5 5	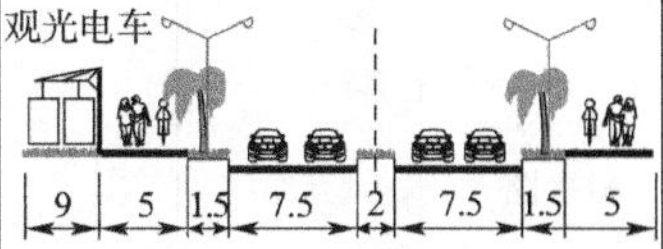 观光电车 9 5 1.5 7.5 2 7.5 1.5 5	压缩规划人行道设置
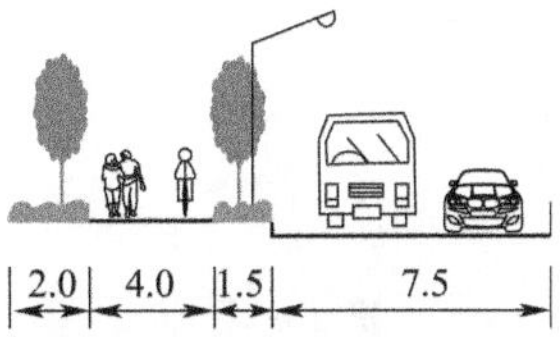 2.0 4.0 1.5 7.5	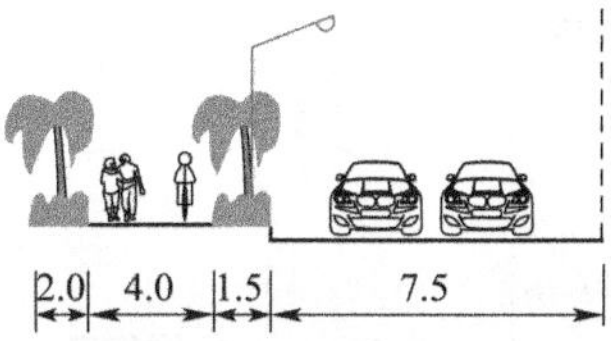 2.0 4.0 1.5 7.5	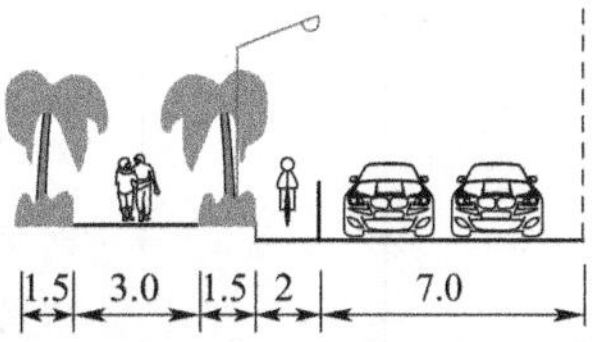 1.5 3.0 1.5 2 7.0	压缩规划机动车道设置
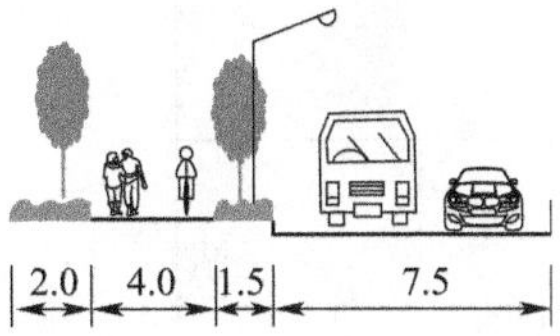 2.0 4.0 1.5 7.5	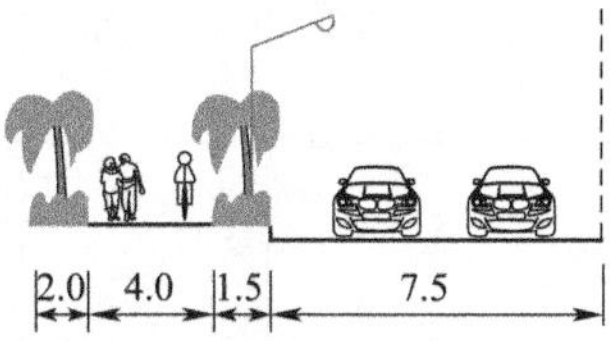 2.0 4.0 1.5 7.5	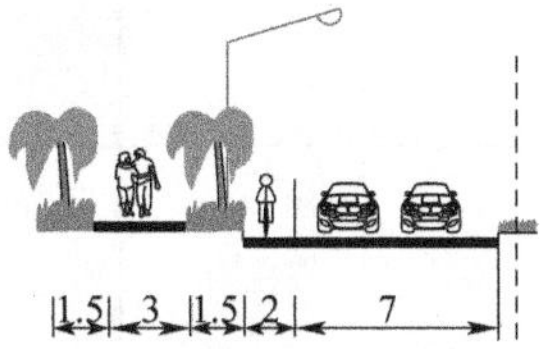 1.5 3 1.5 2 7	压缩规划机动车道设置
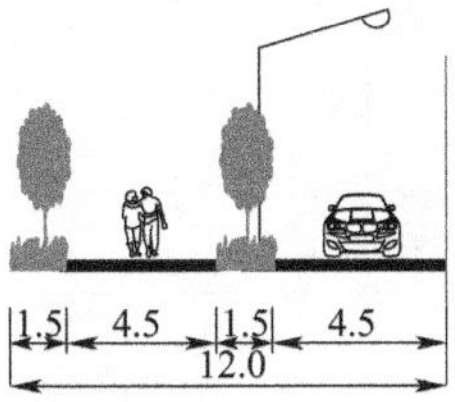 1.5 4.5 1.5 4.5 12.0	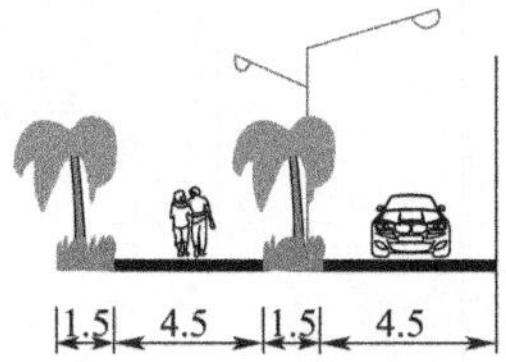 1.5 4.5 1.5 4.5	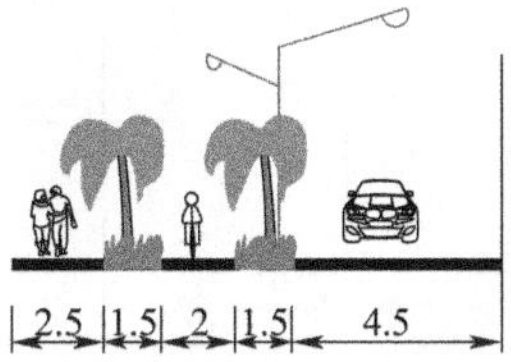 2.5 1.5 2 1.5 4.5	压缩规划人行道设置
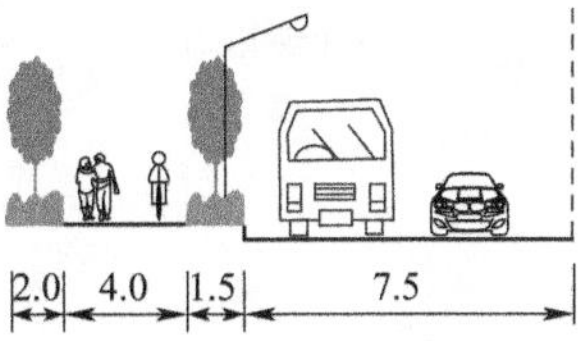 2.0 4.0 1.5 7.5	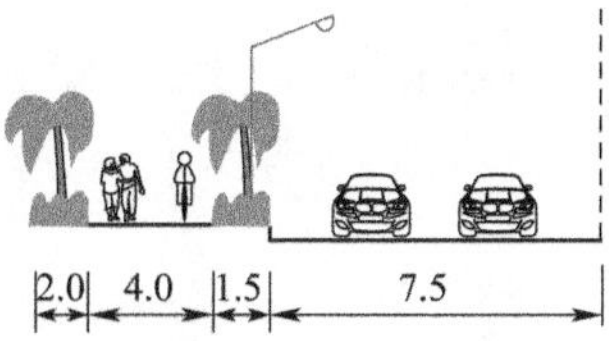 2.0 4.0 1.5 7.5	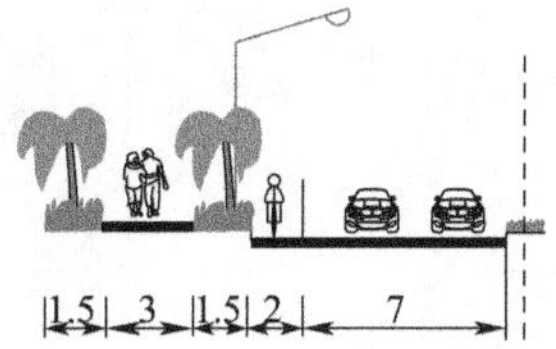 1.5 3 1.5 2 7	压缩规划机动车道设置

灰色栏——建设时序2013年

编号	道路名称	道路等级	起讫点	长度(km)	道路建设状况	规划自行车道等级	自行车道	
							设置形式	设置宽度(m)
118	和兴路	支路	长安二街—东纵路	1.38	规划新建	连通道	机非护栏分隔	2
119	无名路6	支路	兰竹西—金牛西	0.67	规划新建	连通道	机非护栏分隔	2
120	金兰路	支路	兰竹东路—金牛东路	0.52	规划新建	连通道	人非彩色铺装分隔	1.5
121	无名路8	支路	宝龙路—龙湾路	1.12	规划新建	连通道	机非绿化分隔	2.5

续上表

,蓝色栏——建设时序2014年			
原综合发展规划断面	现状(原规划)道路断面	改造(规划)道路断面	规划自行车道设置建议
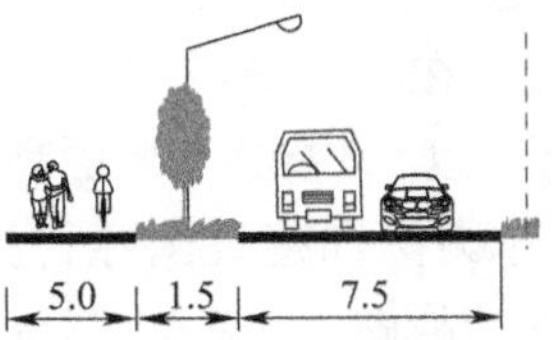 5.0 1.5 7.5	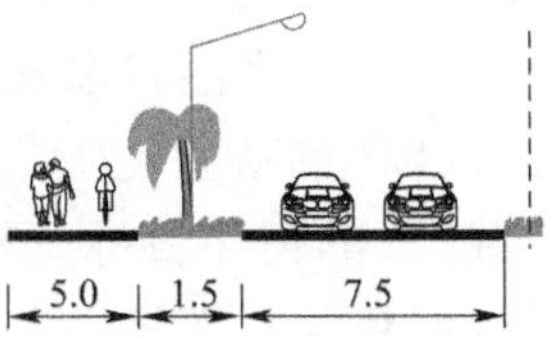 5.0 1.5 7.5	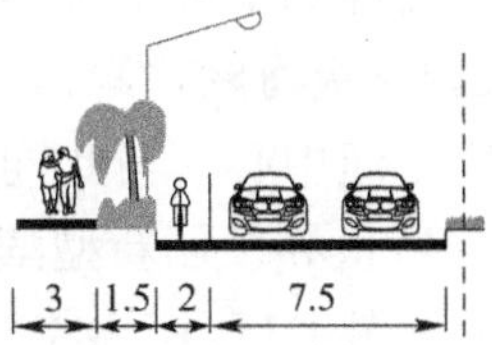 3 1.5 2 7.5	压缩规划人行道设置
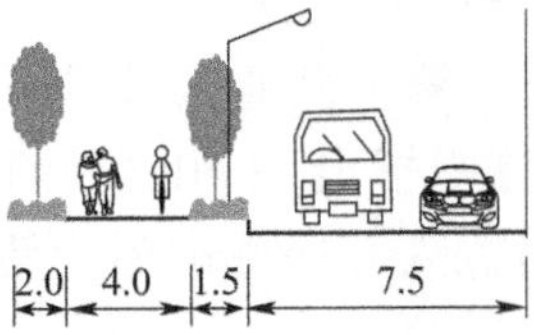 2.0 4.0 1.5 7.5	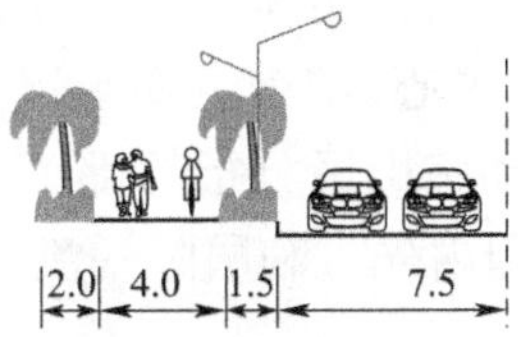 2.0 4.0 1.5 7.5	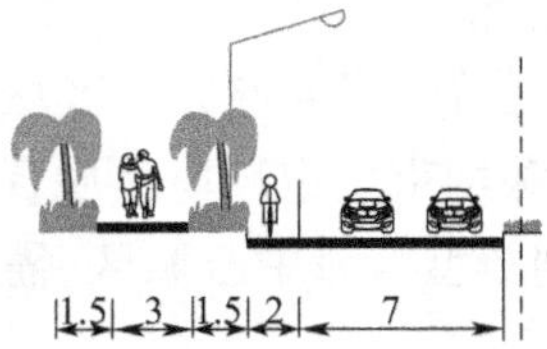 1.5 3 1.5 2 7	压缩规划机动车道设置
无	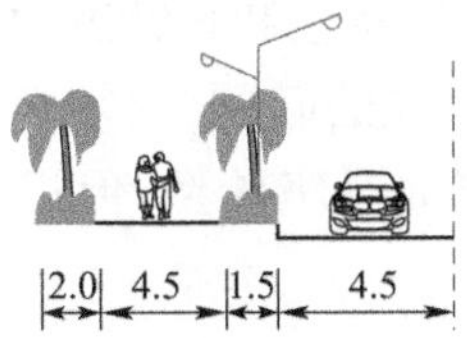 2.0 4.5 1.5 4.5	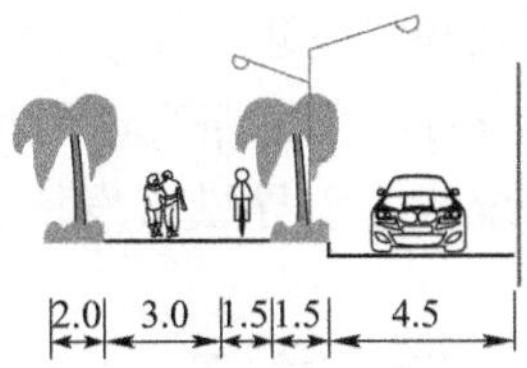 2.0 3.0 1.5 1.5 4.5	压缩规划人行道设置
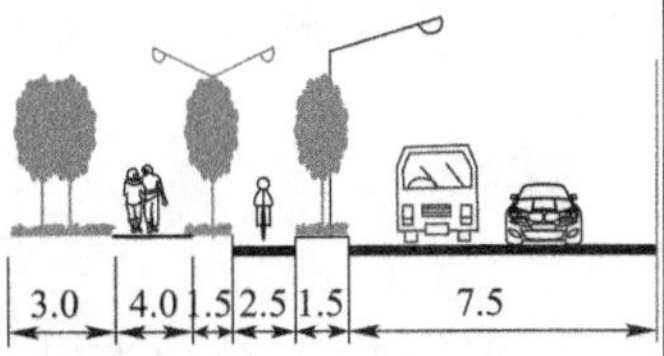 3.0 4.0 1.5 2.5 1.5 7.5	 3 4 1.5 2.5 1.5 7.5	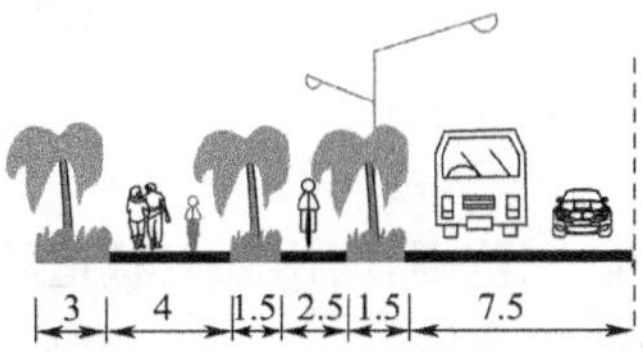 3 4 1.5 2.5 1.5 7.5	规划保留

第4.5节　南山区道路品质提升方案研究

4.5.1　项目概况

4.5.1.1　研究背景

南山区地处深圳市西南部,是深圳发展湾区经济的核心地带,也是“一带一路”重要支点,拥有五大国家级海陆口岸,蛇口、赤湾、妈湾三大港口联通世界,正在构建海陆空港全方位大湾区网络枢纽中心。与此同时,南山区以“创新型”为核心优势,以“世界级”为更高追求,确立了“打造世界级创新型滨海中心城区”的奋斗目标。未来,作为深圳建设国际科技、产业创新中心的核心区,南山将实施“科技创新＋总部经济”双轮驱动战略,高起点、高标准打造深圳湾CBD,加快后海等重点片区开发建设,形成湾区总部经济带。

2018年1月9日,市城市环境品质提升行动总指挥部作为提升城市环境品质的主要抓手,下发了《深圳市道路设施品质提升专项行动方案》(以下简称方案),提出“建设高品质城市道路,打造精细化城市街道”的工作要求,并明确要在城市重点口岸区域、连接深圳与周边城市的高速公路、国省道边界区域、城市中心、城市主要干道以及城市繁华商业区域进行重点整治。《深圳市城市环境品质提升行动南山区分指挥部工作方案》中指出,南山区将打造为世界级创新型滨海中心城区,需对标国内先进和国际一流,应及时深入开展城市环境品质提升行动。

随着南山区战略地位的不断提升,为了满足南山重点区域发展需求,亟须对南山区市政道路规划、设计、建设等方面进行有效提升,对标纽约、东京、上海等国际一流城市,深入开展城市环境品质提升方案,建立常态化、精细化的城市环境管控机制,大力提升市容环境品质,提高城市规划建设管理水平,彰显城市个性特色和独特魅力,协调推进建设“美丽深圳”。因此,针对南山目前在道路交通环境方面存在的问题,亟须开展道路品质提升研究,使南山区道路交通系统成为引导城市发展、支撑产业升级转型、促进经济可持续发展、服务民生的重要引擎。

南山区空间结构如图4-240所示。

4.5.1.2　研究目标

按照市委市政府“城市质量提升年”的要求,针对南山区道路交通设施品质不一、出行体验与中心区定位存在差距等问题,对南山区当前道路进行全面提升,建设成为国际一流、国内领先的高品质街道示范区,以适应核心城区定位,提升城市形象,提高城市核心竞争力。

4.5.1.3　研究范围

一般研究范围:南山区现状道路。

重点研究范围:后海滨路、前海路、石洲中路、南海大道、南山大道、留仙大道、科苑大道、学府路、桃园路、南头街、常兴路、南光路、南新路等重点道路项目的研究范围如图4-241所示。

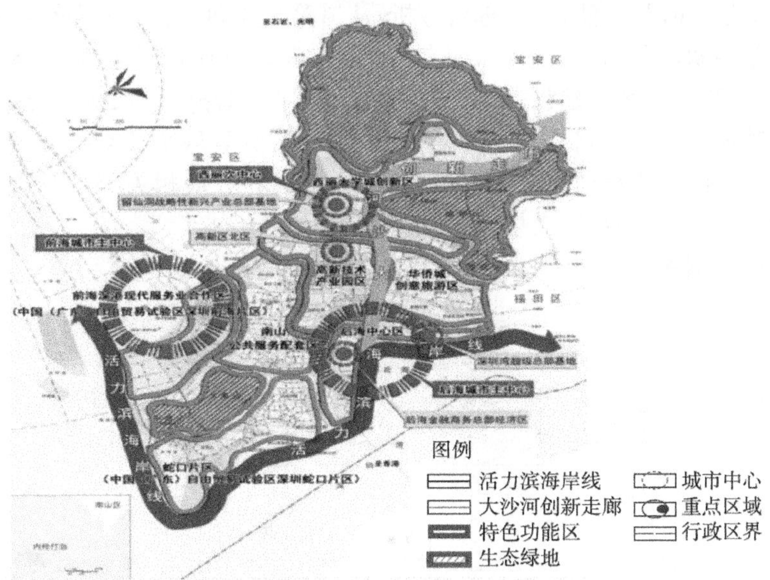

图 4-240　南山区空间结构

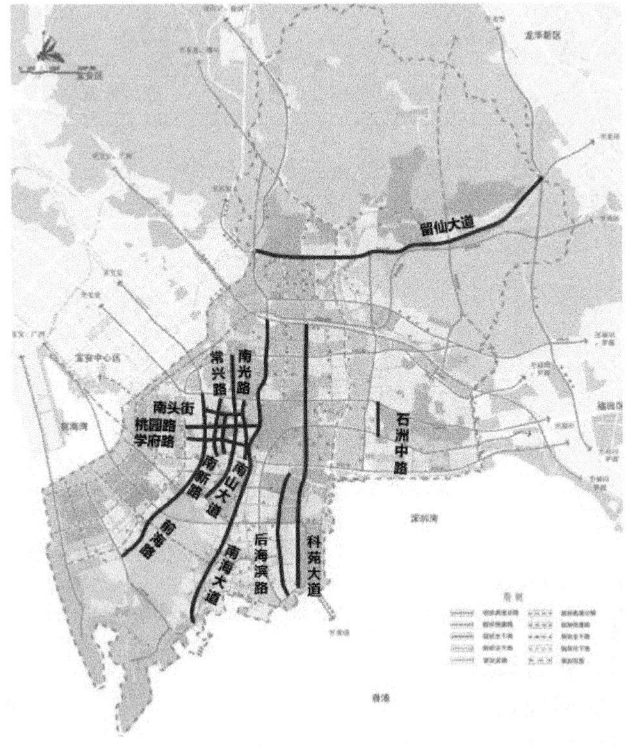

图 4-241　项目研究范围

4.5.1.4　技术路线

本次研究基于资料收集与现状分析,分析规划建设存在的客观问题与条件,侧重对现状道路交通设施规模、布局、功能、结构进行分析,从道路交通问题、空间环境问题、设施配置问题三个方面总结现状道路问题;结合深圳市品质提升需求与现状问题,借鉴国际与国内先进经验,制定科学合理可持续的建设标准,形成南山区研究道路的品质提升方案,提出的方案包括道路交通功能优化及道路景观环境营造两个方面,侧重从车行空间、慢行空间、公交及接驳设施、过街设施、智慧交通五个方面提出具体方案,并开展相关部门及专家意见咨询和审查,优化调整并形成规划最终成果。

其技术路线如图4-242所示。

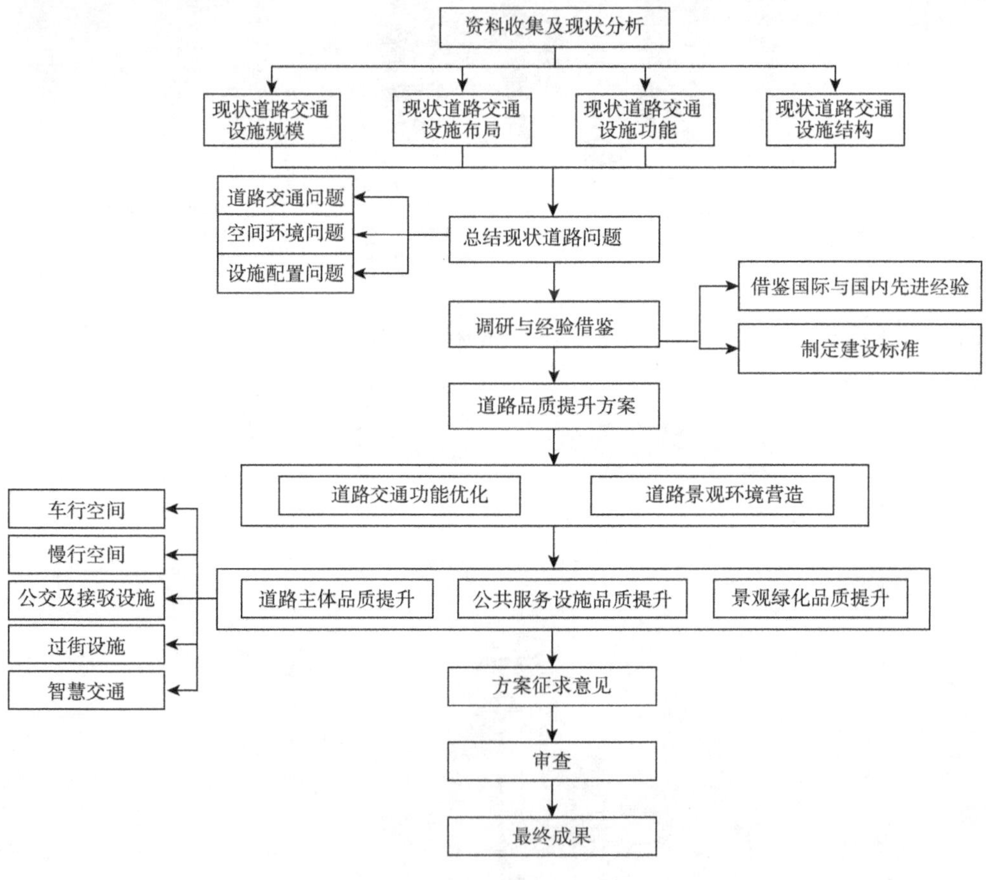

图4-242　技术路线

4.5.1.5　编制依据

(1)《深圳市城市总体规划(2010—2020)》。

(2)《深圳市综合交通体系规划(2013—2030)》。

(3)《深圳市城市交通白皮书》。

(4)《深圳市轨道线网规划(2016—2030)》。

(5)《深圳市轨道交通建设规划(2017—2022)》。

(6)《深圳市综合交通"十三五"发展规划》。

(7)《深圳市道路设施品质提升专项行动方案》。

(8)《深圳市城市环境品质提升行动南山区分指挥部工作方案》。

(9)《城市道路交通规划设计规范》(2019)。

(10)《城市道路工程设计规范》(CJJ 37—2012)。

(11)《深圳市城市规划标准与准则》(2014)。

(12)相关法定图则。

(13)国家及地方的相关法律、法规及规范。

4.5.2 交通调查与问题分析

4.5.2.1 道路交通设施调查

1)片区概况

南山区位于广东省深圳市中西部,行政区域东起车公庙与福田区毗邻,西至南头安乐村、赤尾村与宝安区相连,北靠羊台山与宝安区、龙华新区接壤,南临蛇口港、大铲岛和内伶仃岛。地形为南北长、东西窄,面积约 187.47km²,常住人口 142.46 万。

目前,南山区共设 8 个街道,街道包括南头街道、南山街道、粤海街道、招商街道、蛇口街道、沙河街道、西丽街道及桃源街道,其中北部的西丽及桃源街道内含大面积山体及水体,沙河及蛇口街道靠近深圳湾(图 4-243)。

图 4-243 南山区街道划分

片区形成主次支三级路网体系,整体路网密度达到 11.11km/km²。南山区各街道因其建成年代与建设思想的不同,路网密度也存在较大差异:南头、沙河、粤海及蛇口街道发展较早,区域内保留着传统的道路肌理,因而路网密度相对较高;西丽、桃源街道位于南山区边缘地带,区域内含大面积山体与水域,导致路网密度偏低,见表 4-55。

南山区各街道路网密度统计 表 4-55

街道名称	路网密度(km/km^2)	街道名称	路网密度(km/km^2)
粤海	18.37	招商	12.62
南头	15.90	南山	10.17
蛇口	13.63	桃源	3.86
沙河	13.06	西丽	1.29

2)主要道路现状

本次重点研究范围包括 6 条主干路,分别是前海路、科苑大道、南山大道、南海大道、留仙大道、桃园路;6 条次干路,分别是后滨海路、常兴路、南新路、南光路、学府路、南头街;1 条支路,为石洲中路。片区次支路网密度偏低,道路建设有待进一步完善(图 4-244)。

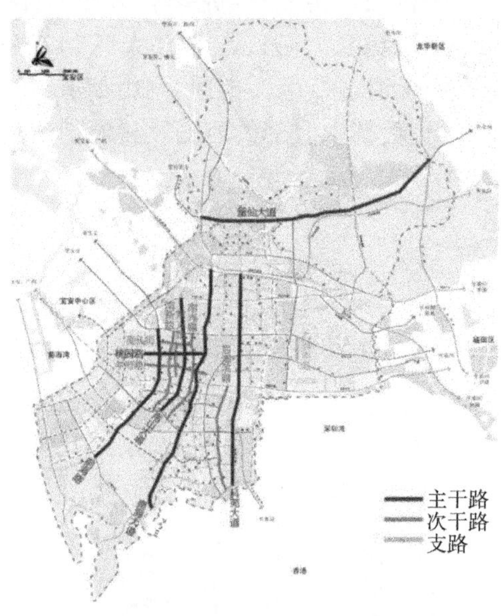

图 4-244 重点研究范围道路分布

重点研究道路现状概述如下。

(1)前海路:城市主干路,北接宝安大道,南至棉山路,全长 6.7km。道路沿线立交节点 3 个,信控路口 12 个,红线宽度 60m,为双向四车道至双向六车道,设有自行车道及人行道。

前海路主要为南山南部港区与宝安之间提供长距离交通服务,以及为沿线片区及周边单位提供交通集散服务。前海路邻近深圳市前海发展片区,沿线以居住用地及林地为主(图 4-245、图 4-246)。

(2)南山大道:城市主干路,北起南博一路,南连东滨路,全长 5.43km。道路沿线立交节点 1 个,信控路口 12 个,红线宽度 40m,为双向 6 车道,设有自行车道及人行道。南山大道跨越整个南头街道,沿线用地以居住用地、商业用地及工业用地为主(图 4-247、图 4-248)。

图 4-245 前海路实景

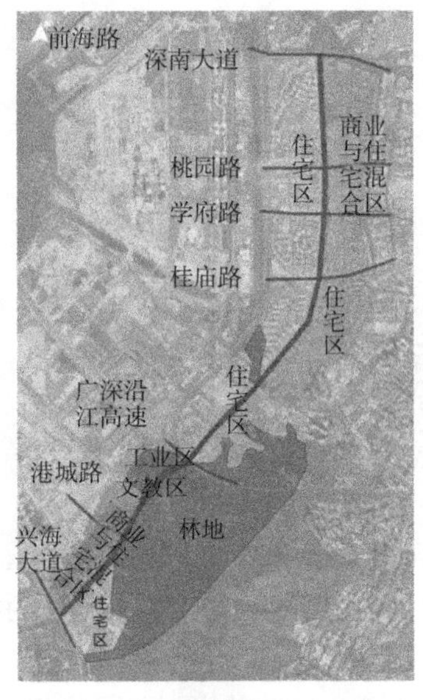

图 4-246 前海路沿线用地示意图

图 4-247 南山大道实景

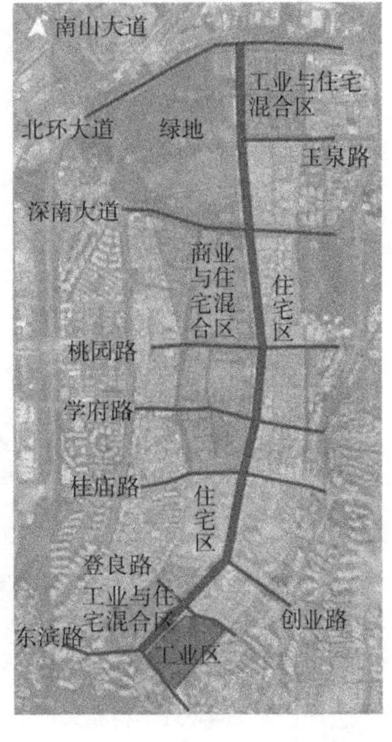

图 4-248 南山大道沿线用地示意图

(3)留仙大道:城市主干道,西起农林路,东止于红岭中路,全长 9.7km。道路沿线立交节点 3 个,信控路口 17 个,红线宽度 92 ~ 100m,为双向 8 车道,设有自行车道及人行道。南山大道途经深圳大学城体育中心、塘朗工业区等大型建筑群,是南山区重要的东西向走廊,沿线以教育设施用地、工业用地、居住用地及林地为主(图 4-249、图 4-250)。

(4)科苑大道:城市主干路,北起宝深路,南连蛇口新街,全长 8.34km。道路沿线立交节点 4 个,信控路口 19 个,红线宽度 36 ~ 41m,为双向四车道至双向六车道,设有自行车道及人行道。

图 4-249　留仙大道实景

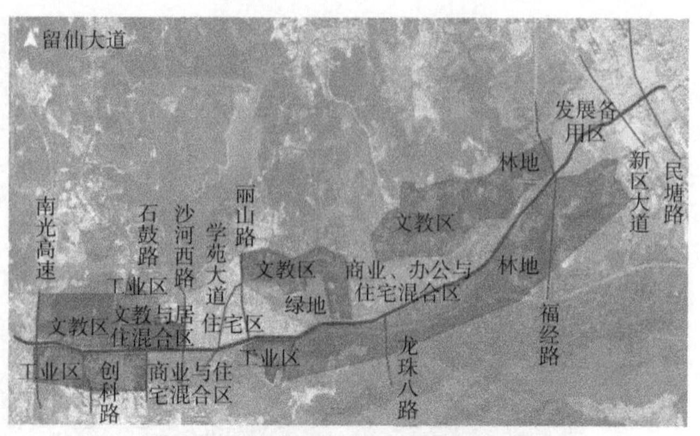

图 4-250　留仙大道沿线用地示意图

科苑大道是沟通西丽与蛇口两个重要发展片区的主要道路之一，沿线用地以工业用地、商业用地及居住用地为主。道路下方的轨道交通 13 号线 1 期工程正在建设中，途经松坪、后海、科苑、粤海门、深大、科兴、登良东 7 处站点(图 4-251、图 4-252)。

图 4-251　科苑大道实景

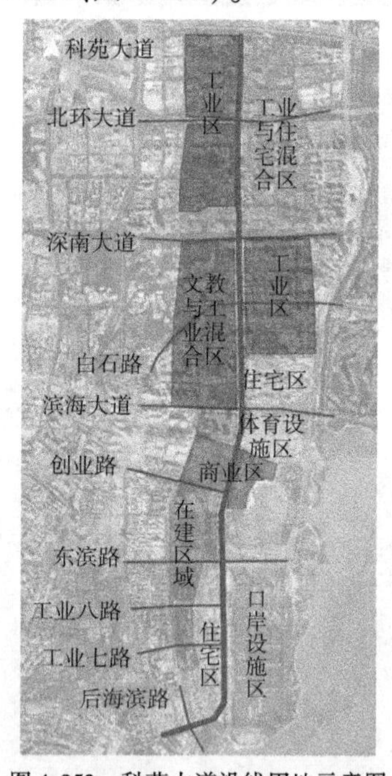

图 4-252　科苑大道沿线用地示意图

(5)南海大道：城市主干路，北起广深高速，南至港湾大道，全长 9.9km，其中滨海大道—港湾大道路段正在进行地铁施工。道路沿线立交节点 4 个，信控路口 11 个，红线宽度 32 ~ 53m，为双向 8 车道，设有自行车道及人行道。南海大道提供南山区蛇口与西丽之间的长距离交通服务，为沿线片区及周边单位提供交通集散服务，途经深圳市科技园和蛇口两个重要发展片区，沿线以居住用地和工业用地为主(图 4-253、图 4-254)。

(6)后海滨路：城市次干路，位于南山区后海片区，北起滨海大道，南至望海路，全长 4.3km。道路沿线立交节点 1 个，信控路口 10 个，红线宽度 53 ~ 60m，为双向 6 车道至双向 8 车道，设有自行车道及人行道。

图 4-253　南海大道实景

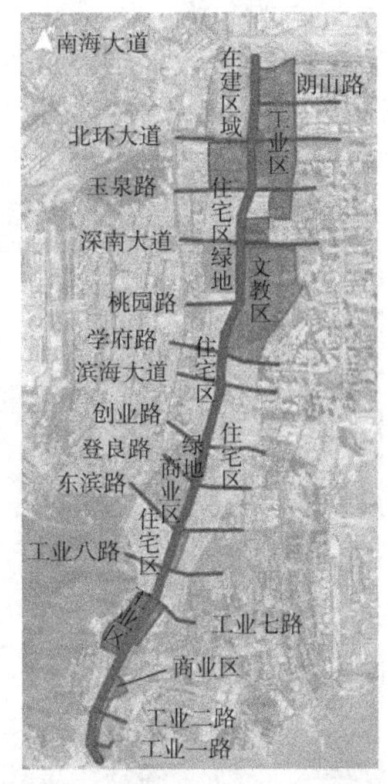

图 4-254　南海大道沿线用地示意图

后海滨路串联南山高新技术园区、后海中心区、蛇口自贸区等重要发展片区，沿线用地主要为商业文化区、高端商务区、住宅区及公园绿地等功能用地。道路下方敷设有轨道交通 2 号线，途经后海、登良、海月、夏湾 4 处站点（图 4-255、图 4-256）。

图 4-255　后海滨路实景

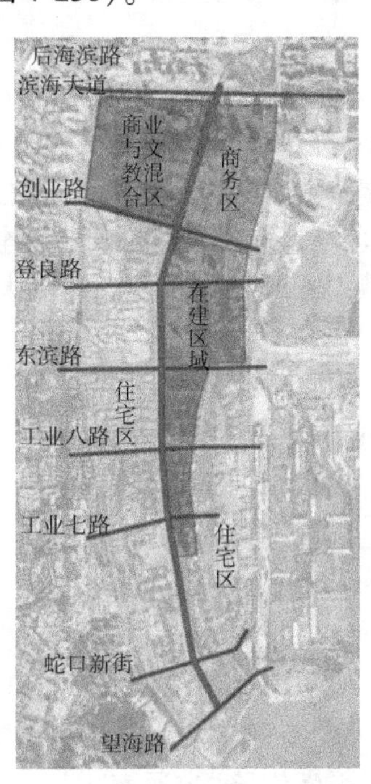

图 4-256　后海滨路沿线用地示意图

（7）南光路：城市次干道，北起深南大道，南至荔林路，全长3.75km。道路沿线立交节点2个，信控路口5个，红线宽度20m，为双向四车道，设有自行车道及人行道。南光路途经荔香公园、荔林公园等观景休闲区域，沿线以居住用地、公园绿地及工业用地为主（图4-257、图4-258）。

图4-257 南光路实景

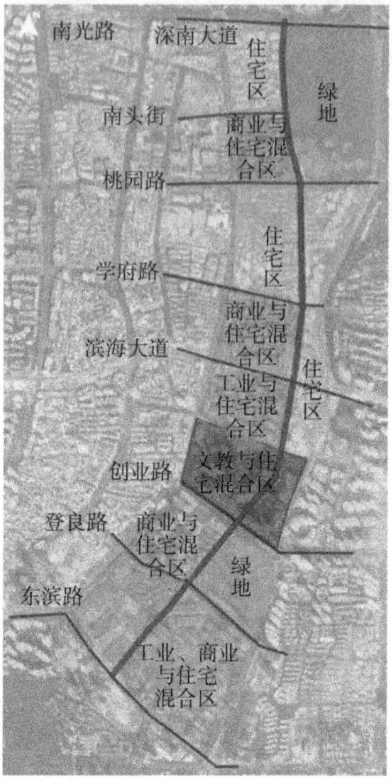

图4-258 南光路沿线用地示意图

（8）桃园路：城市主干道，西起月亮湾大道，东至南海大道，全长2.3km。道路沿线信控路口9个，红线宽度40m，为双向8车道，设有自行车道及人行道。

桃园路西段与前海发展片区相连接，是承载南山与前海之间东西向交通流的主要道路之一，东段与地标建筑深圳大学相连接，沿线以居住用地、商业用地、教育设施用地为主。道路下方敷设轨道交通1号线，途经大新、桃园2处站点（图4-259、图4-260）。

图4-259 桃园路实景

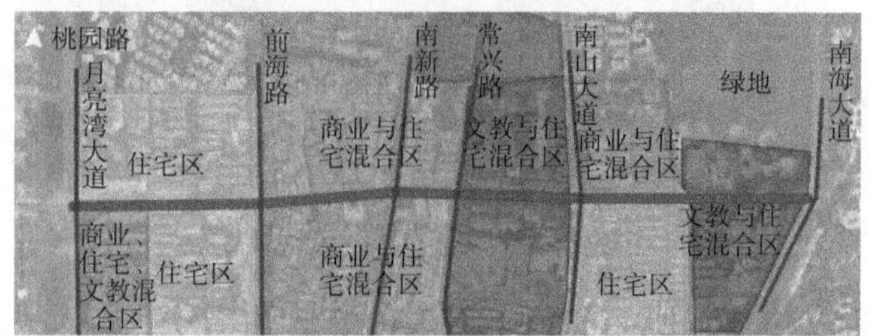

图4-260 桃园路沿线用地示意图

（9）学府路：城市次干路，西起月亮湾大道，东接后海大道，全长2.72km。道路沿线信控路口7个，红线宽度20m，为双向四车道，设有人行道，未设自行车道。学府路跨越地铁前海车辆段与平南铁路，沟通南山区与前海发展片区，沿线用地以居住用地为主（图4-261、图4-262）。

图 4-261　学府路实景

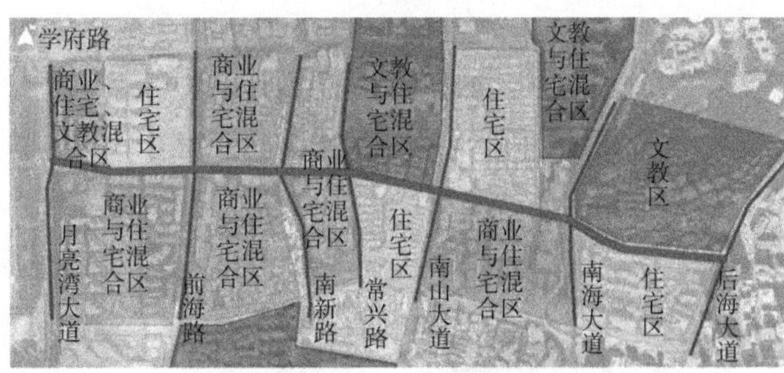

图 4-262　学府路沿线用地示意图

(10)常兴路：城市次干道，北接红花路，南临桂庙路，全长 1.48km。道路沿线信控路口 3 个，红线宽度 20m，为双向 3 车道，设有自行车道及人行道。沿线用地以居住用地、商业用地及教育设施用地为主，位于集生活居住、行政办公、文化娱乐、商业服务于一体的城市综合区(图 4-263、图 4-264)。

图 4-263　常兴路实景

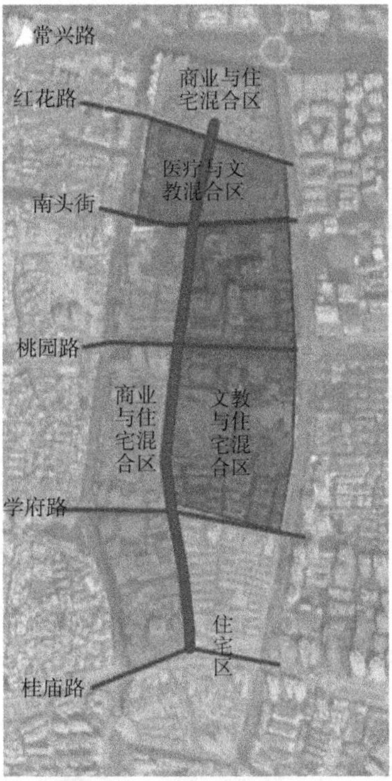

图 4-264　常兴路沿线用地示意图

4.5.2.2　现状问题

1)机动车道

车行道路面破损：因车流较大、碾压频繁，且铺装陈旧，部分机动车道路面多处破损(图 4-265)、坑洼严重，导致机动车行驶过程中出现颠簸，降低了出行体验。

2)慢行系统

(1)人行道空间不足。

部分路段人行道空间不足，原因大致分为四类：街道规划较早，重视机动车通行效率，在设计时未优先考虑步行者，因而红线较窄时为了保障机动车的通行，牺牲了人行道宽度；市政设施、交通设施安装位置不合理、绿化宽度设计不合理，挤压人行道空间；施工占用人行道空间，却未规划出临时人行通道，任由施工材料随处散落；非机动车、机动车违规停放在人行道上，阻碍行人通行，增加了道路事故的风险（图 4-266）。

图 4-265　机动车道路面破损情况

图 4-266　人行道空间不足

（2）非机动车道路权不明。

片区内非机动车道网络密度较低，缺乏整体规划及建设，部分路段未设置非机动车道，迫使非机动车与机动车混行，增大道路伤亡事故的风险，骑行体验受到极大影响（图 4-267）。

图 4-267　非机动车道路权不明

人非共板情况下,非机动车道与人行道分界不清晰(图 4-268),采用了完全相同的铺装材料及方式,且未施画非机动车道标线,导致步行者与非机动车混行。

图 4-268 非机动车道与人行道分界不清晰

(3)无障碍设施尚不完善。

部分路段未设置盲道或盲道因井盖占用、非机动车违规停放而中断,片区内未形成完整的盲道网络,视觉障碍者无法依靠盲道单独出行,盲道使用率较低,沦为摆设。片区内部分人行道出入口未设置缘石坡道或缘石坡道坡度过大,达不到帮助视觉障碍者出行的预期效果(图 4-269、图 4-270)。

图 4-269 盲道中断

图 4-270 缘石坡道未设置

(4)慢行系统铺装不合理。

慢行道存在铺装破损严重及不连贯的问题,夜晚照明不足的情况下,行人易跌倒受伤,且路面凹陷处易汇积雨水,雨天给行人及非机动车通行造成巨大的困难(图 4-271)。

图 4-271 铺装破损、不连贯

(5)慢行系统空间布局不一致(图4-272)。

片区内慢行道的空间布局未进行统筹规划,各路段人行道、非机动车道、绿化带等的位置及宽度有较大差异,导致行人及骑行者在出行过程中频繁更换车道,降低出行体验。不一致的空间布局也显得街道界面缺乏整体感,不够美观。

图4-272 慢行系统空间布局不一致

3)附属设施

片区附属设施品质较低,与片区功能定位存在较大差距,具体表现在标志标牌布局杂乱,井盖不具人性化,护栏、雨水篦子老化严重,立缘石、车止石样式不统一,树池篦子缺失,夜间照明不足、安全隐患大等方面。

(1)标志标牌布局杂乱。

标志标牌没有做到杆件整合,布局杂乱,部分标志标牌设置位置不合理,驾驶员无法及时有效接收到信息。

(2)井盖不具人性化。

井盖制式不统一,颜色与周围环境不协调,高度与路面不一致,使道路不平整。

(3)护栏老化严重。

片区内护栏老化严重,造型缺乏特色,影响街道美观。

(4)雨水篦子老化严重。

雨水篦子老化严重,杂物淤塞,排水效果较差。

(5)立缘石样式不统一。

立缘石样式不统一,局部路段立缘石高度不足,存在交通安全隐患。

(6)车止石样式不统一,品质较低。

(7)树池篦子缺失。

树池破损未修复或缺少树池篦子防护,黄土裸露,显得杂乱无序。

(8)夜间照明不足,安全隐患大。

部分路段或交叉口未设置足够照明设施或照明设施被绿化遮挡,出行者视野较差,易发生交通安全事故。

4)绿化景观单调乏味

(1)空间利用不充分。

植被布局缺乏规划,零散无序,导致绿化带空间被浪费,利用率低。

(2)景观设计不美观。

部分路段拼凑种植多个植被种类，搭配不协调，显得绿化带杂乱无章。

5）公共交通站点

（1）公交站点设施不完善。

公交站台空间狭窄，早晚高峰期候车乘客数量大，站台较为拥挤，乘车体验不好，存在安全风险，且设计不够人性化，缺乏休憩设施。

（2）地铁站点周边违停严重。

地铁进出站口前的通道上堆放大量非机动车，挡住乘客正常进出站流线，阻碍乘客通行，且非机动车堆放混乱无序，影响街道美观。

4.5.3　提升策略

4.5.3.1　经验借鉴

1）纽约百老汇大街

百老汇大街是纽约最为著名的南北向街道，南起巴特里公园，由东南向西北斜穿整个曼哈顿岛。2003年，美国提出协调多种交通模式的“完整街道”概念，旨在修正第二次世界大战后城市道路设计中仅考虑小汽车的做法，强调“应为全部使用者提供安全的通道”，积极鼓励步行，倡导以人为本的街道设计理念。2008年起，美国交通部对曼哈顿中城区百老汇大街进行了一次20世纪以来最大规模的改造，将被机动车占据的街道空间归还给行人，使百老汇大街成为纽约一条连续、丰富、有吸引力的公共活动空间。

（1）空间重置，倡导慢行优先。

此次改造的核心是对百老汇大街进行空间的重新划分，减少机动车道和停车带，增加人行道与非机动车道空间，提升了步行者及骑行者的优先层级。部分重点地段通过封闭道路形成全步行区，并在原来的道路路面涂饰彩色涂料，以加强视觉区分。除全步行区外，改造路段都增加了南向自行车专用道和自行车租赁站，与全市共享自行车系统形成网络。

在划分出的步行活动场地之上，添置了大量的公共休憩桌椅与街道绿化景观，吸引行人驻留。人们可以自由移动这些公共桌椅和遮阳伞，选择最舒适的使用方式。新增的街道家具通常颜色鲜艳，充满艺术感，赋予了街道独特的个性，增添了城市魅力（图4-273、图4-274）。

图4-273　改造前为机动车道

图4-274　改造后为步行区

（2）快慢隔离，减少人车冲突。

百老汇大街通过设置沿街停车带、缓冲带或街景设施，将行人、自行车等慢行交通与机动车进行空间隔离。在交叉口处,采用化繁为简的方式对原来的夹角型路口重新设计:部分通过步行化改造,去除多余的道路分支;部分通过改变交叉口处的道路走向,使其与相交道路呈直角相交;部分通过延伸街角路缘石扩大过街等候区,缩短过街距离。此类设计解决了交叉口因夹角过小带来的驾驶员视线受限等问题,减少了人车冲突(图 4-275、图 4-276)。

图 4-275　改造前过街距离长

图 4-276　改造后过街距离合适

2)伦敦

大伦敦区域面积约为 1580km^2,道路资源却十分有限,总长约为 13580km,且伦敦道路较狭窄、多弯曲,纵横交错,沿路有不少历史古建筑,给道路资源的利用与管理带来较大的困难。对此,早在 1990 年,伦敦政府就设立部门专门负责对伦敦区域空间进行规划,对道路交通发展的未来进行预测,积累了许多成功经验。

(1)智能公交鼓励绿色出行。

2003 年,伦敦交通局采用全球定位技术与选择性车辆识别系统,实现了公交车和信号灯的双向交流,在全市主干道 1400 多个节点安装了选择性车辆识别系统及公交车的车头车位设置无线电发射器,当公交车滞留路口,发射器的信号被识别系统接收后传递至信号灯控制中心,控制中心则根据公交车等待情况合理调整红灯时间,帮助公交车快速通过。

伦敦公交站配备的智能系统能实时显示车辆线路及到站时间,帮助乘客合理安排出行。2015 年,伦敦甚至为部分公交站更换了更节能环保的电子水墨屏,这类屏幕能依靠太阳能补充电量。2018 年,市长萨迪克汗推出《伦敦公共交通战略》,鼓励生物识别在公共交通系统中的应用,预计 2037 年乘客能通过面部识别或手掌扫描乘车,这种支付系统能增加公共交通运营的效率,使其更舒适便利,吸引更多出行者(图 4-277、图 4-278)。

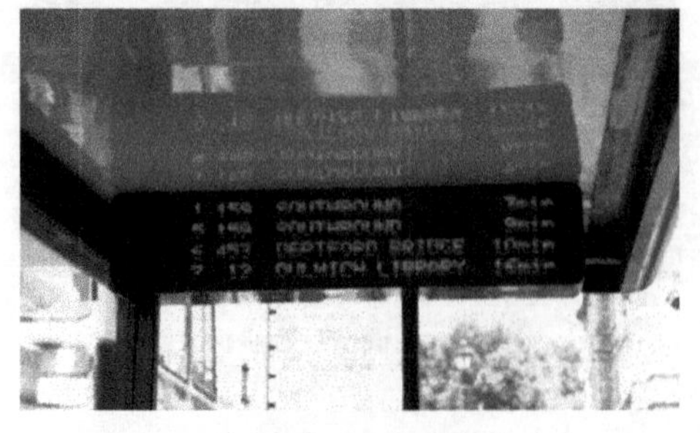

图 4-277　智能公交车站

图 4-278　智能公交车站

(2)控制车速追求“零死亡”目标。

伦敦是 VisionZero(零死亡愿景)计划的成员之一,该计划建议城市在行人及车辆可能冲突的地点、车辆可能冲突的地点分别实行 30km/h、50km/h 的最大限速,提高市民步行、非机动车出行的安全性。目前伦敦已经将学校及施工区域的限速下降至 40km/h(图 4-279),并于 2019 年 5 月讨论住宅区限速的可行性。在限速手段上,伦敦在主要路口及路段安装约有 200 多万个摄像头,通过对行驶中的车辆测速来锁定超速车辆。摄像区域以平行的密集白色短横线为标志,每个摄像区域前 50m 处设置了指示牌提醒驾驶人员注意将行驶速度控制在限速范围内,起到时时警示的作用。

图 4-279　学校及施工区域限速 40km/h

(3)宁静化交通改善慢行体验。

伦敦拥有完善的“道路语言”系统,无论主干路或次干路均设置了清晰的交通标志与标牌,并利用车道窄化、交叉口抬高、彩色铺装、设置路拱等方式(图 4-280、图 4-281),在慢行交通活跃的区域对机动车车速进行控制,提醒驾驶员将通行优先权给予慢行主体。

图 4-280　人行过街彩色铺装

图 4-281　车道窄化

3)东京银座

象征日本自然、历史、现代三大景点(富士山、京都、银座)之一的银座,与巴黎的香榭丽舍大街、纽约的第五大街齐名,是世界三大繁华中心之一。银座北起从京桥,南至新桥,是一条长约 1100m、宽约 700m 的大街,将一丁目到八丁目之间的地区联系起来,形成“银座八町”。

(1)道路与建筑整体协调。

银座内部道路选择了与沿线建筑相符的色彩与风格,整体布局协调统一。甚至为了避免商业街内人群受到视觉污染,采取巧妙的设计将通过银座的高速公路完全融入建筑之中。首都高速道路都心环线是日本东京都千代田区、中央区、港区间的环线,长 14.8km,从银座正中通过。为了避免高速公路对商业氛围的破坏,银座将环线修建在商业建筑屋顶,色彩及风格与建筑一致,跨越路口处桥梁及桥墩均按照建筑外观设计,使高速公路完全融于建筑之中,不对人群的正常活动造成干扰(图 4-282)。

图 4-282　高速与建筑风格一致

(2)路权专用保障慢行安全。

自 1970 年起,每逢周日及节假日,银座区域禁止机动车通行,该路段变为慢行专用路段,使机动车避开行人密集区域,大大降低了道路交通事故发生的风险。在交叉口处,银座设置了“步行者优先”的警示标牌,要求机动车驾驶员礼让行人。部分机动车道路面采用与人行道类似的混凝土砌块铺筑,并利用防撞柱将机动车道与人行道隔离开,防止机动车占道行驶等现象发生,保障行人及非机动车通行空间(图 4-283、图 4-284)。

图 4-283　工作日机动车道

图 4-284　节假日慢行专用

(3)设施合并净化空间。

在银座,消防栓等市政设施合并设置不单独占用道路用地,标志标牌等交通设施紧凑布置保证道路简洁。针对部分宽度较窄的人行道,采用了小型树池,不仅留出了步行空间,也令街面整齐美观(图 4-285、图 4-286)。

图 4-285　交通设施紧凑布置

图 4-286　市政设施合并设置

4)新加坡乌节路

乌节路商业街位于新加坡城市中心区域,是新加坡的交通主干道,也是重要的商业空间。它全长约 2.2km,道路红线宽度约为 40m,总建筑面积达 800000m²。近 20 年来,乌节路商业街基于新加坡城市重建局(URA)制定的相关规划与设计文件的引导,最终呈现生机勃勃的街头生活、繁荣的林荫景观、完备的基础设施、混合的交通方式、无缝衔接的步行网络、人性化的公共空间、多重功能复合的街道空间形态。

(1)完整便捷的步行网络。

乌节路建筑物之间,地下层构建了通道,二层及高层构建了连廊,通道及连廊同时连接着天桥、地铁站、公交站等公共交通设施,增强了其与公共交通的联系。而针对热带恶劣天气建设的室外风雨连廊为步行者提供了更强的庇护场地,提高了步行舒适度,也创造了乌节路的独特景观。乌节路是新加坡的城市主干道,并非单纯的步行街,通道及连廊的建设不仅使商场间的联系、商场与公共交通的联系更为密切,同时将步行与机动交通分离,解决人流车流交叉混合的问题,扩大和丰富了步行活动的范围与层次,增强了乌节路商业街的商业体验性与参与感(图4-287、图4-288)。

图4-287　建筑一体连廊

图4-288　室外风雨连廊

(2)宽敞通透的街道界面。

除主要商业街外,新加坡大部分道路路侧未设置护栏,而采用绿化带隔离(图4-289)。城市内基本没有占据人行道从事经营活动的亭棚,公益性质的公交候车亭及电话亭均设置在绿化区域(图4-290),不占用步行空间。配电箱、变电箱、废物箱、油桶箱等市政设施及标志标牌等交通设施分别设置在绿化带靠人行道一侧及绿化带靠机动车道一侧,布局整齐,不影响行人及机动车通行。新加坡路面井盖较多,但井盖颜色及高度均与路面相协调,涉及重要管线的井盖都加锁,既美观又安全。

图4-289　不同车道之间绿化隔离

图4-290　市政设施设置在绿化区域

(3)针对性的景观设计。

亨德森波浪天桥是新加坡最高的人行天桥,全长274m,最高点离开路面36m,约等于12层楼高的组屋。外形上,波浪天桥桥身犹如后浪推前浪,8m宽的桥身在波峰浪谷之间穿过,与周围枝繁叶茂的丛林景观完美结合,搭配出令人惊艳的视觉效果。功能上,波浪天桥全桥采用无障碍设置，桥面防滑，没有阶梯，同设计有多处贝壳状休息区，行人及骑行者可落座其中欣赏周围风景，符合其景观慢行道的定位（图 4-291、图 4-292）。

图 4-291　天桥与环境完美融合

图 4-292　贝壳状休息区

5）上海陆家嘴

陆家嘴金融贸易区，又称小陆家嘴，位于上海浦东新区，由黄浦江、东昌路和浦东南路围合而成，面积约 1.7km²，是浦东陆家嘴的核心区域。区域内汇集大量金融机构、高端商业办公及著名旅游景点，居住建筑面积约为 37.5 万 m²，商办建筑面积约为 439.8 万 m²，可提供 14 万个岗位，岗位密度达到 8.23 万人/km²。小陆家嘴地区路网密度约 8.2km/km²，每天进出车流量为 31.6 万车次/日。

（1）实行快慢分离。

陆家嘴明珠环天桥于 2010 年上海世博会召开前正式投入使用，天桥跨越世纪大道、陆家嘴环路、丰和路、陆家嘴西路和银城西路，处于陆家嘴中心交通最繁忙的交叉口。明珠环天桥连接了轨道交通 2 号线陆家嘴站、东方明珠、正大广场和新鸿基项目，并延伸至陆家嘴中心绿地，行人可通过天桥自由去往目的地，避免在陆家嘴环岛的车流中穿行，解决了该地区长期以来车流人流混杂、通行不畅的交通矛盾。

明珠环天桥是陆家嘴地区双层步行连廊项目的一部分，该项目还包括东方浮庭、世纪天桥和世纪连廊等几部分，连廊各处均配有自动扶梯及残疾人无障碍垂直电梯，提升了行人的步行体验，实现了彻底的快慢分离（图 4-293、图 4-294）。

图 4-293　明珠环天桥

图 4-294　双层步行连廊

（2）倡导预制结构。

陆家嘴在进行桥梁建设时采用了桥梁结构预制拼装的方案，达到了桥梁线性柔顺、外观简洁的效果，令其与周围建筑整体协调，保证了道路交通的美观(图4-295)。

图4-295　造型美观的桥梁

6)广州

广州是广东省省会、国际综合交通枢纽、国际综合性门户城市。广州的道路设计注重多样性、协调美，具有文艺范。在广州街头，随处可见具有代表性和象征意义的浮雕、挂坠，令出行者对本土文化耳濡目染，使街道成为承载城市人文情怀的载体、传播城市悠久历史的介质。同时，广州注重城市的精细化设计，实现交通设施、市政设施功能与美观的和谐统一，提升了出行者的出行体验(图4-296、图4-297)。

图4-296　传统纹样的护栏

图4-297　井盖文化

4.5.3.2　提升策略

本次道路品质提升扭转了传统的“经济适用、便于维护”的道路规划设计观念，以“品质街道，百年精品”为标准，确定合理的长远规划，建立全市民理解、认同与遵守的共同价值观，走一条城市可持续发展道路。

完成以上目标需要实现理念、技术等要素的一系列转变，主要体现在两个方面：理念上，实现从“主要重视机动车通行”向“全面关注人的交流和生活方式”转变，从“道路红线管控”向“街道空间管控”转变；技术上，实现从“断层式设计”向“空间环境一体式设计”转变。针对本次研究目标，提出以下提升策略。

(1)策略一：全面关注人的交流和生活方式，加强自行车道和步行系统建设。

城市交通的根本目的是实现人和物积极、顺畅地流动，然而目前在道路的规划、建设和管理中，“以车为本”的思想还没有得到根本转变，道路工程设计规范和实践中仍然以机动车通行效率为主要考量。要在理念上真正实现“以人为本”，需全面关注人的交流和生活方式，应用系统方法对慢行交通、机动车交通进行统筹考虑，使每一条道路都成为承载多类型活动的场所，而不仅仅是机动车通行空间。在分配道路空间时，应优先保障步行通行、非机动车通行的相关需求，加强自行车道及步行系统的建设。

(2)策略二：突破道路红线，实现道路空间和公共空间一体化统筹提升，打造完整街道。

传统的规划设计以道路红线为界，交通和道路设计工作集中在道路红线以内，规划和景观设计工作集中在道路红线以外。红线内外由不同单位进行设计、建设及管理，经常导致道路设计与沿线设计脱节，不利于道路空间的整体性。要提高道路空间的利用效率，建设满足沿线活动需求、符合沿线风貌条件的街道，需突破道路红线，将规划设计范围从红线内拓展至红线外的公共空间，实现道路空间和公共空间的统筹提升，完成交通、绿化、建筑、景观等要素的一体化设计，着力打造完整街道。

(3)策略三：实现道路设施、安全设施、景观绿化、街道家具等全要素同步提升。

在新的发展背景下，城市道路空间存在的问题错综复杂、彼此关联，单一优化道路设施无法解决“步行、自行车、绿化空间被挤占”“道路的生态、景观、环境功能退化”等综合性问题。要提高城市道路空间的整体品质，创造宜人的出行环境，需对道路各项功能进行统筹规划，对道路设施、安全设施、景观绿化、街道家具等要素进行全要素同步提升。

(4)策略四：不同属性街道，结合空间环境进行融合提升。

街道不仅仅具有交通功能，更要重视其公共场所功能。针对街道的不同属性，需对市政设施、景观环境、沿街建筑、历史风貌等要素进行有机整合，结合沿线空间环境进行融合提升，突出街道的人文特征，塑造街道的个性特色，实现设计与功能的协调统一，提高街道整体服务水平(图4-298)。

文化街区：城市形象魅力场所艺术创意

办公街区：现代国际前沿科技智能互动

生活街区：清新整洁亲切宜人富有活力

商业街区：多彩活力复合高效安心舒适

图4-298 街道结合沿线空间环境进行融合提升

4.5.3.3 提升标准

1)机动车道

机动车道路面由构成路面的各铺砌层组成，其设计应当以机动车行车安全、舒适为原则，并满足路面耐用、易于养护、景观良好的要求。机动车路面类型主要分为沥青混凝土路面、水泥混凝土路面、砌块路面及彩色路面（图4-299～图4-302），其适用范围见表4-56。

图4-299 沥青混凝土路面

图4-300 水泥混凝土路面

图4-301 砌块路面

图4-302 彩色路面

机动车道路面类型适用范围 表4-56

路面类型	适用范围
沥青混凝土路面	适用于快速路、主干路、次干路、支路
水泥混凝土路面	适用于快速路、主干路、次干路、支路
砌块路面	适用于支路、共享车道
彩色路面	适用于特殊车道（如公交专用道等）

建议片区内机动车道基本采用沥青混凝土路面，以便形成良好的景观视觉效果，便于养护。沥青混凝土路面的面层宜采用沥青玛蹄脂碎石混合料（SMA）、密级配沥青混凝土混合料（AC）或透水沥青混合料（PAC）。住宅区、学校、医院、商业区等人口密集区、噪声敏感区宜采用降噪路面。

2）慢行系统

（1）非机动车道。

自行车道铺装宜采用透水的材料，连续铺装，且满足平整、抗滑、耐磨、美观等要求，并考虑安全及景观功能，具体要求如下。

平整：自行车道铺装应当平整无颠簸，避免降低骑行体验，增大骑行难度；

抗滑：为应对深圳多雨的天气，自行车道铺装应具有较好的防滑性，保证骑行者的安全；

耐磨：自行车道铺装应选择经久耐用的材料，减少后期维护成本；

美观：自行车道铺装应与人行道铺装及周边环境协调统一，尤其在自行车道铺装选用彩色材料时，视觉上应与整体空间环境和谐一致；

易于维护：自行车道铺装出现破损时，应当有较为简便的方式进行维修处理。

自行车道路面类型主要分为沥青混合料路面、水泥混凝土路面及石材路面，各类路面的基本性质见表4-57。

自行车道路面类型基本性质 表4-57

路面类型		平整性	防滑性	耐久性	美观性	透水性	维护难度	造价
沥青混合料	普通沥青混合料	好	好	好	好	较差	较难	一般
	彩色沥青混合料	好	好	好	视情况而定	较差	难	高
	透水沥青混合料	好	好	好	好	好	较难	高
水泥混凝土	普通水泥混凝土	好	好	好	一般	较差	一般	一般
	彩色水泥混凝土	好	好	好	视情况而定	较差	一般	高
	透水水泥混凝土	好	好	好	好	好	一般	高
石材	石板路面	好	较差	好	好	较差	一般	高
	弹石路面	较差	好	好	好	较差	一般	一般

通过比较，建议片区内自行车道采用透水水泥混凝土或透水沥青混合料进行铺装。针对深圳多雨的天气，选择透水性材料极大地提高了道路的排水效率，帮助蓄养地下水，减少植物灌溉用水量。同时，透水性材料表面结构的多孔性有助于减少空气飞尘、降低城市噪声，为骑行者创造良好舒适的骑行环境（图4-303、图4-304）。

图4-303 透水水泥混凝土铺装

图4-304 透水沥青混合料铺装

（2）人行道。

人行道铺装是指人行道空间的铺装。人行道空间是街道中功能最复合、活动人群最广泛、使用效率最高的空间，人行道铺装对于提升街道品质至关重要。人行道铺装应以人的行为心理为导向，强调周边环境的匹配度及协调性，从铺装质感、铺装性能、铺装造价等方面综合考虑，确定符合片区高品质、人性化街道目标的铺装选材。

人行道铺装材料包括混凝土砖、透水砖、PC 砖、陶瓷透水砖及花岗岩等（图 4-305 ~ 图 4-309），各类材料的基本性质见表 4-58。

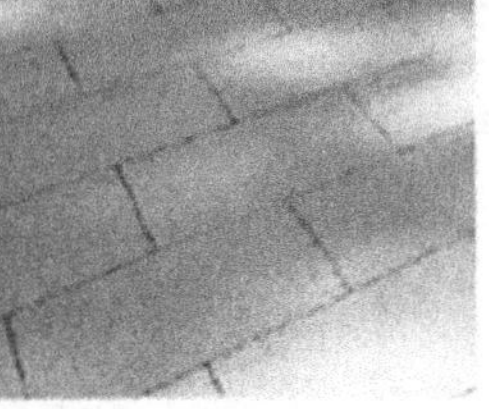

图 4-305　花岗岩

图 4-306　陶瓷透水砖

图 4-307　PC 砖

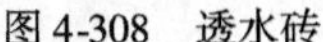

图 4-308　透水砖

图 4-309　混凝土砖

人行道铺装材料基本性质　　表 4-58

材料	混凝土砖（常规）	透水砖（常规）	PC 砖	陶瓷透水砖	花岗岩
厚度（cm）	6	6	3	3 ~ 6	大于 8
强度（相当标号）	C30	C30	C30 ~ C50	C40 ~ C50	C30 ~ C50
防滑性（BPM）	40 ~ 60	40 ~ 60	40 ~ 50	60 ~ 80	30 ~ 50
透水性（cm/s）	0.5×10^{-2}（极弱）	2×10^{-2}（较强）	0.5×10^{-2}（极弱）	3×10^{-2}（较强）	0（不透水）
使用效果	一般，规格小，接缝多，易磨损	一般，规格小，接缝多，易磨损	仿石材质感	较好	天然质感，较好
耐久性	10 年	10 年	10 年	15 年	30 年

续上表

材料	混凝土砖（常规）	透水砖（常规）	PC 砖	陶瓷透水砖	花岗岩
造价（含基层）	低	较低	适中	适中	较高
适用范围	混凝土砖价格较低，适用于重要性较低的街道使用	透水砖价格较低，有良好的透水性，适用于重要性较低的街道使用	PC 砖价格适中，质感良好，适用于重要的街道人行道	陶瓷透水砖价格较高，质感良好，透水性好，适用于重要的街道人行道	进口花岗岩价格高，质感理想，透水性差，适用于重要的街道广场

建议片区内景观品质定位最高的景观型、商业型、办公型、综合型主干道或次干道采用陶瓷透水砖、花岗岩等铺装材料，景观品质定位较高的商业型、办公型、居住型、综合型主干道、次干道或支路采用透水砖、PC 砖等铺装材料，景观品质定位一般的交通型、居住型快速路、主干道、次干道或支路采用混凝土砖、透水砖等铺装材料。

(3)盲道。

盲道由特殊形态的地面砖铺设而成，其产生的盲杖触觉及脚感不同于普通地面砖，帮助视觉障碍者向前行走或辨别方向，分为行进盲道和提示盲道两种(图 4-310、图 4-311)。

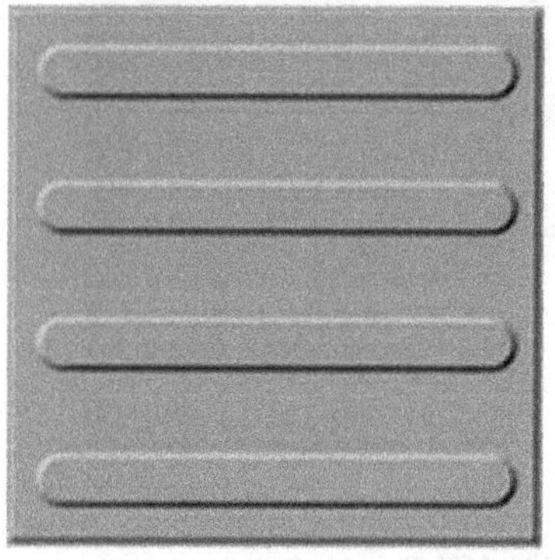

图 4-310　行进盲道

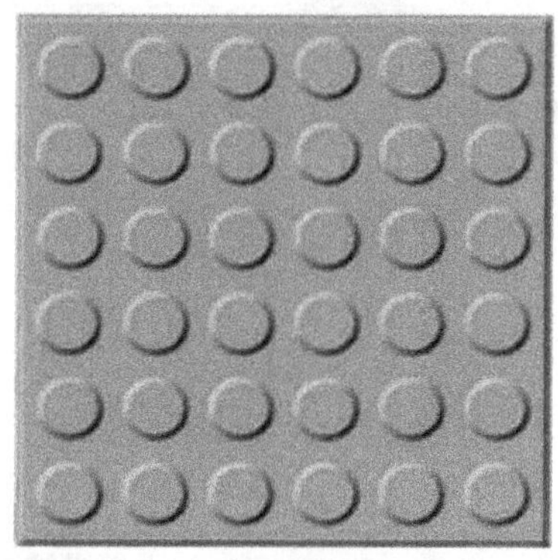

图 4-311　提示盲道

盲道因其功能的特殊性，对铺装材料的指引效果、防滑性、耐久性等性能有较高要求，目前盲道铺装材料主要包括混凝土、花岗岩、反光成型标线带等(图 4-312 ~ 图 4-314)，其基本性质见表 4-59。

图 4-312　预制混凝土铺装

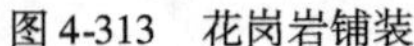

图 4-313　花岗岩铺装

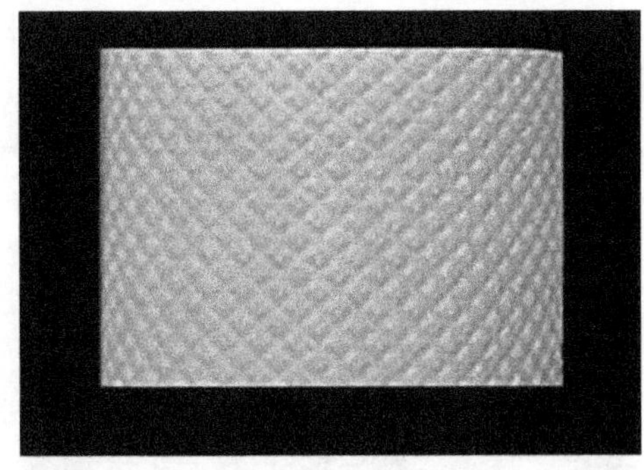

图 4-314　3M 反光成型标线带

盲道铺装材料基本性质　　表 4-59

材料	预制混凝土	花岗岩	3M 反光成型标线带
指引效果	突起明显	突起明显	颗粒突起不明显
防滑性	好	一般	好
耐久性	一般	好	较差
美观性	较差	好	好
施工难度	较低	较高	较低
造价	较低	较高	较低

建议片区内人流密集的商业区、商务区、历史文化风貌区及其他采用石材铺装的人行道路段选择花岗岩铺装材料，其余路段特别是采用混凝土铺装的人行道路段选择预制混凝土材料。

3）附属设施

（1）隔离护栏。

护栏主要用于住宅、公路、商业区、公共场所等场合中对人身安全及设备设施的保护与防护。为改善城市容貌，美化出行环境，提升设施品质，建议将片区老旧护栏更换为新型港式护栏（图 4-315）或装配式护栏，应考虑深圳气候特点，选择耐腐蚀、易养护的材料。

图 4-315　港式护栏

（2）路缘石。

路缘石应具备平整、防滑特性，同一道路的路缘石应在材料、造型、风格上协调统一。材料选择应与方案所提出的道路设计定位相符合。为满足品质提升景观性要求，建议人行道路缘石采用L形花岗岩路缘石(图4-316),中央绿化带路缘石采用艺术化线条设计的花岗岩路缘石(图4-317)。

图4-316 L形花岗岩路缘石

图4-317 艺术化线条花岗岩路缘石

花岗岩路缘石具有强化历史特征、增加对人行道的区分和视觉强调、传递与自然环境的连接等景观性功能,还具备极其耐用、低维护、开裂和变色少等特性。

(3)车止石。

车止石,又名阻车桩,是城市街道中用于限制车辆通行的小型设施。车止石设置应规范、整齐,不应妨碍行人及无障碍通行,并应满足机动车通视要求。同时,要求坚固美观,与周边环境相协调,应具备辨识度高、耐久性强、强度高等特点。建议采用花岗岩车止石(图4-318)。

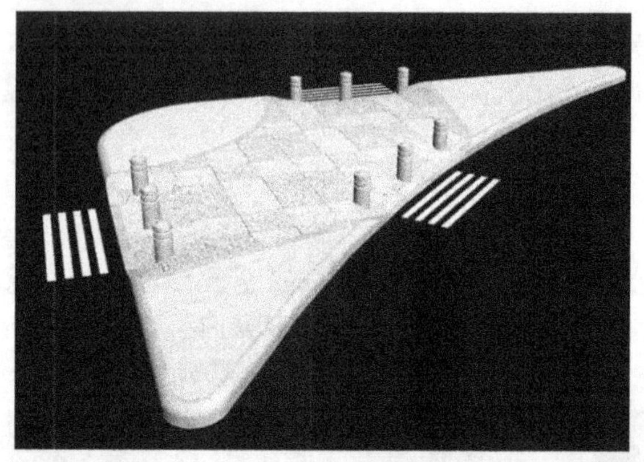

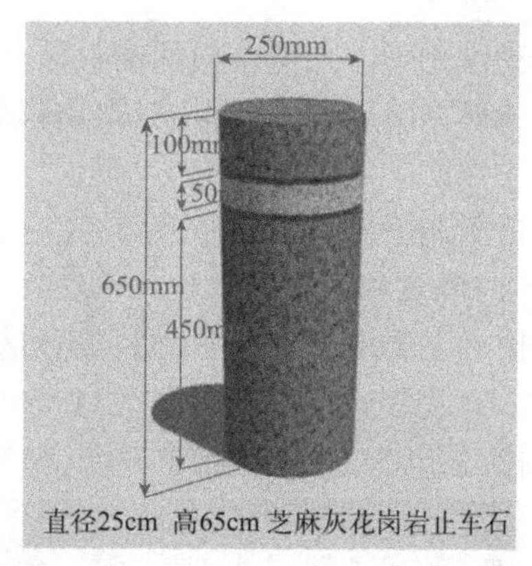

图4-318 花岗岩车止石

图4-319 下沉式铺装井盖

(4)井盖。

车行道井盖采用防沉降井盖,人行道上采用下沉式铺装井盖(图4-319),井盖上的铺装材料、颜色及图案完全与周边一致,应满足盲道不中断、不绕行,与周围环境协调、耐久、易拆卸等要求。

(5)树池篦子。

在人行道空间狭窄处,树池用树篦填平,树池边框、篦子顶面应与人行道齐平,使得行人可利用树池空间通行。树池篦子(图4-320)应满足不易损坏、易装配等要求。

(6)雨水口。

机动车车道上宜采用联合式雨水口,样式与路缘石造型相协调,铺设时应确保与车行道路面边缘齐平,材质应满足防滑、耐用、强度高等要求,按区海绵办要求,建议道路雨水口宜采用具备除污效果的环保型雨水口(图4-321)。

图4-320　树池篦子

图4-321　雨水口

(7)智慧路灯。

为节约城市空间,打造外形美观、风格统一、形态一体化的城市艺术品,建议以智慧灯杆为核心载体,实现路灯杆、视频杆、标牌杆、诱导屏杆的合一,实现道路全景监控、交通运行监测、道路险情预警、车路协同控制、智能定向诱导、沿线设备物联等功能(图4-322)。

图4-322　智慧路灯

(8)多箱合一(图4-323)。

对道路两侧现有设置不规范箱体进行迁移及更换,各类箱体统一设置于人行道两侧的绿化带内,不得设置于人行道上,以保证慢行空间宽敞、舒适。如条件允许,同一路段各箱体应尽量集中设置,并对立面进行美化处理。

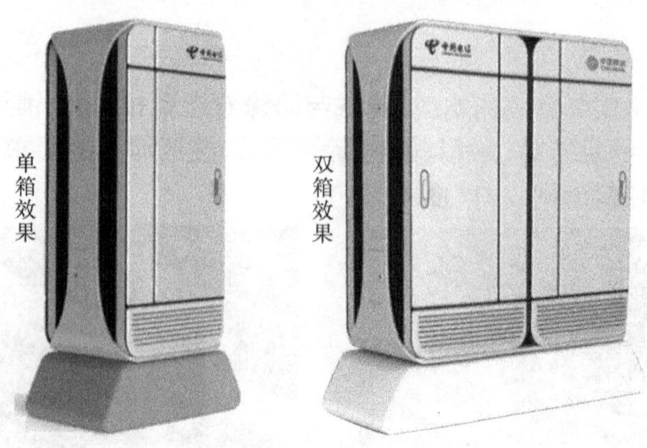

图 4-323　多箱合一

4.5.3.4　提升方案

1)机动车道

(1)机动车道提升。

①后海滨路。对现状破损及老旧沥青路面进行加筋沥青罩面改造,以弥补沥青路面的抗拉性能不足,提高抗拉强度,延缓和阻止路面出现变形和裂缝,延长使用寿命,降低周期成本。具体范围包括:东滨路—招商路段及后海滨路(图 4-324)—创业路节点,共约 40000m^2。

图 4-324　后海滨路路面改造效果

②前海路。现状东滨路—棉山路段沥青路面局部存在裂缝、龟裂、沉降等病害,建议对前海路南段 3.4km 道路路面进行沥青罩面改造,达到行车平稳安全舒适的目的(图 4-325)。

图 4-325　前海路路面改造效果

③石洲中路。现状石洲中路全段为水泥路面，路面局部出现裂缝病害，车道画线部分缺失、不连续，行车条件较差，建议将全段路面 1.6km 进行沥青罩面改造，将水泥混凝土路面改建为沥青混凝土路面，达到环保、防尘、降噪、行车平稳安全舒适的目的。

④南海大道。现状南海大道局部路段为水泥混凝土路面，存在碎裂、麻面等病害，行车条件较差，需要对路面进行提升，建议将深南南海立交部分路段、北环南海立交部分路段进行沥青罩面改造。石洲中路、南海大道路面改造效果如图 4-326 所示。

图 4-326　石洲中路、南海大道路面改造效果

⑤南山大道。现状南山大道全段为沥青路面，其中深南大道—北环大道段辅道沥青路面局部存在平整度差、沉陷等病害，建议对深南大道—北环大道段进行沥青罩面改造，打造平整、密实、有较好的舒适性和外观的行车路面。

⑥科苑大道。现状科苑大道沿线主要为沥青路面，局部路段为水泥混凝土路面，且存在裂缝、麻面等病害，行车条件较差，沥青罩面具有较好的耐老化性、耐磨性、温度稳定性和抗行车损坏的能力，建议高新南十一道—科发路段、朗山路—宝深路段由水泥混凝土路面改造为沥青罩面，提高行车的舒适性。

南山大道、科苑大道改造效果如图 4-327 所示。

图 4-327　南山大道、科苑大道改造效果

⑦常兴路。现状常兴路全段为沥青路面，其中红花路至南头街段、桃园路至桂庙路段局部存在裂缝、龟裂、沉降等病害，建议将红花路至南头街段、桃园路至桂庙路段进行沥青罩面改造，塑造良好的行车舒适性和外观条件（图 4-328）。

⑧南头街。现状南头街的南新路至前海路段为水泥路面，出现病害较多，建议南新路至前海路段由水泥路面改为耐久性较好的沥青路面（图 4-329）。

图 4-328　常兴路路面改造效果

图 4-329　南头街路面改造效果

⑨学府路。现状学府路的南新路至常兴路段为水泥路面，部分沥青路面出现病害较多，建议将南新路至常兴路段由水泥路面改造为沥青路面，沥青路面平整、密实、少尘，有一定粗糙性，且有较好的耐老化性、耐磨性、温度稳定性和抗行车损坏的能力，可提高行车舒适性（图 4-330）。

图 4-330　学府路路面改造效果

（2）路缘石提升。

①设计原则。

a. 人行横道两端必须设置缘石坡道；

b. 障碍式立缘石可采用垂直面，高度 15～20cm，适用于限速高的道路；

c. 跨越式立缘石可采用斜坡面，高度不超过 10cm，适用于限速低的道路；

d. 高速公路上，路缘石不可独立存在，需同时设置护栏，且缘石不能比护栏更靠近车行道，以保障交通安全；

e. 在交叉路口、单位出入口、广场出入口、人行横道及桥梁、隧道、立体交叉范围等行人通行位置，通行线路存在立缘石高差的地方，均应设置平缘石；

f. 缘石车道的坡口与车行道之间宜没有高差；当有高差时，高出车行道的地面不应大于10mm；

g. 平缘石坡道的坡道应平整、防滑；

h. 路缘石应避免在道路曲线段（转弯处）不圆顺的情况；建议在道路曲线段（转弯处）进行弧形设计，建议预先定制与倒角形状相吻合的路缘石（弧形定制）。

②提升方案。

a. 后海滨路。

现状后海滨路水泥混凝土立缘石容易断裂或破损，约17.5km，由于花岗岩立缘石满足深圳市对城市道路品质提升及城市形象的要求，并且与其他人行道铺装材料结合良好，建议将其更换为花岗岩立缘石，包括中央分隔带两侧立缘石和两侧人行道立缘石（图4-331、图4-332）。

图4-331 后海滨路现状中分带立缘石

图4-332 后海滨路现状人行道立缘石

b. 前海路。

现状前海路部分路段中央绿化带及人行道立缘石为品质较差的水泥混凝土材料，且较为老旧，影响整体道路景观形象提升，建议将东滨路—宝安大道段中央绿化带立缘石更换为花岗岩，棉山路—东滨路段人行道立缘石更换为花岗岩（图4-333、图4-334）。

图4-333 前海路现状中分带立缘石

图4-334 前海路现状中分带立缘石

c. 石洲中路。

现状石洲中路人行道立缘石为品质较差的水泥混凝土材料，存在容易破损、断裂等隐患，基于深圳市道路品质提升要求，将滨海大道—龙井路段的人行道立缘石更换为花岗岩，提高道路整体的美观性(图 4-335)。

图 4-335　石洲中路现状人行道立缘石

d. 南海大道。

现状滨海大道—学府路段的中央绿化带立缘石，深南大道—北环大道段的侧分带立缘石，南海大道整段的人行道立缘石均为水泥混凝土材质，在安全性和美观性功能上有所欠缺，且人行道立缘石路面不平整问题较为突出，存在安全隐患，建议将其立缘石更换为品质感较好的花岗岩，不易变形，且与人行道铺装风格保持一致(图 4-336、图 4-337)。

图 4-336　南海大道现状中分带立缘石

图 4-337　南海大道现状侧分带立缘石

e. 南山大道。

现状深南大道—中山园路段侧分带立缘石已经出现破损和断裂的问题，建议将其更换为花岗岩，耐用且不易变形，提高道路整体的美观性(图 4-338)。

图 4-338　南山大道现状侧分带立缘石

f. 科苑大道。

现状中心路—东滨路段、海德三道—高新南十一道、高新南四道—北环大道段的中央绿化带立缘石，高新南十一道—科发路段的侧分带立缘石，中心路—东滨路、海德三道—北环大道、朗山路—宝深路段的人行道立缘石均为水泥混凝土材质，容易出现破损、断裂的问题，且人行道立缘石路面不平整问题较为突出，存在安全隐患，建议将其立缘石更换为品质感较好的花岗岩，不易变形，且与人行道铺装风格保持一致(图 4-339、图 4-340)。

图 4-339　科苑大道现状中分带立缘石

图 4-340　科苑大道现状侧分带立缘石

(3)公交站点提升。

①设计原则。

a. 公交站台的设置和尺寸规模应满足相应规范要求;

b. 公交站台设计应因地制宜地选择合适的设置形式,并注重于当地风貌的特色显现;

c. 注重于慢行系统、路内停车、机动车道等要素之间的协调,体现以人为本和精细化的设计理念;

d. 积极采用更为智慧的信息采集、发布系统,提供更智能的使用体验。

②提升方案。

a. 后海滨路。

公交车专用道:新增滨海大道至蛇口新街的公交专用道约 4000m,保障连续性;招商路以南段新建 2 对公交站点,提高公交覆盖范围;

风雨连廊:轨道站点与公交站点之间建设风雨连廊(7 处约 500m),打造“轨道 + 公交 + 慢行”的一体化出行环境;

自行车停放:轨道及公交站点等自行车停车需求大的区域设置自行车立体停车架,集约化土地资源,优化管理自行车停放供应,形成有序停车系统(12 处);

智慧公交:引入智能公交站台,提供更全面、更便捷的服务体验;通过站台摄像头实时掌握站点人车动态,为管理者提供运营调度支持;提供实时公交信息和周边慢行指引,同时采用视频监控、视频客流统计、一键求助等技术,实现全站区的安防监控以及紧急求助(图 4-341 ~ 图 4-344)。

图 4-341　后海滨路公交站点接驳现状

图 4-342　建设风雨连廊示意图

图 4-343　立体停车架示意图

图 4-344　新增公交站点示意图

b. 前海路。

现状前海路月亮湾花园、前海兴海路口公交站仅有公交站牌，无具体公交站台，设施简陋，且未提供行人等候公交的休憩椅（图 4-345），建议完善公交候车设施，提升公交候车环境。

c. 科苑大道。

现状科苑大道科苑北环立交公交站设施简陋，无具体公交站台且公交站附近单车堆放，占去部分公交候车空间，且未提供行人临时休息的座椅（图 4-346），建议完善公交候车设施，提升公交候车环境。

图 4-345　前海兴海路口公交站现状

图 4-346　科苑北环立交公交站现状

d. 南新路。

现状南新路南贸市场（双向）、欢乐颂（南行）公交站仅有公交站牌，无具体公交站台，设施简陋，且未提供行人等候公交的休憩椅（图 4-347），建议完善公交候车设施，提升公交候车环境。

图 4-347　南新路南贸市场公交站现状

e. 南光路。

现状南光路科苑荔香公园（南行）公交站设施简陋，无具体公交站台，且未提供行人临时休息的座椅（图 4-348），建议完善公交候车设施，提升公交候车环境。

f. 南头街。

现状南头街南头街道办（西行）公交站设施简

陋，无具体公交站台，且公交站附近单车停放无序，占去部分公交候车空间，且未提供行人临时休息的座椅（图4-349），建议完善公交候车设施，提升公交候车环境。

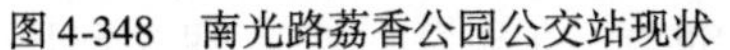

图4-348　南光路荔香公园公交站现状

图4-349　南头街道办公交站现状

2）慢行系统

（1）提升原则。

慢行系统是打造城市慢行空间的核心，要满足城市居民近距离出行、休憩与公交换乘的需求，是城市人居环境塑造和生活质量提升的重要载体。南山区慢行系统将以打造主要人流集散点与公交节点间高效率、高水平的慢行通道为重点，构筑支撑公交出行为主导的慢行系统；根据不同片区交通需求及资源特征，明确步行和自行车功能定位，协调两者通道空间资源分配；在重点片区依托高服务水准的慢行系统，打造开放、连续、安全、绿色、充满活力的公共空间，提升城市品质。

本次提升项目根据南山道路用地现状与规划情况，结合公交系统的布设情况，详细研究评估行人通行需求，打造统一、连续、路权清晰的自行车道和人行道空间，保障通行效率，同时人行过街设施需考虑必要、适用、经济、美观的综合要求，一般宜遵循以下原则：

①人行道提升原则。

a. 道路两侧人行道应该连续、舒适、畅通、人行道与非机动车道应适当分离；

b. 节点处人行过街设施的布置应结合交叉口的位置，优先考虑平面过街方式，并设置相应的人行过街信号灯；

c. 在道路两侧规划建设区路段，一般每隔300～500m应设置人行过街设施；

d. 人行道铺装材料应该选择防滑性较好、雨后不积水的材料，提高行走安全系数和便捷程度；

e. 自行车铺装材料应与人行道铺装材料以及周边环境相协调，尤其是在运用彩色的自行车道时，必须保证其视觉上与整体空间环境的协调一致。

②自行车道提升原则。

a. 自行车道应保持连续、通畅、保障自行车道的有效通行空间，避免相互干扰，保障安全；

b. 应注重自行车道端部、自行车慢行区设计，构建便利的交通接驳系统；

c. 自行车道设计应考虑与周边既有或规划自行车道的衔接，使得自行车道网络化、系统化；

d. 自行车道铺装选材应该选择经久耐用、防滑性较好的材料，以便于后期维护和保证骑行者的安全。

(2)提升方案。

a. 后海滨路。

人行道：规划对局部人行道损坏路段进行维护，并结合沿线业态功能，重新铺装海德三道—望海路段人行道，打造品质优良、风格统一、环境融合的人行道铺装，提升出行体验。人行道采用陶瓷道板砖的透水材料铺装。

自行车道：新建沥青自行车道 2290m；去除现状不合理的沥青自行车道 1750m，去除现状不合理的画线自行车道 1000m；保留现状自行车道 6310m。其中，海德三路—海德一路段、东滨路—工业七路段、工业七路—招商路局部路段、创业路—登良路局部路段现状画线自行车道不合理，规划去除不合理自行车道并新建沥青自行车道，海德三路—滨海大道段双侧新建沥青自行车道。自行车道铺装采用黑色透水沥青，结合海绵城市理念和已改造段现状绿道设计的颜色相统一；自行车标志采用简约的艺术造型，材料上选用夜光石做艺术化铺装处理(图 4-350、图 4-351)。

图 4-350　后海滨路慢行现状

图 4-351　后海滨路慢行改造效果

b. 前海路。

人行道与自行车道：宝安大道—棉山路段人行道破损，自行车道不连续，铺装也存在破损，设施标志不清晰，规划对该路段破损人行道进行修复，并设置 1.5m 宽沥青路面自行车道，重新铺装人行道和自行车道，并设置自行车道地面标志。其中自行车道铺装采用黑色透水沥青，人行道采用陶瓷道板砖的透水材料铺装。

树池篦子：考虑沿线景观，同时为有效增加行人通行空间，对人行道沿线采用平树池设计，露土部分采用树池篦子，并对树池篦子做艺术化设计。

车止石：人行道钢管车止石更换为花岗岩车止石并设置无障碍坡道，拆除公交站点钢管车止石，提高道路整体美观性。

结合所城文化(岭南风格)整体打造，突显地域文化。延续已完成段的色彩方向，采用灰色调设计，三种不同深度的灰色进行工字形屏贴，更富有层次感，同时用芝麻灰黄岗岩做分隔，细化设计(图 4-352、图 4-353)。

c. 石洲中路。

人行道：石洲中路路段人行道破损，本次规划对整个路段的人行道进行重新铺装，并采用陶瓷道板砖的透水材料铺装，铺装风格与其他路段保持一致(图 4-354、图 4-355)。

图 4-352　前海路车止石现状

图 4-353　前海路改造效果示意图

图 4-354　石洲中路现状

图 4-355　石洲中路改造效果

d. 南海大道。

人行道：规划对北环大道—学府路段进行慢行道改造，其中①号路段更换透水砖人行道，③号路段新建透水砖人行道，人行道采用陶瓷道板砖的透水材料铺装，保持南山片区慢行道风格一致。

自行车道：②号路段新建 1.5m 沥青自行车道，③号路段新建 1.5m 沥青自行车道，自行车道设置自行车道地面标志。自行车道铺装采用黑色透水沥青，结合海绵城市理念和已改造段现状绿道设计的颜色相统一；自行车标志采用简约的艺术造型，材料上选用夜光石做艺术化铺装处理(图 4-356、图 4-357)。

图 4-356　南海大道③号路段

图 4-357　慢行道改造效果

e. 南山大道。

人行道：①号路段即深南大道—北环大道段护栏位于树池带与人行道之间，割裂原有人行道空间，本次规划将护栏移至树池带外侧，并进行树池带修整，提供更多的慢行空间。②号路段即北环大道—中山园路段人行道铺装破损严重，影响整体慢行出行体验感，本次规划对该路段人行道进行重新铺装，铺装材料采用透水性良好的陶瓷道板砖，保持南山片区慢行道风格一致。

车止石：人行道钢管车止石更换为花岗岩车止石，拆除公交站点钢管车止石，提高道路整体美观性（图4-358、图4-359）。

图4-358　南山大道现状车止石

图4-359　车止石更换

f. 科苑大道。

人行道与自行车道：宝深路—北环大道段西侧与科兴路—滨海大道段西侧更换人行道铺装；海德三道—东滨路段双侧重新铺装自行车道；宝深路—海德三道段东侧、北环大道—科兴路段西侧、东滨路—中心路段双侧更换人行道铺装，新增1.5m独立自行车道。自行车道设置自行车道地面标志。统一人行道材质与自行车道材质，自行车道铺装采用黑色透水沥青，人行道采用陶瓷道板砖的透水材料铺装，保持南山片区慢行道风格一致。

车止石：人行道钢管车止石更换为花岗岩车止石，拆除公交站点钢管车止石，提高道路整体美观性（图4-360、图4-361）。

图4-360　科苑大道车止石现状

图4-361　科苑大道改造效果

g. 桃园路。

人行道与自行车道：月亮湾大道—南新路段人行道破损，影响整体慢行出行体验，规划重新铺装人行道，铺装材料采用透水性良好的陶瓷道板砖，并在月亮湾大道—南山大道设置1.5m宽沥青路面自行车道，自行车道铺装采用黑色透水沥青，结合海绵城市理念和已改造段现状绿道设计的颜色上相统一，并设置自行车道地面标志，标志采用简约的艺术造型，材料上选用夜光石做艺术化铺装处理。

车止石：规划将人行道钢管车止石更换为花岗岩车止石，拆除公交站车止石，提高道路整体美观性（图 4-362、图 4-363）。

图 4-362　桃园路车止石更换

图 4-363　桃园路改造效果

h. 常兴路。

人行道与自行车道：规划对红花路—南头街段西侧、金鸡路—桂庙路段更换人行道铺装为陶瓷透水砖，并新建 1.5m 沥青自行车道，南头街—金鸡路西侧，红花路—金鸡路东侧重新铺装沥青自行车道，并设置自行车道地面标志。

车止石：考虑沿线景观，人行道钢管车止石更换为花岗岩车止石。

树池篦子：为有效增加行人通行空间，对人行道沿线采用平树池设计，露土部分采用树池篦子，并对树池篦子做艺术化设计（图 4-364、图 4-365）。

图 4-364　常兴路车止石更换

图 4-365　常兴路树池更换

i. 南新路。

人行道与自行车道：规划对深南路—桂庙路段的人行道进行重新铺装，并增加 1.5m 独立自行车道，自行车道设置自行车道地面标志。统一人行道材质与自行车道材质，自行车道铺装采用黑色透水沥青，结合海绵城市理念和已改造段现状绿道设计的颜色相统一；自行车标志采用简约的艺术造型，材料上选用夜光石做艺术化铺装处理；人行道采用陶瓷道板砖的透水材料铺装，保持南山片区慢行道风格一致。

车止石：人行道钢管车止石更换为花岗岩车止石，拆除公交站点钢管车止石，提高道路整体美观性（图 4-366、图 4-367）。

j. 南光路。

人行道与自行车道：规划对南光路的人行道进行重新铺装，其中南头街—桂庙路段增设

1.5m 独立自行车道。自行车道设置自行车道地面标志。统一人行道材质与自行车道材质，自行车道铺装采用黑色透水沥青，结合海绵城市理念和已改造段现状绿道设计的颜色相统一；自行车标志采用简约的艺术造型，材料上选用夜光石做艺术化铺装处理；人行道采用陶瓷道板砖的透水材料铺装，保持南山片区慢行道风格一致。

图 4-366　南新路车止石拆除

图 4-367　南新路改造效果

树池篦子：考虑沿线景观，同时为有效增加行人通行空间，对人行道沿线采用平树池设计，露土部分采用树池篦子，并对树池篦子做艺术化设计。

k. 南头街。

人行道与自行车道：规划对前海路—常兴路段、南山大道—南光路段的人行道进行重新铺装，对常兴路—南山大道段现有路段铺装沥青自行车道，对前海路—常兴路段南侧、南新路—常兴路段北侧、南山大道—南光路段北侧新建 1.5m 自行车道，自行车道设置自行车道地面标志。统一人行道材质与自行车道材质，自行车道铺装采用黑色透水沥青，人行道采用陶瓷道板砖的透水材料铺装，保持南山片区慢行道风格一致。

树池篦子：考虑沿线景观，同时为有效增加行人通行空间，对人行道沿线采用平树池设计，露土部分采用树池篦子，并对树池篦子做艺术化设计。

l. 学府路。

人行道与自行车道：规划对月亮湾大道—南海大道段人行道进行重新铺装，前海路—南海大道段新建 1.5m 独立自行车道，自行车道设置自行车道地面标志。自行车道铺装采用黑色透水沥青，人行道采用陶瓷道板砖的透水材料铺装，保持南山片区慢行道风格一致。

车止石：人行道钢管车止石更换为花岗岩车止石，提高道路整体美观性。

树池篦子：考虑沿线景观，同时为有效增加行人通行空间，对人行道沿线采用平树池设计，露土部分采用树篦子，并对树篦子做艺术化设计。

m. 无障碍设施。

● 以需求为导向，合理设置过街系统，符合慢行交通期望线。

优先保证平面过街，以空中连廊、地下通道、人行天桥为补充；针对部分平面过街设施不合理，存在无二次过街安全岛、人行横道缺失等问题，新增相关设施；路中安全岛整体下沉，方便轮椅推行；无信号控制人行横道设置地面提示标志及夜间发光指示器，为行人构建连续友善的过街设施（图 4-368 ~ 图 4-370）。

图4-368　错位人行道效果

图4-369　无障碍过街效果

图4-370　夜间发光指示器效果

• 优化无障碍设施，保障残障人士安全和确保慢行交通流畅

盲道：在人行道内侧设置50cm宽盲道，保证盲道的延续性，同时内侧预留足够宽度，保证盲人行走安全（图4-371）。

坡道：在渠化岛和过街路口，人行道机动车道接驳口，高程下沉到与机动车道平齐，做坡道，确保非机动车通行的流畅性（图4-372）。

图4-371　盲道效果

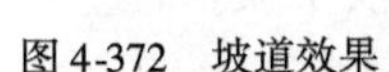

图4-372　坡道效果

• 新建风雨连廊，实现全天候步行环境。

结合道路条件及周围环境，设置连续的风雨连廊，提高慢行舒适性及抗干扰性，不同交通方式换乘点之间设置风雨连廊，优化公交慢行通道接驳（图4-373）。

图4-373　风雨连廊效果

3）附属设施

（1）隔离设施提升。

①提升原则。

a. 不同类型城市道路的交通护栏设置应符合《城市道路交通设施设计规范（2019年版）》（GB 50688—2011）中的规定；

b. 交通护栏的样式应与整体道路环境相协调，在设计时应优先选用港式护栏；

c. 交通护栏在符合设置的路段应连续设置，不应留有断口；

d. 交通护栏的结构形式应便于安装，易于维修，材料应环保。

②提升方案（表4-60）。

护栏提升汇总表 表4-60

道　　路	护　　栏	长度(km)
前海路(东滨路—棉山路)	人行道护栏拆除	3.4
前海路(铲湾路—棉山路)	中央乙型护栏改为港式护栏	2.3
南海大道(学府路—滨海大道)	人行道护栏拆除	0.45
南山大道(中山园路—北环大道)	中央护栏改为港式护栏	0.67
科苑大道(朗山路—科发路)	人行道护栏拆除	1.5
科苑大道(东滨路—中心街)	人行道护栏拆除	2.0
南新路(深南路—桂庙路)	人行道护栏拆除	1.8
南光路(桃园路—学府路)东侧	人行道护栏拆除	0.63
南头街(南山大道—南光路)	人行道护栏拆除	0.29

a. 前海路。

全线道路中央护栏规格不统一,局部存在掉漆、锈蚀等情况,建议将铲湾路以南的中央乙型护栏更换为港式护栏;为释放城市空间,提升市容景观水平,拆除东滨路以南的人行道甲型护栏。

b. 南海大道。

根据深圳市道路设施品质提升设计指引,两侧人行道(或自行车道)与机动车道之间除路口及路段人行横道两端外,其他位置不宜设置路侧护栏,同时为释放城市空间,提升市容景观水平,拆除学府路—滨海大道段护栏。

c. 南山大道。

沿线中央护栏规格不统一,部分路段中央护栏存在掉漆、锈蚀等情况,改造后,更换北环大道—中山园路段中央护栏。

d. 科苑大道。

为释放城市空间,提升市容景观水平,拆除现状不必要的护栏,将中心路—东滨路段和科发路—朗山路段的人行道护栏拆除。

e. 南新路。

根据深圳市道路设施品质提升设计指引,两侧人行道(或自行车道)与机动车道之间除路口及路段人行横道两端外,其他位置不宜设置路侧护栏,同时为释放城市空间,提升市容景观水平,拆除深南路—桂庙路段人行道甲型护栏。

f. 南光路。

为释放城市空间,提升市容景观水平,拆除桃园路—学府路段人行道甲型护栏。

g. 南头街。

根据深圳市道路设施品质提升设计指引,两侧人行道(或自行车道)与机动车道之间除路口及路段人行横道两端外,其他位置不宜设置路侧护栏,同时为释放城市空间,提升市容景观水平,拆除南山大道—南光路人行道甲型护栏。

(2)市政设施提升。

现状前海路、后海滨路、石洲中路、南海大道、南山大道、科苑大道、桃园路、常兴路、学府路、南头街和南光路11条道路井盖高低不平,隔断盲道,样式老旧且不一,风格与整体品质提升装饰不符，为了充分考虑铺装完整性、美观性以及确保盲道的连续性，建议采用隐形井盖，对以上路段的井盖进行更换。

4）景观提升方案

以留仙大道为例，对留仙大道分段进行景观提升，将留仙大道分为文化科教段、品质生活段、产业商务段三段，分别提出不同的景观提升方案。

（1）文化科教段。

通过树形优美的乔木与色彩丰富的花草植物进行自由组合的搭配，形成开阔、通透、大气的时尚气息，营造丰富、舒展、亲切的景观氛围（图4-374）。

（2）产业商务段。

景观绿化将提升北侧绿化量，形成一个天然绿色屏障，南侧绿化则形成开阔通透、疏朗大气的商业空间，打造时尚活力的商业街区（图4-375）。

图4-374　文化科教段景观提升示意图

图4-375　产业商务段景观提升示意图

（3）品质生活段。

进行良好的街景处理，结合打造休闲景观，形成车行道、绿带及人行道视线通透互动、丰富舒适、亲切生活化的景观效果（图4-376）。

（4）路口。

强化路口节点，在图4-377所示路口景点进行特别的景观打造，通过树形优美的乔木与色彩丰富的花草植物进行自由组合的搭配可处理路口窄点，提高整体景观的美观性，也可增加当地艺术小品，凸显文化气息。

图4-376　生活服务段景观提升示意图

图4-377　路口景点景观提升示意图

(5)地铁出入口。

地铁出入口实施“一站一特色”,在地铁出入口打造可停留、可集散的生态休闲“口袋公园”(图4-378)。

图4-378 地铁出入口景观提升示意图

5)整体环境融合方案

以后海滨路为例,对后海滨路分段进行整体环境融合方案,将后海滨路分为商务办公段、商业文化段、居住商业段、休闲生活段以及后海滨公园,分别提出不同的整体环境融合方案(图4-379)。

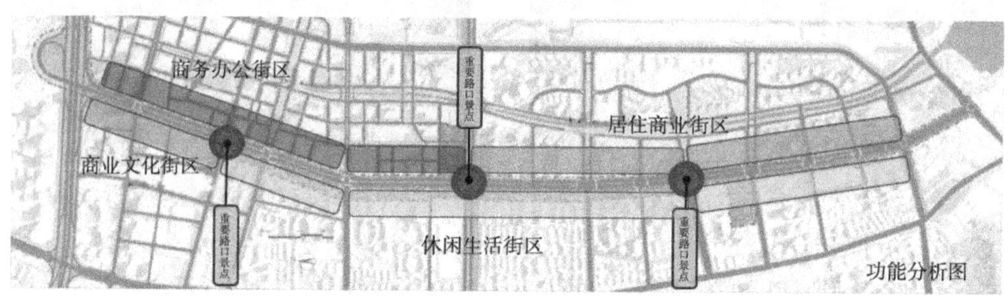

图4-379 后海滨路整体环境融合分段

(1)商务文化段。

①提升要求。

- 建筑外广场地与道路相融合;
- 无遮挡的花池绿地;
- 便于行人穿行于人行道与商业街之间;
- 有统一的灯柱或广告灯箱,营造商业氛围。

商务文化段提升平面图如图4-380所示。

②提升方案。

现状树池挤占了人行道空间,且自行车道位于人行道外侧,阻断了与广场的联系,建筑外广场与道路之间空间单调,缺乏过渡空间。

建议移除机非绿化带灌木,增加通透性;调整自行车道于机非绿化带侧,并采用统一的灰色沥青铺装;建筑前人行道设计如琴键形式的花岗岩铺地,使与保利剧院环境相呼应;增加景观灯具,提升氛围并增加人行道照明;还应增加类似风格的艺术小品来突出文化氛围(图4-381)。

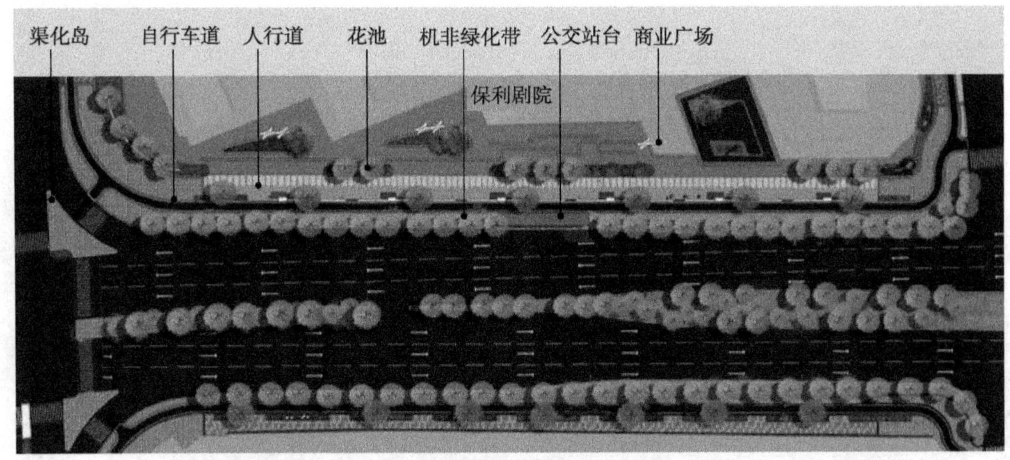

图 4-380 商务文化段提升平面图

图 4-381 商务文化段提升效果

(2)商务办公段

①提升要求。

- 简洁大气的户外空间;
- 无遮挡的花池绿地;
- 干净的绿地、绿带保证安静的办公场所;
- 适当的户外家具,创造户外会客厅。

商务办公段提升平面图如图 4-382 所示。

②提升方案。

现状乱停放的自行车占用了人行道,且人行道铺装、自行车道不连续;户外机动车的停放影响建筑形象,且缺少商务办公必要的户外绿地,无户外办公氛围。

建议打造通透的机非绿化带,设置连续的自行车道;在铺装上,选择简洁的花岗岩人行道铺装,与建筑纹理相呼应;在人行道与建筑间,可利用块状花池划分出办公与道路空间,种植统一的植物可形成现代的办公氛围,同时布设风格一致的休憩座椅供行人休息,可形成临时休憩场所(图 4-383)。

图 4-382　商务办公段提升平面图

图 4-383　商务文化段提升效果对比

(3)居住商业段。

①提升要求。

- 开阔的室外空间;
- 无遮挡的花池绿地;
- 便于行人穿行于人行道与商业街之间;
- 有统一的灯柱或广告灯箱,营造商业氛围。

居住商业段提升平面图如图 4-384 所示。

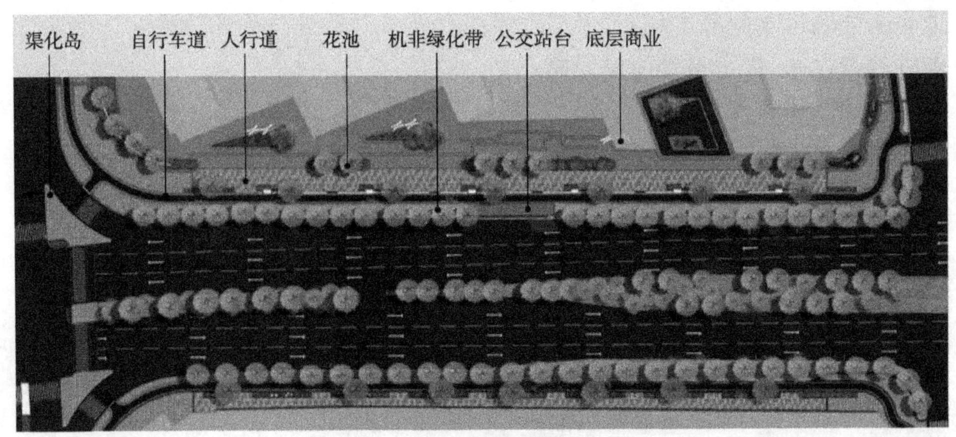

图4-384 居住商业段提升平面图

②提升方案。

居住商业段现状人行道侧单调零乱的绿化不能防护行人穿越到机动车道,建筑侧的连续绿化带也不利于行人穿行,茂密的乔木遮挡了商业店铺;自行车道不连续、材质也不统一,影响整体景观的协调性;树池的露土部分未采用树池篦子,且出现共享单车乱停放的状况;在铺装上,人行道烧结砖铺装与商业街石材铺装不协调,产生隔离人行道与商业街空间的效果。

建议打造通透的机非绿化带,设置连续的自行车道;在铺装上,保持人行道铺装与商业街统一;修建树池篦子既可防护树根,也可拓展人行道空间,同时布设风格一致的休憩座椅供行人休息,可形成临时休憩场所(图4-385)。

为丰富商业氛围,建议在人行道地面种植花卉,丰富街区氛围,铺装上增加波打线体现秩序感,利用道路拐角做景观花池或水池,强化道路入口处景点。

现状居住商业段交叉口人行道铺装老旧,缺少二次过街安全岛,且现状安全岛无绿化,景观性较差,自行车道存在重复现象,挤占步行空间,道路空间划分不合理现象突出(图4-386)。

图4-385 居住商业段提升示意图

图4-386 居住商业段交叉口提升示意图

建议设置无障碍过街,更换人行道铺装,增加二次过街安全岛,在所有安全岛上种植花卉,丰富街区氛围,更换车止石,提高道路整体美观性,移去重复的自行车道,打造连续的自行车道和过街通道。

(4)居住区段。

提升要求。

- 宁静、清新的室外休闲空间;

- 适当的公园运动健身广场；
- 趣味健身设施、售卖亭等便民设施；
- 艺术化的组团花卉。

居住区段提升平面图如图 4-387 所示。

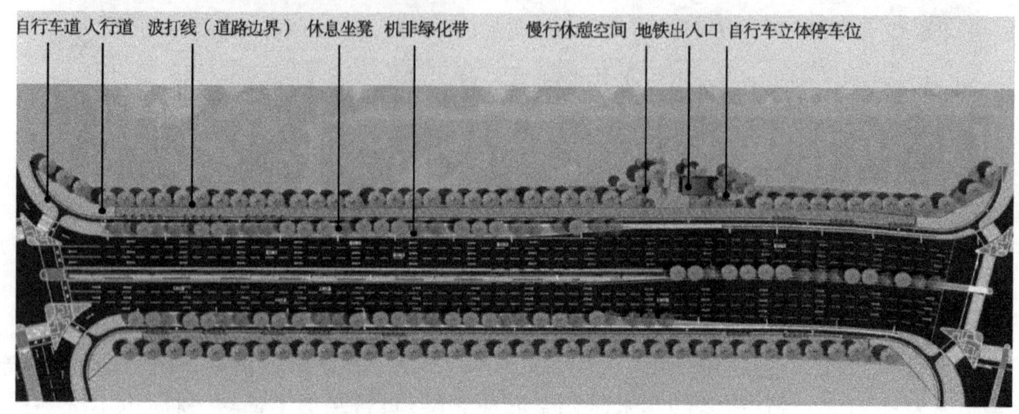

图 4-387　居住区段提升平面图

现状居住区段人行道侧单调零乱的绿化不能防护行人穿越到机动车道，建筑侧绿化无层次感，茂密的乔木遮挡了商业店铺，空间封闭；树池简陋，导致共享单车停放无序，挤占人行空间；在铺装上，人行道铺装与商业街石材铺装不协调，隔离人行道和商业街空间。

建议抬高侧分带路缘石增加隔离性；增加树池隔离自行车道，实现安全、静怡的街区环境；打造简洁、自然的人行道铺装风格，凸显街区活力；人行道侧设置座椅和树池，便于行人休息（图 4-388）。

（5）后海滨公园。

现状后海滨公园绿篱过于紧密，封闭了公共空间；现有空间的休憩和坐凳太少，使用功能不能满足；独植树种造型凌乱，缺少美感。

建议采用休闲坐凳和宣传标志牌一体设计，节约占地空间，分隔交通通行与休闲广场；设置足够的艺术坐凳，满足多人使用，提高功能需求；对树池采用艺术性的多功能设计，以达到既满足植被种植又满足休息娱乐功能的效果；植物选种多层种植，选择中色叶开花植物（图 4-389）。

图 4-388　居住区段提升示意图

图 4-389　后海滨公园提升示意图

（6）街道家具。

①标志系统。

保利剧院广场标志牌（图 4-390）整体以深色元素为主，塑造沉稳大气的形象，顶部设置太阳能电池板进行电能续航，侧边采用照明设计，点缀夜晚风景，旁边设置休憩座椅及元素一致的垃圾箱。

图 4-390 保利剧院广场标志牌

街道家具的标志系统从关键节点精神堡垒、城市景点指示牌、自行车停放点标志牌、智能驿站（温度 + PM2.5 + 适度警示牌）四方面进行提升，具体提升设置应与各路段整体风格进行有机结合（图 4-391）。

关键节点精神堡垒　城市景点指示牌　自行车停放点标志牌　智能驿站（温度+PM2.5+适度警示牌）

图 4-391 标志系统示意图

②垃圾箱。

垃圾箱的设置应满足强度高，耐腐蚀，耐酸碱，抗老化，太阳暴晒下不变形，易清洗，操作方便，使用寿命长，且无盗用价值的要求，应结合周边整体环境元素设置（图 4-392）。

（7）市政设施。

①树池篦子。

在人行道空间狭窄处，树池用树篦填平，树池边框、篦子顶面应与人行道齐平，篦子内设圆形或方孔，内径一般 50 ~ 80cm，具体尺寸可根据人行道宽度、树种、树径等综合确定，树池篦子应满足不易损坏、易装配等要求（图 4-393）。

图 4-392 垃圾箱示意图

图 4-393 树池篦子示意图

②雨水篦子。

机动车车道上宜采用联合式雨水口,式样尽量与路缘石造型相协调,铺设时应确保与车行道路面边缘齐平,材质应满足防滑、耐用、强度高等要求(图4-394)。

图4-394 雨水篦子改造示意图

③井盖。

建议车行道采用防沉降井盖,人行道采用下沉式铺装井盖。井盖上的铺装材料、颜色及图案完全与周边一致,应满足盲道不中断、不绕行,与周围环境协调、耐久等要求(图4-395、图4-396)。

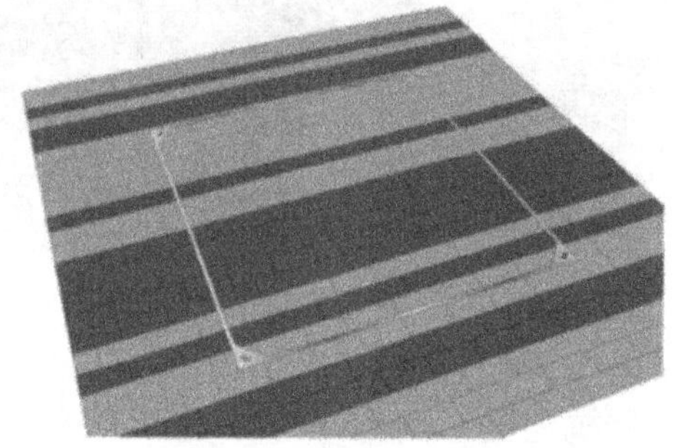

图4-395 人行道井盖示意图

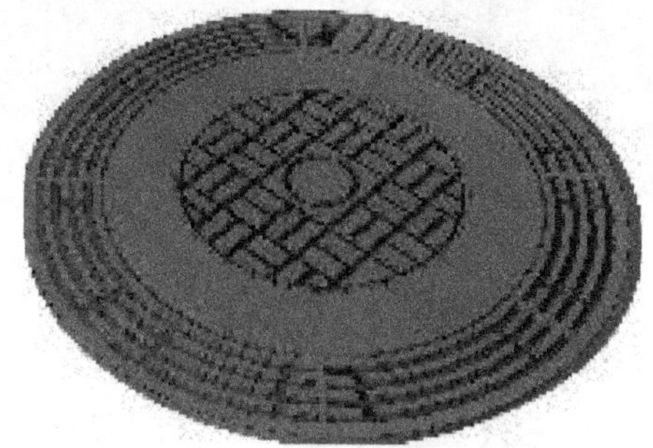

图4-396 车行道井盖示意图

④电箱。

建议采用具有景观适应性的配件装饰电箱或将其集约化处理,使之与周边环境相融合(图4-397)。

图4-397 电箱改造示意图

⑤车止石。

车止石与人行道防护桩设置应规范、整齐，不应妨碍行人及无障碍通行，并应满足机动车通视要求。同时，要求坚固美观，与周边环境相协调，应具备辨识度高、耐久性强、强度高等特点（图4-398）。

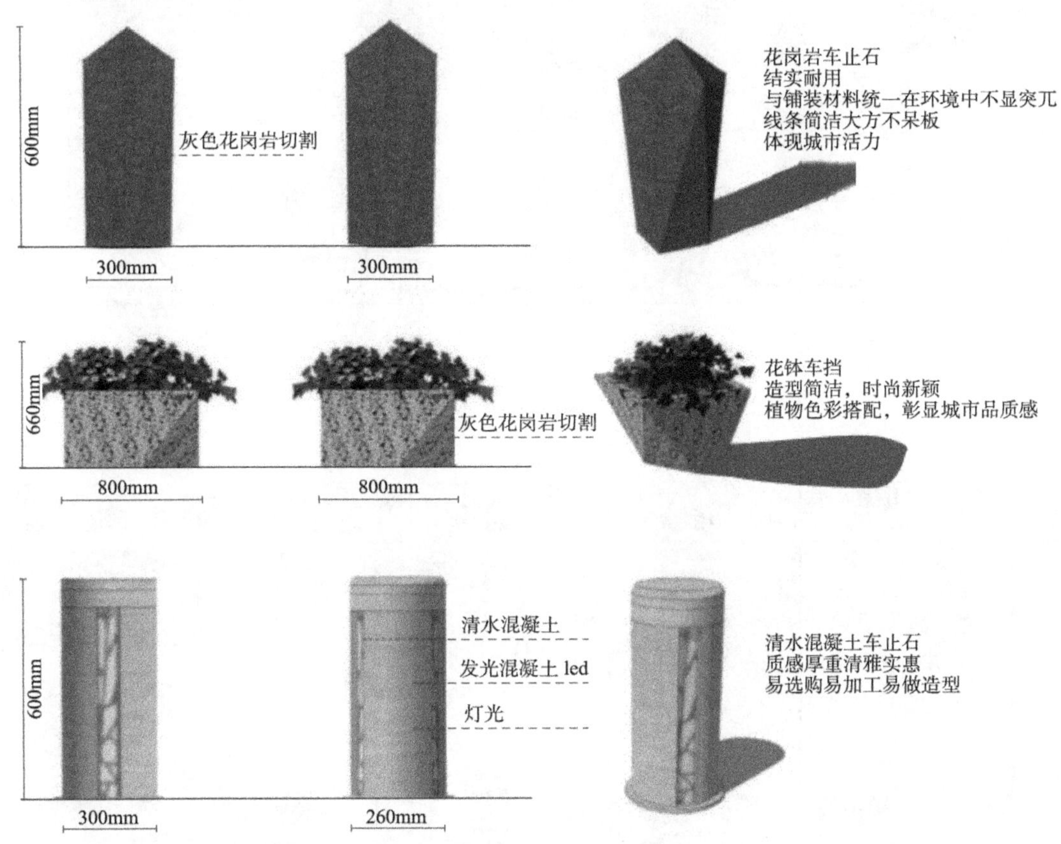

图4-398　车止石改造示意图

（8）景观绿化。

①道路景观剖面（图4-399）。

植物方面：清除现状地被植物，根据各段相应的主题选择相应的地被植物；现场行道树绝大部分长势良好，景观提升中给予保留处理，调整中层植物景观；对中央分隔带的中下层植物景观进行梳理，将南洋楹周边的大王椰、高干蒲葵等进行移栽，形成棕榈科植物组团景观，以南洋楹为主景植物，根据各段特色，搭配相应的特色植物，形成组团植物景观。

地形方面：现场部分绿化带，尤其是中央分隔带都具有一定的宽度，平整场地后，在较宽的绿化带内营造微地形，丰富景观空间。

②中央分隔带景观立面（图4-400）。

景观营造主要包括三个方面：棕榈科植物组团景观，可营造通透干净的景观空间；阔叶植物组团景观，可营造具有一定的层次的植物景观，对视线具有一定的遮挡作用；景观小品，可形成两种景观空间的过渡及连接。

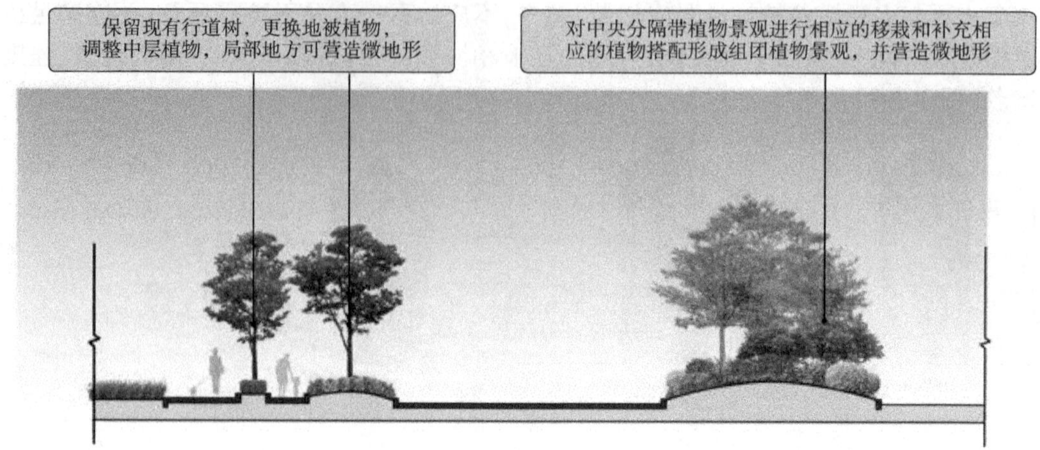

图 4-399　道路景观剖面示意图

图 4-400　中央分隔带景观立面示意图

③苗木选择。

为营造统一、协调、有层次感的景观空间，对后海滨路道路景观的苗木选择进行有机搭配，建议将后海滨路分为红色段、黄色段、绿色段三段（图 4-401），分别为三段区域选择不同的植物（表 4-61）。

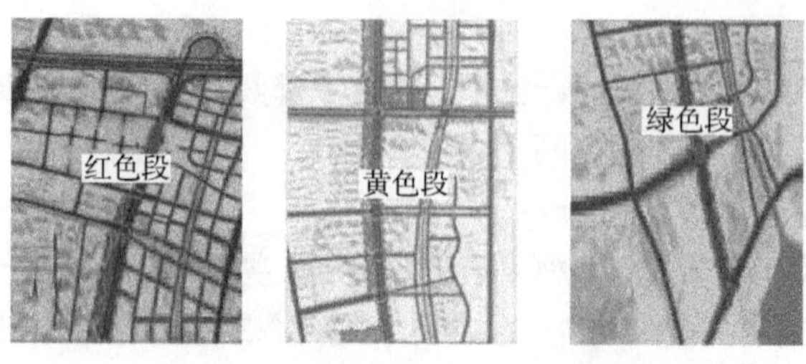

图 4-401　后海滨路苗木选择分段

后海滨路苗木选择参考　　表 4-61

路段	植物名称	花期											
		1	2	3	4	5	6	7	8	9	10	11	12
红色段	美丽异木棉												
	红花羊蹄甲												
	宫粉羊蹄甲												
	凤凰木												
	红花风铃木												
	红花鸡蛋花												
	小叶紫薇												
	紫锦木												
	勒杜鹃（红花）												
黄色段	无忧花												
	黄花风铃木												
	国庆花												
	腊肠树												
	黄槐												
	蜡梅												
	银叶金合欢												
	勒杜鹃(橙花)												
绿色段	红花羊蹄甲												
	黄花风铃木												
	国庆花												
	澳洲火焰木												
	小叶紫薇												
	银叶金合欢												
	勒杜鹃												

参 考 文 献

[1] 刘锐晶,朱兆芳,邢锦,等.大数据时代天津智慧城市智能交通建设与道路交通发展展望[J].城市道桥与防洪,2021(1):1-7+244.

[2] 于成炜,李士豪,王超,等.城市中自行车交通发展现状与解决方案[J].中国自行车,2021(2):56-59.

[3] 王梦洋,陈磊,张贻生,等.城市核心区域品质化慢行系统规划研究——以深圳市高新区北区为例[A].中国城市规划学会城市交通规划学术委员会.交通治理与空间重塑——2020年中国城市交通规划年会论文集[C].中国城市规划学会城市交通规划学术委员会:中国城市规划设计研究院城市交通专业研究院,2020:7.

[4] 王赛男.基于织补理念的大城市交通系统优化策略研究——以哈尔滨市为例[J].中国名城,2020(2).

[5] 陈方,张澄洋,丁思远.基于CROW原则的自行车基础设施研究——以深圳市为例[J].住区,2020(5):32-39.

[6] 郭文奇,张鲜鲜.城市慢行交通系统现状分析与改善对策[J].低碳世界,2020,10(5):160-161.

[7] 张贞勇.城市慢行交通规划刍议[J].居舍,2020(19):184-185.

[8] 和扬,王乐怡,王祥,等.国内外慢行交通发展经验借鉴[J].城市公共交通,2019(2):31-34.

[9] 张文学.基于空间句法的慢行空间分析——以深圳福田为例[A].中国城市规划学会、重庆市人民政府.活力城乡 美好人居——2019中国城市规划年会论文集(06城市交通规划)[C].中国城市规划学会、重庆市人民政府:中国城市规划学会,2019:9.

[10] 雷锦涛.智慧城市背景下城市慢行系统空间规划设计探究[J].科技经济导刊,2019(34).

[11] 韩龙,刘建军.城市慢行交通规划管理与控制策略研究[J].科技风,2018(6):199.

[12] 张文婷.步行和自行车交通系统规划建设初探[J].现代经济信息,2018(24):342-344.

[13] 尤文晓,向楠,曾翔颖.旅游景区慢行交通系统规划方法研究——以深圳市大梅沙旅游度假区为例[A].2016年中国城市交通规划年会论文集[C].中国城市规划学会城市交通规划学术委员会:中国城市规划设计研究院城市交通专业研究院,2016:10.